GÖRING UND GOEBBELS

Dieter Wunderlich

Göring und Goebbels
Eine Doppelbiografie

Verlag Friedrich Pustet Regensburg
Verlag Styria Graz Wien Köln

Umschlagmotive:
Hermann Göring, Juli 1941, und Joseph Goebbels, um 1931
(Fotos: AKG, Berlin)

Die Deutsche Bibliothek – CIP-Einheitsaufnahme

Ein Titeldatensatz für diese Publikation ist bei
Der Deutschen Bibliothek erhältlich.

ISBN 3-7917-1787-1 (Pustet)
ISBN 3-222-12923-1 (Styria)
© 2002 by Verlag Friedrich Pustet, Regensburg
Umschlaggestaltung: Atelier Seidel, Altötting
Gesamtherstellung: Friedrich Pustet, Regensburg
Printed in Germany 2002

Inhalt

Vorwort 7

TRAUMATISIERUNG 11
HOFFNUNG 42
TRIUMPH 87
ZUSAMMENBRUCH 179

Anhang 229
   Dank 229
   Anmerkungen 230
   Quellen- und Literaturverzeichnis 251
   Zeittafel 262
   Personenregister 267
   Bildnachweis 269

„Wir sind eine Bedrohung für uns selbst."
Yehuda Bauer

Vorwort

Die NS-Herrschaft schlug nicht wie ein Meteor in die deutsche Geschichte ein; Hitler kann nicht als „Betriebsunfall"[1] abgetan werden. Auch seine Vasallen wurden nicht als Unmenschen außerhalb der Gesellschaft geboren. Aufgrund ihrer besonderen Karrieren waren sie für die Verbrechen des NS-Regimes verantwortlich, aber am Wochenende spielten sie wie andere liebevolle Familienväter mit ihren Kindern. Gerade die „Banalität des Bösen"[2] ist das Beunruhigende, denn sie bedeutet, dass die Gefahr von zunächst unauffälligen Mitgliedern einer Gesellschaft ausgeht: „Wir sind eine Bedrohung für uns selbst."[3] Wer Hitler oder seine Gefolgsleute dämonisiert, bringt sich um die Chance, wenigstens einige der Mechanismen zu durchschauen, die Menschen zu Mördern machen können.

Daniel Jonah Goldhagen behauptet, dass „ganz gewöhnliche Deutsche" einen „eliminatorischen Antisemitismus" vertraten und deshalb „Hitlers willige Vollstrecker" wurden.[4] Eine ebenso abenteuerliche wie werbewirksame These! Doch sie erklärt nicht, wieso Deutsche ebenso bereitwillig russische Kommissare umbrachten oder am 10. Juni 1944 die 600 Bewohner des Dorfes Oradour bei Limoges zusammentrieben, Frauen und Kinder in die Kirche sperrten, dann die Männer erschossen und das Dorf samt der Kirche mit den eingeschlossenen Menschen niederbrannten.

Ich befürchte, dass es nicht entscheidend ist, welchen Gruppen oder Nationen Opfer und Täter angehören. Der Sozialpsychologe Stanley Milgram bewies zu Beginn der 60er Jahre mit einer Versuchsreihe, dass normale Amerikaner bereit sind, andere mit lebensgefährlichen Stromstößen zu „bestrafen", wenn eine respektierte Person behauptet, dies sei zu experimentellen Zwecken erforderlich. „Gewöhnliche Bürger erhalten den Befehl, andere Menschen zu vernichten – und sie tun es, weil sie es als ihre Pflicht ansehen, Befehlen zu gehorchen."[5] Auf die unabhängige Urteilsfähigkeit des Einzelnen können wir uns offenbar nicht verlassen. Überall und zu allen Zeiten können Menschen dazu verführt werden, zu foltern und zu töten, wenn man ihnen ein entsprechendes Feindbild einimpft und eine Autorität sie glauben macht, das sei moralisch in Ordnung. Am 16. März 1968 erschossen amerikanische Infanteristen unter dem Kommando des 25-jährigen Leutnants William L. Calley jr. die 500 Bewohner des südvietnamesischen Dorfes My Lai, darunter 182 Frauen und 172 Kinder. Nach jahrelanger Vorbereitung kaperten 19 junge Araber am 11. September 2001 vier amerikanische Passagierflugzeuge mit insgesamt 266 Menschen an Bord. Eine Maschine zerschellte bei Pittsburgh; mit den anderen drei Boeing-Jets rasten die Attentäter ins Pentagon und in die beiden 420 m hohen Türme des World Trade Centers. Dabei starben mehr als 3000 Menschen.

Weil Frustration und Gewaltbereitschaft überall vorhanden sind und Hass in jeder Gesellschaft geschürt wird, müssen wir den Blick für intolerante Denkweisen und Beeinträchtigungen der Freiheit oder der Machtbalance schärfen. Nur so können wir sensibel reagieren und eine gewisse Immunität gegen Volksverhetzer entwickeln. „Die Chance ist, dass das Entsetzliche bewusst wird. ... Was geschah, ist eine Warnung. Sie zu vergessen, ist Schuld", schreibt Karl Jaspers. „Es war möglich, dass dies geschah, und es bleibt jederzeit möglich. Nur im Wissen kann es verhindert werden."[6]

Historiker haben Berge von Material über den Nationalsozialismus zusammengetragen. Um allein mit den deutschsprachigen Neuerscheinungen zu diesem Thema Schritt zu halten, würde es nicht reichen, jeden Tag ein Buch zu lesen. Das Geschehen muss in Sachbüchern einem möglichst breiten Publikum vermittelt werden. Zur Veranschaulichung eignen sich Biografien besonders gut. Dafür wählte ich zwei grundverschiedene Beispiele nationalsozialistischer Karrieren: Joseph Goebbels und Hermann Göring.

Wegen seiner Gehbehinderung verspottet und als Sohn eines „Stehkragenproletariers" verachtet, wurde der kränkliche Gymnasiast Joseph Goebbels zum hasserfüllten Außenseiter. Die Solidarität in der Bevölkerung, die sich beim Ausbruch des Ersten Weltkriegs zu bilden schien, erfüllte ihn mit Hoffnung. Als jedoch nach dem verlorenen Krieg die gesellschaftlichen Schranken neu errichtet wurden und niemand seine literarischen oder journalistischen Arbeiten veröffentlichen wollte, klagte Goebbels über die Ungerechtigkeit der Welt und gerierte sich als Sozialist. Er löste sich von seinem katholischen Glauben und suchte verzweifelt nach einer anderen Antwort auf die Frage nach dem Sinn des Lebens. Die glaubte er schließlich in der nationalsozialistischen Bewegung gefunden zu haben: Er wurde zum glühenden Jünger Adolf Hitlers, schwor dem Sozialismus ab und passte sich fortan jeder Meinungsänderung seines Idols an. Joseph Goebbels stilisierte den „Führer" zum Erlöser des deutschen Volkes, propagierte das „nationale Erwachen" und gewann durch die Überzeugung, der Elite eines „Herrenvolkes" anzugehören, neues Selbstvertrauen. Weder Göring noch Himmler hasste die Juden so wie dieser Menschen verachtende arrogante Zyniker. Schöne Frauen benutzte er wie Spielzeug für seine unersättliche Begierde: Auch in der Rolle des Don Juan kompensierte er seinen Minderwertigkeitskomplex. Wenn der fanatische Demagoge spürte, wie er die Massen dirigieren konnte, quälten ihn keine Selbstzweifel mehr. Der Reichspropagandaminister verhetzte seine Landsleute, und als sich die Niederlage abzeichnete, trieb er sie in den „totalen Krieg". Nach dem Suizid seines Abgotts vergifteten Joseph und Magda Goebbels ihre sechs Kinder und dann sich selbst.

Hermann Göring stammte im Gegensatz zu Hitler, Goebbels und anderen führenden Nationalsozialisten aus einer großbürgerlichen Familie und wohnte als Kind in Schlössern. Schon in seiner frühen Jugend galt er als eigenwilliger Draufgänger. Im Ersten Weltkrieg wurde er als Fliegerheld gefeiert, aber 1918 endete die militärische Karriere abrupt. In Hitlers Bewegung sah er eine Chance, ein neues abenteuerliches, gewissermaßen „heldisches" Leben zu führen – obwohl er die NSDAP „als eine Bande von Biersäufern" verachtete und ihm der „ideologische Kram" gleichgültig blieb. Göring, der selbst mit einer adeligen Schwedin verheiratet war, führte Hitler in Kreise der Aristokratie, des Großbürgertums und führender Industrieller ein und half so, den Gefreiten, der vor dem Krieg in Wiener Obdachlosenheimen gelebt hatte, salonfähig zu machen. Am 30. August 1932 wurde Göring zum Reichstagspräsidenten gewählt. Ohne Hindenburgs Vertrauen in den Träger des Ordens „Pour le mérite" wäre Hitler am 30. Januar 1933 nicht Kanzler geworden. Dafür ernannte er seinen Paladin dann zum Preußischen Ministerpräsidenten, Reichsluftfahrtminister, Reichsforst- und -jägermeister, Oberbefehlshaber der Luftwaffe und Wirtschaftsdiktator, beförderte ihn zum Reichsmarschall und designierte ihn als Nachfolger. Bei dieser Ämterfülle musste Göring trotz seiner außergewöhnlichen Intelligenz und seines Tatendrangs versagen, zumal er keine eigenständigen Persönlichkeiten als Mitarbeiter ertrug. Karriere bedeutete für ihn Macht, prunkvollen Besitz und großspurigen Lebensstil. Mit infantiler Freude zeigte sich der eitle Selbstdarsteller in Fantasieuniformen und extravaganten Morgenröcken. Weil er das Erreichte nicht aufs Spiel setzen wollte, versuchte er, den Krieg zu verzögern, doch es gelang ihm nicht, Hitler vom „Vabanquespiel" abzuhalten. Korrupt und skrupellos, war Göring stets auf seinen Vorteil bedacht. Über Goebbels' fanatischen Judenhass mokierte er sich; grausam wollte er nicht sein, aber er gab zu, dass er „nicht gerade schüchtern war, wenn es sich darum handelte, 1000 Mann erschießen zu lassen". Nach dem Tod seiner geliebten Frau Karin heiratete er die Schauspielerin Emmy Sonnemann, die dem 45-Jährigen das einzige Kind gebar. Weil Hitler ihn zuletzt für einen Verräter hielt, verstieß er den Reichsmarschall im April 1945 aus der Partei. Der in Nürnberg tagende Internationale Militärgerichtshof verurteilte Göring zum Tod. Um der Schande des Erhängens zu entgehen, vergiftete er sich am 15. Oktober 1946 in seiner Gefängniszelle.

An meinem Abscheu gegenüber dem Nationalsozialismus kann kein Zweifel bestehen, aber wie in meinen anderen Büchern auch, halte ich mich mit meiner persönlichen Meinung zurück und versuche das Geschehen so unvoreingenommen wie möglich nachzuzeichnen. Eine objektive Darstellung darf man zum Beispiel bei Joseph Goebbels' Tagebucheintragungen oder Emmy Görings Erinnerungen nicht voraussetzen. Wenn ich sie trotzdem kommentarlos zitiere, dann ist es, weil die Absicht zumeist erkennbar ist und ich es den Leserinnen und Lesern überlassen möchte, sich ihr eigenes Urteil zu bilden. Wahrscheinlich wird ihnen – wie mir – bei vielen Zitaten der Atem stocken.

Kelkheim im Herbst 2001   Dieter Wunderlich

TRAUMATISIERUNG

*"Hermann wird entweder
ein großer Mann oder ein Krimineller"*

Der Witwer Dr. Heinrich Göring ist 46 Jahre alt, als er die zwanzig Jahre jüngere Bauerstochter Franziska Tiefenbrunn heiratet. Die Hochzeit findet am 26. Mai 1885 in London statt. Dort studiert Heinrich Göring im Auftrag Bismarcks Methoden der Kolonialverwaltung, denn er soll in Südwestafrika die erste deutsche Kolonie einrichten.

Zwei Monate nach der Hochzeit wird Franziska Göring von einem Sohn entbunden. Mit ihm folgt sie ihrem Mann nach Afrika.

Während ihrer vierten Schwangerschaft reist sie 1892 von Haiti – wo ihr Mann inzwischen das Deutsche Reich als Generalkonsul vertritt – allein nach Deutschland. In einem Rosenheimer Sanatorium bringt sie am 12. Januar 1893 ihren Sohn Hermann zur Welt. Einige Wochen nach der Niederkunft schifft sich Franziska Göring wieder ein und kehrt ohne den Säugling in die Karibik zurück. Obwohl ihr ältester Sohn, ihre beiden Töchter und die jüngeren Kinder aus der ersten Ehe ihres Mannes auf Haiti leben, glaubt sie offenbar, das Neugeborene sei bei einer Freundin in Fürth besser aufgehoben. („Das Grausamste, was einem Kind geschehen kann", meint Hermann Göring später, „ist die Trennung von der Mutter in den ersten Lebensjahren."[1])

Mit 58 Jahren geht Heinrich Göring 1896 vorzeitig in Pension und zieht wieder nach Deutschland. In Berlin wartet die Pflegemutter mit dem dreijährigen Hermann am Bahnsteig auf die Ankunft der Familie. Franziska Göring eilt auf den Kleinen zu und umhalst ihn. Aber der schlägt ihr seine Kinderfaust ins Gesicht.

Eingeschult wird Hermann in Fürth. Von Montag bis Samstag wohnt er bei einem Lehrer; die Wochenenden verbringt er in der 50 km entfernten Burg Veldenstein. Dort lebt die Familie Göring inzwischen auf Einladung des Arztes Hermann Ritter von Epenstein, eines wohlhabenden Junggesellen, der während des Südwestafrika-Aufenthaltes zum Familienfreund – und Liebhaber Franziskas – geworden war und die Patenschaft für alle fünf Kinder aus der zweiten Ehe Heinrich Görings übernommen hatte. Das Schlafzimmer des beleibten, schwarzhaarigen Schlossbesitzers liegt neben dem des Ehepaares im Obergeschoss. Wenn Ritter von Epenstein über Nacht bleibt, zieht sich Heinrich Göring zum Schlafen ins Parterre zurück. Immer wieder nimmt er sich vor, gegen das Verhältnis zu protestieren, aber er kann sich nicht dazu durchringen.

In den Ferien erholt sich die Familie im Taurachtal auf Schloss Mauterndorf, das ebenfalls Hermann von Epenstein gehört. Wenn der Hausherr Gäste bewirtet, verlangt er von der ehemaligen Biergartenkellnerin Franziska Göring, dass sie die Rolle der Hausfrau übernimmt. Ihren Mann und die Kinder, die in einem nahe gelegenen Jagdhaus einquartiert sind, sieht sie dann erst beim Frühstück wieder.

1903 kommt Hermann Göring aufs Gymnasium: ein Internat in Ansbach. Wegen seines Dickkopfs gilt er nicht gerade als Musterschüler. Als seine Klasse im zweiten Schuljahr einen Aufsatz zum Thema „Der Mann, den ich am meisten bewundere" schreibt, befasst sich Hermann nicht etwa mit Friedrich dem Großen, Bismarck oder Kaiser Wilhelm II., wie es der Lehrer wohl erwartete, sondern mit seinem Paten. Er muss zum Rektor, der ihn anbrüllt, was er sich dabei denke, einen Juden so herauszustellen. Einige Tage später prügelt sich Hermann mit Mitschülern, die ihn wegen seines jüdischen Patenonkels hänseln. Am nächsten Morgen verkauft er seine Geige. Mit dem Geld bezahlt er eine Bahnfahrkarte nach Neuhaus an der Pegnitz. Den letzten Kilometer bis Veldenstein geht er zu Fuß. „Was tust du denn hier?", wundert sich seine Mutter. „Die Schule kann mir gestohlen bleiben!", begehrt Hermann auf. Franziska Göring droht ihrem Sohn Prügel an, doch obwohl er sie mehr fürchtet als seinen Vater, bleibt er stur: „Da bringt mich keiner mehr hin!"

Der Schulabbruch beeinträchtigt sein Selbstbewusstsein in keiner Weise. „Hermann wird entweder ein großer Mann oder ein Krimineller"[2], orakelt die Mutter aufgrund seines eigenwilligen Charakters. Gewohnt, in einem Schloss zu wohnen, hält er sich für etwas Besseres als andere Menschen, und Ritter von Epenstein vermittelt ihm die Überzeugung, für Geld sei alles zu haben.

Hermann ist alles andere als ein Stubenhocker. Schon als 13-Jähriger bewältigt er den schwierigsten Aufstieg zur Großglocknerspitze. Zwei

Jahre später, als er im Montblanc-Massiv einen Felsvorsprung umklettert, kugelt er sich einen Arm aus. Mit zusammengebissenen Zähnen hängt er im Seil und renkt sich das Schultergelenk selbst wieder ein. Dann setzt er die Tour fort.

Den Schulunterricht fand er langweilig, aber er ist begeistert, als ihn sein Vater 1905 bei der Kadettenanstalt in Karlsruhe anmeldet. Nach vier Jahren wird er von der Hauptkadettenanstalt in Groß-Lichterfelde bei Berlin übernommen. Ein Offizier erinnert sich später: „Hermann Göring war schon damals ein ganzer Kerl voll soldatischem Schneid, von einer ungewöhnlichen Energie und ausgeprägtem Gerechtigkeitsgefühl, einer, der sich durchzusetzen verstand."[3] Im März 1911 besteht er das Fähnrich-Examen mit dem Prädikat „vorzüglich".

Ritter von Epenstein hat nicht nur mit Franziska Göring ein Verhältnis. Im Frühjahr 1913 heiratet der 62-Jährige seine 43 Jahre jüngere Geliebte Elisabeth („Lilly") von Sandrovich. Als Heinrich Göring seine Frau weinen sieht, schreit er die seit Jahren aufgestaute Wut hinaus und überwirft sich mit seinem Gönner. In der Münchner Mietswohnung, in der die Familie unterkommt, stirbt er am 7. Dezember.

Sein Sohn Hermann, der 1913 das Abitur nachholte und am 10. Januar 1914 als Leutnant nach Mühlhausen im Elsass versetzt wird, lässt den Kontakt zu seinem Patenonkel nicht abreißen. Woher sollte der unternehmungslustige junge Offizier sonst auch genügend Geld hernehmen, um mit seinen großspurigen Kameraden mithalten zu können?

Joseph Goebbels: Der Sohn eines „Stehkragenproletariers"

Fritz Goebbels arbeitet sich in einer Dochtfabrik vom Laufburschen zum Buchhalter und schließlich zum Betriebsleiter hoch. Mit seiner Frau Katharina, der Tochter eines Hufschmieds, einer frommen und schwermütigen Frau, bewohnt er eine Etagenwohnung in Rheydt (seit 1975 Stadtteil von Mönchengladbach). In blauen Kladden notiert er jede Geldausgabe: „28 Pfennig im Skat verloren, 6 Pfennig in den Klingelbeutel."[4] Sparsamkeit und beruflicher Aufstieg ermöglichen es ihm, ein kleines Haus zu kaufen. Sechs Kinder zeugt er mit seiner Frau.

Das vierte Kind kommt am 29. Oktober 1897 zur Welt und wird auf den Namen Joseph getauft. Mit knapper Not überlebt der Säugling eine Lungenentzündung.

Im Alter von vier Jahren beginnt er zu hinken. Vergeblich versucht der Hausarzt, die Verkrüppelung des rechten Fußes zu verhindern. Die verzweifelten Eltern reisen mit Joseph nach Bonn, um dort teure Universitätsprofessoren zu konsultieren, aber die können ihm auch nicht helfen. Einige Jahre später wird der Junge in Mönchengladbach operiert und liegt drei Wochen im Krankenhaus. Der Eingriff misslingt: Der rechte Fuß bleibt endgültig kürzer als der linke, steif, mit hochgezogener Ferse und nach innen gekrümmt.

Das Hinken ihres Sohnes sei auf einen Unfall zurückzuführen, lügt die Mutter beim Krämer. Auf dem Rückweg vom Einkaufen kniet sie in der Kirche nieder und fleht um ein Ende der Heimsuchung. Wie muss erst der blasse Schüler mit dem großen Kopf auf den schmalen Schultern unter seiner Behinderung und seiner Hässlichkeit leiden!

„Der Vater Haustyrann, die Mutter eine Quelle der Güte und Liebe",[5] erinnert sich Goebbels später. Mit seiner Mutter verbindet ihn eine innige Beziehung. Später vermutet er, sie habe gerade ihm die Liebe geschenkt, die sie ihrem Mann schuldig blieb, weil er ihr als Kind so viele Sorgen machte.

Ostern 1908 wechselt Joseph von der Volksschule aufs Gymnasium. Endlich kann er über die zurückbleibenden Mitschüler triumphieren! Um seinen Eltern zu helfen, das Schulgeld aufzubringen, gibt er Nachhilfestunden. Als er zwölf Jahre alt ist, kauft ihm der Vater ein gebrauchtes Klavier. Bald spielt Joseph Etüden und Rhapsodien von Franz Liszt. Bei Schultheater-Aufführungen fällt er durch seine effektvollen Gesten und Gebärden auf. Aber weder die Lehrer noch die Mitschüler mögen den talentierten Jungen: Als Sohn eines „Stehkragenproletariers" wird er verachtet; außerdem hinkt er, verpetzt andere und spielt sich gern mit seiner Belesenheit auf.

„Ich kenne keine Parteien mehr, kenne nur noch Deutsche!"

Österreichisch-ungarische Truppen beschießen am 29. Juli 1914 die serbische Hauptstadt Belgrad. In den folgenden Tagen erklärt das Deutsche Reich Russland den Krieg; die deutsche Wehrmacht besetzt Luxemburg und marschiert in Belgien ein, um von dort aus mit einem mächtigen „Sichelschnitt" Nordfrankreich zu erobern. Der Erste Weltkrieg hat begonnen.

„Ich kenne keine Parteien mehr, kenne nur noch Deutsche!"[6], ruft Kaiser Wilhelm II. am 1. August vom Balkon des Berliner Stadtschlosses. Eine Welle der Solidarität, die alle sozialen Schichten und politischen Gruppierungen erfasst, schafft ein neues deutsches Nationalgefühl. Alle gehen auf die Straße; einige sind nur schaulustig, die meisten aber schwenken Fahnen, skandieren kämpferische Parolen und grölen patriotische Lieder. Selbst an den Fenstern schäbiger Mietskasernen flattern schwarz-weiß-rote Reichsflaggen. Die Kriegsbegeisterung öffnet die Schranken zwischen dem Mittelstand und der Arbeiterklasse, den Protestanten, Katholiken und Juden, Preußen und Bayern. Vor den Meldebehörden stehen die Kriegsfreiwilligen Schlange. Begeistert und siegesgewiss ziehen sie durch das Spalier der jubelnden Bevölkerung in den Krieg. Nur die Soldatenbräute wissen nicht, ob sie vor Glück oder Wehmut weinen.

Auch Joseph Goebbels beteiligt sich am Freudengeschrei auf der Straße. Seine älteren Brüder werden eingezogen. Er selbst ist bei Kriegsbeginn noch zu jung, und als er sich mit achtzehn freiwillig meldet, schaut der Musterungsarzt den schmächtigen, gehbehinderten Aspiranten nur flüchtig an. Trotz oder gerade wegen dieser demütigenden Zurückweisung preist Joseph Goebbels in seinen Schulaufsätzen die solidarische „Volksgemeinschaft"[7] und verklärt den Soldatentod als heiliges Opfer auf dem Altar des Vaterlands.

Leutnant Hermann Göring zieht in den Krieg, wird aber bereits nach fünf Wochen, am 23. September 1914, ins Lazarett gebracht, weil er sich wegen rheumatischer Schmerzen kaum bewegen kann. Er hat genug davon, sich bei Grabenkämpfen in die feuchte Erde zu drücken und stellt ein Versetzungsgesuch zu den Fliegern. Obwohl es abgelehnt wird, kehrt er nach der Genesung nicht zu seiner Infanterie-Einheit zurück und wird deshalb zu drei Wochen Arrest verurteilt. Weil er in einem kaiserlichen Fliegerverband mit der Ausbildung beginnt und deshalb für die Infanterie nicht mehr greifbar ist, entgeht er der Strafe.

Bald sitzt er hinter dem Piloten Bruno Loerzer in einem offenen zweisitzigen Flugzeug. Während dieser die Maschine im Tiefflug über feindliche Stellungen zieht, beugt sich Hermann Göring weit hinaus, um zu fotografieren und gelegentlich mit der Pistole auf gegnerische Offiziere zu schießen. Kronprinz Wilhelm heftet Bruno Loerzer und Hermann Göring am 25. März 1915 das Eiserne Kreuz 1. Klasse an die Uniform.

„Ich küsse zum ersten Male ihre Brust"

Wenn seine Geschwister schlafen, reimt Joseph Goebbels heimlich Liebesgedichte für die Mutter eines seiner Nachhilfeschüler, die ihn besonders umhegt. Mitschüler finden die Gedichte in seiner Schulbank – und lesen sie sich kichernd vor. Dabei fallen hämische Bemerkungen über den „lahmen Liebhaber" und seinen „krummen Pegasus".[8]

Der Freundin seines älteren Bruders Hans schickt er Liebesbriefe, bis sich ihre Eltern beschweren und Hans mit dem Rasiermesser auf ihn losgeht.

Als 18-Jähriger kann er es kaum fassen, dass die vollbusige Leni Krage trotz seiner Verkrüppelung für ihn schwärmt („anbetungswürdig scheinst du mir"[9]). Eines Abends lässt sie sich im Rheydter Kaiserpark mit ihm einschließen. „Ich küsse zum ersten Male ihre Brust."[10] Goebbels schämt sich, weil lediglich ihr Körper ihn reizt. Vergeblich kämpft er dagegen an – und erkennt entsetzt, wie sehr er von seinem Sexualtrieb beherrscht wird.

Jagdflieger Hermann Göring

Nach einem Pilotenlehrgang in Freiburg steuert Hermann Göring am 3. Oktober 1915 bei Verdun erstmals selbst ein Jagdflugzeug im Einsatz.

Im November 1916 attackiert er einen zweimotorigen englischen Bomber, wird aber von einer Staffel feindlicher Jagdflieger überrascht. Kugeln und Splitter treffen ihn am Bein und in der rechten Hüfte, bevor er zum Sturzflug ansetzen und entkommen kann. Minuten nach der Notlandung wird er operiert.

Monatelang liegt er im Lazarett. Anschließend erholt er sich auf Schloss Mauterndorf bei Hermann und Elisabeth von Epenstein. In dieser Zeit verliebt er sich in Marianne Mauser-Mühltaler, die Tochter eines reichen Bauern.

Nach dem Genesungsurlaub hätte er sich bei einem Ersatzbataillon in Böblingen melden müssen, aber er hat keine Lust, in der Etappe Wache zu schieben. Dem zuständigen General teilt er in einem Telegramm kaltschnäuzig mit, er könne den Ort auf keiner Landkarte finden und fahre deshalb an die Front. Dann nimmt er einen Zug nach Mühlhausen im Elsass, um in eine inzwischen von Bruno Loerzer kommandierte Jagdstaffel aufgenommen zu werden.

„Stahlgewitter"

Im August 1914 schoben sich die deutschen Truppen 400 km weit nach Westen vor, dann kam der Angriff zum Stehen. Die Front erstarrte. Deutsche und französische Soldaten liegen sich seither in Schützengräben und Unterständen gegenüber – oft nur wenige hundert Meter voneinander entfernt. Nachts rücken Spähtrupps vor, um die Lage zu erkunden; tagsüber beschießt die Artillerie feindliche Stellungen und versucht, den Gegner durch „Stahlgewitter"[11] zu zermürben.

Die rascher als erwartet nach Ostpreußen vorgedrungenen Russen wurden im August 1914 bei Tannenberg von dem 67 Jahre alten, eigens aus dem Ruhestand geholten Generaloberst Paul von Hindenburg und „seinem Gehirn"[12] Generalmajor Erich Ludendorff besiegt. Seit einer groß angelegten Offensive im Sommer 1915 stehen deutsche Soldaten in Lettland, Polen und östlich der Karpaten.

„Ausflug nach Paris", hatte im Sommer 1914 ein deutscher Soldat mit Kreide an den Eisenbahnwaggon geschrieben, mit dem er zur Front gebracht wurde.[13] Dann aber stellte sich heraus, dass der Krieg nicht bis Weihnachten zu gewinnen war. Im Winter 1916/17 gehen die Kartoffeln aus, und es gibt nur noch Steckrüben – also Viehfutter – zu essen. Im Februar 1917 werden sogar die Steckrüben rationiert.

Die Menschen verlieren den Respekt vor der kaiserlichen Regierung, die sie nicht einmal mit dem Nötigsten versorgen kann.

„Zum Redner nicht geboren"

Stolz bringt Joseph Goebbels sein Schulzeugnis vom 22. Dezember 1916 mit nach Hause: Betragen, Aufmerksamkeit und Ordnung, Religionslehre, Deutsch und Latein: sehr gut, Schrift, Griechisch, Französisch, Geschichte, Mathematik und Physik: gut.[14] Weil er die besten Deutschaufsätze geschrieben hat, darf er am 21. März 1917 in der Aula die Abiturrede halten: „Und vor allem, meine lieben Freunde, wollen wir dafür sorgen, dass uns unserer Jugend frischer, von der Welt noch unberührter Idealismus bewahrt bleibe. Er soll uns in den nächsten Jahren ein starker Führer sein, er soll als hell leuchtender Stern unserem Leben scheinen."[15] Am Ende klopft ihm der Schulleiter jovial auf die Schulter und meint: „Talentiert sind Sie ja, aber zum Redner leider nicht geboren."[16]

Katharina Goebbels bekniet ihren Sohn, Theologie zu studieren, denn die schlichte Frau malt sich bereits aus, wie die Nachbarn ihren mit einer Soutane bekleideten Sohn ehrerbietig grüßen. Doch Joseph hört auf seinen Deutschlehrer Christian Voss und schreibt sich am 20. April an der Bonner Universität für Germanistik und Altphilologie ein. Gleich zu Beginn des Semesters hält der 19-Jährige in der katholischen Studentenverbindung „Unitas" eine Festrede mit dem Titel „Wilhelm Raabe und wir".[17]

Obwohl er weiterhin mit Nachhilfestunden etwas Geld verdient, fressen die Ausgaben für das möblierte Zimmer, für Lebensmittel und die zum Verbindungsleben gehörenden Zechereien seine Ersparnisse auf. Schon bald kommt es wegen unbezahlter Rechnungen zum Streit mit seinem Vater. Im Sommer wird er als Bürosoldat einberufen; sein Einsatz dauert aber nur wenige Wochen. Danach folgt er dem Rat seines ehemaligen Religionslehrers Johannes Mollen und erlaubt sich „untertänigst, ... die ergebene Bitte um eine Studienbeihilfe" an den Albertus-Magnus-Verein in Köln zu richten. „Ich bin ... vollständig auf die Mildtätigkeit meiner katholischen Glaubensgenossen angewiesen."[18] Man stellt einige Fragen, aber als Kaplan Mollen das religiöse und sittliche Verhalten seines Schützlings ausdrücklich lobt, gewährt der Verein Joseph Goebbels ein zinsloses Darlehen.

„Pour le mérite"

Der Däne Paulli Krause-Jensen, der als Aufklärungsflieger in der französischen Luftwaffe dient, berichtet später über einen Luftkampf mit Hermann Göring: „Wir umflogen uns immer enger ... Da plötzlich riss die deutsche Maschine eine scharfe Kurve, überschlug sich fast und hatte mich gleich darauf vor dem Maschinengewehr. ... So aber zu fliegen gelang nur Göring." Plötzlich versagt Krause-Jensens Maschinengewehr. „Ich schlug mit der Faust gegen die glühend heiße Waffe, vergebens. Ich riss am Ladestreifen, vergebens. Aus! Das war mein einziger Gedanke. Mein Gegner war wohl ebenfalls verblüfft ... Er umkreiste mich ... Dann plötzlich ... flog er dicht an mir vorbei, legte die Hand grüßend an die Kappe und drehte ab zu der deutschen Linie."[19]

Im August 1917 wird Hermann Göring mit 24 Jahren zum Oberleutnant befördert, und nach 18 Luftsiegen legt ihm Kaiser Wilhelm II. ein dreiviertel Jahr später persönlich den Orden „Pour le mérite" um den Hals.

Görings Geschwaderkommandeur Manfred Freiherr von Richthofen stürzt am 21. April 1918 nach einem Flaktreffer ab und erliegt seinen

Verletzungen – elf Tage vor seinem 26. Geburtstag. Sein Nachfolger, Wilhelm Reinhardt, kommt am 3. Juli ums Leben, als die Tragflächen seiner Testmaschine bei einem Flugmanöver abreißen. Vier Tage später übernimmt Hermann Göring das Kommando des Jagdgeschwaders, das zu Ehren des erfolgreichsten deutschen Jagdfliegers des Ersten Weltkriegs den Namen „Richthofen" erhält. Jeder Flieger weiß jetzt, wer Oberleutnant Hermann Göring ist.

„Mit bebendem Herzen"

Im ersten Semester befreundete sich Joseph Goebbels mit dem Jurastudenten Karl Heinz („Pille") Kölsch. Zwei von dessen Schwestern himmelten ihn an, aber er hatte nur Augen für die ältere der beiden; die jüngere verschmähte er („Liesel liebt mich, ich liebe Agnes"[20]). Agnes Kölsch schrieb ihm am 7. November 1917: „Lieselchen hat deinen Brief gelesen; es hat mir unbeschreiblich weh für sie getan."[21] Am gleichen Tag versicherte ihm Liesel, sie werde „stark sein", „überwinden lernen" und ihm „zukünftig als kleine aber starke Freundin entgegentreten".[22]

Als Joseph Goebbels seinem Freund im Mai 1918 nach Freiburg im Breisgau folgt und dort mit ihm zusammen wohnt, lernt er auch dessen aus einer reichen Recklinghauser Familie stammende Geliebte Anka Stalherm kennen. Joseph Goebbels ist von der zwei Jahre älteren Juraund Volkswirtschafts-Studentin mit „abgrundtiefen grünen Rätselaugen"[23] hingerissen, zumal er annimmt, sie sei bereit, „für eine Minute Seligkeit die ewige Verdammnis auf sich zu nehmen"[24]. Ohne sich über Agnes oder seinen Freund Gedanken zu machen, umwirbt er die brünette Schöne, die bald seinem Drängen nachgibt und sich von ihm küssen lässt. Er gerät so ins Schwärmen, dass er alles andere um sich herum vergisst: „Ich weiß kaum noch, dass Krieg ist."[25]

Als Anka von ihrem Bruder in Freiburg besucht wird und sie ihn nicht mit Joseph bekannt macht, kommt es zum Zerwürfnis, weil er begreift, dass ihn die Familie Stalherm nicht akzeptiert: „Sozialer Unterschied. Ich bin ein armer Teufel"[26], notiert er lapidar. Zu Beginn der Ferien fährt Anka Stalherm nach Recklinghausen, wo ihre verwitwete Mutter gleich nach der Begrüßung auf sie einredet, sie solle sich von dem nicht standesgemäßen Krüppel trennen.

Joseph Goebbels verbringt die Sommerferien 1918 zu Hause in Rheydt. Dort schreibt er eine „biblische Tragödie in fünf Akten" mit dem Titel

„Judas Iscariot"[27]. Er stellt Judas als schwärmerischen Außenseiter dar, der sich Jesus anschließt, weil er glaubt, dieser gründe ein neues gerechtes Reich. Als Judas merkt, dass es Jesus nicht auf eine irdische Herrschaft ankommt, verrät er ihn, um seine Vision selbst verwirklichen zu können, begreift dann aber, was er getan hat und tötet sich selbst. Kaplan Johannes Mollen, der von dem Manuskript erfährt, lädt den Verfasser zu einem Gespräch ein. Ob er bezweifle, dass die Kirche für eine gerechte Welt kämpft? Joseph Goebbels gibt seinen Zweifel zu, schreckt aber davor zurück, mit dem katholischen Glauben zu brechen und verspricht, das Stück nicht zu verbreiten.

Als Anka Stalherm ihm mitteilt, dass sie ihr Studium in Würzburg fortsetzen wird, glaubt er, sie wolle sich von ihm trennen und behauptet scheinbar leichthin, er werde wohl in München weiterstudieren. Aber er hält es nicht lange ohne sie aus. Auf einem Polizeirevier in Würzburg erfährt er, in welchem Hotel sie abgestiegen ist. „Mit Sturmschritten zum Hotel Rügener. Ja, ist noch hier. Auf Wohnungssuche. Ich warte in der Nähe mit bebendem Herzen."[28]

„Es lebe das Neue! Es lebe die deutsche Republik!"

Als sich die Russen nach der Oktoberrevolution am 3. März 1918 in Brest-Litowsk erbarmungslose Friedensbedingungen diktieren lassen, und der Zweifrontenkrieg der Deutschen damit endet, scheint der Sieg zum Greifen nahe. Doch am 28. September 1918 kommen Hindenburg und Ludendorff – die 1916 die Oberste Heeresleitung übernommen haben – zu der Auffassung, der militärische Zusammenbruch an der Westfront stehe unmittelbar bevor; ein Waffenstillstandsgesuch sei deshalb unumgänglich. „Mitten im Siegen"[29] erfahren die Deutschen, dass der Krieg verloren ist.

Als die Admiralität der Hochseeflotte Ende Oktober trotzdem befiehlt, gegen England auszulaufen, meutern die Matrosen. In München warnt ein Arbeiter den bayrischen König Ludwig III., der im Hofgarten spazieren geht: „Majestät, gengan S' hoam, sonst g'schieht Eana 'was. Revolution is'!"[30] Als die Revolutionäre in den Residenzstädten von den Lastwagen springen, durch die Straßen marschieren und Arbeiter- und Soldatenräte bilden, danken die deutschen Könige und Fürsten lautlos ab. In Berlin tritt der Sozialdemokrat Philipp Scheidemann beherzt an ein bodentiefes Fenster des Reichstagsgebäudes und ruft der zusammenlaufenden Menge zu: „Das Alte und Morsche, die Monarchie, ist zusammengebrochen. Es lebe das Neue! Es lebe die deutsche Republik!"[31] Kaiser Wilhelm II. setzt sich derweil nach Holland ab.

Nicht ein General, sondern der Zentrumspolitiker Matthias Erzberger führt die Delegation, die in einem im Wald von Compiègne bei Paris abgestellten Salonwaggon mit den Kriegsgegnern über ein Waffenstillstands-Abkommen verhandelt. Es wird in der Nacht zum 11. November 1918 unterzeichnet.

„Man spuckt uns an"

Wegen des Waffenstillstands erhält Hermann Göring den Befehl, seine Flugzeuge in Straßburg den Franzosen zu übergeben. Als sich am Morgen des 12. November 1918 der Nebel lichtet, fliegt er stattdessen eigenmächtig mit seinem Geschwader nach Darmstadt und lässt die Maschinen durch mutwillige Bruchlandungen zerstören.

Im Stiftskeller von Aschaffenburg verabschiedet sich der 25-Jährige von seinen Kameraden. Als er mit ihnen das Lokal verlässt, müssen sie sich gegen Passanten wehren, die versuchen, ihnen Orden und Schulterstücke abzureißen.

Nachdem er seine Entlassungspapiere erhalten hat, fährt Hermann Göring Anfang Dezember in einem schäbigen Zivilanzug nach Berlin, wo sich die arbeitslosen Offiziere organisieren wollen. Auf einer ihrer Versammlungen in der Berliner Philharmonie erscheint der preußische Kriegsminister General Georg-Hans Reinhardt einer neuen Vorschrift entsprechend ohne Schulterstücke an seiner Uniform. Da springt der Reserveoberleutnant Hermann Göring wütend auf und brüllt, er habe von ihm erwartet, dass er aus Protest gegen den schändlichen Waffenstillstand einen Trauerflor trage. Das Publikum grölt, und als der Minister wortlos den Saal verlassen hat, fährt Hermann Göring fort: „Wir Offiziere haben vier Jahre lang auf der Erde, auf dem Wasser und in der Luft unsere Schuldigkeit getan und alles eingesetzt für unser Vaterland. Jetzt kommen wir nach Haus, und was tut man mit uns? Man spuckt uns an und will uns das nehmen, was unsere Ehre war."[32]

Vergeblich sieht sich Göring in Berlin nach Arbeit um. Niedergeschlagen reist er nach München und quartiert sich bei seiner Mutter ein.

Obwohl er sich im Vorjahr mit der am Mainzer Stadttheater engagierten Schauspielerin Käthe Dorsch verlobt hat, hofiert er auch noch einmal Marianne Mauser-Mühltaler in Mauterndorf. Aber für einen Arbeitslosen ist die Bauerstochter nicht zu haben! Und Käthe Dorsch zieht schließlich den Filmstar Harry Liedtke vor.

„Von hinten erdolcht"

Die Sozialdemokraten, die seit 1912 die stärkste Reichstagsfraktion bilden, übernehmen im November 1918 die Verantwortung für den Scherbenhaufen, den der Kaiser und die Oberste Heeresleitung hinterließen. Der Fraktionsvorsitzende Friedrich Ebert, den der kaiserliche Reichskanzler Prinz Max von Baden am 9. November 1918 in einem revolutionären Akt zu seinem Nachfolger ernannte, bemüht sich sogar, die Monarchie zu retten. Zwar kann er die Revolution nicht aufhalten, aber es gelingt ihm, die Etablierung eines Rätesystems in Berlin zu verhindern und rechtsstaatliche Verhältnisse wiederherzustellen. Am 19. Januar 1919 wählen die Deutschen eine Nationalversammlung, die sich wegen der politischen Wirren allerdings nicht in der Reichshauptstadt, sondern im Weimarer Nationaltheater konstituiert und eine republikanische Verfassung ausarbeitet, auf die der inzwischen zum Reichspräsidenten gewählte Friedrich Ebert am 20. August 1919 vereidigt wird.

Die „Weimarer Republik" ist von Anfang an mit einer Hypothek belastet: Die Deutschen begreifen nicht, wieso sie den Krieg verloren haben, denn zum Zeitpunkt der Waffenstillstands-Verhandlungen befand sich kein feindlicher Soldat auf deutschem Boden. Sie glauben, was Hindenburg und Ludendorff behaupten: die deutsche Armee sei „im Felde unbesiegt"[33] geblieben, aber durch die Revolution „von hinten erdolcht"[34] worden. Niemand erinnert sich mehr daran, dass die beiden Volkshelden die Reichsregierung bereits sechs Wochen vor der „Novemberrevolution" drängten, den aussichtslosen Krieg zu beenden. Die Männer an den Stammtischen empören sich nicht über die militärische Führung, sondern über die „Novemberverbrecher" und bejubeln Volksverhetzer, die ihnen versprechen, die „Schande" wieder gutzumachen.

„Ich kenne mich in der Welt nicht mehr aus"

Auch Joseph Goebbels – der im Wintersemester 1918/19 mit Anka Stalherm in Würzburg studiert – ist schockiert über den verlorenen Krieg und verunsichert durch die politischen Umwälzungen. Die noch vom Kaiser beschworene Solidarität der Deutschen, nach der sich gerade der

Außenseiter Goebbels gesehnt hatte, endete mit der Niederlage im Krieg. Goebbels verabscheut die Revolution und fürchtet die Anarchie. Verzweifelt spricht er sich Mut zu: „Meinst du nicht auch, dass die Stunde wiederkommt, in der man wieder schreit nach Geist und Kraft in dem niederen, nichtssagenden Massentrubel?", fragt er seinen früheren Klassenkameraden Fritz Prang in einem Brief vom 13. November 1918. „Lassen wir auf diese Stunde warten und nicht ablassen, uns durch beharrliche geistige Schulung zu diesem Kampfe zu rüsten. Es ist ja bitter, diese schweren Stunden unseres Vaterlandes miterleben zu müssen, doch wer weiß, ob wir nicht doch noch Gewinn daraus ziehen. ... Wenn der Wein gärt, kommen alle schlechten Bestandteile an die Oberfläche, doch sie werden abgeschöpft, und Köstliches bleibt nur zurück."[35]

Joseph Goebbels zweifelt immer stärker am christlichen Glauben, denn es könne nicht sein, dass Gott eine solche Schmach für das deutsche Volk gewollt habe. Ende 1918 kehrt er der katholischen Studentenverbindung „Unitas" den Rücken, und am Heiligen Abend geht er erstmals nicht zur Christmette, sondern schleicht sich zu Anka ins Zimmer. Unter dem Christbaum liegt seine für sie geschriebene Weihnachtsgeschichte: „Die Weihnachtsglocken des Eremiten"[36]. Joseph Goebbels fühlt sich „restlos glücklich"[37].

Er besucht zwar keine Messe mehr, aber bei den Wahlen zur Nationalversammlung am 19. Januar 1919 entscheidet er sich dann doch für die katholische „Bayerische Volkspartei".

Allmählich setzt sich bei ihm die Überzeugung fest, die Juden seien an der Ausbreitung des Materialismus schuld. Den Kampf gegen das „internationale Judentum" hält er für notwendig, um das von Oswald Spengler[38] beschworene Abgleiten der abendländischen Kultur in eine seelenlose und dem Untergang geweihte Zivilisation zu verhindern. „Übertriebenes Antisemitentum" lehnt er allerdings ab und meint: „Durch Schimpfen und Polemisieren oder gar durch Pogrome schafft man sie [die Juden] nicht aus der Welt, und wenn man es auf diese Weise könnte, dann wäre das sehr unedel und menschenunwürdig."[39]

Er kenne sich in der Welt nicht mehr aus, klagt er. Begierig diskutiert er mit seinem früheren Schulkameraden Richard Flisges, wenn dieser ihm während der Sommerferien auf ausgedehnten Spaziergängen in der Umgebung von Rheydt marxistisches und pazifistisches Gedankengut erläutert. Joseph Goebbels bestärkt den hoch gewachsenen Reserveleutnant in dem Vorhaben, ebenfalls Germanistik zu studieren, und bevor er Anka Stalherm für ein weiteres Semester nach Freiburg folgt, drängt er seinen neuen Freund, rechtzeitig nachzukommen.

Anka Stalherm steckt Joseph Goebbels immer wieder Geld zu. Als es ihm in Würzburg nicht gut ging, bot sie ihm an, eine Kur für ihn zu bezahlen. Während der Ferien versuchte sie, von zu Hause heimlich ein Sparbuch für ihn mitzunehmen. Und als im Juni 1919 ein Leipziger Verlag bereit ist, einen Sammelband mit Gedichten ihres Geliebten zu veröffentlichen, falls dieser sich an den Druckkosten beteiligt, will sie sofort den geforderten Betrag bezahlen. Aber das lässt Josephs Stolz dann doch nicht zu: Obwohl er sich schon sehr auf das Buch gefreut hat, zerknüllt er den Vertrag.

Immer häufiger kommt es zu Auseinandersetzungen zwischen den beiden. Sie bewohnen in Freiburg benachbarte Zimmer. Eines Abends klopft er vergeblich an ihre Tür. Als er am nächsten Morgen nachsieht, liegt sie weinend im Bett und beichtet ihm, dass sie die Nacht mit Karl Heinz Kölsch verbracht hat. Joseph Goebbels fühlt sich „wie geschlagen"[40]. Er packt die Koffer, doch er hört ihr Schluchzen bis in sein Zimmer. Mittags geht er zu ihr und küsst ihr die Tränen von den Wangen.

Intermezzo

Seinen 26. Geburtstag feiert Hermann Göring in der Mietswohnung seiner Mutter. Dabei will keine rechte Stimmung aufkommen, denn der auf Schlössern aufgewachsene gefeierte Kriegsheld weiß nicht, wie er seinen Lebensunterhalt verdienen soll. Die deutsche Luftwaffe existiert nicht mehr, ihr Wiederaufbau wird im Versailler Friedensvertrag[41] verboten, und die zivile Luftfahrt beginnt gerade erst: Am 5. Februar 1919, einen Tag bevor die Weimarer Nationalversammlung zusammentritt, richtet die „Deutsche Luft-Reederei" einen täglichen Flugverkehr zwischen Weimar, Leipzig und Berlin ein. In den offenen Maschinen sitzen bis zu drei Passagiere, die vor dem Start mit pelzgefütterten Schutzanzügen, Kappen und Flugbrillen ausgestattet werden.

Hermann Göring trifft sich in München mit Frank Beaumont. Den britischen Fliegeroffizier zwang er bei einem Luftkampf zu einer Notlandung, aber danach prostete er dem Kriegsgefangenen mit Champagner zu. Diese ritterliche Geste hat der Engländer nicht vergessen. Frank Beaumont, der im Auftrag seiner Regierung die deutsche Abrüstung kontrolliert und dabei Beziehungen zur Luftfahrtindustrie geknüpft hat, setzt sich bei den Münchner Fokker-Werken für seinen ehemaligen Gegner ein: Göring darf bei einer skandinavischen Flugausstellung in Kopenhagen einen Doppeldecker vorführen. Mit waghalsigen Kunstflügen macht er im April 1919 von sich reden, und er demonstriert die Vorzüge des Flugzeuges so überzeugend, dass ihm Fokker als Gegenleistung die Maschine schenkt.

Nach der Ausstellung reißen sich viele darum, von dem deutschen Fliegerhelden zu einem Rundflug über Dänemark mitgenommen zu werden. Bei einem Flugtag in Odense bietet ihm das Festkomitee für jeden Looping 50 Kronen. Er willigt ein und klettert in seinen Doppeldecker. Die Veranstalter rechnen mit drei, vier Loopings. Beim zehnten Looping klatschen sie noch begeistert. Als er nach dem fünfzigsten landet, reicht das Geld in der Festkasse nicht, um ihn zu bezahlen. Er verzichtet auf die Hälfte der vereinbarten Gage und bestellt Champagner. Übermütig vertauscht er in der Nacht im Hotel die zum Putzen vor die Türen gestellten Schuhe und torkelt grölend mit einigen jungen Damen durch die Korridore, bis ihn die Polizei vorübergehend festnimmt.

Als Hermann Göring Soffy Topsøe, die Tochter eines dänischen Philologen verführt, kommt es zum Skandal. Deshalb verlässt er Dänemark und erwirbt am 2. August 1919 eine schwedische Lizenz für Passagierflüge. Für die „Svenska Lufttrafik AB", die gerade den Flugbetrieb vorbereitet, erkundet er mögliche Routen, bis er im Jahr darauf seine eigene Maschine verkauft und als Pilot der schwedischen Fluggesellschaft auf der Luftpostverbindung Warnemünde – Kopenhagen – Malmö eingesetzt wird.

Trübe Tage in München

Im Herbst 1919 zieht Joseph Goebbels mit Anka Stalherm nach München, obwohl er sich dort nicht immatrikulieren kann, weil der Stadtrat für nichtbayrische Studenten ein Zuzugsverbot verhängt hat, damit zunächst einmal die einheimischen Kriegsteilnehmer ihr Studium nachholen können.

Während sich Anka Stalherm ein Zimmer in der Innenstadt leistet, muss Joseph Goebbels mit einem schäbigen Quartier im Stadtteil Neuhausen vorlieb nehmen. Als ihm trotzdem das Geld ausgeht, verkauft er seine Armbanduhr und einige Anzüge, aber er lebt hauptsächlich auf Kosten Ankas, die eine goldene Uhr ins Leihhaus bringt, um ihn weiterhin mit Zigaretten versorgen und mit ihm in die Oper gehen zu können. „Ich lebe fast allein von ihr"[42], gesteht Goebbels.

Ende November reist sie mit reichen Freunden in die Berge und lässt ihren Geliebten in München zurück. Der beklagt sich in einem Brief, dass sie es fertig bringe, ihn „zwei Tage in der jetzigen misslichen Lage allein sitzen zu lassen". „Zugleich aber sehe ich auch, in welch ein unwürdiges Abhängigkeitsverhältnis, geistig sowohl als materiell, ich mit den Tagen zu dir geraten bin. Das muss ein Ende nehmen ... Was ich tun soll, weiß ich noch nicht. ... Meinen Entschluss werde ich in den nächsten Tagen brieflich mitteilen."[43]

Doch er versöhnt sich wieder mit ihr. Einige Tage vor Weihnachten übernachtet das Paar in einem Hotel am Starnberger See, und Anka schenkt ihm ein goldenes Armband mit eingravierter Widmung. Den Heiligen Abend und die Feiertage verbringt sie allerdings bei Bekannten in Füssen. In München regnet es, und Joseph Goebbels ist froh, dass ihn wenigstens sein Zimmerherr zum Gansessen einlädt. Am 30. Dezember hält er es nicht mehr aus: Er besucht Anka in Füssen. Sie rodeln, fahren mit der Kutsche durch die Winterlandschaft und besichtigen Neuschwanstein und Hohenschwangau. Aber die „seligen Tage"[44] sind nicht von Dauer.

„Wir haben den Liebestrank gekostet"

Am 20. Februar 1920 kommt der schwedische Millionär Eric Graf von Rosen von einer Südamerika-Expedition nach Stockholm zurück. Weil es dunkel wird und ein Schneesturm aufzieht, ist niemand bereit, ihn zu seinem hundert Kilometer südwestlich der schwedischen Hauptstadt gelegenen Schloss Rockelstad am Bavensee bei Sparreholm zu fliegen – niemand, außer Hermann Göring. Der breitet eine Landkarte auf dem Boden aus, beugt sich darüber und prägt sich die Route ein. Auf halbem Weg geraten sie in den Schneesturm. Eine Fallbö reißt die Maschine tausend Meter nach unten. „Das Flugzeug tanzte wie toll und wurde unaufhörlich aus großer Höhe bis auf Baumwipfeltiefe gedrückt und dann wieder hochgeschleudert", erzählt Göring später. „Es bedurfte meiner damals recht erheblichen Körperkraft, um die Maschine vor dem Absturz zu bewahren. ... Sie mögen es glauben oder nicht, der Steuerknüppel hat sich verbogen."[45] Der Sturm lässt nach. Göring glaubt Rockelstad in der Ferne zu erkennen. Er wendet sich um, deutet hin und schreit: „Rockelstad?" Aber Graf Rosen winkt ab. Ein paar Minuten später taucht ein weiteres Schloss auf. Wieder schüttelt Graf Rosen den Kopf. Trotzdem landet Göring, erkundigt sich und erfährt, dass er an Rockelstad vorbeigeflogen ist. Graf von Rosen hat es in der Aufregung und durch seine verschneite Brille nicht erkannt.

Mary von Rosen umarmt ihren Mann; Sohn und Tochter wollen auch gleich wissen, was ihr Vater in Lateinamerika erlebt hat, und der Graf freut sich, wieder bei seiner Familie zu sein. Der tollkühne Pilot wird eingeladen, die Nacht im Schloss zu verbringen. Er steht noch mit den Gastgebern in der Halle, da kommt eine große, attraktive Frau die Treppe herunter. Er wird ihr vorgestellt. Es ist Mary von Rosens in Stockholm verheiratete Schwester Karin von Kantzow, die zu Besuch hier ist. Nach dem Abendessen setzen sich alle vor den Kamin. Hermann Göring muss sich zusammennehmen, um Karin von Kantzow nicht fortwährend anzustarren, und er versucht zu verbergen, wie ihn ihr sensibles, schwärmerisches Wesen begeistert.

Karin von Kantzow ist 31 Jahre alt, gut vier Jahre älter als Hermann Göring. Sie ist die vierte von fünf Töchtern des schwedischen Offiziers Carl Freiherr von Fock und dessen Frau Huldine, einer in Irland aufgewachsenen Engländerin, die in Stockholm eine vornehme christliche Schwesternschaft leitet. 1910 hat Karin den Offizier Nils Gustav Freiherr von Kantzow geheiratet.

Einige Zeit später wird Hermann Göring von einem Freund zu einem Kostümball der schwedischen Adelsvereinigung in Stockholm eingeladen. Im Frack und mit einer schwarzen Maske vor dem Gesicht lehnt er an einer Säule. Da sieht er eine verkleidete Dame, die er sofort an der Figur und an den Bewegungen erkennt: Karin von Kantzow.

Die Kantzows laden Hermann Göring in ihre Stockholmer Wohnung ein. Der Gastgeber ist von den Abenteuern des ehemaligen Fliegerhelden kaum weniger begeistert als sein achtjähriger Sohn Thomas. Dabei kann es Nils von Kantzow nicht entgangen sein, dass sich zwischen seiner Frau und dem deutschen Besucher mehr als ein Flirt entwickelt hat. Karin schreibt einer ihrer Schwestern: „Wir sind wie Tristan und Isolde. Wir haben den Liebestrank gekostet, und wir sind hilflos, ja ekstatisch hilflos unter seiner Wirkung."[46] Eine Zeit lang treffen sie sich bei Karins Eltern, dann ziehen sie in eine Wohnung in Stockholm – für die der gehörnte Ehemann die Miete bezahlt. „Wie herrlich ist es, einen Mann zu haben, der nicht zwei Tage braucht, um die Pointe eines Witzes zu verstehen"[47], jubelt Karin in einem Brief an eine Freundin. Ohne sich um den Skandal und den Protest ihres Vaters zu kümmern, begleitet Karin von Kantzow ihren Geliebten im Sommer 1920 nach München. Hermann Göring stellt sie seiner Mutter vor – die über sein Verhältnis mit einer verheirateten Frau entsetzt ist, weil sie sich an ihre eigene Erfahrung erinnert.

Hermann Göring und Karin von Kantzow mieten ein idyllisches Jagdhaus in Hochkreuth bei Bayrischzell. Sie verkauft selbst gemalte Bilder, als sie aber für einige Tage ins Krankenhaus muss, bringt sie anschließend ihren Pelzmantel ins Pfandhaus, um die Rechnung bezahlen zu können. Nils von Kantzow schickt ihr Geld, damit sie den Mantel auslösen und sich eine Fahrkarte nach Stockholm kaufen kann, denn er hofft noch immer, sie wiedergewinnen zu können.

Karin lässt ihren Geliebten in München zurück und versichert ihrem Ehemann in Stockholm weinend, die Familie sei für sie das Wichtigste.

Um die Zeit totzuschlagen, immatrikuliert sich Hermann Göring für Geschichte und Nationalökonomie, besucht aber nur wenige Vorlesungen. Ohne Karin von Kantzow in seiner Nähe wird er wieder zum prahlerischen Frauenhelden: Als auf einer Versammlung besprochen wird, wie man ehemaligen Offizieren eine Unterkunft verschaffen könne, ruft er: „Ihr Narren! Meint ihr, dass ein Offizier, der etwas taugt, kein Bett findet, in dem er schlafen kann, und wenn es das Bett einer hübschen Blondine ist?"[48]

„Eine neue Welt soll sich aus der alten erheben"

Verärgert über die sich häufenden Streitigkeiten mit Anka Stalherm reist Joseph Goebbels Ende Januar 1920 zu seiner Familie nach Rheydt – und schließt dort seinen aus französischer Kriegsgefangenschaft heimgekehrten Bruder Hans in die Arme.

Frustriert über die gesellschaftliche Kluft zwischen ihm und Anka ruft er in einem – allerdings nie veröffentlichten – Arbeiterdrama dazu auf, die Urheber sozialer Ungerechtigkeiten „mit der ganzen Glut des starken Herzens"[49] zu hassen. In einem weiteren Bühnenstück wirbt er leidenschaftlich für den Sozialismus: „O, die Welt ist gut, muss gut sein, und wenn sie es jetzt nicht ist, dann muss sie es wieder werden. Eine neue Welt soll sich aus der alten erheben, eine strahlende, prächtige, und alle, alle sollen in dieser Welt glücklich werden."[50] Richard Flisges begeistert sich für die Ideen seines Freundes; Anka Stalherm ist bestürzt, bestürzt auch über einen Brief, in dem Joseph Goebbels der Unternehmerstochter erläutert, warum er für den Kommunismus eintritt. Die Welt sei „faul, morsch und überlebt", weil sie „von einer einzigen Kaste beherrscht" werde. „Kann man es da den Millionen verdenken, wenn sie für ihre Interessen, und auch nur für ihre Interessen eintreten? Kann man es ihnen verdenken, wenn sie eine internationale Gemeinschaft anstreben, deren Ziel der Kampf gegen den korrupten Kapitalismus ist?" Voll Selbstmitleid fragt er: „Ist es nicht ein Unding, dass Leute mit den glänzendsten geistigen Gaben verelenden und verkommen, weil die anderen das Geld, das ihnen helfen könnte, verprassen, verjubeln und vertun?"[51]

„Hass oder Liebe"

Während Anka Stalherm zum Sommersemester 1920 nach Freiburg zieht, wechselt Joseph Goebbels an die Universität Heidelberg. Als er hört, dass Anka von dem Rechtsanwalt Georg Mumme umworben wird, schreibt er ihr am 29. Juni 1920, er mache sich Sorgen wegen des „sozialen Unterschieds". „Bist du bereit, wenn die Not es erfordert, für mich mitzuarbeiten, dass wir durch die Welt kommen, wenn ich dir täglich und stündlich deine Treue mit meinem ganzen Herzen belohne?", fragt er und fordert sie auf, nach Heidelberg zu kommen, um „feste und nähere Pläne" zu entwerfen. Nach seiner Promotion werde er sich sofort nach einer Stelle umsehen. „Wenn du dann willst, ich will!", versichert er, verlangt aber auch von ihr eine klare Entscheidung: „Fühlst du dich nicht stark genug, ja zu sagen, dann müssen wir auseinander."[52]

Als er Anka an Georg Mumme zu verlieren droht, schreibt er ihr: „Der trotzige, stolze Ulex ... steht vor dir und bittet und bettelt um deine Liebe. ... Anka, ich weiß ja gar nicht, was ich sage, lache über mich, lache mich aus ... Sag, dass du ... mich in meiner Albernheit lächerlich findest, und ich werde dich hassen bis in den Tod. Denn ich muss ein großes Gefühl zu dir haben, Hass oder Liebe. ... Wenn ich dich jetzt bei mir hätte, ich würde dich packen und zwingen, mich zu lieben, und wenn nur für einen Augenblick, und dann machte ich dich tot. ... Meinst du, du fändest nochmals jemanden, der dich so lieben könnte? Nie, Anka, niemals!"[53]

Um eine letzte Aussprache fleht er, und Anka fährt nach Heidelberg, übernachtet sogar in seinem möblierten Zimmer. Er schläft zwar auf der Couch, aber am frühen Morgen schlüpft er zu ihr ins Bett, und als die Vermieterin klopft, muss sich Anka im Kleiderschrank verstecken. Vor ihrer Abreise verspricht sie, im nächsten Semester mit ihm in Heidelberg zu studieren. Doch sie wissen beide, dass es so nicht kommen wird.

Joseph Goebbels trägt sich mit Selbstmordgedanken und verfasst am 1. Oktober ein Testament, in dem er seinen „literarischen Nachlass" unter seinem „lieben Freund" Richard Flisges, seiner Mutter und seinem Bruder Hans aufteilt. Anka Stalherm soll aufgefordert werden, alles Schriftliche von ihm zu verbrennen. „Ich scheide gern von diesem Leben, das für mich nur noch eine Hölle war"[54], beteuert er.

Richard Flisges, der sich auf langen Spaziergängen in Heidelberg das Jammern seines Freundes anhört, sucht schließlich in München nach Anka Stalherm. Ende Oktober entdeckt er sie in Begleitung eines „Geld-Aristokraten im Cutaway"[55]. Goebbels fragt telegrafisch nach, ob dieser einen Schmiss habe. Die Antwort lautet: ja. Also der Rechtsanwalt! Goebbels nimmt den nächsten Zug. Sein Freund führt ihn zu ihrer Wohnung, doch sie ist abgereist, „nach Freiburg mit ihrem Bräutigam"[56].

Da trennt sich Joseph Goebbels endgültig von Anka Stalherm. Auf seinen Abschiedsbrief vom 24. November antwortet sie: „Ich bin sehr unglücklich, lieber Ulex, weil ich fühle, dass du der erste und letzte Mann warst, der mich so liebte, wie ich es wollte und wie ich es haben muss, um glücklich zu werden. – Nun habe ich mein Glück verscherzt, die Brücken hinter mir abgebrochen und ich weine ..."[57] Bitter beklagt sich Goebbels darüber, dass Georg Mumme ihn schriftlich aufgefordert hat, ihre Sachen herauszugeben. „Noch mehr als dies hat mich die Mitteilung von Herrn Mumme gekränkt, dass sich meine Briefe an dich in seinem Besitz befinden." Gehässig fährt er fort: „Liebe Anka; glaube nicht, dass ich dich durch diesen Brief umstimmen möchte ... Du bist tot für mich ..."[58]

Später urteilt Goebbels: „Eine göttliche Frau. Aber für mich keine Frau zum Heiraten. Wir wären aneinander zugrunde gegangen. Wir wären – ohne Phrase – an Liebe gestorben."[59]

„Wenn es doch nur nicht diese mächtige Liebe zu diesem Einen gäbe"

Nils von Kantzow versucht alles, um seine Frau zurückzugewinnen. Thomas „weint oft, kann nicht schlafen und ist traurig"[60]. Doch Karin hält es in Stockholm nicht lange ohne ihren Geliebten aus, reist Anfang 1921 nach München und wohnt mit ihm bei seiner Mutter. Obwohl ihr klar ist, dass sie dann auf ihren Sohn verzichten muss, reicht sie die Scheidung ein.

Am 5. Mai 1922 schreibt Karin von Kantzow ihren Eltern: „Bayern ist eine wunderschöne Gegend, so reich, so warm, ... so ganz anders als das übrige Deutschland. Ich bin hier sehr glücklich und fühle mich hier zu Hause." Offenbar kann sie ihren Mann ebenso wenig vergessen wie dieser sie, denn sie fährt fort: „Wenn ich Heimweh nach Schweden habe, dann nur wegen meiner Sehnsucht nach Mama, Nils, dem kleinen Jungen und denen, die ich liebe. Aber gerade diese schmerzliche, krankhafte Sehnsucht bedeutet, dass ich fast immer traurig bin. Oh, meine liebe Mama, wenn es doch nur nicht diese mächtige Liebe zu diesem Einen gäbe ..."[61]

Im Dezember 1922 wird Karin geschieden. Anfang 1923[62] feiert sie Hochzeit mit Hermann Göring, zuerst in Stockholm und ein paar Tage später noch einmal in München. Die Flitterwochen verbringt das Brautpaar in Italien und im Hochkreuther Jagdhaus.

„Dr. G."

Auf einem Fest der „Katholischen Kaufmännischen Vereinigung" im Sommer 1921 in Rheydt wird Joseph Goebbels einer hübschen jungen Frau vorgestellt: Elisabeth („Else") Janke ist zwei Monate jünger als er und arbeitet als Lehrerin für Turnen, Handarbeiten und Hauswirtschaft an einer katholischen Volksschule in Rheydt. Bevor sie nach Baltrum in die Sommerferien reist, geht sie lange mit ihrem neuen Verehrer spazieren. Er versucht sie zu küssen; sie ohrfeigt ihn, aber als er sich daraufhin umdreht und weggeht, läuft sie ihm nach. Obwohl er sich das Geld für die Reise borgen muss, besucht er sie auf der ostfriesischen Insel. Als er eines Morgens unverhofft an ihre Tür klopft, öffnet sie ihm verschlafen. Am übernächsten Tag wehrt sie sich nicht mehr gegen seine Küsse. Auf dem Rückweg übernachten sie in Moers. Dort zeigt sich Else ihrem neuen Freund „ganz wie Gott sie schuf"[63].

Joseph Goebbels entgeht nicht, dass Else Janke ihr Verhältnis vor den Nachbarn verbirgt, weil sie sich wegen seiner Behinderung schämt. Nach einigen Monaten gesteht sie ihm, sie habe zwar einen christlichen Vater, aber ihre Mutter sei Jüdin. Angstvoll erwartet sie seine Reaktion, denn sie weiß, dass er antisemitische Bücher liest. Doch er zuckt nur mit den Schultern.

In Heidelberg wird Joseph Goebbels zwar zum Seminar des berühmten jüdischen Literaturhistorikers Friedrich Gundolf zugelassen, aber es gelingt ihm nicht, in dessen engeren Schülerkreis aufgenommen zu werden. Er promoviert 1921 bei dem ebenfalls jüdischen Germanisten Max Freiherr von Waldberg. Seine Dissertation mit dem Titel „Wilhelm von Schütz. Ein Beitrag zur Geschichte des Dramas der romantischen Schule"[64] verfasst er in Rheydt – und verliebt sich prompt in das

Mädchen aus der Nachbarschaft, das ihm die Arbeit tippt. Im November absolviert der 24-Jährige das Rigorosum. Die Eltern sind stolz auf ihren Sohn, und er selbst legt zeitlebens so großen Wert auf den Doktortitel, dass er ihn sogar seiner Paraphe voranstellt: „Dr. G.".

Im Geleitwort seiner Doktorarbeit steht ein Zitat aus Dostojewskijs Roman „Die Dämonen": „Vernunft und Wissen jedoch haben im Leben der Völker stets nur eine zweitrangige, eine untergeordnete, eine dienende Rolle gespielt – und das wird ewig so bleiben! Von einer ganz anderen Kraft werden die Völker gestaltet und auf ihrem Wege vorwärts getrieben, von einer befehlenden und zwingenden Kraft, deren Ursprung vielleicht unbekannt und unerklärlich bleibt, die aber nichtsdestoweniger vorhanden ist."[65]

Nach der Promotion möchte Joseph Goebbels als Journalist arbeiten und schickt allein dem Chefredakteur des „Berliner Tageblatts" fünfzig Beiträge. Keiner wird veröffentlicht. Nächtelang schreibt er Gedichte und Theaterstücke, bewirbt sich als Erzieher, Redakteur, Lektor und Dramaturg. Nach den Absagen zweifelt er nicht etwa an seinem Talent, sondern bildet sich ein, immer wieder an Juden geraten zu sein: Die Welt, die ihm den Zutritt verwehrt, sei „verjudet", plappert er den Rechtsradikalen nach, die behaupten, die Niederlage im Krieg und alles folgende Unheil seien das Ergebnis einer Verschwörung des „Weltjudentums".

„Verfallen mit Haut und Haar"

Von seinem in München studierenden Freund Fritz Prang erfährt Joseph Goebbels, dass in der bayrischen Landeshauptstadt ein rechtsradikaler Parteipolitiker von sich reden macht. Sein Name ist Adolf Hitler.

Hermann Göring begegnet diesem Mann bei einer Kundgebung auf dem Münchner Königsplatz am 12. Oktober 1922. Adolf Hitler weigert sich, zu den „zahmen bürgerlichen Piraten"[66] zu sprechen. Das imponiert Göring. Zwei Tage später hört er Hitler im Café Neumann zu. Er hält zwar die Partei Hitlers, die „Nationalsozialistische Deutsche Arbeiterpartei", für „eine Bande von Biersäufern und Rucksackträgern mit engstirnigem, provinziellem Horizont"[67], teilt auch nicht ihren Hass gegen Juden, Kirche und Monarchie, aber Hitlers entschlossenen Kampf gegen die demütigenden Regelungen des Versailler Friedensvertrages unterstützt er aus voller Überzeugung. Er füllt ein Aufnahmeformular aus, und der Parteivorsitzende möchte den berühmten Flieger gleich kennen lernen. An diese Begegnung erinnert sich Hermann Göring später: „Vom ersten Augenblick, da ich ihn sah und hörte, war ich ihm verfallen mit Haut und Haar. Ich habe ihm meine Hand gegeben und gesagt: ‚Ich verbinde mein Schicksal auf Gedeih und Verderb mit dem Ihren.'"[68]

Göring rechnet sich gute Chancen aus, in Hitlers Bewegung eine maßgebliche Rolle spielen zu können und hofft, auf diese Weise doch noch so etwas wie das Leben eines Helden führen zu können.

„Ein heulender Derwisch"

Wer ist dieser Hitler?

Sein Vater kam als unehelicher Sohn einer Magd im niederösterreichischen Waldviertel zur Welt. Er ging zu einem Schuhmacher in die Lehre und arbeitete sich später in der österreichischen Finanzbehörde zum Zollbeamten hoch. Seine dritte, 23 Jahre jüngere Ehefrau gebar am 20. April 1889 in Braunau ihr viertes Kind, das auf den Namen Adolf getauft wurde.

Adolf Hitler verlor im Alter von 13 Jahren seinen Vater und fünf Jahre später auch die Mutter. Die Realschule verließ er vorzeitig; er träumte von einer Künstlerkarriere, aber die Wiener Akademie wies ihn zweimal ab. Nachdem seine kleine Erbschaft aufgebraucht war, schlug er sich ab September 1909 als Obdachloser in Wien durch. 1913 fuhr er nach München und quartierte sich am Rand des Künstlerviertels Schwabing ein.

Als der Krieg ausbrach, wurde er trotz seiner österreichischen Staatsangehörigkeit als Freiwilliger in ein bayrisches Infanterieregiment aufgenommen und als Meldegänger eingesetzt. Weil er nach einem britischen Gasangriff im Oktober 1918 vorübergehend erblindet war, erfuhr er im Lazarett vom Ende des Krieges und des Kaiserreichs.

Wie ein „müder streunender Hund, der nach einem Herrn sucht"[69], bereit, jeden Posten anzunehmen, ließ er sich schließlich zu einer Reichswehreinheit abkommandieren, die das politische Treiben in München überwachte. Im Rahmen dieser Tätigkeit besuchte Hitler am 12. September 1919 in einer Münchner Gaststätte eine Veranstaltung der im Januar von dem Eisenbahnschlosser Anton Drexler gegründeten „Deutschen Arbeiterpartei". Bald darauf wurde er Mitglied.

Rasch machte er sich in der Organisation unentbehrlich. Am 24. Februar 1920 erläuterte er vor 2000 Zuhörern im Festsaal des Münchner Hofbräuhauses die 25 Punkte eines Parteiprogramms mit großdeutschen, völkischen und antisemitischen Parolen. Auf seinen Vorschlag hin gab man sich den neuen Namen „Nationalsozialistische Deutsche Arbeiterpartei" (NSDAP). Hitler erlebte, dass er die Zuhörer wie ein Hypnotiseur beeinflussen konnte. An diesem Erfolg berauschte er sich. Er quittierte seinen Militärdienst und verließ die Kaserne.

Seine Ausführungen unterstrich er „wie der tragische Held im Schmierenschauspiel"[70] durch Gesten, für die er nicht nur Hände und Arme, sondern seinen ganzen Körper einsetzte. „Für unsereinen war der Mann ein heulender Derwisch", urteilt Carl Zuckmayer später. „Aber er verstand es, jene dumpf im Virginia- und Würstl-Dunst zusammengedrängten Mengen aufzuputschen und mitzureißen; nicht durch Argumente, die bei Hetzreden ja nie kontrollierbar sind, sondern durch den Fanatismus seines Auftretens, das Brüllen und Kreischen, mit biedermännischen Brusttönen gepaart, vor allem aber: durch das betäubende Hämmern der Wiederholungen, in einem bestimmten, ansteckenden Rhythmus. ... Es gelang ihm, die Menschen in eine Trance zu versetzen wie der Medizinmann eines wilden Völkerstamms. Dabei waren diese Leute keine Wilden, sondern verstörte Kleinbürger, denen der Zerfall der gewohnten Werte den Halt geraubt hatte."[71]

Das waren andere Parteiveranstaltungen als die gewohnten. Deshalb kamen viele schon aus Neugier – wie zu einer Zirkusveranstaltung. Mit diesem Demagogen stand und fiel der Erfolg der NSDAP. Die meisten Zuhörer und Zuhörerinnen sehnten sich nach einem Ende der politischen Unruhen und einer wiederhergestellten Ordnung. Obwohl Hitler gar nicht wie ein Held aussah, hofften sie aufgrund der von ihm zur Schau getragenen Entschlossenheit auf einen Neubeginn; sie glaubten an den „starken Mann" – und der begann an sich selbst zu glauben.

Als Hitler um seinen Einfluss fürchten musste, weil Anton Drexler offenbar bereit war, die NSDAP mit anderen völkischen Gruppierungen zu vereinigen, trennte er sich am 11. Juli 1921 von der Partei. Damit erzwang er Drexlers Sturz und eine Satzungsänderung, die dem Parteivorsitzenden unbeschränkte Vollmachten einräumte, denn nur unter dieser Bedingung erklärte er sich bereit, weiter mitzumachen – jetzt aber nicht mehr als einfaches Mitglied, sondern als Vorsitzender.

„Eine Armee des Lichts"

Hitler vertraut Göring am 1. März 1923 die Führung der SA an. Wer wäre dafür besser geeignet als der ehemalige Fliegeroffizier, der Abenteuer sucht? Die paramilitärische „Sturmabteilung" (SA), die aus dem

Saalschutz der Partei hervorging, bewacht nicht nur die eigenen Veranstaltungen, sondern provoziert auch gezielt Saal- und Straßenschlachten, denn Hitler ist überzeugt, dass „Grausamkeit imponiert"[72].

Göring kleidet die Raufbolde in eine Uniform mit Schirmmütze, braunem Hemd, Krawatte und brauner Reithose, lässt sie exerzieren und veranstaltet jede Woche martialische Aufmärsche. Das ist eine Aufgabe nach seinem Geschmack! Wie ein Condottiere formt er aus dem übernommenen „Dreckhaufen"[73] eine 11 000 Mann starke und von den regionalen Parteiorganisationen weitgehend unabhängige Truppe.

Bereits am 15. April defilieren seine Verbände vor dem Parteichef. Der umarmt anschließend seinen neuen SA-Kommandeur und wendet sich augenzwinkernd an dessen Frau: „Wenn ich ihm sagen würde, was ich über seine Leistung denke, würde es ihm zu Kopf steigen!"[74] Karin Göring schreibt ihrem Sohn Thomas: „Eines Tages wirst du stolz auf den geliebten Mann sein, der jetzt dein zweiter Vater ist. Heute ließ er seine Armee treuer, junger Deutscher an seinem Führer vorbeimarschieren und ich sah, wie sein Gesicht strahlte ... Er hat schwer mit ihnen gearbeitet ..., sodass der einstige Pöbelhaufen ... wirklich zu einer Armee des Lichts ... verwandelt worden ist, bereit, auf Befehl des Führers zu marschieren, um dieses unglückliche Land wieder frei zu machen."[75]

Goebbels im „Tempel des Materialismus"

Else Janke bemüht sich um eine Anstellung für ihren Geliebten, und tatsächlich bringt einer ihrer Verwandten den promovierten Germanisten als Depotbuchhalter bei einer Kölner Bankfiliale unter. Verzweifelt versucht Goebbels, eine Alternative zu finden, aber es gelingt ihm nicht: Er muss am 2. Januar 1923 die Arbeit aufnehmen. Bis er ein Zimmer in Köln gefunden hat, fährt er jeden Morgen mit dem Zug um 5.30 Uhr. Abends wartet Else am Bahnsteig in Rheydt auf ihn. „Gehalt gleich Null",[76] klagt Goebbels. Er bleibt auf die finanzielle Unterstützung seines Vaters und Lebensmittelpakete seiner Mutter angewiesen.

Von den Vermögen der Vorkriegszeit ist 1923 nicht mehr viel übrig: Ein Bankguthaben aus dem Jahre 1914 ist auf weniger als ein Promille des ursprünglichen Wertes geschrumpft. Im Januar 1923 müssen für einen US-Dollar 10 000 Papiermark gezahlt werden, im Mai 50 000, im August 4,6 Millionen, im Oktober 25 Milliarden, und im Dezember bis zu 12 Billionen. Goebbels erlebt, wie Rentner durch die Inflation ihre Ersparnisse einbüßen, während Spekulanten davon profitieren. Als Angestellte der Bank ihren Wissensvorsprung über einen Kurssprung der Aktien des eigenen Hauses nutzen, um einem nichts ahnenden Aktionär rasch noch Papiere zum alten Preis abzukaufen, stellt Goebbels einen von ihnen zur Rede: „Eine ganz gemeine, lumpige Betrügerei" sei das. Aber der Kollege hat nur „ein mitleidiges Achselzucken" für ihn übrig.[77] „Die heilige Spekulation",[78] kommentiert Goebbels sarkastisch.

Er bekennt sich als „deutscher Kommunist"[79] und empfindet die Tätigkeit im „Tempel des Materialismus"[80] als Verrat an seinen sozialistischen Idealen. Geld – an dem es ihm ständig fehlt – beginnt er zu verabscheuen: „Wer viel mit Geld umgeht, besudelt sich. ... Zum Teufel mit dem dreimal verfluchten Geld! Mit ihm kommt alles Übel der Welt. Es ist, als wäre der Mammon die Verlebendigung des Bösen im Prinzip der Welt. Ich hasse das Geld aus dem tiefsten Grund meiner Seele."[81]

„Ich will mir das Letzte von meiner Seele herunterbeichten"

„Süßes, süßes Herzlein, wie haben wir uns doch so lieb, o so lieb gehabt, einen Tag wie den anderen, nur immer noch mehr. Himmlisch schön war es",[82] schwärmt Else Janke am 7. Juni 1923. Doch offenbar ist sie sich seiner Liebe nicht mehr sicher, denn drei Tage später fragt sie ihn: „Hast du mich denn auch wirklich, wirklich ... lieb, so ganz, ganz schrecklich, dass du die Liebe alle bald nicht fassen kannst? Du sollst es, musst es. Ströppchen tust du es, ja?"[83]

Ein halbes Jahr hält es Goebbels in der Bank aus. Zwischendurch denkt er wieder an Selbstmord. „Krank an Körper und Geist"[84] sucht er zwei Ärzte auf. Sie weigern sich, ihm Arbeitsunfähigkeit zu attestieren. Erst in der dritten Praxis erhält er eine entsprechende Bescheinigung. Die Schulferien verbringt er mit Else auf Baltrum. Er tut so, als habe er Urlaub. Im Liegestuhl erfährt er aus einem Brief, dass sein Freund Richard Flisges, der das Studium abgebrochen hatte, bei einem Grubenunglück in einem bayrischen Bergwerk ums Leben gekommen ist. Da fühlt er sich plötzlich „allein auf der Welt"[85], obwohl Else bei ihm ist. „Ich bin krank und werde kränker"[86], klagt er und steigert sich in eine Verzweiflung über die Inflation, den Ruhrkampf[87] und das „Parteiengezänk" hinein. Niedergeschlagen packt er die Koffer. Else weint, aber sie begleitet ihn auf der vorzeitigen Rückreise.

Im September kündigt ihm die Bank. Er wagt nicht, es seinen Eltern mitzuteilen und schreibt ihnen aus Köln, er sei krank. Erst nach vier Wochen fährt er heim.

Else Janke kümmert sich um ihn. „Else ist mein Kamerad. Fast wie ein Junge. Nur dann und wann der Eros."[88] Sie schenkt ihm ein „Buch für den täglichen Gebrauch". Am 17. Oktober 1923 beginnt er mit seinen Tagebuch-Eintragungen. „Ich fühle das Bedürfnis, Rechenschaft über mein Leben abzulegen. Das kann auf keine Weise besser und eindringlicher geschehen, als wenn ich jeden Abend Gerichtstag über mich selber halte. ... Ich schreibe nicht zu meinem Vergnügen, sondern weil mir mein Denken eine Qual und eine Last ist. Früher wenn es Samstag war und der Nachmittag weiter ging, dann hatte ich keine Ruhe mehr. Dann lastete die ganze Woche mit ihrer kindlichen Qual auf meiner Seele. Ich half mir immer dann am besten dadurch, dass ich mein Gebetbuch nahm und zur Kirche ging. ... Wenn ich jetzt schreibe, dann habe ich ein gleiches Gefühl. ... Ich will mir das Letzte von meiner Seele herunterbeichten."[89]

In seinen Tagebuch-Notizen meint er: „Meine Richtung ist der Geist und mein Ziel ist Gott."[90] An anderer Stelle heißt es: „Ich bin dabei, in mir die alte Glaubenswelt zu zertrümmern. Ich werde sie dem Erdboden gleichmachen. Dann baue ich eine neue Welt. Von unten fange ich an und richte Stück um Stück. ... Ich ringe mit mir selbst um einen anderen Gott."[91] Ein Leben ohne Glauben kann er sich nicht vorstellen. Er sehnt sich nach einer Leitfigur: „Mir ist es, als wäre ein Anderer, ein Größerer bereits in der Reife; der wird eines Tages aufstehen und unter uns den Glauben an das Leben des Vaterlandes predigen. ... Es ist etwas im Werden. Das ahnen alle, die mit ihren Kräften der Seele der Zeit verbunden sind. Einer wird kommen! Hätte ich diesen Glauben nicht mehr, ich wüsste nicht, warum ich weiter leben sollte!"[92]

Putschversuch

Die bayrische Landesregierung sympathisiert mit rechtsradikalen Kreisen und versteht sich als „Ordnungszelle" innerhalb der Weimarer Republik. General Otto von Lossow, Polizeichef Hans Ritter von Seißer und Gustav Ritter von Kahr, der als „Generalstaatskommissar" über besondere exekutive Vollmachten verfügt, bereiten eine „Offensive nach Berlin" vor – eine Kopie des „Marsches auf Rom", mit dem sich Benito Mussolini im Vorjahr an die Macht putschte.

Hermann Göring rät seinen Parteigenossen in Bayern, zur Vorbereitung der „Offensive nach Berlin" schwarze Listen anzulegen: „Es muss mit schärfstem Terror vorgegangen werden; wer die geringsten Schwierigkeiten macht, ist zu erschießen. Es ist notwendig, dass die Führer sich jetzt schon die Persönlichkeiten heraussuchen, deren Beseitigung notwendig ist. Mindestens einer muss zur Abschreckung nach Erlass des Aufrufs sofort erschossen werden."[93]

Aber die bayrischen Machthaber zögern. Als Gustav Ritter von Kahr am Abend des 8. November 1923 im Münchner Bürgerbräukeller eine Rede hält, lässt Hermann Göring SA-Einheiten an den Eingängen der 3000 Besucher fassenden Gaststätte postieren. Ein Konvoi mit Hitler an der Spitze fährt vor. Am Saaleingang drängen sich die Schaulustigen. Hitler zieht seinen Mantel aus. Darunter trägt er einen – allerdings schlecht sitzenden – Frack. Er nimmt einen Schluck aus einem Maßkrug und zerschmettert ihn am Boden. Mit 25 bewaffneten SA-Männern bahnt ihm Hermann Göring einen Weg zur Rednertribüne. Ungeachtet seiner feierlichen Kleidung steigt Hitler auf einen Stuhl und schießt mit seiner Pistole in die Saaldecke, um sich Ruhe zu verschaffen. Pathetisch ruft er die „nationale Revolution" aus. Danach beschwört er von Kahr, von Lossow und von Seißer in einem Nebenraum, mit ihm gemeinsam zu handeln: „Sie müssen mit mir kämpfen, mit mir siegen oder mit mir sterben. Wenn die Sache schief geht, vier Schüsse habe ich in der Pistole, drei für meine Mitarbeiter, wenn sie mich verlassen, die letzte Kugel für mich."[94] Währenddessen versucht Göring, die johlende Menge zu beruhigen. Unvermittelt kommt Hitler wieder in den Saal und brüllt: „Die bayrische Regierung ist abgesetzt ... Die Regierung der Novemberverbrecher in Berlin wird für abgesetzt erklärt! Eine neue deutsche nationale Regierung wird in Bayern, hier in München, heute noch ernannt."[95] Er kündigt einen Marsch in das „Sündenbabel Berlin" an, um „das deutsche Volk zu retten" und droht dann noch einmal theatralisch: „Der Morgen findet entweder in Deutschland eine deutsche nationale Regierung oder uns tot!"[96] Den Beifall hören auch die unschlüssigen Herren im Nebenraum. Außerdem stellt sich der inzwischen herbeigeholte Erich Ludendorff auf Hitlers Seite, obwohl er verärgert ist, weil er in die Putschpläne nicht eingeweiht war und sich deshalb überrollt fühlt. Schließlich stimmen auch von Kahr, von Lossow und von Seißer Hitlers Vorschlägen zu und geben ihm auf dem Podium demonstrativ die Hand.

Aber noch in der Nacht widerrufen sie alle Zusagen und lassen den Putsch niederschlagen. SA und NSDAP werden verboten.

Um die Bevölkerung mitzureißen und die Revolution doch noch loszutreten, überredet Ludendorff Hitler am folgenden Morgen zu einem Demonstrationszug durch München.

Bei nasskaltem Wetter formieren sich am 9. November um die Mittagszeit 1500 Anhänger Hitlers vor dem Bürgerbräukeller. An der Ludwigsbrücke stellt sich der Marschkolonne eine Polizeieinheit mit zwei Maschinengewehren entgegen. Der Kommandeur befiehlt seinen Leuten, die Karabiner zu laden. Göring mahnt: „Weitergehen!" Dann gibt er SA-Männern einen Wink: Sie stürzen sich auf die Polizisten und überwältigen sie ohne Blutvergießen. Die Menschen am Straßenrand jubeln.

Zwischen der Residenz und der Feldherrnhalle versperren Polizisten den Durchgang zum Odeonsplatz und zur Ludwigstraße. Eine erste Postenkette, die mit Gummiknüppeln und Karabinern auf die Marschierenden einschlägt, wird zur Seite gedrängt. Plötzlich peitschen Schüsse auf. Hitler wird von seinem ins Herz getroffenen Nebenmann zu Boden gerissen, renkt sich die linke Schulter aus und schreit vor Schmerzen auf. Ludendorff wirft sich instinktiv auf die Erde, steht aber sofort wieder auf und schreitet durch die Reihen der Polizisten, die ihm eine Gasse öffnen, bis ein Polizeioffizier ihn anspricht: „Exzellenz, ich muss Sie in Haft nehmen."[97]

Jemand hilft Adolf Hitler auf die Beine und führt ihn durch das Chaos zum Max-Joseph-Platz, wo ein gelber Opel mit laufenden Motor auf ihn wartet. Der Parteichef fährt davon, ohne sich um seine toten, verletzten, verstörten Anhänger zu kümmern.

Drei Polizisten und vierzehn Demonstranten sind ums Leben gekommen.

„Ich höre nur unartikulierte Laute"

Hermann Göring liegt bewusstlos auf dem Straßenpflaster. Querschläger haben ihm Hüfte und Leiste aufgerissen. Drei SA-Männer schleppen den Verletzten in das nahe Geschäft eines jüdischen Möbelhändlers, dessen Frau ihn notdürftig versorgt. Am nächsten Morgen berichtet ein SA-Mann Karin Göring, dass ihr Mann in einer Privatklinik liegt. Obwohl sie noch immer an den Folgen einer Lungenentzündung leidet, die sie sich bei der Beerdigung ihrer Schwiegermutter im August holte, eilt Karin in das Krankenhaus.

Sie und ihr Mann werden am 10. November nach Garmisch gefahren, wo sie sich bei holländischen Freunden verstecken. Als erschrockene Nachbarn die Polizei verständigen, weil einige Nationalsozialisten

Görings Aufenthalt herausgefunden haben und sich vor der Villa versammeln, um ihm zuzujubeln, versucht er mit seiner Frau nach Österreich zu fliehen. Aber der Grenzbeamte stutzt, als er den Namen „Göring" im Pass bemerkt und fragt: „Hauptmann Göring aus München?" Die Münchner Polizei hat bereits einen Haftbefehl ausgestellt. Der Pass wird ihm abgenommen, und man bringt ihn auf einer Bahre in ein Garmischer Krankenhaus. Göring gibt sein Ehrenwort, keinen weiteren Fluchtversuch zu unternehmen.

In der Nacht auf den 11. November holen zwei Männer den Patienten aus dem Krankenhausbett und tragen ihn zu einem am Hinterausgang bereitstehenden Auto. Wegen eines Stromausfalls brennt kein Licht, als sich der Wagen der Grenzstation bei Mittenwald nähert. Der Schlagbaum ist offen. Der Fahrer gibt Vollgas und kümmert sich nicht um den Grenzbeamten, der mehrmals „halt!" ruft. Mit dem Pass eines Parteigenossen reist Hermann Göring nach Österreich ein. Im Gasthof „Goldenes Lamm" in Seefeld in Tirol – wo gerade ein Feuerwehrball stattfindet – kommt er unter. Göring bittet seine beiden Helfer, gleich wieder zurückzufahren und seine Frau nachzuholen.

Am 13. November schreibt Karin ihrer Mutter: „Hermanns Bein ist zerschossen, die Kugel ging quer hindurch, einen halben Zentimeter von der Schlagader entfernt. Eine Menge Steine und Schmutz sind in dem langen Kanal drin, den die Kugel bohrte. Der Schuss ist hoch oben (am rechten Schenkel) und grässlich entzündet dadurch, dass der ganze Schmutz usw. herauszukommen versucht und daher Eiterbildung und Fieber und starke Schmerzen verursacht."[98] Der vom Fieber Geschüttelte wird von Seefeld nach Innsbruck in die Wohnung eines österreichischen Nationalsozialisten gebracht. Sein Zustand verschlimmert sich so, dass er noch einmal operiert werden muss. Karin Göring teilt ihren Eltern am 30. November mit: „Hermann geht es schlecht – sein Bein schmerzt nicht zum Aushalten – vor vier Tagen brachen alle fast geheilten Wunden von neuem wieder auf."[99] Und am 8. Dezember berichtet sie: „Seine Wunde ist eine einzige Eiterbildung – der ganze Schenkel. – Es tut so weh, dass er daliegt und die Kissen entzweibeißt – und ich höre nur unartikulierte Laute."[100]

Gegen die unerträglichen Schmerzen spritzen die Ärzte zweimal täglich Morphium.

An den Litfaßsäulen in Deutschland klebt Görings Steckbrief. Sein Auto und die Villa in München-Obermenzing werden beschlagnahmt, die Konten gesperrt. In einem Brief an ihre Schwester Lily kommt Karin auf ihren Münchner Chauffeur zu sprechen: „Er ist jetzt ohne Arbeit, ohne einen Pfennig, es wurde ihm von einem Juden auf dessen Schloss ein Chauffeurplatz angeboten – er schlug es mit den Worten ab: ‚Wer einmal die Ehre gehabt hat, Hitler oder Göring zu dienen, muss sich tödlich verletzt fühlen, von einem Semiten eine Arbeit zu bekommen. Tausendmal lieber vor Hunger sterben, als einem Juden zu dienen.' Kräftig, fanatisch, oder wie? Aber stolz, wunderbar von so einem armen Mann ..."[101]

Am Heiligen Abend kann Hermann Göring die Klinik auf Krücken verlassen. Ein Sympathisant lässt das Ehepaar in seinem Innsbrucker Hotel zum Sonderpreis in einer Suite wohnen und wartet mit der Rechnung, bis Richard Wagners Sohn Siegfried sie begleicht.

Karin Göring kann in ihren Briefen immer noch nichts Gutes über ihren Mann berichten: „Ich kenne ihn kaum wieder, der ganze Mensch ist wie ein anderer, er sagt kaum ein Wort ..."[102]

Zu Silvester treffen zweihundert Telegramme mit Glückwünschen für Hermann Göring ein. Karin klagt: „Wenn wir nur das Geld hätten, was das gekostet hat!"[103]

HOFFNUNG

„Uns fehlt in Deutschland eine starke Hand"

Am 26. Februar 1924 beginnt in München der Hochverratsprozess gegen Adolf Hitler, Erich Ludendorff und acht weitere Putschisten. Der Vorsitzende der jetzt verbotenen NSDAP profiliert sich mit seinen Aussagen als Führer der nationalen Bewegung und drängt den Volkshelden Ludendorff im Verlauf des Verfahrens in den Hintergrund. Nach fünf Wochen Verhandlung spricht der Richter Ludendorff frei und verurteilt Hitler sowie drei weitere Angeklagte zu je fünf Jahren Festungshaft, wobei er festlegt, dass die Reststrafe nach einem halben Jahr zur Bewährung ausgesetzt werden kann.

Joseph Goebbels, der seit Herbst 1923 wieder bei seinen Eltern in Rheydt wohnt und vergeblich einen neuen Arbeitsplatz sucht, verfolgt die Zeitungsberichte über den Prozess in München. Später schwärmt er darüber in einem offenen Brief an den „verehrten Herrn Hitler": „Wie ein Meteor stiegen Sie vor unseren staunenden Blicken auf und taten Wunder der Klärung und des Glaubens in einer Welt der Skepsis und Verzweiflung. ... Was Sie da sagten, das ist der Katechismus neuen politischen Glaubens in der Verzweiflung einer zusammenbrechenden, entgötterten Welt ... Ihnen gab ein Gott, zu sagen, was wir leiden. Sie fassten unsere Qual in erlösende Worte ..."[1]

Neugierig begleitet er seinen früheren Mitschüler Fritz Prang, der sich vor zwei Jahren den Nationalsozialisten angeschlossen hat, zu politischen Veranstaltungen. Aber nach einem Treffen der Deutschvölkischen Freiheitspartei in Wuppertal-Elberfeld am 29. Juni 1924 notiert er enttäuscht: „Das sind also die Führer der völkischen Bewegung im besetzten Gebiet. Ihr Juden und ihr Herren Franzosen und Belgier, ihr braucht keine Angst zu haben. Vor denen seid ihr sicher. Ich habe selten eine Versammlung mitgemacht, in der soviel geschwafelt wurde ..."[2]

Ein paar Tage später klagt er: „Uns fehlt in Deutschland eine starke Hand. ... Deutschland sehnt sich nach dem einen, dem Mann, wie die Erde im Sommer nach Regen. Uns rettet nur noch die letzte Sammlung der Kraft, Begeisterung und restlose Hingabe. ... Herr, zeig dem deutschen Volke ein Wunder! Ein Wunder!! Einen Mann!!!"[3]

Niemand will etwas mit Göring zu tun haben

Anfang April 1924 fährt Karin Göring von Innsbruck nach München, um Geld aufzutreiben. Doch Erich Ludendorff will nichts mehr mit Göring zu tun haben, und Adolf Hitler, dem sie Kaffeebohnen und Schallplatten ins Gefängnis mitbringt, speist sie mit einer Widmung auf einem Porträtfoto ab: „Der verehrten Gemahlin meines SA Komd. Frau Karin Göring zur Erinnerung an den Besuch in der Festung Landsberg am 15. April 1924."[4]

Die österreichische Regierung fordert Hermann Göring auf, das Land zu verlassen. Ende April 1924 reist er mit seiner Frau nach Venedig. Dort wohnen sie vorübergehend im Hotel eines deutschen Sympathisanten. Im Mai fahren sie von dort über die Toskana nach Rom, wo sie von dem Geld leben, das sie von Karins Familie und Freunden hin und wieder geschickt bekommen.

Vergeblich bestürmt Göring die italienischen Faschisten in zahlreichen Briefen, die Nationalsozialisten finanziell zu unterstützen. Mussolini ist auch nicht bereit, Göring in Rom zu empfangen, obwohl dieser beteuert: „Man sollte nicht glauben, die Nationalsozialisten hätten keine Zukunft."[5]

„Mein Kampf"

In der Festung Landsberg diktiert Hitler dem Mithäftling Rudolf Heß den ersten Teil seines programmatischen Buches „Mein Kampf".

Weil die Deutschen ein „Volk ohne Raum"[6] seien, gelte es, ihren „Lebensraum" in die weiten Ebenen des Ostens auszudehnen. Hitler betrachtet das Leben als einen immer währenden darwinistischen Überlebenskampf der Völker. Die Natur sei grausam, das stärkere Tier fresse das schwächere; da gebe es keine Rücksicht, nur Kraft, List und Täuschung. Christliche Tugenden wie Ehrlichkeit und Nächstenliebe tut er als Hirngespinste der Schwachen ab. Der alles entscheidende Kampf sei der, den die „edle Rasse" der „Arier" – zu denen er das deutsche Volk zählt – gegen die Juden zu führen habe, die andere Völker wie Maden von innen her aufzufressen versuchten, um die Weltherrschaft zu erobern. In diesem Ringen könne nur ein Volk bestehen, das sich durch ein Verbot der „Rassenschande" reinhalte, „volksfremde Elemente" ebenso wie „lebensunwertes Leben" erbarmungslos ausmerze und eine klassenlose „Volksgemeinschaft" bilde.

Stolz behauptet Hitler, sich bereits in Wien ein Weltbild aufgebaut zu haben, das nun „zum granitenen Fundament" seines Handelns geworden sei. „Ich habe zu dem, was ich einst mir so schuf, nur weniges hinzulernen müssen, zu ändern brauchte ich nichts."[7]

Bis 1923 hielt er sich lediglich für einen „Agitator, der die Massen zu sammeln versteht"[8], einen „Trommler und Sammler"[9], eine „ganz kleine Johannesnatur"[10], deren Aufgabe es sei, „dem Diktator, wenn er kommt, ein Volk zu geben, das reif ist für ihn!"[11] Nachdem er sich vor dem Münchner Gericht erfolgreich in Szene setzen konnte und in ganz Deutschland bekannt wurde, ändert sich das: Jetzt sieht er sich selbst als den Retter der Nation.

Seine Taktik wechselt er aufgrund des gescheiterten Putschversuchs: Weil die Macht offenbar nicht durch einen Aufstand zu erobern ist, plant er, nach seiner Haftentlassung auf legalem Weg ans Ziel zu kommen: „Statt die Macht durch Waffengewalt zu erzwingen, werden wir zum Ärger der katholischen und marxistischen Abgeordneten unsere Nasen in den Reichstag stecken. Wenn es auch länger dauert, sie zu überstimmen, als sie zu erschießen, so wird uns schließlich ihre eigene Verfassung den Erfolg garantieren."[12] Sobald er ins Amt des Regierungschefs gewählt worden sei, werde er die nutzlosen Palaver im Reichstag beenden, den Parlamentarismus abschaffen und aus dem deutschen Volk eine „Schicksalsgemeinschaft" schmieden, in der es keine Interessenkonflikte und Klassengegensätze mehr gebe: ein „Drittes Reich" in der Tradition der von Otto dem Großen und Otto von Bismarck gegründeten Staaten.

„Die Brust voll Sehnsucht"

Ob „die Natur nicht auch furchtbar grausam" sei, fragt sich Joseph Goebbels schon bevor er von Hitlers Buch wissen kann. „Ist der Kampf ums Dasein, – zwischen Mensch und Mensch, Staat und Staat, Rasse und Rasse, Erdteil und Erdteil, – nicht der grausamste Prozess, den die Welt kennt? Das Recht des Stärkeren – wir müssen dieses Naturgesetz wieder einmal klarer sehen, dann verfliegen alle Fantasien von Pazifismus und ewigem Frieden."[13]

Verzweifelt sucht er nach dem Sinn des Lebens: „Ewige Frage nach dem eigenen Bedeuten! Wer bin ich, wozu bin ich, was ist meine Aufgabe und was mein Sinn? Darf ich an mich selbst glauben? Warum glauben die anderen nicht an mich?"[14] Seine Zukunft liege „im undurchdringlichen Dunkel"[15], alle Wege blieben ihm verschlossen, und er sei „mutlos dem täglichen Leben gegenüber"[16], lamentiert er. Das Geld, das er nicht habe, drücke ihn nieder. „Das Geld ist die Kraft des Bösen und der Jude sein Trabant."[17] Über nichts könne er sich freuen, wenn er morgens erwache. „Die Brust ist voll Sehnsucht ... Wo finde ich Rettung? ... Ich möchte wieder einmal die Flügel schlagen! Zum Flug in blaue Ferne!"[18]

Offenbar sei der Mensch „zum Leiden in die Welt gesetzt", glaubt Goebbels. Er selbst sei oft bedrückt und bereue etwas, ohne zu wissen, was und warum. „Vielleicht tragen wir Schuld von anderen, die vor uns waren, oder eigene Schuld aus einem anderen Leben. Jedenfalls gibt es eine geheimnisvolle Macht, die uns immer wieder treibt, etwas zu tuen, damit die Schuld gemildert werde."[19]

„Warum ist der Eros meine Qual?"

Else Janke, seine Geliebte in Rheydt, klagt Ende Juni 1924 in einem Brief: „Lieber Stropp, so halte ich es nicht aus. ... Was soll dieser ewige Streit zwischen uns bedeuten? Jedesmal um so kleine, nichtige Dinge. ... Und wenn ich versuchen will, uns wieder über solche Zwischenfälle hinwegzuhelfen, mich überwinde und fast um ein Wiedergutsein bettle, gehst du mit solcher Kälte darüber hinweg, dass es mir dann auch schon bald unmöglich ist. ... Ich bin schrecklich traurig aus tiefstem, tiefstem Herzen."[20]

Immer häufiger träumt Joseph Goebbels von den „schönen, schönen Augen"[21] seiner Studentenliebe Anka Stalherm und findet keine Antwort auf die Frage, warum sie ihn verließ. Als Else aber im Sommer 1924 allein in den Schwarzwald fährt, wartet er ungeduldig auf ihre Rückkehr: „Ungestümes Denken an Else. Wann kommt sie zurück? Ich habe Sehnsucht nach ihrem weißen Leib. ... Der verdammte Eros. Else, komm zurück."[22]

Den Eros hält er für die „treibende Weltmacht neben dem Geld"[23], „die vitalste Lebenskraft"[24] außer dem Hunger. „Gott und Teufel" wecke der Trieb in ihm. „Jedes Weib reizt mich bis aufs Blut! Wie ein hungriger Wolf rase ich umher. Und dabei bin ich schüchtern wie ein Kind. Ich verstehe mich manchmal selbst kaum. Ich müsste heiraten und ein Spießbürger sein! Und mich dann nach 8 Tagen aufhängen!"[25]

Die Frau ist für Goebbels wenig mehr als ein „Betthäschen"[26], ein „köstliches Spielzeug"[27]. Allen Ernstes fragt er: „Kann man sie erziehen? Oder ist sie überhaupt minderwertig?"[28] Dass er Frauen niederträchtig behandelt, sieht er selbst ein: „Ich bin den Frauen gegenüber ein heilloser Egoist. Ich gebe? Nein ich nehme, so viel ich nehmen kann. Ich muss manchmal an die ausgepresste Zitrone denken. ... Ich schäme mich oft vor mir selbst. ... Warum ist der Eros meine Qual, warum kann er nicht meine Freude und meine Kraft sein?"[29] Über ihm und den Frauen hänge ein Fluch, befürchtet er.

„Apostel des neuen Gedankens"

Am 14. August 1924 steht Joseph Goebbels mit seinem Koffer am Bahnsteig in Rheydt, um mit Fritz Prang nach Weimar zu reisen, wo sich die „Deutschvölkische Freiheitspartei" und die Tarn-Organisationen der verbotenen NSDAP zur „Nationalsozialistischen Freiheitsbewegung Großdeutschlands" vereinigen wollen. Aber sein Freund eröffnet ihm, dass er nur für eine Fahrkarte Geld beschaffen konnte. „Nach Hause! Aus Wut ins Bett gelegt. So eine Affenschande!"[30] Wie der Fuchs, dem die Trauben plötzlich zu sauer erscheinen, tröstet er sich: „Ich glaube, so ein Parteikongress ist etwas Schreckliches. Die Mengen Massen Menschen, die alle gerne einmal reden möchten ..."[31] Aber als er doch noch rechtzeitig Geld auftreibt, eilt er nach Weimar.

Ein paar Tage später gründen Prang und Goebbels eine Gladbacher Ortsgruppe der vereinigten Partei. Goebbels nimmt sich vor, „Demagoge schlimmster Sorte"[32] zu werden. Innerhalb eines Jahres hält er 189 Reden und meint dazu: „So müssen wir, die Apostel des neuen Gedankens, das Volk aufwecken. Deutschland muss aus dem Schlafe erwachen. Sonst sind wir verloren."[33]

Als Goebbels zu Beginn einer Rede die „lieben deutschen Volksgenossen" begrüßt, beschimpft ihn einer der aufgebrachten Kommunisten im Publikum als Kapitalisten. Da kommt er bei Goebbels an den Richtigen! Der kippt den Inhalt seiner Geldbörse aufs Rednerpult und fordert den Störer auf, das Gleiche zu tun: „Dann werden wir ja sehen, wer von uns mehr Geld hat!"[34]

In seiner Jugend wurde er verlacht, und mit seinen literarischen Bemühungen ist er gescheitert, aber als Redner kann er seine außergewöhnliche Begabung beweisen: „Es ist wie im Märchen vom hässlichen, kleinen Entlein, wo sich das kümmerlichste der Küken schließlich zu einem stolzen Schwan entwickelt, der sich mit rauschendem Flügelschlag hoch über die Brüder erhebt."[35]

Als Redner glaubt er, „über die engen Maße menschlichen Könnens" hinauszuwachsen. „Da liegt in meinen Händen die Seele des deutschen Arbeitsmannes, und ich fühle, dass sie weich ist wie Wachs. Und dann knete und forme ich …"[36] Er reißt die Zuhörer mit, weil er ihre latenten Ängste anspricht, ihre Vorurteile bestätigt und ihnen die komplizierte, verwirrende Welt so einfach erklärt, dass sie sich mühelos orientieren können. Häufig veranschaulicht er seine Aussagen, etwa so: „Gewiss ist der Jude auch ein Mensch. Noch nie hat das jemand von uns bezweifelt. Aber der Floh ist auch ein Tier, nur kein angenehmes. Und da der Floh kein angenehmes Tier ist, haben wir vor uns und unserem Gewissen nicht die Pflicht, ihn zu hüten und zu beschützen, ihn gedeihen zu lassen, damit er uns sticht und peinigt und quält, sondern ihn unschädlich zu machen."[37] Goebbels macht seine Thesen an Personen fest und reduziert zum Beispiel in einer Rede mit dem Titel „Lenin oder Hitler?" das Spektrum des Bolschewismus und die Facetten des Nationalsozialismus auf zwei konkrete Männer und ein Entweder-oder.[38] Auf diese Weise vereinfacht er komplexe Probleme zu klaren Ja-Nein-Entscheidungen. Kompromisse und Relativierungen lehnt er ab: entweder Freund oder Feind, These oder Antithese; dazwischen gibt es für ihn nichts. Rauschartige Begeisterungsstürme entfacht er, wenn er seinen Fanatismus von der Kette lässt und den Hass auf die Feinde schürt. Triumph und Erlösung sind dann greifbar; der Nationalsozialismus wird zur Religion. „Die Idee ist das Größte und Letzte, dem wir alle in fanatischem Eifer dienen. … Wir haben gelernt, dass Politik nicht mehr die Kunst des Möglichen ist. Was wir wollen, ist nach den Gesetzen der Mechanik unerreichbar und unerfüllbar. Wir wissen das. Und dennoch handeln wir …, weil wir an das Wunder, an das Unmögliche und Unerreichbare glauben. Für uns ist die Politik das Wunder des Unmöglichen."[39] Stimme, Gestik und Mimik, seinen ganzen Körper setzt er ein, wie ein Organist, der virtuos alle Register zu ziehen versteht. Während er die Menschen in eine hysterische Masse verwandelt, bleibt sein eigener Intellekt stets hellwach. Anders als Hitler, der wie ein

Medium auf das Publikum eingeht, vergisst Goebbels in keiner Sekunde sein sorgfältig vorbereitetes Konzept. Am Ende einer Rede stemmt er eine Hand in die Hüfte und genießt starr aufgerichtet den frenetischen Applaus.

Dem Dämon gehorchen

Während Goebbels in seinen Reden vorgibt, genau zu wissen, wie es mit Deutschland weitergehen muss, fragt er sich insgeheim, ob er „auf dem rechten Wege"[40] sei. „Hirn und Herz sind mir wie ausgetrocknet vor Verzweiflung um mich und mein Vaterland", schreibt er in sein Tagebuch. „Verzweiflung! Hilf mir, großer Gott! Ich bin am Ende meiner Kraft!!!"[41] In seiner Not klammert er sich an die Religion: „Wir müssen Gott suchen. Dazu sind wir auf der Welt."[42] Wenn er den Glauben vollends verlöre, müsse er verzweifeln und wolle dann auch nicht länger leben.[43]

Überall entdeckt er „Hass und Bosheit" der „Kanaille Mensch".[44] Er will opfern und kämpfen und redet sich ein, auf diese Weise das Heil für sich und die Nation herbeiführen zu können: „Ich habe ein festes Ziel gefunden", jubelt er am 27. September 1924. Dieses Ziel sei die „Freiheit für Deutschland"[45]. Ein halbes Jahr später heißt es in seinen Aufzeichnungen: „90% des deutschen Proletariats ist auch nur ein Scheißhaufen."[46] Aber er könne nicht anders: Er müsse sich aus einer „inneren Notwendigkeit"[47] heraus und um dem „Dämon zu gehorchen"[48] für dieses „feiste Krämerpack"[49] einsetzen.

Am 1. Oktober 1924 übernimmt er den Posten des einzigen Redakteurs der „Völkischen Freiheit", des zwei Wochen alten Kampfblattes der „Nationalsozialistischen Freiheitsbewegung Großdeutschlands", einer Wochenzeitung, deren wenige Seiten er nicht selten zu zwei Dritteln selbst füllt. „Bezahlt wird vorläufig nur mit Idealismus und Undank"[50]; aber Goebbels freut sich, dass seine „Kräfte nun vor eine große Aufgabe gestellt sind"[51].

In einem Artikel über das „Führerproblem" meint er, „der demokratische Führer" sei auf das Wohlwollen der Wirtschaftsbosse angewiesen und müsse den „niedrigen Masseninstinkten schmeicheln", weil er sonst nicht wieder gewählt werde. Der „heldische Führer" dagegen befreie sich von diesen Abhängigkeiten und könne deshalb zu Gunsten eines längerfristigen Zieles auf Augenblickserfolge verzichten.[52]

Der „heldische Führer" sitzt zu diesem Zeitpunkt noch in der Festung Landsberg, und obwohl Goebbels ihm noch nie begegnet ist, schreibt er am 15. November 1924 in der „Völkischen Freiheit": „Er hat uns die alte, deutsche Treue wieder gelehrt; wir wollen sie ihm halten bis zum Sieg, oder bis zum Untergang. Danken wir dem Schicksal, dass es uns diesen Mann gab, den Steuermann in der Not, den Apostel der Wahrheit, den Führer zur Freiheit, den Bekenner, den Fanatiker der Liebe, den Rufer im Streit, den Helden der Treue, das Symbol des deutschen Gewissens."[53]

Das enttäuschende Ergebnis der „Nationalsozialistischen Freiheitsbewegung Großdeutschlands" bei der Reichstagswahl am 7. Dezember 1924 lastet er den Gemäßigten an: „Wir brauchen Kämpfer, keine Waschlappen."[54] Erst wenn sich alle ohne Vorbehalt für die Ziele der Bewegung einsetzten, würden sie den Mut finden, „im Kampf für diese Idee über Dinge und Menschen hinwegzuschreiten mit dem schlafwandlerisch-sicheren Gefühl des geborenen Revolutionärs."[55]

Ist die Bestie gezähmt?

Hitler wird am 20. Dezember 1924 auf Bewährung entlassen. Der bayrische Ministerpräsident Heinrich Held empfängt ihn am 4. Januar 1925 zu einem politischen Gespräch unter vier Augen – und meint danach: „Die Bestie ist gezähmt."[56] Am 16. Februar hebt die bayrische Staatsregierung das Verbot der NSDAP auf. Zehn Tage später ruft Hitler in einer Ausgabe der Parteizeitung „Völkischer Beobachter" zur Neugründung der Partei am 27. Februar auf: „Sie soll wiedererstehen als schärfste Waffe im Kampfe unseres Volkes um seinen Bestand im Innern und seine Freiheit nach außen."[57] Bereits vier Stunden vor Beginn der Veranstaltung im Münchner Bürgerbräukeller ist der Saal mit 4000 Menschen überfüllt. In seiner Rede lässt Hitler keinen Zweifel daran aufkommen, dass er nun wieder die alleinige Führung der Partei übernommen hat, und zum Schluss droht er: „Entweder geht der Feind über unsere Leichen, oder wir gehen über seine!"[58]

Hermann Göring in der Nervenheilanstalt

Hermann Göring bettelt in Italien schließlich nur noch darum, wenigstens für ein kurzes Gespräch von Mussolini empfangen zu werden, doch dieser stellt sich weiterhin taub. (Vier Jahre später prahlt Göring im Gespräch mit Goebbels, er habe Mussolini während seines Exils „ausgiebig" kennen gelernt.⁵⁹⁾

Im Frühjahr 1925 fährt Karin Göring noch einmal mit dem Zug nach München. Hitler verspricht ihr, Hermann Göring – dessen Parteimitgliedschaft inzwischen annulliert wurde – wieder in die NSDAP aufzunehmen. Dann öffnet er einen Wandtresor und steckt ihr ein Bündel Geldscheine in verschiedenen Währungen zu.

Zusammen mit ihrer Schwägerin Paula arrangiert Karin Göring den Umzug aus der Villa in München-Obermenzing nach Stockholm. Im Mai 1925 reist Hermann Göring durch die Tschechoslowakei und Polen nach Stockholm, wo Karin eine kleine Wohnung gemietet hat. Ein paar Wochen lang arbeitet er als Pilot auf der Linie Stockholm–Danzig.

Als er sich während eines Streits mit seiner Frau vor den Augen der Schwiegereltern und des Stiefsohns aus dem Fenster stürzen will, kann er seine durch die Behandlung in Innsbruck verursachte Morphiumsucht nicht länger verheimlichen. Verzweifelt wendet er sich an einen mit der Familie Rosen verwandten Chirurgen, aber der weigert sich, ihm Drogen zu verschreiben und rät ihm stattdessen zu einer Entziehungskur. Sein Schwiegervater übernimmt die Kosten für den Aufenthalt in einem Privatsanatorium ab 6. August 1925. Als Göring einmal eine zusätzliche Injektion verlangt, herrscht ihn die Krankenschwester an, er solle sich zusammenreißen. Da bricht er den Medikamentenschrank auf. Seine Frau rät den herbeigelaufenen Schwestern, dem Patienten zu geben, was er verlange; andernfalls befürchte sie, er könne in seiner Verzweiflung jemand umbringen. Nach einem ähnlichen Vorfall zwei Tage später wird Hermann Göring in einer Zwangsjacke abgeführt, in ein Krankenhaus eingeliefert und von dort in die Nervenheilanstalt Långbro überwiesen. „Abusus von Morphium und Eukodal; schwere Entziehungserscheinungen. Diagnose: Vergiftungspsychose",⁶⁰ heißt es in einem Krankenbericht. Der Patient neige zu Hysterie, sei egozentrisch und leide unter „Visionen, Stimmen, Selbstanklagen"⁶¹.

Erst am 7. Oktober darf Göring die Nervenheilanstalt verlassen.

Locarno

Am 28. Februar 1925 stirbt Reichspräsident Friedrich Ebert. Als Nachfolger wählen die Deutschen den 77 Jahre alten Generalfeldmarschall Paul von Hindenburg.

Obwohl die Franzosen argwöhnisch beobachten, wie ihre Nachbarn gewissermaßen in einem „Volksentscheid gegen die parlamentarische Demokratie"[62] einen Repräsentanten des Wilhelminischen Reichs und der alten Militärkaste an die Spitze der Weimarer Republik stellen, gelingt es Gustav Stresemann – der seit dem Sturz seiner eigenen Regierung am 23. November 1923 in wechselnden Kabinetten die Außenpolitik leitet – die Furcht der Franzosen vor dem Deutschen Reich abzubauen, indem er sich für eine Aussöhnung mit dem Erzfeind einsetzt und einen Sicherheitspakt vorschlägt, der im Oktober 1925 in Locarno am Lago Maggiore auch tatsächlich zu Stande kommt.

Goebbels schäumt vor Wut: „Stresemann reist nach Locarno zur Konferenz. Deutschland an den Kapitalismus der Weststaaten verkaufen. Diese[s] fette, satte Schwein!"[63]

Die Rolle der SA

Im April 1924, kurz bevor er von Innsbruck nach Venedig reiste, meldete sich Göring noch einmal in seiner Eigenschaft als SA-Chef zu Wort. Doch aus dem Exil konnte er die SA nicht wirklich führen. Deshalb beförderte Hitler im Mai seinen vor wenigen Wochen aus der Haft entlassenen Mitstreiter Ernst Röhm in dieses Amt.

Von dem stämmigen Haudegen, dessen Gesicht durch zwei Schussverletzungen entstellt ist, erwartet Hitler bei der Neuorganisation der Partei im Frühjahr 1925, dass er die SA wieder zu einer straff organisierten und eng mit der NSDAP verbundenen Kampftruppe formiert. Ernst Röhm hat andere Vorstellungen: Er möchte einen selbstständigen Wehrverband aufbauen und gewissermaßen als Generalissimus neben den Parteichef treten. Der ist jedoch nicht bereit, die Führung der „Bewegung" mit jemand zu teilen und beantwortet die schriftlichen Vorschläge seines Duz-Freundes nicht einmal. Daraufhin tritt Röhm von seinen Ämtern zurück und verdient seinen Lebensunterhalt mit Gelegenheitsarbeiten, bis er 1928 als Militärberater nach Bolivien geht.

Franz Pfeffer von Salomon, den Hitler am 1. November 1926 zum neuen SA-Chef ernennt, stellt am folgenden Tag klar: „Die SA ist Mittel zum Zweck. Zweck ist der Sieg der Weltanschauung, deren Träger die NSDAP ist. ... Die politische Leitung der NSDAP hat zu bestimmen, was mit der SA geschehen soll."[64]

„Ich beuge mich dem Größeren, dem politischen Genie!"

Während Hitler die NSDAP in Bayern wieder belebt, leitet der niederbayrische Reichstagsabgeordnete Gregor Strasser die Neugründung der Partei in Nord- und Westdeutschland.

Karl Kaufmann, einer der maßgeblichen Mitarbeiter Strassers, hat einige Reden Joseph Goebbels miterlebt. Auf seinen Vorschlag hin wird der umtriebige Demagoge im März 1925 Geschäftsführer des Gaues Rheinland-Nord. Goebbels stürzt sich voller Begeisterung in die Aufgabe. Die Aufwandsentschädigung, die er dafür erhält, befreit ihn jedoch nicht von seinen finanziellen Sorgen.

Am 12. Juli 1925 trifft sich Hitler mit den Gauleitern in Weimar. Goebbels, der seinen Gauleiter Axel Ripke begleitet, begegnet dem Parteichef zum ersten Mal persönlich. Als er danach „Mein Kampf" liest, fragt er: „Wer ist dieser Mann? Halb Plebejer, halb Gott! Tatsächlich der Christus, oder nur der Johannes?"[65]

Wenig später findet Goebbels heraus, dass ihn Axel Ripke bei Hitler als Bolschewist diffamiert hat. Um sich dafür zu rächen, streut er gemeinsam mit Karl Kaufmann das Gerücht, der Gauleiter habe Mitgliedsbeiträge veruntreut. Dadurch wird Ripke politisch vernichtet; Kaufmann übernimmt kommissarisch das Amt des Gauleiters. Goebbels murrt: „Ich mache die Arbeit, und er ‚führt'."[66]

Nicht den Nationalismus, sondern den Sozialismus hält Gregor Strasser für das Entscheidende; sein Antisemitismus folgt aus der Überzeugung, das Judentum beherrsche die Wirtschaft. Den Legalitätskurs Hitlers lehnt er ab und setzt stattdessen auf eine „Katastrophenpolitik" mit Krawallen, Streiks und Bombenattentaten. Damit gerät er in krassen Widerspruch zur Münchner Parteiorganisation, die mit bürgerlich-konservativen und monarchistischen Kreisen zusammenarbeitet und diese nicht verschrecken möchte.

Goebbels notiert nach einem Treffen mit Gregor Strasser: „Ein prächtiger Kerl. Bajuwarisch massiv. Mit einem wundervollen Humor. Erzählte viel Trauriges von München. Von dieser Sau- und Luderwirtschaft in der Zentrale. Hitler ist von falschen Leuten umgeben."[67] Wie Gregor Strasser will er die „kapitalistische Sklaverei" abschaffen, die Schwerindustrie verstaatlichen, die 1918 enteigneten Fürsten nicht entschädigen und „ein einziges großes Feuer nationaler und sozialistischer Verzweiflung" entzünden: „Wir erreichen alles, wenn wir Hunger, Verzweiflung und Opfer für unsere Ziele in Marsch setzen."[68] Im Dezember 1925 schlägt er vor, „den kleinen Bourgeois Adolf Hitler"[69] aus der Partei auszustoßen. Ein paar Wochen später jubelt er: „In allen Städten bemerke ich mit heller Freude, dass unser, d.h. der sozialistische Geist marschiert. Kein Mensch glaubt mehr an München. Elberfeld soll das Mekka des deutschen Sozialismus werden."[70]

Am 13. Februar 1926 reist er mit Gregor Strasser zu einer kurzfristig einberufenen „Führertagung" nach Bamberg. Am nächsten Tag ruft Hitler in seiner mehrstündigen Eröffnungsrede dazu auf, den Bolschewismus zu zerschlagen und stellt klar, dass er sozialistische Bestrebungen innerhalb der Partei nicht dulden werde. Im Nationalsozialismus bedeute die Komponente „Sozialismus" nichts anderes als die Beseitigung von Gesellschaftsklassen innerhalb der „Volksgemeinschaft". Starr vor Entsetzen hört Goebbels zu. Er begreift, dass die sozialistische Position in der Partei nicht durchzusetzen ist: „Ich kann kein Wort sagen! Ich bin wie vor den Kopf geschlagen."[71]

Zwei Monate nach der Bamberger „Führertagung" lädt Hitler Joseph Goebbels, Karl Kaufmann und Franz Pfeffer von Salomon – die gleichberechtigten Führer des gerade aus den Gauen Rheinland-Nord und Westfalen gegründeten Großgaues Ruhr – nach München ein. Sein Fahrer holt die Gäste am 7. April vom Bahnhof ab. Während der Fahrt sieht Goebbels Plakate, die seinen Auftritt am nächsten Abend im Bürgerbräukeller ankündigen. Als er nach seiner zweieinhalbstündigen Rede vom Pult zurücktritt, geht Hitler mit Tränen in den Augen auf ihn zu und umarmt ihn.

Am 9. April erläutert Hitler noch einmal, warum er für den Nationalismus ist und den Sozialismus in seiner landläufigen Bedeutung ablehnt. Goebbels lässt sich vollends überzeugen: „Er hat alles durchgedacht. ... Ich beuge mich dem Größeren, dem politischen Genie!"[72] Und nach einer weiteren Begegnung mit Hitler schwärmt Goebbels: „Aus tiefer Bedrängnis leuchtet ein Stern!"[73]

Gregor Strasser wirft Joseph Goebbels vor, seine sozialistische Überzeugung verraten zu haben. Als er ihn gefördert habe, sei er „a saublöder Obernarr"[74] gewesen, klagt er.

Monatelang hält Hitler Goebbels hin, dann ernennt er ihn am 28. Oktober 1926 zum Gauleiter von Berlin-Brandenburg. Das ist keine begehrenswerte Aufgabe, denn die Berliner wählen großenteils sozialdemokratisch, die NSDAP ist im Berliner Parlament nicht vertreten und besteht aus ein paar hundert Mitgliedern, deren Funktionäre sich schon mal gegenseitig prügeln. Deshalb ermächtigt Hitler den neuen Gauleiter, in der Berliner Parteiorganisation aufzuräumen. Gregor Strassers jüngerer Bruder Otto, der als Leiter eines Berliner Verlags für den sozialistischen Flügel in der NSDAP wirbt, heißt Goebbels in einem Brief willkommen: „So gut ich es verstehen kann, dass Sie nicht für dauernd kommen mögen, so würde ich es aus sachlichen und persönlichen Gründen doch außerordentlich begrüßen, wenn Sie auf zwei bis drei Monate sich als Herkules im Augiasstall betätigen würden."[75] Aber Goebbels kommt nicht nur zum Ausmisten nach Berlin, sondern mit der Absicht, den Stall zu übernehmen!

Sein Debüt als Berliner Gauleiter gibt er am 9. November 1926 anlässlich einer Gedenkfeier für die vor der Münchner Feldherrnhalle Gefallenen. Bewusst kommt er zu spät und steigt dann aus einer Luxuslimousine. Otto Strasser kritisiert ihn: „Was denken unsere Anhänger, wenn Sie in einem so protzigen Auto vorfahren! Das sind schließlich alles arme Teufel!"[76] Goebbels giftet ihn an: „Sie scheinen von Propaganda nicht viel zu verstehen, lieber Doktor. Sie meinen, ich hätte nicht mit einer Taxe vorfahren sollen? Sie haben natürlich völlig recht, ich hätte mir zwei Taxen nehmen sollen, die andere für meine Aktentasche! Es kommt immer darauf an, den richtigen Eindruck zu schinden."[77]

„Jeden Tag geht ein kleiner Teil deines Körpers und deiner Seele verloren"

Hermann Göring wird noch zweimal in der Nervenheilanstalt Långbro behandelt. Nachdem der deutsche Haftbefehl aufgehoben und das Hochverratsverfahren gegen ihn eingestellt wurde, kann er im Juli 1926 am 2. Reichsparteitag der NSDAP in Weimar teilnehmen, aber der Presse ist das keine Zeile wert, und in mehreren Briefen beschwert sich Göring bei Hitler über die Undankbarkeit der Partei.

Im Herbst 1926 verkauft Göring BMW-Flugzeugmotoren in Schweden. Dann reist er als Vertreter einer schwedischen Fallschirmfabrik wieder nach Deutschland. Ernst Röhm, den Hitler gerade als SA-Chef abgesetzt hat, überredet einen Bekannten in München, Göring vorübergehend auf einem Sofa schlafen zu lassen.

Karin Göring ist so schwer herzkrank, dass sie vorerst in Stockholm bleibt. Am 26. Januar 1927 schreibt sie ihrem Mann: „ ... musst du auch wissen, dass ich keine Angst vor dem Tod habe. ... Natürlich möchte ich gern leben, damit du keinen Kummer hast, und um Thomas' willen, aber weil ich dich und Thomas über alle liebe, möchte ich – ja, ich möchte es schrecklich gern – bei euch bleiben."[78]

Offenbar macht Göring seine Sucht wieder zu schaffen, denn Karin beschwört ihn im selben Brief: „Du bist ein großer Geist und Mensch, du darfst dich nicht unterkriegen lassen. Ich liebe dich so sehr, mit Körper und Seele, dass ich es nicht ertragen könnte, dich zu verlieren: Und Morphinist zu sein, heißt soviel, wie Selbstmord zu verüben – jeden Tag geht ein kleiner Teil deines Körpers und deiner Seele verloren. ... Rette dich selbst und damit auch mich."[79]

Der aufgedunsene 34-Jährige ist Hitler zuwider. Die Gerüchte über Görings Drogenabhängigkeit verhindern auch seine Aufnahme in den Traditionsverein ehemaliger Angehöriger des Richthofen-Geschwaders.

Göring mietet sich eine kleine Wohnung in Berlin, teilt sich mit einem anderen Handelsvertreter ein Büro und lässt sich von seinem zehn Jahre jüngeren Freund Paul Körner in dessen Mercedes zu potenziellen Kunden chauffieren. Aber seine Geschäfte bleiben so erfolglos, dass er sich im Pfandhaus Geld besorgen muss. Verzweifelt wendet sich Göring an seinen alten Freund Bruno Loerzer, der in die Berliner Geldaristokratie eingeheiratet hat. Loerzer führt den ehemaligen Fliegerhelden in die gehobene Gesellschaft ein und stellt ihn dem Lufthansa-Direktor Erhard Milch vor. Der kleine, dicke Herr, der ständig Zigarren raucht, lädt Göring von da an in teure Restaurants ein und bringt ihn mit einflussreichen Männern zusammen.

„Blut ist noch immer der beste Kitt"

Trotz des rastlosen Einsatzes von Joseph Goebbels nimmt kaum ein Berliner Notiz von der NSDAP. Frustriert erkennt der Gauleiter, dass Ansprachen und Diskussionen für Schlagzeilen nicht ausreichen. „Berlin braucht seine Sensationen wie der Fisch das Wasser"[80], folgert er und ändert seine Taktik: Auf blutroten Plakaten kündigt er für den 11. Februar 1927 eine Großkundgebung in den „Pharussälen" im Arbeiterbezirk Wedding an. Hier pflegt die KPD zu tagen! Prompt kommt es noch vor seiner Rede zu einer wilden Saalschlacht.

Am 20. März, einem Sonntag, kehren Nationalsozialisten von einer Veranstaltung auf dem Marktplatz des Vororts Trebbin nach Berlin zurück. Im Zug treffen sie – wohl von Goebbels so geplant – auf eine aus Jüterbog kommende Musikkapelle des Roten Frontkämpferbundes. Die Schlägerei im Waggon eskaliert auf dem Bahnhof Lichterfelde, wo mehrere hundert Nationalsozialisten gewartet haben. Sechs Schwerverletzte werden vom Bahnsteig getragen. Blut sei „noch immer der beste Kitt"[81], meint Goebbels und weist seine Anhänger zynisch darauf hin, dass sich ein unbedeutender Krawall nicht lohne: „Bei Tumulten tritt bei über 400 Mark Sachschaden das Tumultschädengesetz in Kraft. Das sage ich natürlich nur nebenbei."[82]

Am 4. Mai 1927 hetzt Joseph Goebbels in einer Rede gegen die Presse und beschimpft den Autor eines missliebigen Artikels als „gemeine Judensau". Da schreit ein 53-Jähriger aus dem Publikum: „Sie sehen mir gerade aus wie ein germanischer Jüngling!"[83] Entgeistert stiert Goebbels den Zwischenrufer an. Einige wollen den „Hund" erschlagen und prügeln auf den Mann ein, während dieser sich zum Ausgang durchkämpft. Später stellt sich heraus, dass es sich um einen Pastor handelte. Am nächsten Tag erklärt der Berliner Polizeipräsident den Berliner Gau der NSDAP für aufgelöst und verhängt über Joseph Goebbels ein Redeverbot.

„Minderwertigkeitskomplexe und missionarisches Selbstbewusstsein, Erlösungssehnsucht und Vernichtungswille, sentimentale Larmoyanz und berechnender Zynismus, weinerliches Selbstmitleid und brutale Härte"[84] liegen in Goebbels' Charakter dicht beieinander. Sein verkrüppelter Fuß macht ihm zu schaffen: „Ewig Schmerzen und Unannehmlichkeiten."[85] Er hält sich für die Zielscheibe eines Artikels in der „Berliner Arbeiterzeitung", demzufolge „Rassevermischung" die Ursache besonderer Hässlichkeit sei und beschwert sich bei Hitler über die Gebrüder Strasser, von denen er vermutet, dass sie den Artikel lanciert haben. Auf einer Sitzung der Berliner Parteiorganisation – die trotz des Verbots unter wechselnden Tarnungen weiterarbeitet – verlangt er eine Vertrauenserklärung und beteuert, seine Behinderung sei die Folge eines Unfalls.

„Der Angriff?", lesen die Berliner am 1. Juli 1927 auf roten Plakaten und wundern sich, denn weiter steht da nichts. Zwei Tage später heißt es: „Der Angriff erfolgt am 4. Juli!" An diesem Tag verkaufen Jugendliche in den Straßen die erste Nummer des neuen Wochenblattes „Der Angriff. Für die Unterdrückten – Gegen die Ausbeuter!" Joseph Goebbels gibt es heraus, und zwar in Konkurrenz zur „Berliner Arbeiterzeitung" der Gebrüder Strasser.

Zu seinem 30. Geburtstag am 29. Oktober 1927 schenken ihm Parteifreunde einen Maulkorb und feiern mit diesem paradoxen Geschenk das Ende des Redeverbots.

„Das also ist der Reichstag: ein Affentheater"

Goebbels schwärmt von Hitler wie von einem Messias: „Dann mag eine Stunde kommen, wo der Mob um Sie geifert und grölt und brüllt ‚kreuziget ihn!'; wir stehen dann eisern und rufen und singen ‚Hosianna!'. Dann steht um Sie die Phalanx der Letzten, die selbst mit dem Tode nicht verzweifelt."[86]

Während Goebbels die Leute von der Straße mobilisiert, umwirbt Göring die vornehme Berliner Gesellschaft, und es gelingt ihm in kurzer Zeit, mit einflussreichen Bankiers, Großindustriellen und Aristokraten Beziehungen zu knüpfen. Dadurch macht er sich für Hitler wieder interessant.

Anfang 1928 sucht er den Parteichef in dessen Wohnung in München auf und verlangt, auf einem sicheren Listenplatz der NSDAP als Kandidat für die Reichstagswahl am 20. Mai aufgestellt zu werden. Als Hitler zögert, droht er: „So kann man einen Mann nicht behandeln, der an der Feldherrnhalle zwei Kugeln in den Leib bekommen hat. Deshalb mein letztes Wort, Herr Hitler: Entweder stellen Sie mich ... als Kandidat für den Reichstag auf oder wir scheiden für immer als Gegner."[87] Hitler geht schließlich auf die Forderungen seines ehemaligen SA-Chefs ein.

Auch Joseph Goebbels kandidiert für einen Sitz im Reichstag. Um den Berliner Nationalsozialisten „die ungehinderte Möglichkeit zu Wahlvorbereitungen"[88] zu gewähren, hebt der Berliner Polizeipräsident das Verbot der Partei am 31. März auf. Zwei Wochen später gründet Goebbels den Berliner Gau noch einmal neu. „Weg mit verantwortungslosen Majoritäten!", verlangt er im Wahlkampf. „Her mit einem Mann, der seinen Kopf als Einsatz wagt!"[89] Er will ins Parlament einbrechen „wie der Wolf in die Schafherde"[90]. Großspurig verkündet er: „Wir gehen in den Reichstag hinein, um uns im Waffenarsenal der Demokratie mit deren eigenen Waffen zu versorgen. Wir werden Reichstagsabgeordnete, um die Weimarer Gesinnung mit ihrer eigenen Unterstützung lahmzulegen."[91]

Doch die NSDAP ist ein „Geschöpf der Krise"[92]. In einer relativ stabilen wirtschaftlichen Situation, wie bei der Reichstagswahl am 20. Mai 1928, erhält sie weniger als drei Prozent der abgegebenen Stimmen, in Berlin sogar noch weniger. Die NSDAP verliert zwei Sitze, aber Goebbels und Göring ziehen zusammen mit zehn anderen Nationalsozialisten in den neu gewählten Reichstag ein.

Dadurch verfügt Joseph Goebbels endlich über ein regelmäßiges Einkommen und kann wegen der Abgeordneten-Immunität gerichtlich erst einmal nicht verfolgt werden. (Er war am 28. Februar wegen der Ausschreitungen bei einer seiner Reden und am 28. April wegen fortgesetzter Beleidigungen des stellvertretenden Berliner Polizeipräsidenten im „Angriff" zu Haftstrafen verurteilt worden, hatte aber in beiden Fällen Berufung eingelegt.) „Ich bin ein I. d. I. Ein I. d. F. Ein Inhaber der Immunität, ein Inhaber der Freifahrkarte", brüstet er sich. „Ein I. d. I. hat freien Eintritt zum Reichstag, ohne Vergnügungssteuer zahlen zu müssen ... Ein I. d. F. ... empfängt ... den Dank der Republik in Gestalt von 750 Mark Monatsgehalt – für treue Dienste."[93]

Von der Eröffnungssitzung des neuen Reichstags am 13. Juni hält er nicht viel: „Das also ist der Reichstag: ein Affentheater."[94] Über Hermann Göring, den er mittags kennen lernt, schreibt er lapidar: „Fliegerhauptmann. Etwas gedunsen."[95]

Karin Göring, die drei Tage vor der Reichstagswahl in Berlin eintraf, verfolgt die Reichstagssitzung von der Tribüne aus. In Briefen an Verwandte schildert sie begeistert den Kampf, den Hermann Göring nun gegen Juden, Verbrecher und Kommunisten führen will. Ihre Schwester Elsa berichtet nach einem Besuch in Berlin: „Karin und Hermann haben uns zu einer Veranstaltung im Sportpalast mitgenommen. Wir waren nur ein paar Schritte gegangen, als eine Menge junger Leute die Hände hochstreckte und wild schrie. Ich sah mich erstaunt um ... Und kannst du dir vorstellen, es war Hermann, dem sie huldigten."[96]

Der Reichstagsabgeordnete Göring, der sich besonders um das Verkehrswesen kümmert, lässt sich von der Lufthansa nicht nur mit üppigen Geldsummen bestechen, sondern auch ein Büro einrichten, in dem er Paul Körner als Sekretär und Bruno Loerzer als „Sonderbeauftragten" beschäftigt. Von dem Geld, das ihm der Industrielle Fritz Thyssen zusteckt, mietet er in Berlin-Schöneberg eine moderne Fünf-Zimmer-Wohnung mit einer der seltenen Tiefgaragen und stellt ein Dienstmädchen ein. Als „Salon-Nazi" wird er deshalb beschimpft.

„Die Steine fliegen"

Am Sonntag, den 30. September 1928, spricht Goebbels auf einer Massenversammlung im überfüllten Sportpalast vor 15 000 Zuhörern. Nationalsozialisten, die keinen Platz mehr fanden, prügeln sich währenddessen auf der Straße mit Kommunisten. Dazu notiert Goebbels am nächsten Tag: „23 Verletzte, darunter 3 schwer. Hoffentlich bekommen wir den schlimmsten durch. Im Saal ungeheure Erregung. Ich bekomme ihn schließlich wieder in die Hand. Es läuft nun alles programmmäßig ab. Deutschlandlied! Schluss! Draußen schwarz von Menschen. Das singt und schreit und brüllt und jubelt. Kampf! Das Herz springt vor Freude. Ich besuche einen Verwundeten. Grauenvoll. Aber ich kann das verantworten. Los! Die Steine fliegen."[97]

Den Gau Berlin-Brandenburg teilt Hitler mit Wirkung vom 1. Oktober 1928 in einen weiterhin von Goebbels geführten Gau Groß-Berlin und einen Gau Brandenburg, den er einem Strasser-Anhänger überlässt. Das schränkt Goebbels' Einfluß räumlich ein, verschafft ihm andererseits aber auch mehr Handlungsspielraum, weil er in seinem Bereich nicht mehr auf die Opposition des Strasser-Flügels achten muss.

Auf Anordnung des Gauleiters halten sich die Nationalsozialisten bei den Kundgebungen am 1. Mai 1929 in Berlin zurück. Seine Einschätzung erweist sich als richtig: Bei Zusammenstößen zwischen kommunistischen Demonstranten und der Polizei werden 33 Menschen getötet, 245 verletzt. Sind es also weniger die Nationalsozialisten als die Kommunisten, die den Staat bedrohen?

Kurz bevor Goebbels am 10. September in Breslau mit einer Rede beginnen will, wird ihm ein Telegramm überreicht: „Adolf Hitler soeben tödlich verunglückt."[98] Goebbels verliert die Fassung, wird von einem Weinkrampf geschüttelt; dann ruft er bei der Parteiführung in München an. Banges Warten. Man hat Hitler gerade noch gesehen; er ist wohlauf. Also handelt es sich bei dem Telegramm um eine Fälschung. „Starr wie Eis"[99] kehrt Goebbels ans Rednerpult zurück.

Am 22. September unterhält er sich am Görlitzer Bahnhof mit einem Passanten. Da schreit plötzlich jemand: „Heran Proleten! Hier ist der Arbeitermörder Goebbels."[100] Goebbels verspürt einen Schlag an der Schulter, dreht sich zur Seite, sieht, wie jemand eine Pistole auf ihn richtet. Der Schuss kracht. Goebbels flüchtet ins Auto. Sein Chauffeur wird von einem Stein getroffen, fährt aber los, während Goebbels ihm die Platzwunde zudrückt. Erst als sie außer Gefahr sind und anhalten können, fällt der Fahrer in Ohnmacht.

„Die Fahne hoch! Die Reihen fest geschlossen!"

Im Januar 1930 besucht der Berliner Gauleiter einen verletzten SA-Mann im Krankenhaus: „Das ganze Gesicht zerschossen, entstellt. Er schaut mich ganz starr an, dann füllen sich seine Augen mit Tränen und dann lallt er: „Man muss aushalten! --- Ich freue mich!' Ich bin dem Weinen nahe."[101]

Bei dem Schwerverletzten handelt es sich um den Pfarrersohn Horst Wessel. Als Goebbels im November 1926 nach Berlin kam, begeisterte sich der Jura-Student für ihn. Er vernachlässigte sein Studium, schloss sich der SA an und marschierte mit seinem Trupp durch das Arbeiterviertel Friedrichshain, um für eine vermeintlich gerechtere Welt zu kämpfen. Eine Prostituierte, in die er sich verliebte, holte er von der Straße. Bei der Trauerfeier am 23. Dezember 1929 für ein Opfer von Straßenkämpfen in Berlin hielt Horst Wessel nach Joseph Goebbels und Hermann Göring eine Ansprache.

Am Abend des 14. Januar 1930 bekam er mit seiner Vermieterin Streit. Als diese in einem nahe gelegenen Lokal um Hilfe bat, begleiteten dort anwesende Kommunisten sie zu ihrem Haus. Einer von ihnen klopfte an die Tür der Dachwohnung und schoss sofort, als Horst Wessel öffnete. Vor den Augen seiner Geliebten brach der 22-jährige Student zusammen.

Am 23. Februar stirbt er. Goebbels kann Hitler zwar nicht überreden, an der Beerdigung am 1. März teilzunehmen, aber er mobilisiert Tausende, die dem Sarg trotz des Gejohles der Kommunisten folgen und am Grab ein von Horst Wessel geschriebenes Lied singen: „Die Fahne hoch! Die Reihen fest geschlossen!"

„Gegen die Versklavung des deutschen Volkes"

In der ersten Hälfte des Jahres 1929 arbeitete eine Kommission unter dem Vorsitz des amerikanischen Wirtschaftspolitikers Owen D. Young ein neues Gutachten über die von den Siegermächten des Ersten Weltkriegs verlangten Reparationen aus.

Um durch einen Volksentscheid ein „Gesetz gegen die Versklavung des deutschen Volkes"[102] zu erzwingen, bildeten die „Völkischen" unter Alfred Hugenberg und Heinrich Claß mit Adolf Hitler am 9. Juli 1929 einen „Reichsausschuss"[103]. Als ihr Vorhaben scheiterte, machte Hitler die Halbherzigkeit seiner Partner dafür verantwortlich und festigte auf diese Weise seinen Ruf als einzige energische Kraft auf der antirepublikanischen Rechten.

Am 12. März 1930 stimmt der Reichstag den Regelungen zu, die auf der Grundlage der Kommissionsvorschläge ausgehandelt wurden. Damit verpflichtet sich Deutschland, weitere 59 Jahre lang – bis 1988 – Reparationen zu zahlen. Aus Protest gegen die finanzielle Belastung von zwei Generationen tritt Reichsbankpräsident Hjalmar Schacht zurück. Reichspräsident Hindenburg, der sich für die Annahme des Young-Planes ausspricht, wird von Goebbels als „Büttel der Schieberregierung und Schieberrepublik"[104] verunglimpft.

„Die Liebe ist der große Motor des Lebens"

Am 7. Dezember 1929 erhält Goebbels einen Anruf seines Bruders Konrad. Der Vater ist am frühen Morgen nach längerem Leiden gestorben. „Voll von Schmerz und Gram"[105] fährt Goebbels nach Rheydt, wo ihn seine Brüder am Bahnsteig abholen. Bei strömendem Regen findet die Beerdigung statt.

In Rheydt begegnet Goebbels zufällig Else Janke, die er seit mehr als drei Jahren nicht gesehen hat. „Else wird abwechselnd puterrot und kreidebleich. Nachher fragt sie mich, ob ich noch manchmal an sie denke. Was soll ich dem armen Kind darauf antworten? Ich sage ja und lüge wohl dabei."[106]

Goebbels giert nach sexuellen Abenteuern: Jutta, Anneliese, Xenia, Tamara, Hella, Russa, Charlotte, Ilse, Olga sind Namen von Frauen, die 1929/30 in seinem Tagebuch auftauchen. „Die Liebe ist der große Motor des Lebens",[107] schwadroniert er und erklärt seiner Geliebten Erika Chelius: „Ich habe Frauen nötig zum Ausgleich".[108]

Doch über all seinen Gespielinnen vergisst er niemals seine erste große Liebe: „Anka steht zwischen allem. ... Anka hat mich damals verlassen. Daran leidet mein ganzes Verhältnis zu den Frauen."[109] Seit Ende 1928 trifft er sich wieder mit ihr; hin und wieder ist ihr kleiner Sohn dabei, häufig auch ihr Mann Georg Mumme, mit dem sich Joseph Goebbels schließlich duzt, obwohl er ihn verachtet. „Wie schön sie ist", schreibt er in sein Tagebuch. „Wir lieben uns, als läge zwischen 1920 und jetzt nur ein Tag. ... Sie liebt mich, und ich liebe sie. Das wird wohl ewig so bleiben. Jeder Mensch hat höchstens einmal im Leben eine Liebe, die ihn ganz ausfüllt."[110] Wenn ihn „die alte große Liebe zu ihr" überfällt, küsst er sie „wie in jungen Tagen"[111].

Goebbels über Göring

Karin Göring gefällt dem Frauenliebhaber Goebbels: „Frau Göring – wie immer liebreizend, schön, klug und begeistert",[112] schreibt er nach einem Abend bei ihr und ihrem Mann in sein Tagebuch. „Ich verehre sie sehr. ... Diese herrliche schwedische Frau!"[113]

Auf Hermann Göring ist er mal gut, mal schlecht zu sprechen. Immer wieder kommt es zwischen dem „Salon-Nazi" und dem kompromisslosen Fanatiker zu Reibereien. „Ein patenter Kerl",[114] lobt Goebbels am 14. Mai 1929. Fünf Wochen später gerät er im Reichstag mit ihm aneinander: „Erregte Szene mit Göring, der sich immer mehr zum Fraktionsekel entwickelt. Dabei ist er so dumm wie Stroh und so faul wie eine Kröte."[115]

Im April 1930 begleitet Goebbels den Konkurrenten eine Woche lang bei Familienbesuchen in Schweden. „Es gibt hier wunderschöne blonde Frauen. Zum Mitnehmen entzückend", schwärmt er und beneidet die schwedischen Männer im Stockholmer Hotel „Royal". „Dort tanzen die dummen Schweden mit diesen blonden, göttlichen Frauen, die sie gar nicht verdienen."[116] Eine 17-jährige Nichte Görings reitet ungesattelt. Da sieht er gern zu. Am Ende wundert er sich selbst, dass sein tagelanges Zusammensein mit seinem Parteifreund harmonisch verläuft, und er notiert: „Dank an Göring. Er ist ein guter Kerl und hat so gut für mich gesorgt."[117]

„Das ist der alte Hitler! Der Zauderer! Der ewige Hinhalter!"

Goebbels beschwert sich im Januar 1930 bei Hitler, weil Otto und Gregor Strasser eine neue Tageszeitung planen und der „Völkische Beobachter" eine Berliner Ausgabe anbieten will. Da droht der „Angriff" ins Hintertreffen zu geraten. Um den „Angriff" ebenfalls zur Tageszeitung machen zu können, verlangt Goebbels Geld von der Parteizentrale in München. Als Hitler nicht reagiert, schimpft er: „Hitler trifft wie gewöhnlich wieder keine Entscheidung."[118] Am 1. März erscheinen die beiden angekündigten Zeitungsausgaben. Goebbels meint frustriert: „München, inkl. Chef, hat bei mir allen Kredit verloren. Ich glaube ihnen nichts mehr. Hitler hat mir – aus welchen Gründen, das ist egal – fünfmal das Wort gebrochen. Das ist eine bittere Erkenntnis, und ich ziehe daraus innerlich meine Schlüsse. Hitler verbirgt sich, er fasst keine Entschlüsse, er führt nicht mehr, sondern er lässt die Dinge treiben."[119] Zwei Wochen später ist noch nichts geschehen: „Und München schläft. Es ist zum Kotzen!"[120] Bei einer Besprechung mit Hitler und Göring redet sich Goebbels seinen „ganzen Groll heraus" und erreicht damit, dass Hitler „eine Sauwut auf die beiden Strassers"[121] bekommt.

Am 26. April stellt Adolf Hitler auf einer „Führertagung" in München nochmals klar, dass er sozialistische Vorstellungen rundweg ablehnt – und ernennt den Berliner Gauleiter Joseph Goebbels zum Reichspropagandaleiter der NSDAP.

Otto Strasser schreckt nicht davor zurück, Hitler während einer insgesamt siebenstündigen Unterredung am 21. und 22. Mai in Berlin entgegenzuhalten: „Ein Führer muss der Idee dienen, ihr allein können wir uns restlos hingeben, denn sie ist ewig, der Führer ist vergänglich und kann sich irren."[122] Das sei ein unerhörter Unsinn, braust Hitler auf. „Das ist schlimmste Demokratie, für die es eben bei uns keinen Platz gibt. Bei uns ist Führer und Idee eins, und jeder Parteigenosse hat das zu tun, was der Führer befiehlt, der die Idee verkörpert und allein ihr letztes Ziel kennt."[123] Er irre sich nie, schreit er Otto Strasser an, jedes seiner Worte sei „historisch".[124] Und im Juni vertraut er ausgesuchten Journalisten an, er habe sich bei der Organisation der NSDAP an der straffen Hierarchie in der römisch-katholischen Kirche und dem Unfehlbarkeitsanspruch des Heiligen Vaters orientiert. Im Gegensatz zum Kirchenoberhaupt duldet der „Führer-Papst"[125] aber auch keine Einschränkung durch eine von ihm unabhängige Idee.

Wochenlang äußert sich Hitler nicht mehr zu dem Konflikt mit Otto Strasser. Erst als dieser im Juni seine Version des Disputs veröffentlicht und ihm vorwirft, das sozialistische Kernelement der Bewegung zu verraten, schlägt er verbal zurück: „Die Nationalsozialistische Partei wird, so lange ich sie führe, kein Debattierklub wurzelloser Literaten oder chaotischer Salonbolschewisten werden, sondern sie wird bleiben, was sie heute ist: eine Organisation der Disziplin, die nicht für doktrinäre Narreteien politischer Wandervögel geschaffen wurde, sondern zum Kampf für eine Zukunft Deutschlands, in der die Klassenbegriffe zerbrochen sein werden."[126]

Am 30. Juni beruft Joseph Goebbels eine Mitgliederversammlung des Gaues Groß-Berlin ein. Otto Strasser verweigert man den Zutritt. Begründung: Er sei kein Mitglied dieses Gaues. Und der Gauleiter polemisiert in seiner Rede gegen den sozialistischen Flügel in der Partei, bis Zwischenrufer brüllen, man solle die Gebrüder Strasser aufhängen. Gregor Strasser – der seit 1928 als Reichsorganisationsleiter der

NSDAP fungiert – distanziert sich von seinem Bruder Otto und hält Adolf Hitler die Treue.

Im Streit mit Otto Strasser und dessen Anhängern fühlt sich Goebbels noch immer vom „Führer" im Stich gelassen, denn der sagt seine für den 3. Juli vor der Berliner Generalversammlung geplante Rede ab – „um sich vor Entschlüssen zu drücken", wie ihm Goebbels unterstellt. „Hitler trägt durch sein Zaudern an allem die Schuld", behauptet er. „Das ist der alte Hitler! Der Zauderer! Der ewige Hinhalter!"[127] Statt die Auseinandersetzung persönlich zu führen, wendet sich Hitler in einem offenen Brief an den Berliner Gauleiter: „Ich habe Sie, lieber Herr Doktor Goebbels, vor Jahren auf den schwersten Platz des Reiches gestellt in der Hoffnung, dass es Ihrer Energie und Tatkraft gelingen wird, ... eine einheitliche, straffe Organisation zu bilden. Sie haben diese Aufgabe in einer Weise gelöst, dass Ihnen der Dank der Bewegung und vor allem meine eigene höchste Anerkennung sicher ist. Ich muss Sie nun heute bitten, in Verfolgung dieser einst gestellten Aufgabe die rücksichtslose Säuberung der Partei ... durchzuführen. ... Sie haben hinter sich die gesamte Organisation der Bewegung ... und gegen sich ein halbes Dutzend berufsmäßiger Querulanten und Literaten!"[128]

Tags darauf verkünden Otto Strassers Zeitungen: „Die Sozialisten verlassen die NSDAP."[129]

Wahlerfolg

Die nationalsozialistische Bewegung besteht aus der „Politischen Organisation" und der SA, die zwar weitgehend unabhängig voneinander operieren, aber durch den „Führer" verklammert sind. Walter Stennes, einer der Berliner SA-Kommandeure, bezeichnet die Politische Organisation (PO) spöttisch als „P-Null" und agitiert gegen das Bonzentum in der Partei, speziell in dem von Goebbels geleiteten Gau.

Im August 1930 erfährt Joseph Goebbels von dem Unmut, der sich in der Berliner SA ausbreitet. Stennes verlangt von ihm, für die Reichstagswahl am 14. September drei Mitglieder der SA-Einheiten als Kandidaten aufzustellen. „Zum Schein"[130] geht der Gauleiter darauf ein, obwohl Hitler sich bereits gegen eine Kandidatur von SA-Männern für den Reichstag ausgesprochen hat.

Es dauert nicht lang, bis Walter Stennes durchschaut, dass Goebbels ihn getäuscht hat. Nach einer Wahlveranstaltung am 30. August in Breslau reißt ein Telefonanruf Goebbels aus dem Schlaf: Aufgebrachte

SA-Männer haben die Gau-Geschäftsstelle in Berlin verwüstet. Noch in der Nacht lässt er sich im Auto zurückfahren. Hitler, den er vor seiner Abreise aus Breslau in Bayreuth alarmiert hat, fliegt ebenfalls in die Reichshauptstadt, spricht dort mit SA-Männern und zieht Walter Stennes zur Rechenschaft. Am 1. September erklärt Hitler den Aufstand in einer Rede vor den angetretenen Berliner SA-Einheiten für beendet. SA-Chef Franz Pfeffer von Salomon tritt wegen der Affäre zurück.

Bei der Reichstagswahl am 14. September 1930 schafft die NSDAP den Durchbruch: 6,4 Millionen Deutsche wählen die Partei, die daraufhin nicht mehr 12, sondern 107 Abgeordnete ins Parlament schickt und die zweitstärkste Fraktion nach der SPD bildet. Begeistert schreibt Reichspropagandaleiter Joseph Goebbels in sein Tagebuch: „ ... eine Verzehnfachung. In Berlin 360 000 Stimmen. Das hätte ich nicht erwartet. Unsere Leute sind ganz außer Rand und Band. Eine Begeisterung wie 1914. Der Sportpalast gleicht einem Irrenhaus. Die SA trägt mich auf den Schultern durch den Saal. Bis 4 h nachts fahre ich noch durch die SA-Lokale. Überall dasselbe Bild. Freude, Kampfstimmung."[131]

Nach dem sensationellen Wahlerfolg gewinnt Hermann Göring als Vermittler zwischen Hitler und führenden Vertretern aus Politik und Wirtschaft weiter an Bedeutung. Er begleitet seinen Parteivorsitzenden auch zu einer ersten politischen Besprechung mit Reichskanzler Heinrich Brüning am 5. Oktober 1930.

Hitler übernimmt jetzt selbst das Amt des Obersten SA-Führers, ruft seinen ehemaligen Freund Ernst Röhm aus Bolivien zurück und ernennt den „kleinen dicken Mann mit dem zerschossenen, stets leicht geröteten Gesicht", der Zivilisten generell für „Drückeberger, Deserteure und Schieber" hält,[132] am 5. Januar 1931 zum „Stabschef der SA". Vier Wochen später betont Hitler wegen der Gerüchte über Röhms Homosexualität, die SA sei keine „moralische Anstalt", sondern „ein Verband rauer Kämpfer".[133]

„Ich sabotiere eure bürgerliche Justiz"

In der Periode bis zur Neukonstituierung des am 18. Juli 1930 aufgelösten und am 14. September neugewählten Reichstags, in der die Abgeordneten nicht aufgrund ihrer Immunität der gerichtlichen Verfolgung entzogen sind, will ein Gericht in Berlin-Charlottenburg sechs Beleidigungsklagen gegen Joseph Goebbels verhandeln. Mit einem ärztlichen Attest, das dem Angeklagten ein Magenleiden bescheinigt, versucht sein Anwalt, den Prozess hinauszuschieben. Das Gericht verwirft die Anträge, und als Goebbels zur Verhandlung am 29. September 1930 nicht erscheint, ordnet es seine Zwangsvorführung an.

Er taucht unter, bis sich am 13. Oktober der neue Reichstag konstituiert. Wenn es ihm gelingt, an der Eröffnungssitzung teilzunehmen, ist er aufgrund der Immunität vor gerichtlichen Schritten wieder sicher. Vor dem Portal stehen Polizisten, aber in dem Gedränge schafft er es, hineinzukommen. Im Plenarsaal triumphiert er: „Ja, ich sabotiere eure bürgerliche Justiz!"[134] Das sei „ein herrlicher Streich"[135] gewesen, freut er sich.

Ruf nach dem „starken Mann"

Auch die Kommunisten haben sich bei den Wahlen am 14. September 1930 verbessern können. Wie aber soll konstruktive Arbeit geleistet werden in einem Reichstag, dessen staatsfeindliche Flügelparteien über knapp 40 Prozent der Sitze verfügen? Die Weimarer Republik ist eine „Demokratie ohne Demokraten"[136].

Die Parteienlandschaft ist so zersplittert, dass in dem neugewählten Reichstag fünfzehn Parteien und Listenverbindungen sitzen. Heinrich Brüning, der Fraktionsvorsitzende des Zentrums, der seit dem 30. März eine Minderheitsregierung führt, sieht sich gezwungen, die im Kabinett beschlossenen Maßnahmen durch Notverordnungen des Reichspräsidenten durchzusetzen.

Die irritierten Deutschen halten die Demokratie für einen Irrweg und sehnen sich nach der Ordnung und Reglementierung des Kaiserreichs zurück. Von dem als „Debattierklub" und „Schwatzbude" bespöttelten Parlament erwartet kaum jemand eine Lösung der Krise. Viele betrachten Politik als schmutziges Geschäft von hinter verschlossenen Türen tagenden Gremien. Dieser Stimmung trägt Hermann Göring Rechnung, wenn er verspricht, den „Kuhhandel der Parteien" zu beenden: „Wir kämpfen gegen diesen Staat und das gegenwärtige System, weil wir sie restlos vernichten wollen, aber auf legalem Wege."[137] Dem Reichswehrminister Wilhelm Groener rät er, die bevorstehende Parade zur Feier des „Weimarer Pamphlets" – so nennt er die Reichsverfassung – mit einem „Schlapphut auf dem Kopfe und einer Pfauenfeder in einem anderen Körperteil abzunehmen".[138] Wegen dieser Verunglimpfung wird er zu einer Geldstrafe verurteilt.

Als Reichspropagandaleiter der NSDAP setzt sich Goebbels dafür ein, dass die ganze Nation Halt am Idol des „starken Mannes" Adolf Hitler findet, den er zum pseudoreligiös verehrten Medienstar aufbaut. Dieser Mann „aus dem Volk", der Taten verspreche statt zu diskutieren, sei nicht nur dazu ausersehen, die Schande des Versailler Friedensvertrages wieder gutzumachen, sondern auch Marxismus, Liberalismus und Parlamentarismus zu überwinden und so wieder Ordnung herzustellen.

„Ein Nationalsozialist muss in allen Sätteln reiten können",[139] erklärt Joseph Goebbels. Die NSDAP ist weniger eine politische Partei als eine Sekte der Hoffnung, und der Nationalsozialismus keine Ideologie, sondern „der Wille des Führers"[140]. Die NSDAP wird nicht wegen eines Programms gewählt, sondern weil viele Verzweifelte von Hitlers Person fasziniert sind und von ihm eine bessere Zukunft, eine „nationale Wiedergeburt" erwarten. Sie folgen keiner konkreten politischen Konzeption, sondern monströsen Ideen, denn Hitler denkt „mythologisch, nicht gesellschaftlich"[141], „heroisch statt politisch, tragisch statt sozial"[142]. Er „weiß, dass die Menschen nicht allein Wohlstand, Sicherheit, kurze Arbeitszeiten ... wollen; sie wollen ebenso, zumindest zeitweilig, Kampf und Selbstaufopferung, ganz zu schweigen von Trommeln, Flaggen und Paraden."[143]

Der Nationalsozialismus ist „ein Instrument zur Erzeugung, Sicherung und Erweiterung von Macht"[144]. Nach der Unterwerfung der Partei strebt Hitler jetzt die Staatsführung an. Da könnte er „das unzureichende künstlerische Talent in einer grandiosen Ersatzrolle kompensieren"[145]. Und wenn er erst einmal über den Staat herrscht, dann wird er sich nicht damit begnügen, den Versailler Friedensvertrag zu zerreißen, „Lebensraum" im Osten zu erobern und die Juden in seinem Reich zu vernichten: „Jedes Wesen strebt nach Expansion und jedes Volk strebt nach Weltherrschaft",[146] verkündet er in einer Rede am 13. November 1930.

„Ich brauche Geld"

Als Otto Wagener, ein Mitglied der Reichsleitung der NSDAP, bei Industriellen im Ruhrgebiet Geld für die Gründung einer „Essener National-Zeitung" sammelt, wird er im November 1930 zu Göring in dessen Berliner Wohnung gerufen. Der 37-Jährige erscheint im roten Morgenmantel und in verzierten Schnabelpantoffeln. („Da regen sich die Leute nun über meine Schlafröcke auf!", wundert sich Göring. „Andere

Leute sammeln Briefmarken, ich sammle Schlafröcke. Finden Sie das so viel verrückter?"[147]) Wagener befürchtet, er sei zu früh gekommen, aber Göring hat gar nicht vor, etwas anderes anzuziehen; er setzt sich an seinen durch ein Podest erhöhten Schreibtisch und bietet seinem Besucher einen tiefer stehenden Sessel an. Ohne zu verraten, warum er Wagener kommen ließ, behauptet er, es sei falsch, sich auf die Arbeiterschaft zu stützen, wie Hitler das tue. „Wodurch wecke ich bei meinen Reden Beifallsstürme und jubelnde Begeisterung, doch nicht, indem ich sage, dass der Arbeiter 5 Pfennig in der Stunde mehr verdienen soll, sondern indem ich proklamiere, dass wir Deutschland befreien wollen von den Fesseln von Versailles, dass wir es wieder zu einer großen Macht emporheben wollen, geachtet und beneidet von der Welt! Wenn wir das erreicht haben, dann bekommt der Arbeiter sowieso 5 Pfennig mehr."[148] Er übersetzt einen Artikel aus dem „Corriere della sera", in dem nicht Hitler, sondern Göring für den kommenden Mann in Deutschland gehalten wird. Otto Wagener traut seinen Ohren nicht.

Unvermittelt wirkt Göring ermattet. Er entschuldigt sich, steht auf, tastet sich am Schreibtisch entlang und verlässt auf unsicheren Beinen das Arbeitszimmer. Nach ein paar Minuten kehrt er mit frischen Bewegungen und glänzenden Augen zurück: „Ich brauche für meine Reisen, für mein Auftreten, für mich selbst, aber auch für Aufgaben innerhalb der Partei und der Reichstagsfraktion Geld", kommt er nun auf den Punkt. „Deshalb habe ich mir das Ruhrgebiet, den Bergbau und die Schwerindustrie als Finanzierungsquelle gesichert. ... Auch die 50 000 Mark, die Sie für Ihre Zeitung bekommen haben, waren also für mich bestimmt. ... Ich glaube, die Repräsentation des kommenden neuen Deutschland durch mich ist wichtiger, als eine neue Zeitung."[149]

Otto Wagener fasst seinen Eindruck von Göring in einem Satz zusammen: „Seine ganze Existenz, seine gesamten Pläne, sein Leben überhaupt waren auf Finanzierung von anderer Seite aufgebaut."[150]

„Die schöne Frau Quandt"

Als Goebbels an einem Abend im November 1930 mit seinem Privatsekretär Karl Hubertus Graf von Schimmelmann die Treppe zu seinem Büro in der Gau-Geschäftsstelle hinaufgeht, kommt ihnen eine elegant gekleidete Frau entgegen. Sobald sie außer Hörweite ist, raunt er: „Donnerwetter, Schimmelmann, wer war denn das? Tolle Frau!"[151] Der Angesprochene findet rasch heraus, dass es sich um Magda Quandt handelt, die seit ein paar Wochen Presseberichte für das Zeitungsarchiv ausschneidet.

Am nächsten Vormittag lässt Goebbels sie rufen. Er ist nicht nur von ihrer äußeren Erscheinung, sondern auch von ihrer geistigen und gesellschaftlichen Gewandtheit beeindruckt. Am 7. November erwähnt er sie erstmals in seinem Tagebuch: „Eine schöne Frau mit Namen Quandt macht mir ein neues Privatarchiv."[152] Und eine Woche später heißt es: „Gestern Nachmittag war die schöne Frau Quandt bei mir und hat geholfen beim Aussortieren von Fotos."[153] Der Gauleiter und Propagandachef der NSDAP arbeitet meistens bis in die Nacht, und seine neue Archivarin verlässt das Büro auch selten pünktlich.

Am 11. November 1930 feiert Magda Quandt ihren 29. Geburtstag. Ihre Mutter Auguste Behrend war bei der Niederkunft ein lediges Dienstmädchen in Berlin, aber kurze Zeit später heiratete sie den Vater des Kindes, den Bauunternehmer Oskar Ritschel. Die Ehe hielt keine drei Jahre. Ritschel, der zum Zeitpunkt der Scheidung beruflich in Brüssel zu tun hatte, überredete seine geschiedene Frau, ihm Magda anzuvertrauen und sorgte dafür, dass sie in ein belgisches Internat kam. Auguste folgte ihrer Tochter nach Brüssel und heiratete dort 1906 Richard Friedländer, einen jüdischen Lederfabrikanten aus Deutschland. Um sich zu Beginn des Krieges nicht dem Hass der Belgier gegen die Deutschen auszusetzen, ließ Richard Friedländer sein Vermögen in Brüssel zurück und fuhr am 7. August 1914 mit seiner Frau und seiner Stieftochter im „schmutzigen Viehwaggon"[154] nach Berlin, wo er sich dann als Kellner durchschlug.

Auf dem Gymnasium befreundete sich Magda mit der jüdischen Mitschülerin Lisa Arlosoroff und deren Geschwistern Dora und Victor. Victor Arlosoroff studierte nach dem Abitur Volkswirtschaft in Berlin. Begeistert teilte Magda seine zionistischen Visionen und trug einen Davidstern als Schmuck am Kleid.

Ebenso fasziniert sprach sie mit ihrem Vater, den sie hin und wieder besuchte, über den Buddhismus. Oskar Ritschel bezahlte seiner Tochter nach der Reifeprüfung den Besuch eines exklusiven Pensionats in Goslar. Bei einer ihrer Bahnfahrten von Berlin nach Goslar lernte sie im Februar 1920 einen Witwer kennen, der doppelt so alt war wie sie: Günther Quandt. Zwei Tage später besuchte er sie in ihrem Pensionat. Am 28. Juli, seinem 39. Geburtstag, verlobten sie sich, am 4. Januar 1921 feierten sie Hochzeit, und zehn Monate später gebar Magda Quandt einen Sohn, den sie auf den Namen Harald tauften.

Günther Quandt war ein nüchtern-pragmatischer Unternehmer, der von frühmorgens bis spätabends seinen Geschäften nachging, um ein Wirtschaftsimperium aufzubauen. Magda kümmerte sich währenddessen um den Haushalt, das Personal und sechs Kinder: Harald, zwei Stiefkinder und drei Waisen.

Von der Familie ihres Ehemanns wurde sie als nicht standesgemäß abgelehnt; nur ihrer gleichaltrigen Schwägerin Eleonore („Ello") konnte sie sich anvertrauen. Ihr beichtete sie 1928, sie habe sich in einen Studenten verliebt, einen romantischen jungen Mann, den sie ins Theater und zu Kunstausstellungen begleite.[155] Als Günther Quandt von einer Hotelübernachtung des Paares erfuhr, ließ er Magda kaum genug Zeit, ihre Koffer zu packen. Mit kompromittierenden Briefen, die sie aus seinem Schreibtisch stahl, setzte sie den hoch geachteten Industriellen so unter Druck, dass er ihr bei der Scheidung im Sommer 1929 nicht nur das Sorgerecht für Harald überließ, sondern auch die freie Nutzung seines mecklenburgischen Gutes Severin einräumte und Geld für die Einrichtung einer großbürgerlichen Mietwohnung in Berlin zur Verfügung stellte. Von den monatlichen Unterhaltszahlungen konnte sich Magda sogar eine Köchin und ein Kindermädchen leisten.

Ein Jahr später klagte sie bei einer Abendgesellschaft, sie sterbe vor Langeweile. Prinz August Wilhelm von Hohenzollern schlug ihr vor, sich in der NSDAP zu engagieren: „Keinen strengen Dienst natürlich, ich bitte Sie! Wer wollte wohl von einer so schönen Frau verlangen, dass sie sich aufreibt. Aber ein bisschen ehrenamtliche Hilfe, so ganz nebenbei."[156] Daraufhin bot Magda Quandt der Gau-Geschäftsstelle ihre Mitarbeit an.

„Göring sonnt sich in seiner Eitelkeit"

Den Heiligen Abend 1930 verbringt Joseph Goebbels mit anderen Gästen bei den Görings und spielt Weihnachtslieder auf dem Harmonium. Als die Geschenke ausgeteilt werden, klagt Karin Göring plötzlich über Schüttelfrost. An den Feiertagen liegt sie mit hohem Fieber im Bett. Die Ärzte bereiten ihren Mann auf das Schlimmste vor.

Thomas von Kantzow schreibt in sein Tagebuch: „Wäre Mama gestorben, wäre Hermann völlig zusammengebrochen."[157] Da verwundert es nicht, „dass G. wieder dem Laster des Morphiums verfallen ist"[158]. Goebbels erfährt es Anfang 1931. Obwohl er sich gerade wieder über Göring ärgert, weil dieser ihn von einer geplanten politischen Besprechung auszuschließen versucht, zeigt er Mitgefühl: „Das ist ja furchtbar.

Man kann ihm dann gar nicht mehr böse sein, denn all seine Unrast kommt ja daher. Ich werde etwas auf ihn aufpassen."[159]

Göring arrangiert am 5. Januar 1931 in seiner Wohnung eine Begegnung des Großindustriellen Fritz Thyssen und des früheren Reichsbankpräsidenten Hjalmar Schacht mit Adolf Hitler, der ihnen bei Erbsensuppe und Apfelkuchen seine Pläne für die Neuordnung Deutschlands erläutert. Bleich und zittrig sitzt Karin Göring mit am Tisch.

Zwei Wochen später besucht das Ehepaar Göring inkognito den abgedankten Kaiser in Doorn. „Der Kaiser hat sich Mühe gegeben, diesem Mann zu imponieren", notiert ein Augenzeuge, „und Göring wiederum sonnte sich in seiner Eitelkeit, ist aber anscheinend von der Persönlichkeit des Kaisers sehr beeindruckt gewesen."[160]

Im Februar fährt Göring nach Rom. Erstmals wird er von Mussolini zu einem persönlichen Gedankenaustausch eingeladen. Der „Duce" schenkt ihm Porträtfotos, darunter „ein sehr schönes mit herrlicher Widmung"[161] für Hitler.

„Ich werde nun die Frauengeschichten lassen"

Am 14. Februar 1931 schlafen Joseph Goebbels und Magda Quandt erstmals miteinander.[162] In seiner stürmischen Verliebtheit fasst er gute Vorsätze: „Ich werde nun die Frauengeschichten lassen und mich einer Einzigen ganz zuneigen."[163]

Anka Stalherm trifft er in der zweiten Februarhälfte, als er mit Magda Quandt zu einer Parteiveranstaltung nach Weimar reist. „Sie greint und klagt, aber ich bleibe hart. ... Sie ist sehr traurig. Weg damit!"[164]

Trotz der Scheidung essen Magda und Günther Quandt auch weiterhin regelmäßig im Restaurant „Horcher". Sie gehen freundschaftlich miteinander um. Aber seinen Rat, sich nicht mit dem NSDAP-Politiker einzulassen, schlägt sie aus.

Es gibt noch einen Mann, dem es missfällt, dass Magda Quandt mit Joseph Goebbels zusammen ist: Die Affäre mit dem Studenten, die Günther Quandt veranlasste, sich von seiner Frau scheiden zu lassen, dauert nämlich an. Weil der Student befürchtet, seine Geliebte an den mächtigen Berliner Gauleiter zu verlieren, schießt er Mitte April 1931 in ihrer Wohnung auf sie. Die Kugel bleibt in der Wand stecken.

„Eine irrsinnige Eifersucht putscht mich auf",[165] gesteht Joseph Goebbels. „Zwischen uns steht etwas Unnennbares. Ich glaube, der fremde Mann, ihr ehemaliger Geliebter."[166] Es kommt zum Streit. „Sie geht weinend", jammert Goebbels. „Mir ist das Herz so schwer. Ich liebe sie maßlos. Aber ich kann mich nicht an sie vertuen."[167] Erst nach mehreren Tagen versöhnen sich die beiden wieder.

„Halbe Freunde"

Goebbels ist froh, dass Hitler bereit ist, Göring „in seine Obhut [zu] nehmen", denn der Süchtige tut ihm „maßlos leid".[168] Anfangs bedauernd, später zunehmend ärgerlich stellt Goebbels fest, dass Göring „durch seine Geschäftlhuberei"[169] und seinen krankhaften Größenwahn zum „Falstaff"[170] wird. Als „Hans Dampf in allen Gassen"[171] und „großmauligen Faulenzer"[172] verunglimpft er ihn schließlich in seinem Tagebuch.

Am 15. März 1931 verabredet Goebbels mit seinem Parteigenossen eine Aussprache am Abend. Göring bestreitet, süchtig zu sein, aber Goebbels glaubt ihm nicht. „Wir scheiden wieder als halbe Freunde", notiert er und fügt hinzu: „Aber es bleibt doch manches zwischen uns."[173]

Auch mit Walter Stennes söhnt sich Joseph Goebbels aus und versucht nun, zwischen der SA und der Münchner Parteizentrale zu vermitteln.

Weil Hermann Göring seine guten Beziehungen zu Angehörigen des Adels und des Großbürgertums als Trumpf ausspielen kann, ist es nicht verwunderlich, dass er Kontakte zwischen Hitler und konservativen Politikern befürwortet. Von kompromisslosen Positionen hält er ohnehin nicht viel. Aber die Gespräche zwischen der Parteiführung und den Spitzen der Gesellschaft verunsichern Fanatiker wie Joseph Goebbels ebenso wie die kampflustigen Männer der SA, die den „Parteibonzen" misstrauen.

Die Unruhe in der SA verstärkt sich, als Ernst Röhm Straßenschlachten untersagt und politische Versammlungen aufgrund einer Notverordnung des Reichspräsidenten vom 28. März angemeldet werden müssen. Walter Stennes propagiert nun die gewaltsame Machtergreifung, streut das Gerücht, die Nationalsozialisten bereiteten einen Umsturz vor und gefährdet auf diese Weise die Strategie der legalen Machtübernahme. In Weimar erfährt Goebbels am 1. April von Ernst Röhm, dass Walter Stennes abgesetzt wurde. „Nun fängt der Tanz an."[174] Wieder besetzen SA-Trupps die Gau-Geschäftsstelle in Berlin. Als Stennes zur Rebellion aufruft und Hitlers „undeutsche und schrankenlose Parteidespotie und verantwortungslose Demagogie"[175] anprangert, befiehlt dieser seinem Berliner Gauleiter für Ordnung zu sorgen: „Was immer Sie in Ihrer Erfüllung [der Aufgabe] aber tun mögen, ich decke Sie."[176]

Während Goebbels nach München reist und sein weiteres Vorgehen mit Hitler abstimmt, profiliert sich Göring als Krisenmanager in Berlin. Aber der Gauleiter passt auf: „Ich lebe in einer nervösen Unrast. Göring macht in der entscheidenden Stunde einen Vorstoß gegen mich, um die Generalvollmacht, die der Chef mir gegeben hat, in seine Hand zu bekommen. ... Ich werde das Göring nie vergessen! Man kann am Menschen verzweifeln. Er ist ein Haufen gefrorene Scheiße."[177]

Das erste Juni-Wochenende verbringt Goebbels in Chemnitz. Dort begegnet er Göring. „Wir beachten uns kaum. Er ist krank. Sieht aus wie eine Ruine", stellt er fest und fügt hinzu: „Er kriecht Hitler förmlich in den Arsch. Wenn er nicht so dick wäre, würde ihm das auch wohl gelingen."[178]

Eineinhalb Wochen später macht Goebbels einen Krankenbesuch bei Karin Göring. Sie spielt die Winkelzüge ihres Mannes herunter, um „die zerbrochene Freundschaft"[179] wieder zu kitten und überredet ihren Besucher, sich nochmals mit Göring auszusprechen. Die Rivalen einigen sich am 19. Juni darauf, wenigstens nach außen die Form zu wahren.

„Unter dem Hohngelächter von Zuhältern und Dieben"

Am 10. Februar 1931 verliest der Reichstagsabgeordnete Franz Stöhr eine von Goebbels formulierte „Proklamation". Wegen einer Änderung der Geschäftsordnung verlassen die 107 Mitglieder der NSDAP-Fraktion unter Protest das Plenum. Eine Rückkehr der nationalsozialistischen Abgeordneten in den Reichstag komme nicht mehr in Frage, erklärt Goebbels drei Wochen später.

Er hat allen Grund, sich über diese Änderung der Geschäftsordnung des Reichstags zu ärgern, denn jetzt kann die Immunität eines Abgeordneten leichter aufgehoben werden, und davon ist er selbst betroffen: Mitte April wird wegen der noch immer anstehenden Beleidigungsklagen gegen ihn verhandelt. Als Goebbels zur Hauptverhandlung am 27. April nicht erscheint und die Polizei herausfindet, dass er sich in München aufhält, fliegt ein Polizeibeamter hin, sucht mit Unterstützung örtlicher Kollegen die in Frage kommenden Gasthäuser ab, verhaftet Goebbels vom Tisch weg und bringt ihn mit dem Zug nach Berlin zurück. „Unter dem Hohngelächter von Zuhältern und Dieben"[180] wird er in eine Zelle gesperrt.

Ein Schöffengericht verurteilt ihn zu mehreren Haft- und Geldstrafen. Goebbels legt Widerspruch ein, braucht am Ende nicht ins Gefängnis und stottert die in einem Berufungsprozess halbierten Strafgelder in kleinen Raten ab, bis ihm aufgrund einer Amnestie vom Dezember 1932 auch noch der Rest erlassen wird.

Abschied für immer

Nach einem Sanatoriums-Aufenthalt schreibt Karin Göring im Juli 1931 ihrer Mutter, Hitler habe ihrem Mann einen nagelneuen Mercedes mit roten Ledersitzen geschenkt. Damit fahren Hermann und Karin Göring, Karins Schwester Fanny und Görings Freund Paul Körner im Sommer zwei Wochen lang durch Deutschland und Österreich. Die vier treffen sich mit Hitler in Dresden; in Österreich nehmen sie an der Taufe einer Nichte Görings teil. Aber nach einigen Tagen fühlt sich Karin so krank, dass sie im Auto sitzen bleibt, wenn ihre Begleiter in einem Gasthof essen. Göring ist sehr besorgt und kümmert sich rührend um sie.

Als ihre Mutter Huldine am 25. September stirbt, raten die Ärzte Karin von einer Reise nach Schweden ab, sie besteht aber darauf, und ihr Mann begleitet sie. Am Abend nach der Beerdigung bricht sie in ihrem Stockholmer Hotel zusammen: ein erneuter Herzanfall. Hermann Göring sitzt pausenlos an ihrem Bett.

Am 4. Oktober erhält er ein Telegramm von Hitler: Nachdem die Nationalsozialisten seit Februar die Reichstagssitzungen boykottiert haben, wollen sie jetzt wieder teilnehmen, um Heinrich Brüning zu stürzen. Und Göring soll Hitler zu einer Unterredung mit Reichspräsident Hindenburg begleiten. Thomas von Kantzow erzählt seiner todkrank im Bett liegenden Mutter von der Depesche. Weinend umarmt sie ihren Mann und redet ihm zu, der Aufforderung zu folgen. Als ihre Schwester Fanny ins Zimmer kommt, erklärt sie ihr, der „Führer" brauche Hermann dringend in Berlin.

Paul von Hindenburg trifft sich am 10. Oktober 1931 erstmals mit Repräsentanten der NSDAP. Offiziell heißt es: „Der Reichspräsident empfing heute die Herren Adolf Hitler und Reichstagsabgeordneten Hauptmann a. D. Göring und nahm von ihnen einen ausführlichen Bericht über die Ziele der nationalsozialistischen Bewegung entgegen. Hieran schloss sich eine Aussprache über innen- und außenpolitische Fragen."[181]

Eine Woche später stirbt Karin Göring, ohne ihren Mann noch einmal wiedergesehen zu haben. Der eilt nach Schweden. Neben ihrem Sarg lässt er sich schluchzend auf die Knie fallen. An ihrem 43. Geburtstag wird Karin Göring beerdigt.

*"Sollte Hitlers Bewegung zur Macht gelangen,
bin ich eine der ersten Frauen Deutschlands"*

Seit Oktober 1931 bevorzugt Hitler in Berlin das Hotel „Kaiserhof". Dort wird eines Nachmittags ein zehnjähriger Junge im Matrosenanzug zu ihm vorgelassen. Harald Quandt – so heißt er – antwortet brav auf Hitlers Fragen und verrät ihm, dass seine Mutter mit einer Freundin in der Hotelhalle sitzt.

Kurz nachdem sich der Junge verabschiedete, kommt Joseph Goebbels und schlägt vor, zum Fünf-Uhr-Tee hinunter zu gehen; er habe einen Ecktisch reservieren lassen. Hitler zögert, weil er dann die Mutter des Jungen begrüßen müsste, aber Goebbels räumt seinen Vorbehalt aus: Er könne die geschiedene Frau des Industriellen Quandt ohne weiteres an seinen Tisch bitten. Da sei kein Skandal zu befürchten. Als Goebbels den Raum verlassen hat, spaßt Göring, der gerade eingetroffen ist: „Ach, die Pompadour von Goebbels!" Auch Göring versichert Hitler, er könne sich bedenkenlos mit Frau Quandt auf ein Gespräch einlassen. „Aber bei einer Pompadour muss man vorsichtig sein", warnt er augenzwinkernd.[182]

In der Hotelhalle bittet Hitler die beiden Damen und den Jungen an seinen Tisch. Otto Wagener erinnert sich später: „Frau Quandt machte schon auf den ersten Blick einen vorzüglichen Eindruck, der im Laufe der Unterhaltung nur noch gewann. Sie war eine mittelgroße gut proportionierte Erscheinung, blond, hellblaue, strahlende Augen, gepflegte Hände, gut, eher nicht übertrieben angezogen, in ihren Bewegungen ruhig, bestimmt, selbstbewusst, in ihrem Lächeln gewinnend, ich möchte fast sagen: bezaubernd."[183] Offensichtlich gefällt sie Hitler, und sie ist ihrerseits von ihm fasziniert. Erst als er sich für den geplanten Opernbesuch umziehen muss, verabschiedet sich der Parteichef.

Am späten Abend äußert sich Hitler nachdenklich gegenüber Otto Wagener: Etwas Überirdisches verbinde zuweilen Menschen. „Während meiner fürsorglichen Freundschaft mit Geli[184] habe ich es bei ihr, aber nie bei anderen Frauen empfunden. Seit ihrem Tod habe ich es vermisst, und ich glaubte diese Gefühle mit in ihrem Sarg beerdigt zu haben. Heute umfangen sie mich völlig überraschend, aber mit großer Gewalt, aufs Neue."

Nach Mitternacht – Hitler plaudert noch immer mit Otto Wagener in seinem Salon im „Kaiserhof" – schauen drei weitere Mitarbeiter des Parteichefs herein. Sie hatten sich am Abend mit Magda Quandt in deren Wohnung getroffen. Plötzlich sei Goebbels in der Tür gestanden, berichten sie. Offenbar hatte er selbst aufgesperrt. Hitler verzieht das Gesicht und verabschiedet sich von Otto Wagener mit den Worten: „Es war doch nur ein kurzer Rückfall. Die Vorsehung war aber gnädig mit mir."

Einige Zeit später kommt Hitler erneut auf Magda Quandt zu sprechen: „Diese Frau könnte in meinem Leben eine große Rolle spielen, auch ohne dass ich mit ihr verheiratet wäre. Sie könnte bei meiner Arbeit den weiblichen Gegenpol gegen meine einseitig männlichen Instinkte bilden. Sie könnte mir eine zweite Geli sein."[185]

Otto Wagener folgt einer Bitte von Joseph Goebbels und nimmt Magda Quandt mit nach Braunschweig zu einem großen Aufmarsch der SA am 17. und 18. Oktober 1931. Als sie unterwegs picknicken, wendet er sich an seine Begleiterin: „Bei all seiner Genialität und Absonderheit" sei Hitler auch nur ein Mensch, und zwar ein Mann, der eine Frau an seiner Seite benötige, die ihn aus seinen „Grübeleien, Spintisiereien, ... Gedanken, Plänen, Zukunftsträumen und in die nächsten Jahrhunderte hineinreichenden Überlegungen" reißen könne und zum Menschen mache. „Und diese Frau könnten Sie sein!" Magda Quandt blickt eine Weile schweigend zu Boden. Dann müsse sie aber verheiratet sein, wendet sie schließlich ein, sonst würde man annehmen, Hitler habe mit ihr eine Affäre. „Richtig!" erwidert Otto Wagener. „Am besten mit Goebbels."[186]

Beim Abschied in Braunschweig verspricht Magda Quandt, Otto Wagener als Ersten über eine eventuelle Verlobung mit Goebbels zu unterrichten. „Dann wissen Sie, dass das zugleich ein noch größeres Gelöbnis ist." Zwei Wochen später besuchen Magda Quandt und Joseph Goebbels das Ehepaar Wagener in München. Sie sei gekommen, um ihr Wort einzulösen, sagt Magda Quandt. „Sie und Ihre Gattin sind die Ersten, denen wir hiermit unsere Verlobung bekannt geben."

Ihrer Mutter, die Bedenken gegen die Ehe mit einem der führenden Nationalsozialisten äußert, entgegnet Magda: „Ich bin davon überzeugt, dass es für Deutschland nur noch zwei Möglichkeiten der politischen Entwicklung gibt. Entweder verschlingt uns der Kommunismus, oder wir werden nationalsozialistisch. Sollte die rote Fahne über Berlin wehen, gibt es keinen Kapitalismus mehr, und damit entfällt auch meine Rente von Quandt. Sollte aber Hitlers Bewegung zur Macht gelangen, bin ich eine der ersten Frauen Deutschlands."[187]

Am 19. Dezember 1931 werden Joseph Goebbels und Magda Quandt im Wohnzimmer des Dorfschulzen von Friedrichsruhe-Goldenbow in Mecklenburg standesamtlich getraut. Als Trauzeugen stehen Adolf Hitler und der 63-jährige NSDAP-Reichstagsabgeordnete Franz Ritter von Epp hinter dem Paar. Zur kirchlichen Zeremonie fährt die kleine

Hochzeitsgesellschaft fünf Kilometer weiter in die protestantische Dorfkirche von Severin. In Severin, auf dem Gut des geschiedenen Mannes der Braut, wird dann auch gespeist.

Magda Goebbels muss nach der Wiederverheiratung auf 4000 Mark Unterhaltszahlung pro Monat verzichten. Um den Verlust wenigstens teilweise auszugleichen, verdoppelt Hitler das Gehalt seines Berliner Gauleiters auf 2000 Mark.

Joseph Goebbels zieht in die Luxuswohnung seiner Frau am Reichskanzlerplatz. Für Flitterwochen hat er keine Zeit. Und wenn er spätabends zu Hause ist, kommen häufig Hitler und Göring zu politischen Besprechungen vorbei.

Magda ist für Joseph Goebbels „der Weg in die ‚Große Welt', von dem er als ehrgeiziger Pennäler und armer Student schon in der Dachkammer des Elternhauses" träumte.[188]

Die Schauspielerin Emmy Sonnemann

Im Frühjahr 1932 unterhalten sich die Schauspielerin Emmy Sonnemann und ihre Freundin in einem Café in Weimar, als Hitler mit seinem Tross hereinkommt. Die beiden Damen schicken sich an zu gehen, aber einer der Herren hält sie zurück. Hitler hofiert Emmy Sonnemann mit einem Handkuss. Er wäre todunglücklich, wenn er sie vertreiben würde. Sie solle doch bitte bleiben und ihm etwas vom Theater erzählen.

Einige Tage später ist Emmy Sonnemann wieder mit einer Freundin im „Kaisercafé"; diesmal stehen Hermann Göring und Paul Körner in der Tür. Flüsternd fragt die Schauspielerin ihre Freundin: „Du, ist das Göring oder Goebbels?", erinnert sich dann aber an eine kurze Begegnung mit dem Ehepaar Göring bei einer Theatervorstellung im Jahr zuvor. Der Reichstagsabgeordnete erkennt Emmy Sonnemann sofort und ersucht die Damen, mit seinem Freund an ihrem Tisch Platz nehmen zu dürfen. Die Schauspielerin fühlt sich gestört und behauptet, ihre Freundin habe sie gerade zu einem Spaziergang überredet. Das hält Göring für eine gute Idee! Zu viert schlendern sie zwei Stunden lang durch den Park. Weil Göring überaus liebevoll von seiner verstorbenen Frau erzählt, ist Emmy Sonnemann schließlich tief beeindruckt.

Zwei Wochen später erhält sie ein Telegramm von ihm aus Capri: Er denke ständig an sie und wolle sie bald wieder sehen. Bereits auf der Rückreise aus Italien ruft er sie an und verabredet mit ihr ein Treffen nach einer ohnehin in Weimar geplanten Rede.

Von da an besucht er sie häufig, und an anderen Tagen nimmt sie nach der Theatervorstellung den Zug, um den Rest der Nacht bei ihm in Berlin zu verbringen. „Da sieht man mal wieder diesen Göring!", mokiert sich Goebbels im Beisein Hitlers. „Kümmert sich überhaupt nicht um uns, nur um eine Schauspielerin anzuhimmeln!"[189]

Emmy Sonnemann wurde am 24. März 1893 als fünftes Kind einer protestantischen Hamburger Kaufmannsfamilie geboren. Ihr Vater besaß eine gut gehende Schokoladenfabrik. Mit zwölf durfte sie ihre Mutter ins Theater begleiten. „Der Kaufmann von Venedig" wurde gespielt. Dabei regte sie sich über das Bühnengeschehen so auf, als ob es Realität gewesen wäre. Als sie mit sechzehn den Wunsch äußerte, eine Schauspielschule besuchen zu dürfen, legte ihr der entsetzte Vater nahe, sie solle lieber heiraten, eine gute Hausfrau werden und ihren Ehemann glücklich machen. Umgehend sorgte er dafür, dass sie einem in der Nähe von Braunschweig wohnenden Försterehepaar den Haushalt führte.

Emmys Mutter – die in ihrer Jugend selbst davon geträumt hatte, auf der Bühne bewundert zu werden – las 1911 in der Zeitung, dass Leopold Jessner, der Regisseur des Hamburger Thalia-Theaters, eine Schauspielschule eröffnen wollte, und ermutigte ihre Tochter, dort vorzusprechen. Tatsächlich erhielt Emmy Sonnemann ein Stipendium und nach zwei Jahren Ausbildung am Stadttheater Aussig bei Dresden ihr erstes Engagement. In München lernte sie den Schauspieler Karl Köstlin kennen. Die Ehe mit ihm zerbrach jedoch nach wenigen Jahren.

Sie spielte an der Wiener Volksbühne, in Stuttgart und in Wiesbaden; 1922 zog sie nach Weimar, wo sie ins Ensemble des Deutschen Nationaltheaters aufgenommen wurde.

Hitler gegen Hindenburg

Am 26. Januar 1932 hält Adolf Hitler im Düsseldorfer „Parkhotel" eine Rede vor führenden Herren der Wirtschaft. Der exklusive Düsseldorfer Industrieklub, der die Veranstaltung auf Betreiben Hermann Görings und Fritz Thyssens organisierte, ließ statt eines Konferenzraumes den Ballsaal reservieren, aber auch der erweist sich als viel zu klein: 600 Industrielle müssen während Hitlers Rede stehen.

Hindenburgs Amtszeit läuft ab. Reichskanzler Heinrich Brüning, der auf die Notverordnungen des Reichspräsidenten angewiesen ist, kann den 84-Jährigen nur mühsam überreden, sich noch einmal für das Amt zur Verfügung zu stellen.

Joseph Goebbels drängt Hitler, gegen Hindenburg anzutreten – und löst am 22. Februar mit der Bekanntgabe der Kandidatur seines Parteivorsitzenden im überfüllten Berliner Sportpalast einen zehnminütigen Begeisterungssturm aus. Drei Tage später ernennt der nationalsozialistische Innenminister des Freistaates Braunschweig[190] Adolf Hitler zum Regierungsrat. Durch diese Farce[191] erwirbt der gebürtige, aber 1925 ausgebürgerte Österreicher die deutsche Staatsbürgerschaft, ohne die er sich nicht um das höchste Amt im Deutschen Reich bewerben könnte.

Nach Tumulten im Reichstag wird Goebbels am 23. Februar wegen Beleidigung des Staatsoberhauptes aus dem Plenum gewiesen. Vier Tage später eröffnet er mit Hitler im Sportpalast den Wahlkampf. Im Gegensatz zu seinem Propagandaleiter hält sich Hitler mit persönlichen Angriffen gegen Hindenburg zurück: „Herr Generalfeldmarschall von Hindenburg, als Feldmarschall verehren wir dich; als Reichspräsidenten möchten wir dich nicht verurteilen; aber als Kandidaten für die Zukunft lehnen wir dich ab!"[192]

Wenn die „Volksgenossen" weiter „in der Nachhut marschieren" wollten, dann müssten sie Hindenburg wählen, tönt Göring. „Wollt ihr aber das Neue, die Erneuerung, wollt ihr noch einmal den Aufstieg, dann wählt die Kraft, dann wählt die Tat, dann wählt Hitler, der sie repräsentiert."[193]

Im „Wahlkrieg" setzt Goebbels auf Plakate und Reden, nutzt aber auch die Errungenschaften des technischen Fortschritts und lässt 50 000 Schallplatten herstellen, die so klein sind, dass sie in einem Briefumschlag verschickt werden können. Hermann Göring erreicht durch seine Beziehungen zu Erhard Milch, dass die Lufthansa der NSDAP eine Ju-52 zum Vorzugspreis zur Verfügung stellt. Damit startet Hitler zum ersten seiner „Deutschlandflüge": Eine Woche lang, in drei bis vier Städten pro Tag, peitscht er auf Großkundgebungen die Emotionen der Zuhörer auf.

Im zweiten Wahlgang am 10. April wird Paul von Hindenburg mit mehr als 19 Millionen Stimmen gewählt. Goebbels muss zugeben, dass es ihm und seiner Partei nicht gelungen ist, die hoch gesteckten Ziele zu erreichen.

Drei Tage später unterzeichnet Hindenburg zögernd ein Verbot der inzwischen auf 400 000 Mann angewachsenen SA. Reichswehrminister Wilhelm Groener, der ihn dazu überredet hat, wird am 10. Mai im Reichstag von Hermann Göring scharf angegriffen, und während seiner Erwiderung lärmen die Nationalsozialisten im Plenum. Wilhelm Groener tritt daraufhin zurück.

Der Journalist Helmut Klotz isst am 12. Mai im Restaurant des

Reichstags mit dem SPD-Abgeordneten Otto Wels zu Mittag. Danach schlagen ihn vier Mitglieder der NSDAP-Fraktion zusammen. Der Grund: Klotz veröffentlichte 1931 Briefe von Ernst Röhm, die dessen Homosexualität beweisen sollten. Von Reichstagspräsident Paul Löbe gerufen, erscheint der Berliner Polizeivizepräsident Bernhard Weiß mit 50 Polizisten im Plenum und verhaftet die vier Täter. „Da kommt das jüdische Schwein, der Weiß, hier herein und provoziert uns",[194] schreit Goebbels. Dafür verklagt ihn Bernhard Weiß zum 17. Mal wegen Beleidigung. (Auch dieses Verfahren wird schließlich wegen der Amnestie vom Dezember 1932 eingestellt.)

Mit Steuererhöhungen, Streichungen von Sozialleistungen, Lohn- und Gehaltskürzungen versucht der „Hungerkanzler" Brüning die Wirtschaftskrise zu bewältigen und den Staatsbankrott abzuwenden. General Kurt von Schleicher, „ein von starkem Ehrgeiz getriebener Mensch, dessen Leidenschaft es war, an Fäden hinter den Kulissen Menschen auf der politischen Bühne wie Puppen sich bewegen zu lassen"[195], drängt ihn immer wieder, endlich einen Staatsstreich vorzubereiten, in dem die parlamentarische Demokratie durch eine Präsidialrepublik ersetzt werden soll. Schließlich verliert Kurt von Schleicher die Geduld und überredet Hindenburg Ende Mai 1932, Heinrich Brüning fallen zu lassen. Wie es der intrigante General am 9. Mai mit Göring abgesprochen hat, schlägt er als Nachfolger Adolf Hitler vor, aber davon will der Reichspräsident nichts wissen. Er ernennt stattdessen den völlig unbekannten preußischen Zentrums-Abgeordneten Franz von Papen zum Reichskanzler. In Deutschland reibt man sich erst einmal die Augen.

Vergeblich drängt Göring Reichsinnenminister Wilhelm Freiherr von Gayl, das Verbot der SA aufzuheben. Da sucht der Berliner Gauleiter nach einer Möglichkeit, ein hartes Vorgehen der Polizei gegen SA-Angehörige zu provozieren und dadurch eine öffentliche Diskussion auszulösen. Mit vierzig, fünfzig SA-Männern in voller Uniform marschiert Goebbels am 14. Juni spätabends über den Potsdamer Platz. Nichts geschieht. „Die Wachtmeister schauen uns ganz verdutzt an und wenden dann beschämt den Blick zur Seite."[196] Erfolgreicher sind die weiteren Unterredungen Görings mit Regierungsmitgliedern und grauen Eminenzen wie General von Schleicher: Am 16. Juni fällt das SA-Verbot.

Schlagartig flammen die Straßenkämpfe wieder auf. Innerhalb eines Monats werden allein in Preußen 99 Menschen getötet und 1125 verletzt.

Siegen sich die Nationalsozialisten tot?

Bei der Landtagswahl am 24. April 1932 in Preußen steigerte die NSDAP die Zahl ihrer Mandate von 9 auf 162 und stellte damit die stärkste Fraktion. Joseph Goebbels jubelte über den Erfolg, aber er gab auch zu bedenken: „Jetzt muss irgendetwas geschehen. Wir müssen in absehbarer Zeit an die Macht kommen. Sonst siegen wir uns in Wahlen tot."[197]

Am 25. Mai löst der KPD-Fraktionsvorsitzende Wilhelm Pieck mit einer Rede im preußischen Landtag eine Schlägerei aus. „In drei Minuten sind wir allein im Saal", notiert Joseph Goebbels, der von April 1930 bis August 1932 auch diesem Parlament angehört. „Unsere Fraktion singt das Horst-Wessel-Lied. 8 Schwerverletzte aus verschiedenen Parteien. ... So allein kann man sich Respekt verschaffen. ... Wir stehen als Sieger auf den Trümmern."[198]

Um einen nationalsozialistischen Ministerpräsidenten zu verhindern, beschloss der preußische Landtag noch in seiner alten Besetzung, den Regierungschef ab sofort nur noch mit absoluter Mehrheit zu wählen. Da an dieser Hürde alle Kandidaten scheitern, bleibt die sozialdemokratisch geführte Regierung geschäftsführend im Amt – bis der neue Reichskanzler Franz von Papen am 20. Juli durch eine Notverordnung des Reichspräsidenten die preußische Regierung absetzt und selbst als Reichskommissar an ihre Stelle tritt.

In dem neuen Reichstag, der am 31. Juli 1932 gewählt wurde, stellen die beiden extremen Parteien rechts und links, die auf den geeigneten Augenblick warten, um die Weimarer Republik zu zerstören, die Mehrheit der Abgeordneten! 37,4 Prozent der Wähler votierten für die NSDAP: 230 Nationalsozialisten sitzen nun im Reichstag. Keine andere deutsche Partei hat jemals innerhalb von vier Jahren einen Sprung von 810 000 auf 13,8 Millionen Stimmen bzw. von 12 auf 230 Mandate geschafft!

In der Sackgasse?

Auf die meisten Funktionäre der NSDAP blickt Göring geringschätzig hinunter. Es ist ihm aber bewusst, dass er weder über ein wichtiges Amt noch über eine Hausmacht in der Partei verfügt und deshalb voll und ganz auf Hitlers Wohlwollen angewiesen ist. Das seien jedoch auch alle anderen, meint er: „Gegen seinen Willen, ja auch nur ohne seinen Wunsch, wäre man im gleichen Augenblick vollständig machtlos. Ein

Wort des Führers, und jeder stürzt, den er beseitigt zu sehen wünscht."[199] Göring profitiert allerdings davon, dass ihn zum Beispiel Reichspräsident Paul von Hindenburg für viel vertrauenswürdiger hält als den „böhmischen Gefreiten"[200] Hitler oder den „Nationalbolschewisten"[201] Goebbels.

Nachdem Hermann Göring die Zentrums-Partei dafür gewonnen hat, sich an einer von Hitler geführten Koalitionsregierung zu beteiligen, verhandelt der NSDAP-Vorsitzende am 5. August 1932 mit Kurt von Schleicher über seinen Anspruch, die Reichsregierung zu übernehmen. Er verlangt das Kanzleramt für sich selbst, das Innenministerium für Gregor Strasser und die Aufnahme Görings ins Kabinett. Kein Wort über Goebbels! Doch beim anschließenden Treffen in Hitlers Haus auf dem Obersalzberg bei Berchtesgaden stellt der Parteichef seinem Berliner Gauleiter neben dem Reichserziehungsministerium auch noch das preußische Kultusministerium in Aussicht. „Ich bekomme Schule, Universität, Film, Rundfunk, Theater, Propaganda. Ein Riesengebiet. Ein ganzes Leben ausgefüllt. Geschichtliche Aufgabe", jubelt Goebbels. „Die nationale Erziehung des deutschen Volkes wird in meine Hand gelegt. ... Ich bleibe alles was ich bin. Gauleiter, Rei.Prop.Leiter. Überall kommen dann Stellvertreter. Ich selbst aber behalte die Sache in der Hand."[202]

Für Goebbels ist jeder Zweifel an der Regierungsübernahme durch die Nationalsozialisten ausgeräumt. Er schwört bereits: „Wir werden die Macht niemals wieder aufgeben, man muss uns als Leichen heraustragen."[203]

Vergeblich versucht Franz von Papen, seinen Herausforderer mit dem Amt des Vizekanzlers abzuspeisen. Nach diesem Gespräch am 13. August wartet Hitler mit Goebbels und Göring im Hotel „Kaiserhof", bis er zum Reichspräsidenten gerufen wird. Die Unterredung dauert nur 20 Minuten, denn Paul von Hindenburg weist die Forderung Hitlers auf die Regierungsübernahme entschieden zurück und warnt ihn vor dem Versuch einer gewaltsamen Machtübernahme: „Herr Hitler, ich schieße!"[204]

Erweist sich Hitlers Legalitätskurs als Sackgasse? In Hitlers Auftrag reist Göring quer durch Deutschland, um die besorgten Anhänger zu beschwichtigen. Aber er kann nicht verhindern, dass viele Mitglieder der NSDAP den Rücken kehren, weil sie es nicht mehr für möglich halten, dass Hitler jemals regieren wird.

Doch Goebbels glaubt an sein Idol: „Das ist das Große am Führer, dass er mit ewig gleichbleibender Zähigkeit einem einzigen Ziel nachstrebt und ihm alles zu opfern bereit ist. ... Ohne Hitler wäre Deutschland längst im Strudel der Anarchie versunken."[205]

Eklat im Reichstag

Immerhin wird Hermann Göring am 30. August 1932 zum Reichstagspräsidenten gewählt.

Er sorgt dafür, dass gleich der erste Auftritt des Reichskanzlers im neugewählten Reichstag am 12. September mit einem Eklat endet: Als die KPD einen Misstrauensantrag einbringt und die Sitzung deshalb für eine halbe Stunde unterbrochen wird, lässt Franz von Papen die vom Reichspräsidenten bereits unterzeichnete Verfügung über die erneute Auflösung des Reichstags aus seinem Büro herbeischaffen. Doch Hermann Göring ignoriert die Wortmeldungen des Regierungschefs, obwohl sich dieser erhebt, mit seiner roten Mappe in der Hand wedelt, schließlich vortritt und das Dokument auf den Präsidiumstisch knallt. Erst als über den Misstrauensantrag abgestimmt worden ist und Göring verkünden kann, die Regierung sei mit 513 gegen 32 Stimmen gestürzt, unterrichtet er den Reichstag über dessen Auflösung.

„Volksgenossen, wir wollen nicht eure Stimmen, wir wollen eure Herzen",[206] ruft Hermann Göring im Wahlkampf. Bei der Reichstagswahl am 6. November 1932 verlieren die Nationalsozialisten 34 Mandate. Sogar Goebbels räumt die Schlappe ein. Ein englischer Beobachter meint, es sei „nicht unwahrscheinlich, dass Hitler seine Laufbahn als ein alter Mann in einem bayrischen Dorf beschließen wird, der abends im Biergarten seinen Vertrauten erzählt, wie er einmal beinahe das Deutsche Reich umgestürzt hätte."[207]

Die Todgeweihten grüßen

Die Nationalsozialisten stellen noch immer ein Drittel der Reichstagsabgeordneten. Angesichts der massiven Opposition tritt Franz von Papen zurück. Hindenburg „will nun ehrlich versuchen, hinter einer neu zu bildenden Regierung die Parteien vom Zentrum bis zu den Nationalsozialisten zusammenzubringen"[208].

Das Vorhaben scheitert, weil Hitler die Bildung einer Präsidialregierung unter seiner Führung fordert, der Reichspräsident das aber „vor Gott und dem deutschen Volke nicht verantworten" kann, „da ich nach der ganzen Einstellung Hitlers und seiner Bewegung befürchten muss, dass diese Regierung sich zwangsläufig zu einer Parteidiktatur entwickeln würde mit allen Gefahren eines Bürgerkriegs"[209]. Schließlich sagt Hindenburg bedauernd: „Dann müssen wir in Gottes Namen Herrn von Schleicher sein Glück versuchen lassen."[210]

Es ist anzunehmen, dass Kurt von Schleicher „lieber hinter den Kulissen geblieben wäre, statt als Hauptakteur auf die Bühne zu treten"[211]. Auf Glückwünsche antwortet er mit dem Gruß der todgeweihten Gladiatoren in der Arena: „Morituri te salutant". Joseph Goebbels kommentiert am 4. Dezember: „General Schleicher hat sein Kabinett fertig. ... Diesem Kabinett gebe ich höchstens zwei Monate."[212] Am übernächsten Tag meint er voller Zuversicht: „Der Führer ist im Wesen ein künstlerischer Mensch. Mit seinem sicheren Instinkt erfasst er in augenblicklicher Schärfe jede Situation, und seine Entschlüsse sind immer von absoluter Klarheit und eindringlicher Logik. ... Auch das Kabinett Schleicher wird sich an seiner Gründlichkeit den Kopf einrennen."[213]

Der neue Reichskanzler versucht die NSDAP zu spalten, indem er Gregor Strasser die Ämter des Vizekanzlers und Reichsarbeitsministers anbietet. Strasser schlägt das offenbar auch mit dem Reichspräsidenten abgestimmte Angebot zwar nicht aus, will sich aber erst entscheiden, wenn er mit Hitler darüber gesprochen hat. Illusionen macht er sich keine. Frustriert schimpft er: „Da kommt nun Hindenburg, der Ehrenmann, bietet anständig die Mitarbeit in der Regierung an und hier steht der ‚wahnfriedische' Lohengrin-Hitler mit seinen allerdings nicht aus der Gralsburg gekommenen düsteren Burschen. Ich sehe schwarz: Göring ist ein brutaler Egoist, dem Deutschland wurscht ist, wenn nur er was wird. Goebbels ist ein Hinketeufel und grundfalsch, Röhm eine Sau. Das ist die Garde unseres Führers."[214]

Bevor er Hitler über sein Treffen mit dem Reichskanzler informieren kann, erfährt dieser schon davon, durchschaut Schleichers Schachzug und ruft die Spitzenfunktionäre seiner Partei zu einer Besprechung am 5. Dezember im Hotel „Kaiserhof" zusammen, bei der vor allem Göring und Goebbels gegen Strasser Front machen und ihm Verrat vorwerfen, während Hitler ausdrücklich jede Zusammenarbeit mit der Regierung verbietet. Drei Tage später legt Gregor Strasser alle Parteiämter nieder und verreist für ein paar Wochen mit seiner Familie nach Italien.

„Dann muss auch Deutschland bald gesund werden!"

Magda Goebbels, die am 1. September 1932 von einem Mädchen entbunden wurde, legt sich nach einer Weihnachtsfeier am Tag vor dem Heiligen Abend mit Herzbeschwerden ins Bett. Der Arzt weist sie in ein Krankenhaus ein. Am 29. Dezember reist Joseph Goebbels zu Hitler auf den Obersalzberg. Doch am Neujahrstag wird er von seiner Schwester Maria nach Berlin zurückgerufen, weil sich der Gesundheitszustand Magdas dramatisch verschlechtert hat.

Fast jeden Tag eilt Goebbels ins Krankenhaus, um nach seiner Frau zu sehen. Auch Hitler besucht sie mehrmals. Als der behandelnde Arzt merkt, dass das Fieber der Patientin während Hitlers Anwesenheit sinkt, sagt er: „Herr Hitler, wenn Ihr Erscheinen am Krankenbett Deutschlands genauso wirksam sein wird wie an diesem Krankenbett, dann muss auch Deutschland bald gesund werden!"[215]

„Das ist gewiss Görings schönste Stunde"

Am 4. Januar 1933 treffen sich Adolf Hitler und Franz von Papen konspirativ mit dem Bankier Kurt Freiherr von Schröder in dessen Kölner Villa. Einige Bankiers und Industrielle halten Hitler für einen Markgrafen gegen den Bolschewismus und im Zweifel für das kleinere Übel; schließlich stehe er „auf der richtigen Seite, wenn auch ein wenig zu weit"[216]. Und der leichtsinnige Wichtigtuer von Papen nutzt seinen Einfluss auf Hindenburgs Berater, um sich an Reichskanzler Kurt von Schleicher zu rächen. Dabei kommt ihm zugute, dass dessen „Arbeitsbeschaffungsprogramm ... die Unternehmer, sein Siedlungsprogramm die Agrarier, seine Herkunft die Sozialdemokraten, seine Offerte an Strasser die Nationalsozialisten"[217] erzürnt. Otto Meißner, der Chef der Präsidialkanzlei, und Hindenburgs „nicht in der Verfassung vorgesehener"[218] Sohn Oskar – den Goebbels als „ein seltenes Abbild von Doofheit"[219] bezeichnet – empfehlen schließlich von Schleichers Ablösung durch Hitler. Obwohl sich der Reichspräsident noch nicht vorstellen kann, dass er „diesen österreichischen Gefreiten zum Reichskanzler ernennt"[220], nimmt er am 28. Januar den Rücktritt des gescheiterten Regierungschefs entgegen. Hoffentlich werde er diese Entscheidung nicht im Himmel bereuen, überlegt er. Kurt von Schleicher erwidert giftig: „Nach diesem Vertrauensbruch, Exzellenz, bin ich nicht sicher, ob Sie in den Himmel kommen werden."[221]

Hermann Göring, der dem Chef der Präsidialkanzlei versichert, dass Hitler „strikt verfassungstreu regieren würde"[222], erfährt am 29. Januar, der Reichspräsident sei jetzt bereit, Hitler das Amt des Reichskanzlers in einem aus Konservativen und Nationalsozialisten gebildeten „Kabinett der nationalen Konzentration" anzubieten. Als Göring die Erfolgsmeldung überbringt, sitzt Hitler im Hotel „Kaiserhof" mit Goebbels und anderen beim Tee. „Unsere Vorgänger waren 14 Jahre lang an der Macht", sagt Hermann Göring. „Nun werden wir sehen, ob wir so lange durchhalten können."[223] Danach ruft er Emmy Sonnemann an: Es sei so weit; Hitler werde Reichskanzler. Sie müsse unbedingt nach Berlin kommen.

„Das ist gewiss Görings schönste Stunde", kommentiert der Propagandachef die Entwicklung. „Er hat in monate-, ja man kann wohl sagen, jahrelangen, aufreibenden Verhandlungen für den Führer den Boden diplomatisch und geschickt vorbereitet. Seine Umsicht, seine Nervenkraft, vor allem seine Charakterfestigkeit und Treue zum Führer waren dabei echt, stark und bewundernswert." Goebbels beteuert: „ ... in Achtung und Respekt vor Persönlichkeit und Leistung des anderen sind wir treue Kameraden geworden, die keine Not und keine Krise jemals trennen könnte."[224]

Am Abend vor der geplanten Vereidigung der Regierung besprechen sich Hitler und Göring mit Goebbels in dessen Wohnung. Gerüchtweise erfahren sie, Hindenburg wolle nun doch noch einmal Franz von Papen zum Reichskanzler ernennen. Das werde die Reichswehr aber nicht hinnehmen und den Reichspräsidenten deshalb auf sein Gut Neudeck bringen und seinen Sohn festnehmen. Göring spricht mit Otto Meißner und Franz von Papen. Die wissen aber von nichts. Bis morgens um 5 Uhr sitzen die drei führenden Nationalsozialisten zusammen und hoffen, dass nichts geschieht, was Hitlers Regierungsübernahme im letzten Augenblick verhindern könnte.

TRIUMPH

Machtübergabe

Am 30. Januar 1933 um 9.45 Uhr begleitet Franz von Papen, der sich mit dem Amt des Vizekanzlers begnügen muss, Hitler und die anderen Kabinettsmitglieder durch die verschneiten Gartenanlagen ins Palais des Reichspräsidenten, um sie Hindenburg vorzustellen. Der Regierung gehören nur zwei nationalsozialistische Minister an: Wilhelm Frick für das Innenministerium und Hermann Göring als Minister ohne Geschäftsbereich. „Eingerahmt" werden sie von parteilosen Kabinettsmitgliedern und DNVP-Politikern[1] wie Alfred Hugenberg. Nach der Vereidigung erwarten alle eine Ansprache Hindenburgs, aber der meint nur: „Und nun, meine Herren, vorwärts mit Gott!"[2]

Gut neun Jahre nach dem fehlgeschlagenen Putschversuch übernimmt Adolf Hitler auf scheinbar legale Weise die Regierung im Deutschen Reich. Dabei sah es vor zwei Monaten noch so aus, als würde er kurz vor dem Ziel scheitern. Die letzten Meter hat er nur geschafft, weil einige Drahtzieher glauben, ihn für ihre Zwecke instrumentalisieren zu können. Von einer „Machtergreifung" sprechen die Nationalsozialisten, aber in Wirklichkeit handelte es sich eher um eine „Machtübergabe"[3] durch eine Folge von Intrigen und Verhandlungen. „Wir haben uns Herrn Hitler engagiert", versichert Franz von Papen. „In zwei Monaten haben wir Hitler in die Ecke gedrückt, dass er quietscht."[4]

Am Tag seiner Ernennung lässt sich Hitler mit den Kabinettsmitgliedern und im Kreis führender Parteifunktionäre fotografieren.[5] In beiden Fällen stehen Göring und Goebbels links bzw. rechts neben ihm. Und das, obwohl Goebbels der Regierung überhaupt nicht angehört. Der Reichspropagandaleiter der NSDAP hat sich mit dem Versprechen vertrösten lassen, man werde ihm nach der nächsten Wahl ein Ministeramt anbieten.

„Wie im Märchen!"

Die Koalitionsregierung verfügt über 42 Prozent der Abgeordnetenmandate. In der ersten Kabinettssitzung – fünf Stunden nach der Vereidigung – berichtet Göring, er habe mit der Zentrums-Partei über eine Zusammenarbeit gesprochen. Um aber in Koalitionsverhandlungen keine Kompromisse schließen zu müssen, befürwortet er eine erneute Auflösung des Reichstags durch den Reichspräsidenten.

Goebbels will eine breite Volksbewegung vortäuschen und klarmachen, dass nicht einfach ein weiterer Regierungswechsel stattgefunden habe. Deshalb spricht er von der „nationalen Erhebung" und lässt Hitlers Amtsantritt mit einem Fackelzug in Berlin feiern: 25 000 SA-Männer ziehen von 19 Uhr bis nach Mitternacht durchs Brandenburger Tor und an der Reichskanzlei vorbei. Fast alle Rundfunksender übertragen Goebbels' Ansprache: „Es ist für mich nur ergreifend, zu sehen, wie in dieser Stadt, in der wir vor sechs Jahren mit einer Hand voll Menschen begonnen haben, – wie in dieser Stadt wirklich das ganze Volk aufsteht, wie unten die Menschen vorbeimarschieren, Arbeiter und Bürger und Bauern und Studenten und Soldaten – eine große Volksgemeinschaft, in der man eben nicht mehr fragt, ob einer Bürger oder Proletarier, ob er Katholik oder Protestant ist ... Man kann mit Fug und Recht sagen: Deutschland ist im Erwachen!"[6] Hat der ehemalige Außenseiter nicht schon lange von einer solidarischen „Volksgemeinschaft" geträumt?

Hermann Göring hat für Emmy Sonnemann im Hotel „Kaiserhof" ein Zimmer reservieren lassen. Vom Fenster aus kann sie den Fackelzug gut sehen. Danach fährt sie in die Wohnung ihres Geliebten, der jedoch erst um 3 Uhr morgens von einer Geburtstagsfeier bei Prinz August Wilhelm von Hohenzollern aus Potsdam kommt. Joseph Goebbels, der ebenfalls dabei war, schreibt vor dem Schlafengehen in sein Tagebuch, es sei „wie im Märchen"[7].

„Wir werden ein Meisterstück der Agitation liefern"

Aus dem „Völkischen Beobachter" erfährt die Öffentlichkeit, dass Hitler auf Gehalt und Aufwandsentschädigung eines Reichskanzlers verzichtet. Das hilft Goebbels, die Legende von der Enthaltsamkeit des „Führers" zu kreieren, der auf die Ehe und überhaupt jedes Privatleben verzichtet, um sich für das deutsche Volk aufzuopfern: „Er raucht nicht und trinkt nicht, isst nur vegetarische Kost, lebt einfach wie irgendeiner aus dem Volk, hat kein Vergnügen und keine Ausspannung als nur seine Arbeit und seine Aufgabe."[8] Goebbels rühmt Hitler als vielseitiges Genie, vergisst aber auch nicht die Bedeutung menschlicher Züge und lässt deshalb zum Beispiel groß über einen Besuch des „Führers" am Sterbebett eines „alten Kämpfers" berichten. Tatsächlich stehen Hitler nicht nur die Tantiemen vom Verkauf seines Buches und üppige Honorare für Reden und Zeitungsartikel zur Verfügung, sondern auch finanzielle Mittel der Partei, Spenden und Geschenke. (Später verlangt er sogar Geld für sein Porträt auf Millionen von Briefmarken.)

„Nun ist es leicht, den Kampf zu führen", jubelt Goebbels, „denn wir können alle Mittel des Staates für uns in Anspruch nehmen. Rundfunk und Presse stehen uns zur Verfügung. Wir werden ein Meisterstück der Agitation liefern."[9]

Ein Streikaufruf der Kommunisten gegen die neue Regierung liefert Hitler einen Grund, vom Reichspräsidenten am 4. Februar eine Notverordnung „zum Schutze des deutschen Volkes" zu erbitten. Damit unterschreibt Hindenburg einen Freibrief für das Verbot missliebiger Veranstaltungen und Veröffentlichungen.

Hermann Göring, der am 30. Januar kommissarisch das preußische Innenministerium übernommen hat, weist die Polizei am 17. Februar ausdrücklich an, rechtsgerichtete Verbände zu unterstützen, Gegner von links jedoch entschlossen zu bekämpfen: „Gegen kommunistische Terrorakte und Überfälle ist mit aller Strenge vorzugehen und, wenn nötig, rücksichtslos von der Waffe Gebrauch zu machen. Polizeibeamte, die in Ausübung dieser Pflichten von der Schusswaffe Gebrauch machen, werden ohne Rücksicht auf die Folgen des Schusswaffengebrauchs von mir gedeckt ... Jeder Beamte hat sich stets vor Augen zu halten, dass die Unterlassung einer Maßnahme schwerer wiegt als begangene Fehler in der Ausübung."[10] Göring versichert: „Jede Kugel, die jetzt aus dem Lauf einer Polizeipistole geht, ist meine Kugel. Wenn man das Mord nennt, dann habe ich gemordet, das alles habe ich befohlen, ich decke das."[11] Die preußische Polizei verstärkt er durch 50 000 „Hilfspolizisten", die bei der SA, der SS und dem „Stahlhelm" rekrutiert wurden und weiterhin ihre Parteiuniformen tragen.

Reichstagsbrand

Am 18. Februar 1933, gut einen Monat nach seinem 24. Geburtstag, kommt der arbeitslose holländische Maurer Marinus van der Lubbe nach Berlin. Die Nacht auf den 27. Februar verbringt er im Polizeiasyl von Henningsdorf. Am Morgen geht er zu Fuß los, kauft von seinem letzten Geld vier Pakete Kohleanzünder und trifft am frühen Nachmittag in der Berliner Innenstadt ein. Kurz nach 21 Uhr klettert er durch ein Fenster in das Reichstagsgebäude. Hastig zündet er Vorhänge, Handtücher und Tischdecken an, zieht seinen Mantel und das Jackett aus, hält sie in die Flammen und schleudert die lodernden Kleidungsstücke in die Ecken. Schließlich brennt der Plenarsaal; die Glaskuppel zerbirst. Um 21.22 Uhr treffen Polizei und Feuerwehr ein. Als der Brandstifter, der mit seinem brennenden Hemd in der Hand keuchend durch die Gänge läuft, Polizisten sieht, bleibt er stehen und schreit: „Protest!"

Hitler und andere Parteiführer essen zu dieser Zeit in Goebbels' Wohnung am Reichskanzlerplatz zu Abend. Das Telefon läutet; der Hausherr hebt ab. Es meldet sich Ernst Hanfstaengl, ein persönlicher Freund Hitlers, der wegen einer fiebrigen Erkältung in einem Gästezimmer des Reichstagspräsidenten-Palais liegt. Goebbels kann nicht glauben, was er hört und schreit: „Der Reichstag brennt! Soll das ein Witz sein?" Gleich darauf greift er wieder zum Telefonhörer: „Ich habe mit dem Führer gesprochen; er will wissen, was wirklich los ist. Keine Scherze mehr!" Hanfstaengl erwidert verärgert: „Kommen Sie gefälligst selbst her und überzeugen Sie sich, ob ich Unsinn rede oder nicht. Das ganze Gebäude steht in Flammen."[12]

So rasch es die vereisten Straßen erlauben, lassen sich Hitler und Goebbels zum Reichstag fahren. Franz von Papen, Hermann Göring, der Berliner Stadtkommandant und der Polizeipräsident sind bereits da. Göring brüllt mit gerötetem Gesicht gegen den Lärm: „Es handelt sich um ein kommunistisches Attentat; einer der Täter ist schon gefunden."[13] Wer der Verhaftete sei, fragt Goebbels. Göring weiß vorerst nur, dass es sich um einen „holländischen Kommunisten" handelt. „Aber wir werden es aus ihm herausbringen. Haben Sie keine Angst, Doktor!"[14]

Als kommissarischer Innenminister von Preußen erhält Göring anschließend in der Reichskanzlei freie Hand zur Niederschlagung des „kommunistischen Aufstands". Um 1 Uhr nachts legt ihm sein Pressereferent Martin Henry Sommerfeldt den Entwurf für den offiziellen Bericht im „Amtlichen Preußischen Pressedienst" vor. Göring überfliegt den Text, wischt mit dem Unterarm auf seinem Schreibtisch alles zur Seite und tobt: „Das ist Mist! Das ist ein Polizeibericht vom Alex [Alexanderplatz], aber das ist kein politisches Kommuniqué!" Sommerfeldt hält dagegen: „Das sind die Feststellungen, die die Feuerwehr und die Polizei getroffen und mir mitgeteilt haben. Es ist das von Ihnen angeforderte amtliche Material!" Aber Göring donnert: „Das ist Quatsch!" Er nimmt einen dicken Farbstift: „Ein Zentner Brandmaterial? Zehn, hundert Zentner!" Sommerfeldt gibt zu bedenken: „Das ist unmöglich, Herr Minister, kein Mensch glaubt Ihnen, dass ein Mann hundert Zentner ..." „Nichts ist unmöglich! Ein Mann? Das war nicht ein Mann, das waren zehn, zwanzig Männer! Mensch, wollen Sie denn nicht begreifen – das war die Kommune! Das ist das Signal zum kommunistischen Aufstand! Das Fanal! Es geht los!" Im Büro hin- und herlaufend diktiert Göring einer Sekretärin den Bericht für das amtliche Nachrichtenbüro.[15]

Sommerfeldt erfährt, dass der Reichspropagandaleiter der NSDAP die Meldung über den Brand im Reichstag bereits im In- und Ausland verbreiten lässt. „Mit Gewalt, Blut und Schrecken wollen die bolschewistischen Meuchelmörder eine Panik über Deutschland bringen, um von der Welle des Entsetzens sich selbst hochtragen zu lassen", behauptet Goebbels im „Angriff". „Rottet diese Pest in Deutschland so gründlich aus, dass nicht einmal der Name davon übrig bleibt! ... Entweder versinkt Deutschland in diesen Schwaden von Tränen und Blut, oder die Nation gibt Hitler die Möglichkeit, dem roten Spuk ein kurzes aber hartes Ende zu bereiten. ... Hitler will handeln! Gebt ihm die Macht dazu! Reißt am 5. März [Reichstagswahl] die Tore auf, damit er, der Fahnenträger der Nation, unsere Standarte ins neue Reich hineintragen kann!"[16]

In der Kabinettssitzung am 28. Februar legt Göring dar, er gehe von mindestens sechs bis sieben Brandstiftern aus. Sämtliche Büros der KPD habe er bereits schließen und alle greifbaren Abgeordneten und Funktionäre der Partei verhaften lassen.[17] Eilends verabschieden die Minister eine Verordnung „Zum Schutz von Volk und Staat", die der Reichspräsident noch am selben Tag unterschreibt. „Zur Abwehr kommunistischer staatsgefährdender Gewaltakte" werden Grundrechte „bis auf weiteres außer Kraft gesetzt". „Es sind daher Beschränkungen der persönlichen Freiheit, des Rechts der freien Meinungsäußerung, einschließlich der Pressefreiheit, des Vereins- und Versammlungsrechts, Eingriffe in das Brief-, Post-, Telegrafen- und Fernsprechgeheimnis, Anordnungen von Haussuchungen und von Beschlagnahmen sowie Beschränkungen des Eigentums auch außerhalb der sonst hierfür bestimmten gesetzlichen Grenzen zulässig."[18]

Hitler tobt am 2. März, man hätte den Brandstifter sofort aufhängen sollen, und Göring brüstet sich tags darauf in einer Rede: „Volksgenossen, meine Maßnahmen werden nicht angekränkelt sein durch irgendwelche juristischen Bedenken. Hier habe ich keine Gerechtigkeit zu üben, hier habe ich nur zu vernichten und auszurotten, weiter nichts!"[19] Innerhalb von zwei Wochen werden allein in Preußen 7784 Personen eingesperrt. Göring sei „ganz groß in Fahrt" und räume in Preußen „mit einer herzerfrischenden Forschheit" auf, lobt Goebbels. „Er hat das Zeug dazu, ganz radikale Sache zu machen, und auch die Nerven, um einen harten Kampf durchzustehen."[20]

Alfred Rosenberg, der Chefredakteur des „Völkischen Beobachters", sagt zu dem britischen Journalisten Sefton Delmer: „Ich hoffe nur, es ist nicht das Werk unserer Burschen. Es ist genau eines jener verdammt blöden Stücke, die ihnen ähnlich sehen."[21]

Kaum jemand glaubt Göring und Goebbels, die behaupten, es habe sich beim Reichstagsbrand um das Fanal einer kommunistischen Revolution gehandelt. Viele halten Goebbels für den Drahtzieher oder verdächtigen Göring, den Anschlag inszeniert zu haben – zumal der Reichstag und das Palais des Reichstagspräsidenten durch einen 120 m langen unterirdischen Gang verbunden sind. Als man Göring berichtete, der Reichstag brenne, witzeln die Berliner, blickte er auf die Uhr und sagte: „Schon?"[22] Tatsächlich prahlt Göring später: „Der Einzige, der den Reichstag wirklich kennt, bin ich." Nach einer kleinen Kunstpause klopft er sich auf die Schenkel und fügt lachend hinzu: „Ich habe ihn ja angezündet." Ein Scherz? Im Nürnberger Prozess streitet Göring ab, dass er etwas mit dem Brandanschlag zu tun hatte.[23]

Golo Mann schreibt: „Die Vermutung, jene, die so ungeheuren Vorteil aus ihm [dem Reichstagsbrand] zogen, hätten ihn auch angestiftet, hat sich damals sofort verbreitet, und das ist charakteristisch: man traute ihnen ein solches Verbrechen zu, mit Empörung, mit Bewunderung oder mit heimlichem Lachen."[24] Goebbels sei auf die Idee gekommen, den Reichstag anzuzünden, sagt Hans Bernd Gisevius am 25. April 1946 unter Eid aus, und Göring habe die Polizei auf falsche Fährten gelenkt.[25] Jahrzehntelang streiten die Historiker darüber, ob die Hintermänner des Reichstagsbrands im kommunistischen oder im nationalsozialistischen Lager zu suchen seien; die Möglichkeit einer Einzeltäterschaft wird erst 1959/60 in einer „Spiegel"-Serie[26] vertreten und später von namhaften Historikern übernommen. Doch die Verfechter der These, der Reichstagsbrand sei von Goebbels und Göring inszeniert worden, geben nicht auf. Alexander Bahar und Wilfried Kugel beispielsweise sind überzeugt, dass Göring, Hitler und Goebbels bereits um 21 Uhr telefonisch über den Reichstagsbrand unterrichtet wurden, zu einem Zeitpunkt, als der von einem nationalsozialistischen Agent provocateur angestiftete oder zumindest in seinem Vorhaben bestärkte Marinus van der Lubbe gerade erst vor dem Reichstagsgebäude angekommen sei. Sie nehmen an, Goebbels habe den Anschlag geplant, um vor den Reichstagswahlen am 5. März 1933 die KPD auszuschalten. Göring musste schon deshalb eingeweiht werden, weil „ein Kommando von minimal 3, maximal 10 SA-Leuten" am 27. Februar gegen 20 Uhr durch den unterirdischen Gang von seinem Palais ins Reichstagsgebäude eingedrungen sei und den Plenarsaal mit einer Mischung aus Phosphor, Mineralöl und Benzin präpariert habe.

Nach dem Rechtsgrundsatz „nulla poena sine lege" (keine Strafe ohne ein zum Tatzeitpunkt gültiges Gesetz) braucht Marinus van der Lubbe nur mit einer Freiheitsstrafe zu rechnen, denn die Todesstrafe für Brandstiftung wurde erst mit der Verordnung „Zum Schutz von Volk und Staat" am Tag nach der Tat eingeführt. Aber das NS-Regime erklärt am 29. März, das verschärfte Strafmaß gelte rückwirkend.

Am 21. September beginnt vor dem Leipziger Reichsgericht der Prozess. Angeklagt sind außer Marinus van der Lubbe vier Kommunisten: ein Deutscher und drei Bulgaren. Göring sagt am 4. November als Zeuge aus. Er kommt eine Stunde zu spät und hält dann erst einmal eine ausschweifende Philippika gegen den Kommunismus. Obwohl der Rundfunk live aus dem Gerichtssaal überträgt, lässt er sich von dem Angeklagten Georgij Dimitroff provozieren und verliert die Selbstbeherrschung: „Sie sind in meinen Augen ein Gauner, der längst an den Galgen gehört. ... Sie werden Angst haben, wenn ich Sie erwische, wenn Sie hier aus dem Gericht raus sind, Sie Gauner, Sie!"[27] Vier Tage nach Göring sagt Goebbels aus. Von Georgij Dimitroff in die Enge getrieben, muss er während seines dreistündigen Auftritts zugeben, dass die NS-Machthaber politische Gegner verfolgen und ausschalten, ohne deren verfassungsmäßige Rechte zu berücksichtigen.

Marinus van der Lubbe beteuert, er habe das Feuer allein gelegt. Tatsächlich werden seine Mitangeklagten freigesprochen und er selbst zum Tod verurteilt. Obwohl das Reichsgericht aufgrund der vorgelegten Gutachten überzeugt ist, dass ein einzelner Täter ohne Helfer nicht in der Lage war, innerhalb weniger Minuten im Reichstag einen Großbrand auszulösen, sucht kein Staatsanwalt nach möglichen Hintermännern.

Göring sorgt dafür, dass die drei soeben freigesprochenen Bulgaren eingesperrt bleiben. (Wegen des internationalen Protestes ordnet Hitler jedoch am 26. Februar 1934 ihre sofortige Ausweisung in die Sowjetunion an.)

Marinus van der Lubbe wird am 10. Januar 1934 – drei Tage vor seinem 25. Geburtstag – enthauptet.

„Tag der erwachenden Nation"

Den 5. März 1933, den Tag der Reichstagswahl, ruft der Propagandaleiter der NSDAP zum „Tag der erwachenden Nation" aus. Vom 10. Februar bis 4. März überträgt der Rundfunk jeden Abend eine Hitler-Rede. Zu Beginn schildert Goebbels wie ein Reporter jeweils die Stimmung am Veranstaltungsort. Als das Geld für die Propaganda vorübergehend knapp wird, spöttelt er: „Dann soll der dicke Göring einmal auf etwas Kaviar verzichten."[28] Das ist aber nicht erforderlich, denn führende Unternehmer, die der Reichstagspräsident für den 20. Februar in sein Palais eingeladen hat – wo ihnen ein höflicher Reichskanzler im dunklen Anzug goldene Zeiten verspricht – folgen der Aufforderung, für den Wahlkampf zu spenden. Der ehemalige Reichsbankpräsident Hjalmar Schacht sammelt Schecks im Wert von drei Millionen Reichsmark ein. Göring meint, das finanzielle Opfer sei leicht zu ertragen, „wenn man sich vor Augen hält, dass diese Wahlen bestimmt die letzten sein werden, mindestens in den nächsten zehn Jahren, wahrscheinlich aber in den nächsten hundert Jahren."[29]

Um möglichst viele Wähler glauben zu lassen, die NSDAP vertrete ihre Interessen, vermeiden die Wahlkämpfer konkrete Aussagen; sie propagieren stattdessen blindes Vertrauen in die „nationale Erneuerung" und behaupten, „der Name Hitler [sei] Programm genug"[30].

In der Wohnung von Magda und Joseph Goebbels wartet Hitler am 5. März auf das Ergebnis der Reichstagswahl. Mit 44 Prozent der Stimmen übertrifft die NSDAP ihr bis dahin bestes Ergebnis vom Juli 1932. Gemeinsam verfügen die beiden Regierungsparteien NSDAP und DNVP nun über 52 Prozent der Mandate. Der Reichspropagandaleiter hat zwar die absolute Mehrheit für seine Partei allein angestrebt, jubelt aber trotzdem: „Sieg über Sieg, fantastisch und unglaubhaft. ... Aber was bedeuten jetzt noch Zahlen? Wir sind die Herren im Reich und in Preußen; alle anderen sind geschlagen zu Boden gesunken."[31]

Reichsminister für Volksaufklärung und Propaganda

Am Tag nach der Wahl bespricht Goebbels mit Hitler den Aufbau seines zukünftigen Ministeriums und besichtigt mit ihm den dafür vorgesehenen Amtssitz, das 1737 errichtete und hundert Jahre später von Karl Friedrich Schinkel umgebaute Leopold-Palais am Wilhelmplatz. „Das Ministerium soll Presse, Rundfunk, Film, Theater und Propaganda in einer einzigen, großzügigen Organisation vereinigen."[32] Anfangs sträubt er sich, das Wort „Propaganda" in die Bezeichnung des Ministeriums aufzunehmen; „Reichsminister für Kultur und Volksaufklärung" möchte er werden, aber Hitler lässt nicht locker, und am Ende redet sich Goebbels ein, der Begriff „Propaganda" habe fälschlicherweise einen negativen Beigeschmack, tatsächlich handele es sich um die Kunst, die „geheimen Schwingungen der Volksseele" zu verstehen.[33]

Im Kabinett weist Hitler auf die hohe Wahlbeteiligung bei der Reichstagswahl hin und schlägt ein „Reichsministerium für Volksaufklärung und Propaganda" vor, um das politische Engagement der Deutschen wach zu halten. Er muss seine ganze Überredungskunst aufbringen, um die Nominierung von Joseph Goebbels durchzusetzen. Als Hindenburg die Ernennungsurkunde unterzeichnet, murmelt er: „Na ja, der Trompeter will halt auch etwas werden."[34] Am 14. März leistet der neue Reichsminister seinen Amtseid. Mit 35 Jahren ist er das jüngste Mitglied der Regierung.

Hitler und Goebbels begnügen sich nicht mit der passiven Hinnahme der NS-Herrschaft durch die Bevölkerung; sie wollen die Deutschen auch innerlich „gleichschalten" und „mobilisieren". Bei seinem Amtsantritt erklärt Goebbels, „eine Regierung, die so große, einschneidende Maßnahmen treffen" müsse, benötige die Unterstützung des ganzen Volkes. „Wenn diese Regierung entschlossen ist, niemals zu weichen, niemals, nimmer und unter keinen Umständen, dann braucht sie sich nicht der toten Macht der Bajonette zu bedienen, dann wird sie auf die Dauer nicht damit zufrieden sein können, 52 Prozent hinter sich zu wissen, um damit die übrig bleibenden 48 Prozent zu terrorisieren, sondern sie wird ihre nächste Aufgabe darin sehen, die übrig bleibenden 48 Prozent für sich zu gewinnen."[35]

Am 21. März 1933 – dem 62. Jahrestag der Eröffnung des ersten Reichstags durch Otto von Bismarck – konstituiert sich der neu gewählte Reichstag. Goebbels arrangiert den Festakt in der Potsdamer Garnisonkirche, in der Friedrich der Große bestattet ist.[36] Damit gibt er vor, die Nationalsozialisten stünden in der preußischen Tradition.

Friedrich den Großen, Bismarck, Hindenburg und Hitler lässt er auf einer Ansichtskarte nebeneinander abbilden: „Was der König eroberte, der Fürst formte, der Feldmarschall verteidigte, rettete und einigte der Soldat."[37] SA- und „Stahlhelm"-Verbände marschieren neben Reichswehreinheiten auf. Hindenburg trägt eine kaiserliche Marschalluniform mit zahlreichen Orden auf der Brust, Hitler erscheint im Cutaway und mit Zylinder. Ehrerbietig verneigt er sich auf den Stufen der Garnisonkirche vor dem 85-jährigen Reichspräsidenten. Das Bild wird auf Veranlassung von Goebbels in allen Zeitungen veröffentlicht, um bei den Zuschauern den Eindruck zu erwecken, der hoch angesehene Greis respektiere den nationalsozialistischen Regierungschef.

Hitlers Geburtstag am 20. April stilisiert der Reichspropagandaminister zum herausragenden Fest im NS-Kalender.

Drei Tage nach seinem 44. Geburtstag fliegt Hitler mit Goebbels nach Köln. Sie fahren weiter nach Rheydt, wo die Straße, in der Goebbels aufwuchs, in „Joseph-Goebbels-Straße" umbenannt wird. Zur Feier des Ereignisses findet in der Stadthalle eine Theateraufführung statt. Am nächsten Morgen drückt der Geehrte in der Oberrealschule seinen ehemaligen Lehrern die Hand und kann vor Rührung kaum sprechen, als er in der Aula, in der er 1917 die Abiturrede hielt, ans Mikrofon tritt. Der Schulleiter von damals ist inzwischen gestorben; der amtierende lobt ihn als „Zierde dieser Schule, als einen Stolz dieser Stadt und als einen Ruhm unseres deutschen Vaterlandes"[38]. Abends versammeln sich die Würdenträger und geladenen Gäste im Rathaus, wo Joseph Goebbels die Ehrenbürgerschaft der Stadt verliehen wird. Nachdem er dann auch noch von der Freitreppe des Rathauses zu der Menge gesprochen hat, ziehen Fackelträger und Musikkorps durch die Joseph-Goebbels-Straße, während er mit dem zum „deutschen Gruß" erhobenem Arm in einem vor seinem Elternhaus geparkten offenen Auto steht.

Goebbels behauptet, die Ehrung nur seiner Mutter wegen auf sich genommen zu haben: „Sie ist jahrelang in dieser kleinen Stadt verleumdet, umklatscht, missachtet und verfolgt worden, und hat darunter unendlich zu leiden gehabt. … Es ist eine Qual für eine alte Frau, jahrelang nur Bedauern und Entrüstung zu vernehmen wegen des ungeratenen Sohnes, der mit Kirche, Staat und Gesellschaft in Feindschaft lebt. … Deshalb bin ich nach Rheydt gekommen, um ihr an diesem Tag zu zeigen, dass alles, was sie in den ungezählten Tagen meinet- und unserer Sache wegen zu erleiden hatte, nicht umsonst gewesen ist."[39] Vermutlich empfindet aber auch Goebbels selbst den Jubel der Rheydter Bürger als Wiedergutmachung dafür, dass sie ihn früher verhöhnten.

Joseph Goebbels (3. v. l., dunkle Jacke) und seine Mitschüler am Gymnasium in Rheydt. (Foto undatiert)

Der 23-jährige Hermann Göring als junger Offizier bei der 5. Armee in Stenay/Maas. (Foto: 1916)

Am 2. Juni 1918 erhielt der Jagdflieger Oberleutnant Hermann Göring nach 18 Luftsiegen den Orden „Pour le mérite". (Foto: E. Bieber, 1918)

Anfang 1923 heiratete Hermann Göring die Schwedin Karin von Kantzow, geb. von Fock (1888–1931). Zu ihren Bewunderern zählte später auch Joseph Goebbels, der in seinem Tagebuch von „dieser herrlichen schwedischen Frau" schwärmt. (Foto undatiert)

Hochzeitsfeier von Joseph und Magda Goebbels am 19. Dezember 1931 auf dem mecklenburgischen Gut Severin bei Parchim. Neben dem Brautpaar geht Harald, Magdas zehnjähriger Sohn aus ihrer ersten Ehe mit dem Großindustriellen Günther Quandt. Im Hintergrund der Trauzeuge Adolf Hitler.

Joseph und Magda Goebbels als Ehrengäste bei einer Feier des Gymnasiums in Rheydt. Rechts: Goebbels' Mutter Katharina, hinter ihm seine Schwester Maria. (Das Foto wurde am 7. Mai 1933 veröffentlicht.)

Das Ehepaar Magda und Joseph Goebbels im Jahr 1933.

Die Führungsspitze der NSDAP nach der Ernennung Hitlers zum Reichskanzler am 30. Januar 1933. Von rechts: Rudolf Heß, Heinrich Himmler, Richard Walter Darré, Hermann Göring, Ernst Röhm, Adolf Hitler, Joseph Goebbels, Hanns Kerrl, Wilhelm Kube, Otto Wagener; sitzend Wilhelm Frick.

Joseph Goebbels, Adolf Hitler und Rudolf Heß treffen zu einer Kundgebung am 24. Oktober 1933 im Berliner Sportpalast ein.

Im Oktober 1931 starb Hermann Görings erste Ehefrau Karin. Als ihre Grabstätte auf dem Friedhof von Lovö bei Drottningholm im November 1933 geschändet wurde, ließ er bei seinem Landgut Carinhall in der Schorfheide ein Mausoleum errichten. Göring und Hitler beim Verlassen der Gruft während der feierlichen Umbettung der Gebeine Karin Görings am 20. Juni 1934.

Empfang für Hermann Göring und Emmy Sonnemann im „Haus der Flieger" in Berlin einen Tag vor der Hochzeit der beiden. (Foto: 9. April 1935)

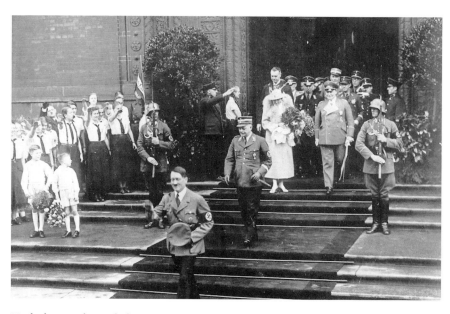

Nach der standesamtlichen Trauung am 10. April 1935 verlassen Hermann und Emmy Göring das Rathaus an der Königstraße in Berlin. Davor die Trauzeugen Adolf Hitler und Hanns Kerrl.

Die kirchliche Trauung von Hermann und Emmy Göring fand am 10. April 1935 im Berliner Dom statt. Ein amerikanischer Korrespondent schrieb nach der Hochzeitsfeier: „Man hatte das Gefühl, als ob ein Kaiser heiratete."

Emmy und Hermann Göring bei einem Spaziergang in Wiesbaden während ihrer Hochzeitsreise im April 1935.

Joseph Goebbels mit seinen Töchtern Helga (links), geboren am 1. September 1932, und Hilde, geboren am 13. April 1934. (Foto: 1935)

Empfang für die Oberbefehlshaber der Wehrmacht in der Berliner Reichskanzlei am 20. April 1936 anlässlich ihrer Beförderung. Von links nach rechts: Generaladmiral Erich Raeder, Generalfeldmarschall Werner von Blomberg, Adolf Hitler, Generaloberst Hermann Göring, General Gerd von Rundstedt.

Magda und Joseph Goebbels bei einem Spaziergang mit ihrer Tochter Helga im Garten der Reichskanzlei. (Das Foto wurde am 30. Oktober 1936 veröffentlicht.)

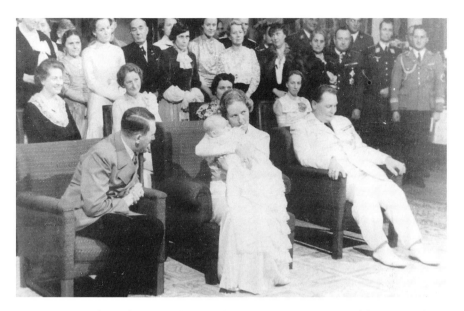

Am 2. Juni 1938 hatte die inzwischen 45-jährige Emmy Göring ein Mädchen zur Welt gebracht. Edda wurde am 4. November 1938 in Carinhall getauft. Taufpate war Adolf Hitler.

Während Edda das einzige Kind der Görings blieb, hatten Magda und Joseph Goebbels sechs Kinder: Hilde und Helga (hinten); Hedda, Heide, Holde und Hellmuth (vorne von links). Hinten links Magdas Sohn Harald Quandt aus ihrer ersten Ehe. (Foto: wohl 1942)

Joseph Goebbels mit Adolf Hitler bei einem seiner häufigen Besuche auf dem Obersalzberg. (Foto: Walter Frentz, wohl 1943)

Auch nach seiner berühmten Rede am 18. Februar 1943 appellierte Joseph Goebbels bei Massenkundgebungen im Berliner Sportpalast immer wieder an den Durchhaltewillen der Deutschen. (Foto: 10. Juni 1943)

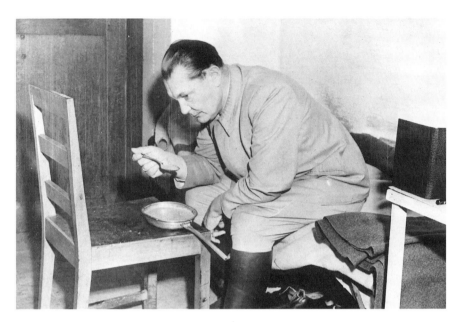

Hermann Göring zur Zeit des Prozesses vor dem Internationalen Militärtribunal in seiner Zelle in Nürnberg. (Foto: Dezember 1945)

Göring im Zeugenstand vor dem Internationalen Militärtribunal, das im Großen Saal des Nürnberger Justizpalastes tagt. (Foto: Jewgeni Chaldej, März 1946)

Ermächtigungsgesetz

Da der Plenarsaal im Reichstagsgebäude durch den Brandanschlag zerstört wurde, eröffnet Hermann Göring die erste Sitzung des neuen Reichstags am 21. März in der Kroll-Oper.

Nach drei Jahren verfügt eine Reichsregierung erstmals wieder über eine parlamentarische Mehrheit. Trotzdem verlangt Hitler in seiner ersten Reichstagsrede am 23. März die Ermächtigung, ohne parlamentarische Mitwirkung Gesetze zu beschließen: „Es würde dem Sinn der nationalen Erhebung widersprechen und dem beabsichtigten Zweck nicht genügen, wollte die Regierung sich für ihre Maßnahmen von Fall zu Fall die Genehmigung des Reichstags erhandeln und erbitten."[40]

Als einzige Partei widersetzt sich die SPD dem „Gesetz zur Behebung der Not von Volk und Reich". Ihr Vorsitzender Otto Wels begründet diese Haltung in einer mutigen Rede: „Die Wahlen vom 5. März haben den Regierungsparteien die Mehrheit gebracht und damit die Möglichkeit gegeben, streng nach Wortlaut und Sinn der Verfassung zu regieren. Wo diese Möglichkeit besteht, besteht auch die Pflicht." Den Nationalsozialisten gibt er zu bedenken: „Wir haben geholfen, ein Deutschland zu schaffen, in dem nicht nur Fürsten und Baronen, sondern auch Männern aus der Arbeiterklasse der Weg zur Führung des Staates offen steht. Davon können Sie nicht zurück, ohne Ihren eigenen Führer preiszugeben."[40] Hitler stößt von Papen weg, der ihn aufhalten möchte, als er nochmals zum Rednerpult stürmt: „Spät kommt ihr, doch ihr kommt!",[42] höhnt er mit einem Schiller-Zitat. Reichstagspräsident Göring läutet die Glocke und weist die Abgeordneten zurecht: „Reden Sie keine Geschichten und hören Sie sich das jetzt an!"[43] Nach Hitlers polemischer Antwort an Otto Wels jubelt Goebbels: „Man sah niemals, dass einer so zu Boden geworfen und erledigt wurde wie hier."[44]

Als Hermann Göring das Abstimmungsergebnis bekannt gibt – 441 von 538 anwesenden Abgeordneten haben für die Vorlage votiert –, stürmen die NS-Abgeordneten nach vorn und singen das „Horst-Wessel-Lied". Das Ermächtigungsgesetz passiert noch am gleichen Abend den Reichsrat und wird am 24. März 1933 im Reichsgesetzblatt verkündet. „Der Reichstag übergibt Adolf Hitler die Herrschaft",[45] lautet die Schlagzeile im „Völkischen Beobachter".

„Wir nehmen nicht mehr, als wir verdauen können", versichert Joseph Goebbels. „Aber was wir verdauen können, das nehmen wir uns Stück für Stück; und so werden wir in ein paar Monaten das ganze Reich in uns hineingefressen haben."[46]

„Göring will alles schlucken"

Göring ist kein Spezialist wie Goebbels, sondern ein vielseitiger Taktiker, den Hitler auf den verschiedensten Gebieten einsetzt und der bald als der eigentliche Vizekanzler gilt. Außenminister Konstantin Freiherr von Neurath kann nicht verhindern, dass Göring allein im Jahr 1933 dreimal nach Rom fliegt, wo er mit der italienischen Regierung und im Vatikan politische Gespräche führt.

Am 11. April erhält Göring nach der Landung in Rom vom deutschen Botschafter ein Telegramm von Hitler: „Ich ernenne Sie mit Wirkung vom heutigen Tage zum Ministerpräsidenten von Preußen. ... Ich fühle mich glücklich, Ihnen diesen Beweis meines Vertrauens und meines Dankes geben zu können für die hohen Verdienste ... und nicht zuletzt für die einzige Treue, mit der Sie Ihr Schicksal an das meine schlossen."[47] In den deutschen Ländern werden Reichsstatthalter eingesetzt, die dem Reichskanzler unmittelbar unterstehen und die Ministerpräsidenten kontrollieren. Nur in Preußen löst Hermann Göring Franz von Papen als Reichskommissar ab und übernimmt das Amt des Ministerpräsidenten in Personalunion. „Damit ist auch für dies größte Land ein klarer und scharfer nationalsozialistischer Kurs garantiert",[48] findet Goebbels. Doch einen Monat später klagt er, Göring sei krankhaft ehrgeizig, habe ihn „geprellt" und wolle alles schlucken, aber er „werde hineinfunken".[49]

Am 5. Mai wird Göring außerdem zum Chef des neuen Reichsministeriums für Luftfahrt ernannt. In den Räumen des Ministeriums richtet er ein „Forschungsamt" ein, einen nur ihm selbst verantwortlichen Nachrichtendienst, dessen – zunächst 20, später 3500 – Mitarbeiter den Funk- und Fernsprechverkehr abhören und Politiker, Wirtschaftsführer, andere Dienststellen und ausländische Botschaften ausspionieren.

„Wer Jude ist, bestimme ich!",[50] donnert Göring, als herumerzählt wird, der Lufthansa-Direktor Erhard Milch, den er als Staatssekretär ins Luftfahrtministerium geholt hat, sei Halbjude. Aber dann sorgt Göring doch dafür, dass Milchs Mutter behauptet, ihr Sohn sei nicht von ihrem verstorbenen jüdischen Ehemann, sondern von einem „Arier" bei einem Seitensprung gezeugt worden.

„Keine andere Idee soll hier zu Wort kommen"

Von den Reichsministern des Inneren und der Post übernimmt Goebbels die Verantwortung für den Rundfunk.

Am 25. März 1933 bestellt er die Intendanten und Direktoren der im Vorjahr verstaatlichten Rundfunkanstalten ins Berliner „Haus des Rundfunks" und eröffnet ihnen: „Wir machen gar keinen Hehl daraus: Der Rundfunk gehört uns, niemandem sonst! Und den Rundfunk werden wir in den Dienst unserer Idee stellen, und keine andere Idee soll hier zu Wort kommen." Dieses „allermodernste und allerwichtigste Massenbeeinflussungsinstrument" müsse der Regierung die fehlenden 48 Prozent der Stimmen zusammentrommeln. „Und haben wir sie einmal, muss der Rundfunk uns diese 100 Prozent halten."[51]

Innerhalb weniger Wochen verlieren 136 missliebige Rundfunkmitarbeiter ihren Arbeitsplatz.

Als sein Vater Ende 1925 ein Rundfunkgerät kaufte, schimpfte Joseph Goebbels: „Radio! Radio! Radio im Hause! Der Deutsche vergisst über Radio Beruf und Vaterland! Radio! Das moderne Verspießungsmittel!"[52] Jetzt produzieren 28 Firmen in seinem Auftrag den „Volksempfänger", ein standardisiertes Rundfunkgerät, das für ein Fünftel des üblichen Preises angeboten wird und innerhalb von zehn Jahren in zwei Dritteln aller Haushalte steht.

Göring und Goebbels treffen sich im Mai 1933 erneut zu einer Aussprache „über Klatsch und Nichtigkeiten"[53]. Aber als der preußische Ministerpräsident dem Reichspropagandaminister die Kontrolle des Rundfunks streitig macht, indem er auf ein Mitspracherecht der Länder pocht, flammt die alte Rivalität wieder auf. Goebbels beschwert sich über Görings „blödesten Partikularismus nur aus persönlichem Machthunger"[54], bis Hitler nach einer langen Aussprache auf dem Obersalzberg die alleinige Zuständigkeit des Reichspropagandaministers für den Rundfunk bestätigt.

„Er ist zu eitel. Das ist sein Malheur",[55] spottet Goebbels über Görings „Uniformfimmel"[56]: Im August begegnet er dem „Dicken"[57] auf dem Obersalzberg, aber es kommt zu keiner Versöhnung. „Er platzt vor Eifersucht und Machtgier"[58], entrüstet sich Goebbels. „Das alte Ekel. Will General werden. Warum nicht gleich Feldmarschall. Also eine neue Uniform fällig. Fällt auf die Nerven. ... Göring hat Rosinen im Kopf."[59]

Mit dem „Presse- und Kulturkammergesetz" vom 22. September bildet Joseph Goebbels eine berufsständische Organisation, die das kulturelle Leben kontrolliert und ihrerseits vom Reichspropagandaministerium beaufsichtigt wird. Die Präsidentschaft übernimmt er selbst. Wer nicht Mitglied der Reichskulturkammer ist, darf sich nicht als Journalist, Schriftsteller oder Buchhändler, Schauspieler, Regisseur, Beleuchter, Kameramann, Kinobesitzer, Filmvorführer, Musiker, Maler, Kunst-

115

oder Antiquitätenhändler betätigen. Ein „Schriftleitergesetz" (die Bezeichnung „Schriftleitung" verwenden die Nationalsozialisten statt des Wortes „Redaktion") folgt am 4. Oktober. Es legt fest, dass als Redakteur nur arbeiten darf, wer „Arier" ist und „die Eigenschaften hat, die die Aufgabe der geistigen Einwirkung auf die Öffentlichkeit erfordert"[60].

Die Zerschlagung der Gewerkschaften

Der 1. Mai wird durch ein von Joseph Goebbels eingebrachtes Reichsgesetz zum „Feiertag der nationalen Arbeit" erklärt. Nach festlichen Umzügen versammeln sich am 1. Mai 1933 bei „richtigem Hitlerwetter"[61] Abordnungen von Berufsverbänden und Delegationen von Gewerkschaften zusammen mit Reichswehreinheiten und nationalen Kampfverbänden auf dem Tempelhofer Feld in Berlin, wo der Propagandaminister eine Massenkundgebung vor 100 000 Arbeitern organisiert. Nichts erinnert an die Straßenschlachten, die sich SA und Sozialisten noch während des Wahlkampfes im Februar lieferten. Die Arbeiterschaft soll nicht länger „gegen die eigenen Volksgenossen demonstrieren ... [und] sich aus dem Volksganzen herausreißen"[62] lassen. Hitler kritisiert den marxistischen Aufruf zum „Bruderkampf", tadelt jeglichen Standesdünkel und lobt den Fleiß aller „Arbeiter der Faust und der Stirn"[63].

Tags darauf stürmen SA-Trupps die Büros der Gewerkschaften. Deren Funktionäre werden festgenommen, die Organisationen aufgelöst und ihre Vermögen beschlagnahmt. Arbeiter und Angestellte werden jetzt Mitglieder der „Deutschen Arbeitsfront" unter Robert Ley (der schon bald als „Reichstrunkenbold" verschrien ist).

Auf Görings Empfehlung wird Gustav Krupp von Bohlen und Halbach Führer des „Reichsstandes der Deutschen Industrie". Ihm und anderen maßgeblichen Unternehmern gelingt es dank ihrer Beziehungen zu Göring und Hitler, sich einen vergleichsweise großen Freiraum zu bewahren.

„Heil Hitler!"

Unter dem Vorwand, die Juden seien für kritische Pressestimmen im Ausland verantwortlich, ruft Hitler am 25. März 1933 ein „Zentralkomitee zur Abwehr der jüdischen Gräuel- und Boykotthetze" ins Leben und beauftragt Julius Streicher, den Herausgeber des Hetzblattes „Der Stürmer", mit der Leitung. Joseph Goebbels ist begeistert: „Wir werden gegen die Auslandslüge nur ankommen, wenn wir ihre Urheber oder doch wenigstens Nutznießer, nämlich die in Deutschland lebenden Juden, die bisher unbehelligt blieben, zu packen bekommen. Wir müssen also zu einem groß angelegten Boykott aller jüdischen Geschäfte in Deutschland schreiten. Vielleicht werden sich dann die ausländischen Juden eines Besseren besinnen, wenn es ihren Rassegenossen in Deutschland an den Kragen geht." Dann prahlt er: „Ich diktiere einen scharfen Aufsatz gegen die Gräuelhetze der Juden. Schon seine Ankündigung lässt die ganze Mischpoke zusammenknicken. ... Die jüdische Presse wimmert vor Entsetzen und Angst."[64]

Im Rahmen der Aktion „wider den undeutschen Geist", zu der nationalsozialistische Studenten aufgerufen haben, „säubern" Eiferer in zahlreichen deutschen Städten die öffentlichen Bibliotheken, tragen die Schriften verfemter Autoren zusammen und verbrennen am 10. Mai allein auf dem Berliner Opernplatz mehr als 20 000 Bücher. Goebbels glaubt „in diesen Flammen nicht nur das Symbol des Niedergangs der alten Epoche, sondern auch des Aufstiegs der neuen Epoche"[65] zu erkennen.

In allen deutschen Städten und Dörfern wehen Hakenkreuzfahnen. Weil mehr Menschen in die NSDAP drängen, als die Partei integrieren kann, nimmt sie neue Mitglieder ab 1. Mai 1933 nur noch in besonderen Fällen auf. Auch Menschen, die dem Nationalsozialismus kritisch gegenüberstehen, jubeln Hitler zu und grüßen im Saal und auf der Straße mit hochgerissenem rechten Arm, wie es die Parteigenossen seit Jahren vormachen und die Beamten ab 13. Juli 1933 müssen. Respektvoll den Hut zieht kaum noch einer, und statt „Guten Tag" heißt es: „Heil Hitler!" Wer sich von dieser Begeisterung für den „Führer" nicht anstecken lässt, gilt als Miesmacher. Viele ziehen sich in die „innere Emigration" zurück, tauchen unter oder flüchten ins Ausland. Der Romanist Victor Klemperer wundert sich, wie wehrlos alles zusammenbricht: „Alle Gegenkräfte wie vom Erdboden verschwunden."[66] Am 17. März schreibt er: „Es ist erschütternd, wie Tag für Tag nackte Gewalttat, Rechtsbruch, schrecklichste Heuchelei, barbarische Gesinnung ganz unverhüllt als Dekret hervortritt. ... Unter französischer Negerbesatzung würden wir eher in einem Rechtsstaat leben als unter dieser Regierung. ... Ich kann das Gefühl des Ekels und der Scham nicht mehr loswerden. Und niemand rührt sich; alles zittert, verkriecht sich."[67]

Bis Anfang 1933 war Hitler der rabiate Parteichef, der gegen das parlamentarische System der Weimarer Republik kämpfte. Im Amt des Reichskanzlers entwickelte er sich innerhalb von wenigen Wochen zur Integrationsfigur, zum Symbol der nationalen Einheit, zum uneigennützigen und unbestechlichen „Führer" der neuen „Volksgemeinschaft". Aber das ist erst der Anfang des nicht zuletzt von Goebbels geschaffenen „Hitler-Mythos"[68].

Innenminister Frick verbietet am 22. Juni die SPD. Innerhalb der folgenden zwei Wochen lösen sich alle Parteien außer der NSDAP auf, um einem Verbot zuvorzukommen. Noch nicht einmal die völkischen Parteien, mit deren Unterstützung Hitler die Regierung übernahm, bleiben verschont. „Sie haben nichts für den Staat Adolf Hitlers getan, erklärt Göring eisenstirnig."[69] Die Neugründung von Parteien wird gesetzlich untersagt und die NSDAP zur alleinigen Staatspartei erklärt.

Ein halbes Jahr nach seinem Amtsantritt könne Hitler sich rühmen, „alles, was in Deutschland außerhalb der nationalsozialistischen Partei existierte, zerstört, zerstreut, aufgelöst, angegliedert oder aufgesaugt zu haben",[70] konstatiert der französische Botschafter André François Poncet. Und die Komintern, die nicht die NSDAP, sondern die SPD für ihren Hauptfeind in Deutschland hielt, wundert sich: „Den Weg, den der italienische Faschismus ... in fünf Jahren durchlaufen hatte, durchlief der deutsche Faschismus in fünf Monaten."[71]

„Die nationalsozialistische Bewegung ... ist in der Tat das Stahlgerippe des deutschen Staates, sie hat diesem Staat wieder Kraft und inneren Halt, Selbstbewußtsein und Stärke zurückgegeben",[72] prahlt Joseph Goebbels am 30. Juni 1933.

„Die Frau hat die Aufgabe, schön zu sein und Kinder zur Welt zu bringen"

Alfred Hugenberg tritt am 2. Mai 1933 als Reichsernährungs- und am 27. Juni auch als -wirtschaftsminister zurück. Joseph Goebbels nützt die Gelegenheit, um mit Hitlers Unterstützung das Amtspalais des Reichsernährungsministers in der Friedrich-Ebert-Straße (ab August 1933: Hermann-Göring-Straße) als repräsentative Dienstwohnung zu bekommen. Mit den Umbauarbeiten betraut er den Mannheimer Architekten Albert Speer, der bereits das Berliner Gauhaus und den Amtssitz des Reichspropagandaministers neu gestaltete. Am Ende hält Goebbels zwar die Möblierung für zu bescheiden und lässt die Räume von den Vereinigten

Werkstätten in München noch einmal einrichten, aber er ist von Speers effizienter Arbeit beeindruckt.

Für die Dekoration lieh Albert Speer Gemälde aus der Berliner Nationalgalerie aus, darunter einige Aquarelle von Emil Nolde, die Joseph und Magda Goebbels gefallen – bis Adolf Hitler zu Besuch kommt. Danach ruft der Minister seinen Architekten an: „Die Bilder müssen augenblicklich weg, sie sind einfach unmöglich!"[73]

Magda Goebbels ist gesellschaftlich gewandt, weiß wie man sich in großbürgerlichen Kreisen bewegt und spricht außer deutsch englisch, italienisch und französisch. Vorsitzende eines neuen deutschen Modezentrums möchte die 31-Jährige im Sommer 1933 werden, aber das lehnt ihr Mann entschieden ab, denn zur Rolle der Frau vertritt er eine klare Meinung: „Die Frau hat die Aufgabe, schön zu sein und Kinder zur Welt zu bringen."[74] Von dieser Ansicht lässt er sich auch in heftigen Debatten nicht abbringen: „Ich bin da ganz reaktionär. Das Kinderkriegen und -Großziehen ist doch eine ganze Lebensaufgabe. Meine Mutter ist die Frau, vor der ich die meiste Hochachtung habe. Und sie ist so weit entfernt vom Intellekt, und so nah am Leben. Heute reden die Frauen in allem mit, sie wollen nur keine Kinder mehr gebären. Das nennt sich dann Emanzipation. Nein, da habe ich schon den Mut, mich gegen den Terror der öffentlichen Meinung zur Wehr zu setzen."[75]

Nach heftigem Streit über ihren Wunsch, eine öffentliche Aufgabe zu übernehmen, weigert sich Magda Goebbels, ihren Mann zu den Bayreuther Festspielen zu begleiten. Hitler ist entsetzt, als sein Propagandaminister dort allein zum Mittagessen erscheint. Um Gerüchte über eine Ehekrise zu verhindern, ordnet er an, Magda Goebbels sofort einzufliegen. Sie trifft am Ende des ersten Akts der „Meistersinger" ein, und nach der Aufführung drängt Hitler das Paar, sich zu versöhnen.

Ernst Hanfstaengl berichtet über einen Vorfall, der sich ereignete, als das Ehepaar Goebbels nach einer privaten Filmvorführung die Gäste verabschiedete. Joseph Goebbels rutschte aus und drohte zu stürzen. Magda konnte ihn gerade noch auffangen. Da packte er sie am Nacken und zischte mit einem „Wahnsinnslachen": „Das hätte dir ja gepasst, als meine Retterin dazustehen!"[76]

Der erste außenpolitische Coup

Am 25. September 1933 begleitet Joseph Goebbels Außenminister Konstantin Freiherr von Neurath zur Tagung des Völkerbundes in Genf. Er gibt sich ruhig, versöhnlich und brilliert in Diskussionen durch seine Schlagfertigkeit. In seinem Tagebuch kommentiert er die Veranstaltung folgendermaßen: „Deprimierend. Eine Totenversammlung. ... Ich werde beäugt und begutachtet. Wie haushoch wir Deutschen doch überlegen sind. Das Ganze ohne Würde und ohne Stil. Hier hat Stresemann hingepasst und sich wohlgefühlt. Für uns ist das nichts."[77] Drei Tage später hält er in einem Genfer Hotel 300 internationalen Journalisten einen Vortrag über „Das nationalsozialistische Deutschland und seine Aufgabe für den Frieden".

Friedliebend gibt sich auch Göring. Er beteuert in einem Interview mit einem französischen Korrespondenten: „Wir wollen keinen Krieg mehr." Doch er schränkt die Aussage gleich wieder ein: Er befürchte, dass Deutsche und Franzosen nicht anders könnten, als entweder befreundet oder verfeindet zu sein. Da gebe es nichts dazwischen.[78]

Als die Abrüstungskonferenz des Völkerbundes in Genf französischem Druck nachgibt und anstelle eines englischen Abrüstungsvorschlages am 14. Oktober 1933 einen neuen Plan vorlegt, der die militärische Stärke Englands, Frankreichs und Deutschlands erst nach acht Jahren ausgleichen würde, riskiert Adolf Hitler seinen ersten außenpolitischen Vorstoß: Er protestiert gegen die Diskriminierung, und das Deutsche Reich verlässt den Völkerbund.

Goebbels rechtfertigt den Schritt bei einer Großveranstaltung im Berliner Sportpalast und organisiert eine Volksabstimmung, die er mit großem Getöse vorbereitet: „Auf jedem Geschäftswagen, Postwagen, Fahrrad der Postboten, an jedem Haus und Schaufenster, auf breiten Spruchbändern, die über die Straße gespannt sind – überall Sprüche von Hitler, und immer ‚Ja' für den Frieden!",[79] notiert Victor Klemperer. Am 12. November geben 96 Prozent der Wahlberechtigten ihre Stimme ab. Die Frage lautet: „Billigst du, deutscher Mann, und du, deutsche Frau, diese Politik deiner Reichsregierung und bist du bereit, sie als den Ausdruck deiner eigenen Auffassung und deines eigenen Willens zu erklären und dich feierlich zu ihr zu bekennen?"[80] 95 Prozent der Wähler antworten mit „ja".

Heinrich Himmler

Am 4. Juli 1926 zeichnete Hitler die drei Jahre zuvor als Sondereinheit der SA aufgestellte „Schutzstaffel" (SS) dadurch aus, dass er ihr die „Blutfahne" überreichte: die blutbefleckte Hakenkreuzfahne, die beim Marsch auf die Feldherrnhalle vorangetragen worden war. An die Spitze der Männer, die sich durch schwarze Uniformen von den braunen der SA unterscheiden, stellte er am 6. Januar 1929 den Diplom-Landwirt Heinrich Himmler, der die SS bis 1933 von 280 auf 50 000 Mann vergrößerte.

Der „Reichsführer-SS" zieht 1933 die Kontrolle über die politische Polizei zuerst in Bayern und dann auch in den übrigen Ländern an sich. Anfang 1934 fehlt ihm nur noch das Kommando in Preußen. Als Reinhard Heydrich, der seit 1931 einen eigenen Nachrichtendienst für ihn aufbaut, Erkenntnisse über einen von Kommunisten geplanten Mordanschlag auf Göring gewinnt, von dem die preußische Geheime Staatspolizei (Gestapo) nichts weiß, benutzt Himmler das als Argument, um von Hitler auch mit der Führung der politischen Polizei im weitaus größten Land betraut zu werden: Ministerpräsident Göring muss sich damit abfinden, dass Himmler am 20. April 1934 Inspekteur der preußischen Gestapo wird und Heydrich Chef des Geheimen Staatspolizeiamtes in Berlin. Nominell untersteht Himmler in dieser Funktion dem preußischen Regierungschef, aber faktisch kontrolliert er die Gestapo allein.[81]

Am 1. Mai fallen die Kompetenzen des preußischen Innenministeriums an Reichsinnenminister Wilhelm Frick. Zum Trost wird Hermann Göring am 3. Juli zum Reichsforst- und -jägermeister ernannt.

Während der ehemalige Fliegerheld annimmt, dass Hitler ihn so bald wie möglich mit dem Aufbau einer neuen Luftwaffe beauftragen wird, richtet Himmler sein Augenmerk auf die unspektakulären Polizeifunktionen. Er redet nicht gern in der Öffentlichkeit wie Joseph Goebbels und ist nicht populär wie Hermann Göring. Statt sich zu bereichern, zahlt er sogar für die Gratiszigarren in seinem Büro. Himmler schwelgt nicht in seiner Macht, sondern er bleibt im Hintergrund, erfüllt gewissenhaft seine vermeintlichen Pflichten und entwickelt sich unauffällig zu einem der einflussreichsten Paladine des „Führers".

„Wir sind nichts. Deutschland ist alles!"

Auf die Frage, was sich im „Dritten Reich" geändert habe, antwortet die Mutter von Rudolf Heß, den Hitler am 21. April 1933 zu seinem Stellvertreter in der Partei ernannt hat: „Das ist doch sehr einfach. Anstatt dass man mit irgendeinem guten Plan warten muss, bis sich die Regierung darauf einigt, haben wir nun einen Mann, der sagt, so wird das gemacht, und damit Schluss."[82] Vorbei der Parteienstreit, die parlamentarischen Debatten und politischen Kompromisse! Die meisten Deutschen fühlen sich „weniger von der Politik ausgeschlossen als davon befreit"[83].

Mit großem Propagandaaufwand sorgt Goebbels dafür, dass von 1933/34 an jedes Jahr mit einer von Herbst bis Frühjahr durchgeführten Wohlfahrtsaktion das Pflichtgefühl gegenüber der „Volksgemeinschaft" wachgerüttelt wird. Scharen von Freiwilligen – darunter auch einige prominente Sportler – sammeln Geld auf den Straßen und an den Haustüren. Mehl und Zucker holen Beauftragte des „Winterhilfswerkes des deutschen Volkes" in Tüten ab; Küchenabfälle dienen als Tierfutter. („Heil Hitler! Ich möchte Kartoffelschalen abholen für die Schweine von der Partei."[84])

Victor Klemperer nennt Goebbels „Reklameminister"[85]. Tatsächlich funktioniert dessen Propaganda wie Produktwerbung: Niemand glaubt den „geheimen Verführern"[86], dass die Verwendung einer bestimmten Zahncrème die Chancen in der Liebe erhöht. Dennoch wird die so beworbene Marke gekauft, weil Konsumenten aufgrund von Werbespots unbewusst Positives damit assoziieren. Nach dem gleichen Muster beeinflusst Goebbels die Menschen: Er versucht nur selten, sie mit vernünftigen Argumenten zu überzeugen; es geht ihm mehr darum, einen unvergesslichen Eindruck zu hinterlassen. „Alle werden betrogen, jeder auf andere Weise",[87] kommentiert Victor Klemperer. Oswald Spengler vergleicht den Propagandaminister mit einem Schaufenster-Dekorateur: „Jeden Samstag eine neue Auslage – eine neue Sensation."[88] Joseph Goebbels, „der große Magier des gesprochenen und gedruckten Wortes"[89], zieht die Menschen mit einer Liturgie aus Gedenktagen, Aufmärschen und Massenkundgebungen, Spruchbändern, Fahnen und Fanfaren in die Öffentlichkeit, schießt wie bei einem immerwährenden Feuerwerk ständig neue Glanzpunkte in den Himmel, um die Selbstaufgabe des Individuums im Taumel der Masse herbeizuführen. Dabei benutzt er die Menschen bei den Veranstaltungen als Material und Publikum zugleich. „Auch der wahre Politiker ist im letzten Sinne des Wortes ein Künstler", glaubt Goebbels. „So, wie der Bildhauer den rohen Marmor abzirkelt, behaut und meißelt, so formt der Staatsmann aus dem rohen Stoff Masse ein Volk, gibt ihm ein inneres Gerippe und ein haltendes Gefüge und bläst ihm dann jenen schöpferischen Odem ein, der das Volk zur Kulturnation emporwachsen lässt."[90] Der Einzelne soll begreifen, dass er seine individuellen Bedürfnisse der Gemeinschaft unterordnen muss, weil nur das Volk und der „Genpool" zählen: „Wir sind nichts. Deutschland ist alles!"[91] Oder, wie es Robert Ley formuliert: „In Deutschland gibt es keine Privatsache mehr!"[92]

Wieder kein Sohn!

Joseph Goebbels mietet Ende März 1934 ein kleines Haus in Kladow am Wannsee.

Zwei Wochen später wird seine Frau von ihrer zweiten Tochter entbunden. Wieder kein Sohn! Entsprechend vorsichtig überbringt der Adjutant Friedrich Christian Prinz von Schaumburg-Lippe seinem Chef die Nachricht. Trotzig knurrt Goebbels: „Wenn das Schicksal glaubt, mir einen Tort antun zu können, dann werde ich das Schicksal Mores lehren!"[93]

Magdas Sohn Harald kehrte nach ihrer Wiederverheiratung zu seinem Vater zurück, wie es die Eltern bei der Scheidung vereinbart hatten. Joseph Goebbels bestellt Günther Quandt im Frühjahr 1934 ins Ministerium, wirft ihm vor, Harald dem Nationalsozialismus gegenüber kritisch eingestellt zu erziehen und verlangt deshalb, er solle ihn wieder der Mutter übergeben. Der Unternehmer pocht auf den Scheidungsvertrag; der Minister beruft sich auf einen „Führerbefehl". „Was hat der Herr Reichskanzler mit meinem minderjährigen Sohn zu tun?", wirft Quandt ein und kündigt an, sein Recht beim Vormundschaftsgericht einzuklagen. „Das bleibt Ihnen unbenommen", entgegnet Goebbels barsch, „doch dann werden sie ein ruinierter Mann sein. Mit kapitalistischen Schweinen wie Sie werden wir immer noch fertig!"[94] Günther Quandt resigniert.

Carinhall

Am 10. Juni 1934 nachmittags versammeln sich vierzig hochrangige Politiker und Diplomaten mit ihren Ehefrauen auf einer Lichtung in der Schorfheide, 65 km nördlich von Berlin, zur Eröffnung eines Naturschutzgebiets.

Der Gastgeber Hermann Göring kommt wie üblich zu spät, dann aber effektvoll im offenen Sportwagen, eine Staubwolke hinter sich aufwirbelnd. Er trägt eine grüne Hirschlederhose und hohe Stiefel; im Gürtel steckt ein Jagdmesser. Bevor er zu einer langen Ansprache ansetzt, nimmt er auch noch einen Speer in die Hand: „Wenn wir durch den

Wald gehen, sehen wir Gottes herrliche Schöpfung, erfüllt uns der Wald mit unendlicher Dankbarkeit, erfüllt uns mit hohem Denken, erfüllt uns mit edlem Sinn und einer ungeheuren Freude an Gottes herrlicher Natur. Das unterscheidet uns von jenem Volke, das sich auserwählt dünkt und das, wenn es durch den Wald schreitet, nur den Festmeter berechnen kann. Wir aber bekennen uns zum Wald als Gottesdom. Hier wollen wir wahren Gottesdienst tun, indem wir den Schöpfer in den Geschöpfen ehren."[95]

Nach seinen Ausführungen über den Schutz einheimischer Tiere und Pflanzen führt Göring seine Gäste zu einem Gehege mit Bisonkühen. Als die Reporter ihre Kameras zücken, gibt er ein Zeichen: Wildhüter öffnen einen Transportkäfig. Ein Bulle trottet heraus und steht zunächst unschlüssig da. Als er dann eine Kuh bespringt, fordert Göring die Anwesenden abrupt auf, in die bereitstehenden Kutschen einzusteigen.

Zum Abschluss der Ausfahrt lädt er seine Gäste in das zu Ehren seiner verstorbenen Ehefrau „Carinhall" genannte Landhaus ein, das er in der Schorfheide errichten ließ. Das Mobiliar offenbart Görings Neigung, „seinem leichtlebigen Glücksrittertum den wuchtigen Rahmen nordisch-germanischer Urwüchsigkeit zu geben"[96]. Bei der Besichtigung kommt er dem britischen Botschafter Sir Eric Phipps wie ein Kind vor, das seine Spielsachen herzeigt.

Vor einem halben Jahr beschloss Göring, in Carinhall auch ein Mausoleum zu bauen. Das war, als Unbekannte am 8. November 1933 ein Blumengebinde mit einer Hakenkreuz-Schleife an Karins Grab zertrampelten: „Wir, einige Schweden, fühlen uns beleidigt durch die Grabschändung des Deutschen Göring. Ruhe seine ehemalige Gattin in Frieden, aber verschone er uns mit deutscher Propaganda auf ihrem Grabstein."[97]

Am 20. Juni 1934 bringt ein Sonderzug die sterblichen Überreste Karin Görings im Zinnsarg nach Eberswald. Entlang der Strecke sind die Fahnen auf halbmast gehisst; in den Bahnhöfen steht die Hitler-Jugend Spalier. Der mit einer Hakenkreuzfahne bedeckte Sarg wird in Eberswald auf einen offenen Wagen gestellt, von Reitern begleitet und die letzten Meter durch ein Spalier von Soldaten in das unterirdische Mausoleum von Carinhall getragen. Vor den Augen der Trauergäste begleitet Hitler den Witwer die Treppen hinunter, um mit ihm der Toten zu gedenken.

"Der Mann mag seine Fehler haben, aber er hat uns wieder Arbeit und Brot gegeben"

Sechs Millionen Arbeitslose waren im Januar 1932 und im gleichen Monat des folgenden Jahres offiziell gemeldet. Ein Jahr nach Hitlers Regierungsantritt ist die Zahl unter die Vier-Millionen-Marke gesunken, und die positive Entwicklung hält an. Dass diejenigen, die nun wieder Lohn oder Gehalt beziehen, die entscheidende Wende in ihrem Leben mit dem politischen Umschwung unter dem „Führer" assoziieren, dafür sorgt Goebbels. Der Propagandaminister macht die Menschen glauben, Hitler habe vor allem durch den Bau von Autobahnen für die dringend benötigten Beschäftigungsmöglichkeiten gesorgt. Kaum jemand überlegt, ob die Arbeitslosigkeit auch ohne eine nationalsozialistische Regierung zurückgegangen wäre und ob der Bau von noch gar nicht benötigten Autobahnen eine entscheidende Anzahl neuer Arbeitsplätze schafft. Wer jetzt wieder genügend verdient, um den Lebensunterhalt seiner Familie bestreiten zu können, nimmt dafür auch die Einschränkung von Grundrechten in Kauf. Da heißt es: „Der Mann mag seine Fehler haben, aber er hat uns wieder Arbeit und Brot gegeben."[98]

Die Mehrheit der Deutschen hält es ohnehin für richtig, dass der Staat endlich wieder für Ordnung sorgt und nicht nur entschlossen gegen Regimekritiker durchgreift, sondern auch gegen Sinti und Roma, Juden, Bibelforscher, Landstreicher und Homosexuelle – die angeblich alle der „nationalen Erneuerung" im Weg stehen.

Die Entmachtung der SA

Die SA ist Anfang 1934 mit zwei bis drei Millionen Männern zwanzigmal so stark wie die Reichswehr, und Ernst Röhm träumt bereits davon, die Reichswehr in die SA zu integrieren: „Der graue Fels muss in der braunen Flut untergehen."[99] Da sich Hitler mit dem Reichspräsidenten, der Reichswehr und der Großindustrie arrangiert, um mit deren Hilfe seine Machtposition auszubauen, stacheln sich die „alten Kämpfer" gegenseitig zu einer „zweiten Revolution" auf. Goebbels pflichtet ihnen bei: Die Revolution dürfe „nirgends Halt machen"[100].

Göring und Himmler, die nicht zulassen wollen, dass Röhm sich neben Hitler als zweitstärkster Mann etabliert, drängen darauf, gegen die SA loszuschlagen und notieren auch gleich die Namen von 32 Männern, die bei der bevorstehenden Aktion liquidiert werden sollen. Am

Rand der Hochzeitsfeier des Essener Gauleiters Joseph Terboven am 28. Juni besprechen Hitler und Göring das weitere Vorgehen.

Joseph Goebbels, der gerade noch mit Ernst Röhm in München Würstel aß und Hitlers Absichten nicht kennt, wird am 29. Juni nach Bad Godesberg beordert. Er hofft, dass sich Hitler an die Spitze der „zweiten Revolution" setzt. Um so bestürzter ist er, als dieser ihn am Nachmittag in seinen Plan einweiht und ihm klar wird, dass ein Schlag gegen die SA unmittelbar bevorsteht. Wieder einmal ändert er sofort seine Meinung und bittet darum, bei der Aktion mitmachen zu dürfen.

Den SA-Führern hat Hitler befohlen, sich am 30. Juni in Bad Wiessee zu versammeln. Um 2 Uhr morgens startet Hitler mit Goebbels und fünf weiteren Mitarbeitern in Bonn-Hangelar. Die Ju-52 landet zweieinhalb Stunden später in München-Oberwiesenfeld. Gegen 7 Uhr halten drei Autos vor der Pension „Hanselbauer" in Bad Wiessee. Hitler stürmt los, mit der Reitpeitsche in der Hand. Goebbels drängt ihm nach und steht dabei, als er Röhms Zimmertür aufreißt und den aus seinem Bett hochschreckenden SA-Chef anbrüllt, er sei verhaftet.

„Unsere Rückfahrt nach München geht unter dramatischen Umständen vor sich", berichtet Goebbels. „Manchmal in Abständen von nur einigen Minuten begegnen uns die Wagen der zur Tagung nach Wiessee fahrenden SA-Führer. Die alten und treuen Kampfgefährten unter ihnen, die von allem keine Ahnung haben, werden kurz orientiert; die ins Komplott verwickelten schuldigen Hochverräter verhaftet der Führer persönlich."[101] Zurück in München telefoniert Goebbels gegen 10 Uhr im Vorzimmer des Reichsstatthalters Franz Ritter von Epp mit Hermann Göring in Berlin und unterrichtet ihn über den Verlauf der Aktion in Bayern.

Göring und Himmler, die Hitler und Goebbels am späten Abend auf dem Flugplatz Berlin-Tempelhof empfangen, überzeugen den zögernden „Führer", dass Ernst Röhm die Aktion nicht überleben darf.

Drei Tage dauert das Morden. Hundert Menschen werden getötet, nicht nur profilierte Angehörige der SA, sondern auch andere Persönlichkeiten, die den neuen Machthabern im Weg stehen. Als Göring nach dem Krieg gefragt wird, warum er in der Kadettenanstalt von Berlin-Lichterfelde 43 Männer erschießen ließ, bereut er nichts: „Was war doch die SA für eine Rotte perverser Banditen! Es ist eine verflucht gute Sache, dass ich sie beseitigte, oder sie hätten uns umgebracht."[102]

Goebbels wendet sich am 1. Juli über den Rundfunk an die Bevölkerung und sorgt dafür, dass die Ereignisse in den Medien so dargestellt werden, als habe Hitler im letzten Augenblick durch sein persönliches Eingreifen die „Röhm-Revolte" verhindert und das „unter unsäglichen Opfern von der ganzen Nation gewonnene Aufbauwerk" gegen eine „zweite Revolution" verteidigt. Er vergisst auch nicht, auf die „schimpfliche und ekelerregende sexuelle Abnormität"[103] des homosexuellen Stabschefs und das „Lotterleben" der SA-Führer hinzuweisen und Hitler zum Vorkämpfer der Sittlichkeit zu stilisieren. Mit „soldatischer Entschlossenheit und vorbildlichem Mut" habe der „Führer" die „Verräter und Meuterer" zerschmettert,[104] verbreitet Reichswehrminister Werner von Blomberg in einem Erlass, und der kranke Reichspräsident, der sich Anfang Juni auf sein Gut Neudeck zurückzog, telegrafiert Hitler am 2. Juli: „Aus den mir erstatteten Berichten ersehe ich, dass Sie durch Ihr entschlossenes Zugreifen und die tapfere Einsetzung Ihrer Person alle hochverräterischen Umtriebe im Keim erstickt haben. Sie haben das deutsche Volk aus einer schweren Gefahr gerettet. Hierfür spreche ich Ihnen meinen tief empfundenen Dank und meine Anerkennung aus."[105] Göring beglückwünscht er zu seinem „energischen und erfolgreichen Vorgehen bei der Niederschlagung des Hochverrats"[106] und befördert ihn zum General der Infanterie[107].

Göring versichert: „Ich habe kein Gewissen! Mein Gewissen heißt Adolf Hitler."[108] Preußischen Staatsanwälten schärft er ein, es gehe sie nichts an, ob hier richtig gehandelt wurde: „Das Recht und der Wille des Führers sind eins."[109]

Durch die Ereignisse und die folgende Propaganda steigt Hitlers Popularität noch einmal kräftig. Als die Menschen merken, dass ihr Regierungschef vor politischen Morden nicht zurückschreckt, werden sie nicht misstrauisch, sondern sie feiern ihn als Garanten von Ruhe und Ordnung!

Von Ernst Röhms Nachfolger Viktor Lutze verlangt Hitler „blinden Gehorsam und unbedingte Disziplin"; „ein Vorbild in der Einfachheit" habe er zu sein.[110] Die SA versinkt in der „Bedeutungslosigkeit eines Sammelbüchsen schwingenden Kleinbürgervereins"[111]. Davon profitiert Heinrich Himmler: Am 20. Juli 1934 löst Hitler die SS aus der SA: „Im Hinblick auf die großen Verdienste der SS, besonders im Zusammenhang mit den Ereignissen des 30. Juni 1934, erhebe ich dieselbe zu einer selbstständigen Organisation im Rahmen der NSDAP."[112]

„Führer und Reichskanzler"

Am 2. August, um 9.25 Uhr, unterbrechen die Rundfunksender ihr Programm. Goebbels gibt mit schleppender Stimme den Tod von Reichspräsident Hindenburg bekannt. Der Trauer wegen folgt eine halbstündige Sendepause.

Hitler übernimmt mit den Befugnissen des Reichspräsidenten auch den militärischen Oberbefehl. Obwohl dieser Schritt nicht einmal durch das Ermächtigungsgesetz abgedeckt ist, lässt Werner von Blomberg die Reichswehr noch am selben Tag auf Adolf Hitler persönlich vereidigen.

Auf den Titel „Reichspräsident" verzichtet das neue Staatsoberhaupt. „Führer und Reichskanzler" möchte er genannt werden.

Gute oder schlechte Musik

Wilhelm Furtwängler kritisierte am 11. April 1933 in einem offenen Brief an Joseph Goebbels die Diskriminierung jüdischer Musiker: „Nur einen Trennungsstrich erkenne ich letzten Endes an: den zwischen guter und schlechter Kunst."[113] Goebbels antwortete sofort: „Lediglich eine Kunst, die aus dem vollen Volkstum selbst schöpft, kann am Ende gut sein und dem Volke, für das sie geschaffen wird, etwas bedeuten. ... Gut muss die Kunst sein; darüber hinaus aber auch verantwortungsbewusst, gekonnt, volksnahe und kämpferisch."[114]

Paul Hindemith wird von Goebbels als „atonaler Geräuschmacher"[115] abgetan und in der von Alfred Rosenbergs „Kulturgemeinde" herausgegebenen Zeitschrift „Die Musik" als „kulturpolitisch nicht tragbar"[116] bezeichnet. Am 25. November 1934 setzt sich Wilhelm Furtwängler in der „Deutschen Allgemeinen Zeitung" für den Komponisten ein. Dafür wird ihm sowohl vor einer Generalprobe am Vormittag in der Philharmonie als auch vor einer „Tristan"-Aufführung am Abend in der Staatsoper begeistert applaudiert. Göring und Goebbels erstarren in ihren Logen. Noch in der Nacht warnt Göring den „Führer", der Künstler gefährde die Autorität des Regimes. Am 4. Dezember meldet das Deutsche Nachrichtenbüro, Wilhelm Furtwängler habe bei Göring seinen Rücktritt als Direktor der Berliner Staatsoper eingereicht und Goebbels ersucht, ihn von seinen Aufgaben als Vizepräsident der Reichsmusikkammer und Leiter der Berliner Philharmoniker zu entbinden. Der weltberühmte Dirigent beabsichtigt, in die USA auszuwandern – aber das verhindert sein erbitterter Konkurrent Arturo Toscanini durch kritische Äußerungen in der Öffentlichkeit. Nach einem Treffen mit Goebbels am 28. Februar 1935 bedauert Wilhelm Furtwängler „die Folgen und Folgerungen politischer Art, die an seinen Artikel geknüpft worden seien, um so mehr, als es ihm völlig ferngelegen habe, durch diesen Artikel in die Leitung der Reichskunstpolitik einzugreifen"[117]. Goebbels triumphiert: „Großer moralischer Erfolg für uns."[118]

Aufrüstung

Hermann Göring wünscht Joseph Goebbels am 1. Januar 1935 mit einem „sehr herzlichen Telegramm"[119] alles Gute zum neuen Jahr. In Goebbels' Tagebuch überwiegen nun wieder anerkennende Bemerkungen über den Kollegen („Göring hat ganz gesunde Ansichten"[120]), und mehrmals erwähnt er, wie „nett" dieser sei.[121]

„Heim ins Reich!" Mit diesem Spruch umwirbt Goebbels die Wähler im Saargebiet, die am 13. Januar 1935 über ihre Zukunft abstimmen. Mehr als 90 Prozent votieren für die Rückkehr des seit dem Weltkrieg vom Völkerbund verwalteten Gebiets ins Deutsche Reich, die daraufhin am 1. März unter großem Jubel vollzogen wird. Trotz des Erfolgs findet Goebbels: „Dieses Volk muss noch durchgeknetet werden."[122]

Den Aufwind, den die Nationalsozialisten verspüren, nutzt Göring und lässt nach Absprache mit Hitler am 10. März 1935 einen Versuchsballon los: Er verrät einem englischen Journalisten, er sei trotz des Verbots durch den Friedensvertrag dabei, eine neue deutsche Luftwaffe zu gründen.

Als es in London und Paris trotz der Meldung ruhig bleibt, gibt Hitler am 16. März im Rundfunk die Einführung der allgemeinen Wehrpflicht bekannt und kündigt die Vergrößerung der „Wehrmacht" auf eine halbe Million Soldaten an. Das sind fünfmal so viele wie aufgrund des Versailler Vertrages erlaubt sind! Goebbels beteuert jedoch im „Angriff": „Niemand in Europa, der auch nur eine Spur von Verantwortungsgefühl in sich trägt, glaubt daran, dass die Schäden eines Krieges, die durch 17-jährige Friedensarbeit nicht zu beseitigen waren, durch einen neuen Krieg beseitigt werden könnten. ... Deutschland will als gleichberechtigte Nation der Welt entgegentreten mit der ernsten Bereitschaft, am Frieden Europas und an der Versöhnung der Völker nach besten Kräften mitzuarbeiten."[123]

Mussolini und seine Amtskollegen aus Paris und London lassen sich keinen Sand in die Augen streuen und vereinbaren am 14. April im italienischen Kurort Stresa, weiteren Vertragsbrüchen der Deutschen gemeinsam entgegenzutreten. Aber die „Stresa-Front" wird bereits nach zwei Monaten durch ein deutsch-britisches Flottenabkommen durchlöchert: Die britische Regierung – die sich im Gegensatz zur französischen mehr von Verständigung als von Sanktionen verspricht – ist damit einverstanden, dass Deutschland innerhalb vereinbarter Obergrenzen wieder eine Marine aufbaut. Abgeschlossen wird der Vertrag ausgerechnet am 18. Juni 1935, dem 120. Jahrestag des deutsch-britischen Sieges über die Franzosen bei Waterloo!

Den Oberbefehl über die neue Luftwaffe übernimmt Hermann Göring, der im ersten Jahr bereits ein Drittel aller Militärausgaben beansprucht und diesen Anteil innerhalb von vier Jahren auf mehr als 39 Prozent steigert – während gleichzeitig der Prozentsatz der Militärausgaben am Gesamthaushalt von 18 auf 50 klettert.

Um die Finanzierung kümmert sich Hjalmar Schacht, der seit zwei Jahren wieder Reichsbankpräsident ist, seit August 1934 auch das Reichswirtschaftsministerium leitet und außerdem im Mai 1935 zum „Generalbevollmächtigten für die *Kriegs*wirtschaft" ernannt wird.

Traumhochzeit

Im Februar 1935 kommt Hermann Göring vom Obersalzberg – wo er sich inzwischen auch ein Haus bauen ließ – nach Berlin zurück und besucht Emmy Sonnemann. Sie zieht sich gerade für eine Theaterprobe um. Verschwörerisch raunt er durch die angelehnte Tür: „Ich muss dir etwas ganz Wichtiges sagen!" Ob es etwas Unangenehmes sei? „Für mich nicht." Göring reicht ihr durch den Türspalt ein zusammengefaltetes Briefchen: „Lies das bitte, aber erst im Theater!" Schon im Auto nimmt sie es aus ihrer Tasche. Da steht: „Magst du mich Ostern heiraten? Der Führer ist unser Trauzeuge."[124]

Offiziell wird die Verlobung Mitte März bekannt gegeben. Am Polterabend erleben tausend geladene Gäste in der Berliner Staatsoper eine Gala-Aufführung der Oper „Die ägyptische Helena" von Richard Strauss. Danach findet auf dem Platz vor dem Opernhaus noch ein großer Zapfenstreich statt.

Am 10. April scheint die Sonne; deshalb kann das Hochzeitspaar in einem offenen, mit Tulpen und Narzissen geschmückten Wagen fahren. In der Reichskanzlei überreicht Hitler der Braut einen Orchideenstrauß. Weiter geht es zum Rathaus, wo der „Führer" nach der standesamtlichen Trauung als Erster gratuliert. Die kirchliche Trauung zelebriert Reichsbischof Ludwig Müller im Berliner Dom. Für das Hochzeitsessen stehen im Hotel „Kaiserhof" 320 Gedecke bereit. Auf den Plätzen, in den Straßen und an den Hausfassaden wehen Hakenkreuzfahnen. Zwei Störche lässt man fliegen. Acht Musikkapellen spielen. 30 000 Soldaten stehen Spalier, und über die Prachtstraße Unter den Linden donnert eine Fliegerstaffel hinweg. Göring freut sich besonders über die kostbaren Gemälde, die ihm die Direktoren staatlicher Museen schenken.

Ein amerikanischer Korrespondent schreibt nach der Hochzeitsfeier: „Man hatte das Gefühl, als ob ein Kaiser heiratete."[125] Der 1933 emigrierte Schriftsteller Klaus Mann wendet sich am 21. April in einem offenen Brief im „Pariser Tagblatt" an Emmy Göring: „Nun haben Sie sich ja freilich hoch erhoben über die Künstlerkreise, in denen so viel freundlicher Klatsch über Sie umging, Himmel, was haben Frau Landesmutter für eine Karriere gemacht ... Und was für Hochzeitsgäste Sie hatten: sämtliche alten Mitkämpfer, die Ihr flotter Gatte noch nicht hatte umbringen lassen, waren darunter."[126]

Kompetenzstreitigkeiten

Unter Hitlers Führung herrscht eine Art „institutioneller Darwinismus"[127], da sich die Kompetenzen der verschiedenen Partei- und Regierungsämter überlappen und der Partei- und Regierungschef in Streitfällen zumeist abwartet, bis sich ein Gewinner abzeichnet, der dann mit seiner Unterstützung rechnen kann. Vielleicht will Hitler das so („divide et impera" – teile und herrsche); jedenfalls scheint es ihn nicht zu stören oder an der Durchsetzung seiner eigenen Absichten zu hindern.

Auch dem Reichsminister für Volksaufklärung und Propaganda fällt es schwer, seine Zuständigkeiten gegen andere Behörden zu behaupten, denn der Reichspräsident überließ es dem Reichskanzler, den Aufgabenbereich zu definieren, und der hat sich nicht in allen Einzelheiten festgelegt. Alfred Rosenberg, der im Auftrag des „Führers" die „geistige und weltanschauliche Schulung und Erziehung der NSDAP"[128] überwacht, betrachtet sich selbst als Gralshüter der reinen Lehre. Goebbels platzierte den „Reichsphilosophen"[129], dessen Buch „Der Mythos des 20. Jahrhunderts" er als „weltanschaulichen Rülpser"[130] schmäht, bei der Gründungsfeier der Reichskulturkammer absichtlich in den hinteren Reihen. „Rosenberg macht immer Sorge und Ärger. Ein Nagel an meinem Sarge"[131], lamentiert er. Konflikte gibt es außerdem mit Innenminister Wilhelm Frick und Wirtschaftsminister Hjalmar Schacht. Otto Dietrich und Ernst Hanfstaengl, der Reichs- bzw. der Auslandspressechef der NSDAP, entziehen sich seiner Kontrolle ebenso wie Max Amann, der Präsident der Reichspressekammer und Direktor des parteieigenen Eher-Verlags. Auch die Verantwortungsbereiche des Leiters der Deutschen Arbeitsfront, Robert Ley, und des Reichsministers für Wissenschaft, Erziehung und Volksbildung Bernhard Rust sind unklar abgesteckt. Überdies hat Goebbels keinen Einfluss auf die Pressestelle im Preußischen Staatsministerium, und Ministerpräsident Hermann Göring hält an seiner Zuständigkeit für das Preußische Staatstheater in Berlin fest, obwohl alle anderen deutschen Theater der Aufsicht des Reichspropagandaministers unterstellt werden.

„Diese Künstler sind doch politisch alle charakterlos"

Zum Präsidenten der Reichsmusikkammer ernannte Goebbels den Komponisten Richard Strauss. Als dieser sich das Libretto zu seiner Oper „Die schweigsame Frau" von dem jüdischen Autor Stefan Zweig schreiben lässt, sieht Rosenberg eine Gelegenheit, seinem Konkurrenten Goebbels zu schaden, indem er diese „vollkommene Unmöglichkeit"[132] anprangert. Rosenberg kann zwar nicht verhindern, dass die Oper am 24. Juni 1935 in Dresden uraufgeführt wird, aber er sorgt dafür, dass sie nach drei Aufführungen abgesetzt werden muss. Kurze Zeit später spielt ihm die Gestapo die Abschrift eines Briefes des Komponisten an Stefan Zweig zu, in dem Strauss andeutet, er „mime" den Musikkammerpräsidenten, „um Gutes zu tun und größeres Unglück zu verhüten"[133]. Entsetzt notiert Joseph Goebbels am 5. Juli in seinem Tagebuch: „Der Brief ist dreist und dazu saudumm. Jetzt muss Strauss auch weg ... Diese Künstler sind doch politisch alle charakterlos. Von Goethe bis Strauss. Weg damit!"[134] Am 13. Juli akzeptiert er das Rücktrittsgesuch von Richard Strauss, aus gesundheitlichen Gründen, wie es offiziell heißt. Am gleichen Tag bestürmt Richard Strauss den „Führer" in einem Brief, er möge ihn empfangen, damit er sich rechtfertigen könne. Er sei nicht aus freien Stücken vom Amt des Präsidenten der Reichsmusikkammer zurückgetreten, sondern auf Druck von Goebbels, der wohl Anstoß genommen habe an einem Privatbrief, der jedoch „nicht irgendeine weltanschauliche oder auch für meine wahre Gesinnung charakteristische Darlegung bedeutet"[135].

Hitler empfängt Richard Strauss zwar nicht, aber der Musiker wird auch nicht weiter behelligt. „Komponieren kann der Junge",[136] lobt Goebbels 1936.

Der „Bock von Babelsberg"

Obwohl Reichsfinanzminister Johann Ludwig Graf Schwerin von Krosigk protestiert, bringt Goebbels die Aktienmehrheit des bedeutendsten Unternehmens der deutschen Filmindustrie – der „Universum Film AG" (Ufa) – durch anonyme Aufkäufe in den Besitz des Staates. Um möglichst viele Menschen in die Kinos zu locken, werden vorwiegend Unterhaltungsfilme gezeigt. Die politische Propaganda bleibt zumeist auf die „Wochenschau" im Vorprogramm beschränkt.

Der Reichspropagandaminister begutachtet persönlich Drehbücher, sieht mitunter bei Filmaufnahmen zu und lässt sich wie sein Chef abends zur Entspannung gern einen Spielfilm vorführen. Weil kein Schauspieler, Regisseur oder Produzent ohne seine Protektion auf Erfolg hoffen kann, umschwärmen sie ihn alle. Goebbels verkehrt gern in Künstlerkreisen und macht die Filmleute überhaupt erst gesellschaftsfähig. Da fällt es ihm leicht, Nachwuchsschauspielerinnen ins Ministerium einzuladen und sich dort mit ihnen in seine Privaträume zurückzuziehen. Eingeweihte tuscheln über den „Bock von Babelsberg"[137].

Auch ohne Verkrüppelung wäre Joseph Goebbels kein schöner Mann. Hinter vorgehaltener Hand verspotten die Deutschen den schmächtigen Eiferer als „nachgedunkelten Schrumpfgermanen"[138]. In einer Schweizer Zeitung steht unter einer Karikatur des deutschen Propagandaministers: „Wer ist denn das? Aber das ist doch der Vertreter der hochgewachsenen, gesunden, blonden und blauäugigen nordischen Rasse!"[139] Sein Gesicht mit dem schmalen Mund und dem fliehenden Kinn wirkt unter den dunklen Haaren noch fahler. Aber wenn er eine Frau aus seinen rehbraunen Augen anblickt, mit seinem samtig-sonoren Bariton schmeichlerisch auf sie einredet und dabei mit seinen schlanken Händen gestikuliert, zieht er sie in seinen Bann.

Seine Schwiegermutter wundert sich später: „Welcher Teufel ritt denn Dr. Goebbels, dass er karrierehungrige ‚Damen' seiner klugen und gepflegten Frau vorzog? ... Möglicherweise drängte es Goebbels auch aus einem gewissen Minderwertigkeitskomplex heraus dazu, schönen Frauen zu imponieren und sie für sich zu gewinnen."[140]

Magda Goebbels versucht anfangs, Verständnis für seine erotischen

Abenteuer aufzubringen: „Ein so genialer Mensch, der dreimal so intensiv lebt wie andere, kann eben nicht mit dem gewohnten Maßstab bürgerlicher Moral gemessen werden."[141] Sie vermutet, ein von Frauen umschwärmter Mann verliere leicht den Kopf. „Wer aber sieht, wie lieb er zu den Kindern daheim ist, der muss mir recht geben, dass ich ihn noch immer liebe!"[142]

Am 15. September 1935 schreibt Joseph Goebbels in sein Tagebuch: „Magda geht in die Klinik. Gebe Gott, dass alles gut geht und es ein Junge wird."[143] Aber es ist noch zu früh: Sie kehrt nach Hause zurück. Am 21. September lässt sie sich erneut in die Berliner Universitätsklinik fahren. Zwei Tage später erwägt Professor Walter Stoeckel einen Kaiserschnitt. Als Goebbels seine Frau besucht, wirft sie ihm vor, er unterlasse seine Seitensprünge nicht einmal, während sie auf die Entbindung warte. Darüber geraten sie in einen heftigen Streit.

Am 2. Oktober fährt Goebbels zu einer Aussprache mit Alfred Rosenberg über die geplante Bildung eines „Reichskultursenats" nach Hohenlychen (heute Ortsteil von Lychen im Neustrelitzer Seengebiet). In Gransee stoppt die Polizei seinen Wagen. Er möge sofort im Krankenhaus anrufen. „Bange Ahnung. 10 Minuten furchtbares Warten. Dann die ruhige Stimme des Geheimrats [Professor Walter Stoeckel]: ich gratuliere, der Junge ist da! Unbeschreiblich! Ich tanze vor Freude. Hellmuth wird er heißen. Ein Jubel ohne Ende. Im 100-km-Tempo zurück. Mir zittern die Hände vor Freude. Bei Magda. Sie bricht in ein jähes und banges Schluchzen aus. Die süße Liebste! Du Süße, Süße! Und da liegt der Kleine: ein Goebbelsgesicht. Ich bin wunschlos glücklich. Ich könnte alles kaputtschlagen vor Freude. Ein Junge! Ein Junge!"[144]

„Es wird wieder Geschichte gemacht!"

Im Versailler Friedensvertrag wurde Deutschland untersagt, links des Rheins sowie in einer 50 km breiten Zone östlich des Flusses Streitkräfte zu stationieren, militärische Übungen abzuhalten oder Befestigungen anzulegen. Goebbels rät Hitler während einer Bahnfahrt von Berlin nach München am 29. Februar 1936, mit einem Vorstoß zur Remilitarisierung des Rheinlandes noch zu warten.[145] Um das Stimmungstief in der Bevölkerung aufgrund der gestiegenen Lebenshaltungskosten und der Engpässe bei der Lebensmittelversorgung im Winter 1935/36 zu überwinden, sucht er zwar dringend nach einer Aktion, die einen spektakulären Erfolg verspricht, aber die Herausforderung der Westmächte erscheint ihm noch zu riskant. Am übernächsten Tag berichtet er in seinem Tagebuch, der Führer sei nun fest entschlossen, ins Rheinland einzumarschieren. Im Handumdrehen begeistert er sich für die neue Linie: „Dem Mutigen gehört die Welt! Wer nichts wagt, der gewinnt auch nichts. ... Es wird wieder Geschichte gemacht!"[146] Tags darauf mokiert er sich bereits über die Zauderer unter den Militärführern, die Hitler in der Reichskanzlei über seine Pläne unterrichtet.

Goebbels lädt am Freitag, den 6. März, einige ausländische Korrespondenten in ein Berliner Hotel ein und bestellt am Samstagmorgen deutsche Journalisten in sein Ministerium. Sie starten alle zusammen mit zwei Flugzeugen in Tempelhof und erfahren erst in der Luft, worum es geht: Sie dürfen den Einmarsch ins Rheinland beobachten. Ein Truppentransport mit 30 000 Soldaten rollt nach Westen. Bewusst hat Hitler einen Samstag für das Unternehmen gewählt, weil er annimmt, dass die ausländischen Regierungen am Wochenende schwerfälliger reagieren.

„Ich werde diesen Miesmachern schon helfen",[147] droht Goebbels, als er besorgte Kommentare in der Presse liest. Das Wagnis ist beträchtlich, denn die deutschen Streitkräfte sind noch zu schwach, um einen französischen Gegenschlag abzuwehren. Die Franzosen ersuchen die Partner der „Stresa-Front" um Unterstützung, aber Mussolinis Truppen kämpfen seit einem halben Jahr in Abessinien, und die Engländer akzeptieren, dass die Deutschen ihr eigenes Gebiet wieder uneingeschränkt in Besitz nehmen. Hitler triumphiert.

„Die Mehrheit des Volkes ist zufrieden",[148] stellt Victor Klemperer enttäuscht fest.

Schwanenwerder

Auf der Havel-Insel Schwanenwerder besichtigt das Ehepaar Goebbels im Frühjahr 1936 ein unmittelbar am Ufer gelegenes mit Wein berantektes rotes Backsteinhaus, das Joseph Goebbels kaufen möchte. Aber den Preis kann er nicht bezahlen. Kurze Zeit später lässt man den Verleger Max Amann wissen, der „Führer" wünsche, dass sein Propagandaminister über eine repräsentative Wohnung verfüge. Daraufhin erwirbt Amann gegen ein üppiges Honorar die Rechte an einer posthumen Veröffentlichung der Tagebücher von Joseph Goebbels. Am Gründonnerstag zieht dieser mit seiner Familie nach Schwanenwerder. Von dem überschüssigen Geld leistet sich der Parvenu auch noch einen Mercedes-Roadster, ein Motorboot und eine Yacht.

Das zum Besitz auf Schwanenwerder gehörende Gästehaus lässt Magda Goebbels eigens für gelegentliche Besuche Hitlers herrichten. Der kommt erstmals am übernächsten Sonntag – einen Tag vor seinem 47. Geburtstag –, ist „restlos begeistert" und verspricht, so häufig wie möglich vorbeizuschauen. „Er ist ganz glücklich über unser Glück. Freut sich von Herzen mit uns", notiert Joseph Goebbels. „Hoffentlich können wir auch ihm ein kleines Heim bieten."[149]

„Staat im Staate"

Am 17. Juni 1936 ernennt Adolf Hitler Heinrich Himmler zum „Reichsführer-SS und Chef der Deutschen Polizei im Reichsministerium des Innern". Und das sei gut so, kommentiert Goebbels. Der staatliche Polizeiapparat wird also zentralisiert und gleichzeitig mit der Parteiorganisation verzahnt. Da der Reichsführer-SS nur dem „Führer" verantwortlich ist, kann Himmler einen nur von ihm und Hitler kontrollierten Apparat aufbauen, nach den Worten Görings einen „Staat im Staate"[150].

Die Deutsche Polizei besteht aus zwei Hauptämtern: der Ordnungspolizei und der Sicherheitspolizei, die ihrerseits in Kriminalpolizei und Gestapo gegliedert ist. Zum „Chef der Sicherheitspolizei und des SD" bestimmt Heinrich Himmler neun Tage nach seiner eigenen Ernennung Reinhard Heydrich. Auch in diesem Fall werden also eine staatliche und eine parteiinterne Funktion in einer Hand vereinigt, denn beim SD (Sicherheitsdienst) handelt es sich um den von Heydrich aufgebauten Geheimdienst des Reichsführers-SS.

Himmler und Heydrich sind es, die mit der Gestapo und den Konzentrationslagern (KZ) über die Terrorinstrumente des Regimes verfügen.

„Fest der Völker"

Die Olympischen Winterspiele fanden im Februar 1936 in Garmisch-Partenkirchen statt. Ein halbes Jahr später richtet das Deutsche Reich in Berlin auch die Olympischen Sommerspiele aus.

Am 31. Juli inspiziert Joseph Goebbels noch einmal seinen Gau. Der Propagandaminister legt Wert darauf, den ausländischen Besuchern eine ebenso friedfertige wie erfolgreiche Nation zu präsentieren. Ausdrücklich weist er die deutschen Journalisten an, vorübergehend auf Vergleiche verschiedener „Rassen" zu verzichten. Schilder mit der Aufschrift „Juden unerwünscht" werden abmontiert.

Am Eröffnungstag spricht Goebbels zu den deutschen Sportlern. Dann fährt er hinter Hitlers offenem Mercedes zum Reichssportfeld. Der frühere Marathonsieger Spyridon Louis überreicht dem „Führer" einen Ölzweig, und ein Staffelläufer mit dem in Olympia entzündeten Feuer dreht eine Runde durch die Arena; Friedenstauben flattern auf, während mehr als 4000 Sportler aus 49 Ländern einmarschieren. Richard Strauss leitet einen Chor mit 3000 Sängern, der nach der Nationalhymne und dem „Horst-Wessel-Lied" eine für diesen Anlass komponierte Hymne singt. Fast jeden Nachmittag lassen sich Hitler, Goebbels und Göring auf der Tribüne des Reichssportfeldes bejubeln.

Die Deutschen drängeln sich in den öffentlichen Fernsehstuben, um die Übertragungen des Berliner Senders Paul Nipkow zu verfolgen. Begeistert berichten in- und ausländische Journalisten vom 1. bis 16. August 1936 über die großartigen Spiele im „neuen Deutschland". Nur hin und wieder schreibt ein Korrespondent über erschreckende Beobachtungen, zum Beispiel betrunkene SA-Männer, die in den Straßen grölen: „Wenn die Olympiade vorbei, schlagen wir die Juden zu Brei."[151]

Die sportlichen Leistungen der Olympioniken werden von 34 Kameramännern auf 400 000 m Celluloid festgehalten. Regie führt Leni Riefenstahl[152], die aus diesem Material in eineinhalbjähriger Arbeit zwei Filme zusammenstellt: „Fest der Völker" und „Fest der Schönheit". Goebbels bezweifelt zunächst, ob eine Frau der Aufgabe gewachsen sei: „Frl. Riefenstahl macht mir ihre Hysterien vor. Mit diesen wilden Frauen ist nicht zu arbeiten."[153] Aber als er die ersten Ausschnitte sieht, schwärmt er: „Unbeschreiblich gut. Hinreißend fotografiert und dargestellt. Eine ganz große Leistung. In einzelnen Teilen tief ergreifend. Die Leni kann schon sehr viel. Ich bin begeistert."[154]

Im Namen der Reichsregierung geben Göring und Goebbels am 6. August einen glanzvollen Empfang in der Berliner Staatsoper.

2700 Gäste – „die ganze Welt"[155] – lädt Joseph Goebbels am 15. August zu einer „festlichen Nacht auf der Pfaueninsel"[156] ein: den griechischen und den bulgarischen König, ausländische Diplomaten, preußische Aristokraten, berühmte Opernsänger, Filmsternchen und Theaterschauspieler, Parteiprominenz und verdiente SS-Männer.

Zum Abschluss der Olympischen Spiele veranstaltet Hermann Göring – der seit diesem Jahr seine Geburtstage mit Opernbällen feiert – im Park seines Berliner Palais ein Gartenfest. In den mit Girlanden geschmückten Bäumen hängen bunte Lampions, und die auf den Dächern der umliegenden Häuser installierten Scheinwerfer beleuchten den Rasen, auf dem das Ballett der Berliner Staatsoper tanzt. Auf einem „Wiener Wurstel-Prater" mit Buden, Karussells und Weinlauben servieren junge Schauspielerinnen im Kostüm der „Wiener Waschermadl" den Gästen Brathähnchen, während eine Blaskapelle zum Tanz aufspielt. Göring selbst erscheint in kurzer Lederhose und mit Gamsbart-Hut.

Auch Mussolinis Söhne Bruno und Vittorio reisen zu den Olympischen Sommerspielen nach Berlin. Sie folgen einer Einladung Görings nach Carinhall und trinken gerade Tee, als plötzlich ein Löwe in der Tür steht. Die Gäste springen erschrocken auf – während Emmy Göring das Raubtier hinausscheucht. Es handelt sich um eines der sieben Löwenjungen aus dem Berliner Zoo, die nacheinander in Carinhall aufgezogen werden.

Lida Baarova

Ausgerechnet von Rosenberg erfuhr Goebbels am Eröffnungstag der Olympischen Sommerspiele in Berlin, dass seine Frau ein Verhältnis hat. Obwohl er sie selbst ständig betrügt, lamentierte er: „Ich bin darüber sehr deprimiert. Sie hat mir permanent die Unwahrheit gesagt. Großer Vertrauensschwund. Es ist alles so schrecklich. ... Ich werde lange brauchen, bis ich mich davon erhole."[157]

Zu seinem Fest am 15. August kamen auch Gustav Fröhlich und Lida Baarova, die seit ein paar Wochen zusammen auf Schwanenwerder wohnen. Der Reichspropagandaminister unterhielt sich mit dem Schauspielerpaar und lud die schöne dunkelhaarige Tschechin ins Ministerium ein, angeblich um Filmfragen zu besprechen.

Wohl um Lida Baarova seinen Einfluss zu beweisen, arrangiert Joseph Goebbels die Premiere ihres Films „Verräter" in Nürnberg, während dort vom 8. bis 14. September 1936 ein Reichsparteitag der NSDAP stattfindet. Er bittet die Schauspielerin, die gerade ihren 22. Geburtstag gefeiert hat, bei seiner Rede am 10. September im Publikum zu sein. In einer Atempause zieht er sein Einstecktuch heraus und betupft sich damit den Mund. Lida Baarova erbebt: Mit demselben Tuch wischte er sich einige Stunden zuvor ihren Lippenstift von der Wange.

Zu seinem zehnjährigen Jubiläum als Gauleiter und nachträglich zu seinem 39. Geburtstag überlässt die Stadt Berlin Joseph Goebbels am 31. Oktober 1936 auf Lebenszeit „ein schlichtes Blockhaus an einem der stillen Seen in der Umgebung Berlins"[158], wo er „nach der Mühe der täglichen Arbeit im Dienste von Volk und Reich ... Ruhe, Erholung und Sammlung finden kann"[159]. Es handelt sich um das Gut Lanke am Bogensee.

Dorthin zieht sich Joseph Goebbels so oft wie möglich mit Lida Baarova zurück, die jetzt seine Geliebte geworden ist. Als ihn seine inzwischen wieder schwangere Ehefrau zur Rede stellt, leugnet er das Verhältnis.

„Wir stehen bereits im Krieg, es wird nur noch nicht geschossen"

Aufgrund seines eigenen Bedürfnisses nach einem Erlöser verdrängt Goebbels von Anfang an, dass Hitlers Image und Person nicht deckungsgleich sind, und der „Führer" ein mit seiner Hilfe geschaffenes Idol ist. Hitler blieb lange Zeit auf Distanz zu der Kunstfigur mit seinem Namen. Aber das hielt er nicht durch: Der Mann, der den Weg von Wiener Obdachlosenheimen in die Berliner Reichskanzlei geschafft hat und dem die Deutschen jetzt bei jedem Gruß „Heil" wünschen, ruft am 12. September 1936 auf dem Reichsparteitag in Nürnberg der Masse zu: „Das ist das Wunder unserer Zeit, dass ihr mich gefunden habt ... unter so vielen Millionen! Und dass ich euch gefunden habe, das ist Deutschlands Glück!"[160]

Der „Parteitag der Ehre" verabschiedet einen Vierjahresplan. Hitler, der unter Innenpolitik nichts anderes als die Mobilisierung der Bevölkerung und die Vorbereitung auf den Krieg versteht, ordnet an: „I. Die deutsche Armee muss in 4 Jahren einsatzbereit sein. II. Die deutsche Wirtschaft muss in 4 Jahren kriegsfähig sein."[161]

Göring, den Hitler einige Wochen später während eines Spaziergangs auf dem Obersalzberg zum „Beauftragten für den Vierjahresplan" ernennt, macht den Industriellen klar, dass Kosten keine Rolle mehr spielen dürfen, denn es werde „um den höchsten Einsatz" gespielt: „Wenn wir siegen, wird die Wirtschaft genug entschädigt werden."[162] Und er behauptet: „Wir stehen bereits in der Mobilmachung und im Krieg, es wird nur noch nicht geschossen."[163]

Der Beauftragte für den Vierjahresplan kontrolliert Rohstoffe und Produktionskapazitäten, Preise und Devisen. In nahezu alle Bereiche des Wirtschaftslebens kann er sich einmischen; kein Ministerium ist vor ihm abgeschottet, denn er „ist berechtigt, alle Behörden, einschließlich der obersten Reichsbehörden, und alle Dienststellen der Partei, ihrer Gliederungen und der ihr angeschlossenen Verbände anzuhören und mit Weisungen zu versehen"[164].

Goebbels schwärmt von der „herrlichen Energie"[165] des Wirtschaftsdiktators: „Was er schafft, ist wirklich bewunderswert. ... Alles in allem eine herrliche Arbeit. Göring ist ein ganzer Mann. Heß lobt ihn etwas frostig. Aber wohl mehr aus Neid."[166]

Herbert Backe, der als Staatssekretär im Reichsernährungsministerium arbeitet, kritisiert Görings „optimistische diktatorisch fordernde Art", die sachliche Klärungen erschwere. Außerdem interessiere er sich mehr für praktische Einzelentscheidungen als für die „großen Zusammenhänge". Dabei sei es doch gerade seine Aufgabe, „das Einzelne in die richtige Beziehung zum Gesamten [zu] setzen" und die „Koordination zwischen den Ressorts und sonstigen Reichsstellen zu gewährleisten".[167] Hjalmar Schacht wirft dem Beauftragten für den Vierjahresplan „dilettantenhafte Narretei"[168] vor und schimpft später: „Görings Kenntnis auf allen Gebieten, auf denen ein Mitglied der Regierung kompetent sein sollte, war gleich null, besonders auf wirtschaftlichem Gebiet. Von allen wirtschaftlichen Aufgaben, die Hitler ihm im Herbst 1936 übertrug, hatte er nicht die leiseste Ahnung, obwohl er einen ungeheuren Apparat aufzog."[169]

Aber Hitler hat bewusst keinen Wirtschaftsfachmann gewählt, sondern „den Mann größter Willens- und Entschlusskraft"[170].

„Der letzte Renaissance-Mensch"

Hermann Göring wiegt inzwischen 140 kg. Hitler macht sich einen Spaß daraus, bei offiziellen Anlässen mit ihm die Fronten angetretener Paradeeinheiten so rasch abzuschreiten, dass Göring außer Atem gerät. „Sein Hinterteil hat den Durchmesser von mindestens einem Yard", schätzt der amerikanische Sonderbotschafter William C. Bullitt. „Um seine Schultern so breit zu machen wie seine Hüften, trägt er auf beiden Seiten zwei Zoll breite Polster."[171]

Trotz seiner Leibesfülle ist Hermann Göring voller Energie. Und trotz seiner außergewöhnlichen Intelligenz[172] ist er kein Theoretiker, sondern ein kämpferischer Tatmensch, der über sich selbst sagt, er habe sich Hitler angeschlossen, weil er ein „intellektueller Abenteurer"[173] sei – nicht etwa wegen des „ideologischen Krams"[174]. Dieser Romantiker will heroisch leben, wie er es als Junge in den Schlössern seines Patenonkels und im Ersten Weltkrieg als Flieger tat. Er „ist ein Opfer des deutschen Vorurteils, dass die Hingabe an das Ungewöhnliche von einem edleren Geist zeuge als das Sichbegnügen mit der erprobten Wahrheit"[175].

Den „Partei-Kleinkram", behauptet er später, habe er anderen überlassen.[176] Göring sei „nie in seinem Leben Nationalsozialist gewesen", urteilt Ernst Hanfstaengl in seinen Erinnerungen, sondern „immer nur der Darsteller eines solchen"[177], weil er auf diese Weise sein Geltungsbedürfnis befriedigen konnte. Jedenfalls ist Göring kein Fanatiker wie Hitler, Goebbels oder Himmler, sondern ein eitler und selbstherrlicher Genussmensch. „Ich bin, was ich immer gewesen bin: der letzte Renaissance-Mensch."[178]

Lord Halifax, der frühere Vizekönig in Indien, charakterisiert Göring nach einem Besuch in Deutschland im November 1937 als „eine Mischung aus Filmstar, Gangster und Großgrundbesitzer"[179]. Mit ungezügeltem Appetit und dem „Herzen eines Kindes"[180] rafft er Ämter, Macht und Besitz zusammen – ohne Skrupel oder Hemmungen. Er hat längst erkannt, dass kleine Schiebereien wenig bringen und nur die Öffentlichkeit verärgern, wenn sie aufgedeckt werden; Gaunereien im großen Maßstab sind dagegen lukrativ und werden bestaunt.

„Die Geschichte wird uns nicht danach beurteilen, wie viele Korruptionsverfahren wir eingeleitet haben, sondern einzig und allein danach, ob es uns gelungen ist, die Wirtschaft wieder in Ordnung zu bringen",[181] tönte er bereits 1933. Allein der Reemtsma-Konzern überweist ihm bis 1943 eine Million Reichsmark jährlich.[182] Der Reichsverband der Deutschen Automobilindustrie schenkte ihm 1935 eine Motoryacht, die er auf die Namen „Carin" taufte. Weil ihm die Ausflüge auf dem Wasser so viel Spaß machten, wünschte er sich als nächstes ein größeres, sowohl seetaugliches als auch kanalgängiges Schiff. Die 26,5 m lange Yacht, die ihm nach einjähriger Bauzeit am 27. Juni 1937 übergeben wird, gefällt ihm: Der 10 m² große Salon ist mit kaukasischem Nussbaumholz getäfelt, die übergroße Klosettbrille wurde aus Mahagoni angefertigt, die Armaturen sind vergoldet, und sogar eine Badewanne gibt es an Bord der „Carin II". Die Kosten – eine dreiviertel Million Reichsmark – übernimmt wieder der Reichsverband der Deutschen Automobilindustrie.

Wegen seiner mit Orden behängten Fantasieuniformen verspottet ihn Joachim von Ribbentrop als „Weihnachtsbaum"[183], und die Kabarettistin Claire Waldoff singt: „Links Lametta, rechts Lametta, und der Bauch wird immer fetter."[184] Über seine Eitelkeit kursieren Flüsterwitze wie dieser: Hermann Göring kommt auf einer Dienstreise durch den Teutoburger Wald, steht plötzlich vor dem gewaltigen Hermanns-Denkmal und sagt geschmeichelt: „Das wäre aber wirklich nicht nötig gewesen!"

Er lacht, wenn ihm sein Chauffeur solche Witze erzählt, und er lässt auch den Berliner Kabarettisten Werner Finck ungeschoren, als dieser bei seinem Auftritt den Arm wie zum Hitler-Gruß hebt und dazu erklärt: „So hoch kann mein Hund springen!"

Im Gegensatz zu Goebbels und Himmler ist Göring populär. „Hermann Göring ist nun einmal nach dem Führer und Reichskanzler die volkstümlichste führende Persönlichkeit des Dritten Reiches",[185] stellt die „Deutsche Allgemeine Zeitung" fest. Aufgrund seiner infantilen Prunksucht und seines jovialen Humors wirkt er auch weniger bedrohlich als die Eiferer Goebbels und Himmler. Später kann er mit einigem Recht behaupten: „Ich war der einzige Mann in Deutschland neben Hitler, der eigene, keine abgeleitete Autorität hatte. Das Volk will nun einmal lieben, und der Führer stand oft der großen Menge zu fern. Da hielt man sich an mich."[186]

„Zum Kranklachen"

Humor ist für Joseph Goebbels ein Fremdwort. Als er einmal behauptet, es seien zwar Witze über Göring im Umlauf, nicht aber über ihn, widerspricht ihm ein unerfahrener Adjutant und gibt ein Beispiel zum Besten. Das hätte er nicht tun sollen: Am nächsten Morgen wird er abgelöst.

Hitler ist ebenso humorlos, doch er lacht wie Goebbels gern über andere, und der nutzt das, um Rivalen zu schaden: „Dr. Hanfstaengl? Was lässt sich über seine Leistungen Besseres sagen als das, was sachverständige Leute über ihn äußern. Die Auslandspressevertreter nennen ihn einen ausgezeichneten Klavierspieler und die Musiker einen hervorragenden Auslandspressechef."[187]

Bei einem Essen mit dem „Führer" behauptet Goebbels, Hanfstaengl habe sich abfällig über die Moral der Legion „Condor" geäußert, die Hitler und Göring zur Unterstützung General Francos im Spanischen Bürgerkrieg aufgestellt haben. Die Kritik trifft den Nerv: Empört springt Hitler auf und verlangt, dem „feigen Kerl" eine Lektion zu erteilen.

Wie Primaner hecken Hitler, Göring und Goebbels einen Plan aus: Zwei Tage vor seinem 50. Geburtstag am 11. Februar 1937 wird Ernst Hanfstaengl von der Reichskanzlei nach Berlin gerufen. Er müsse sofort nach Salamanca fliegen und sich um die dortigen Pressevertreter kümmern. Ein Fotograf und ein Mitarbeiter des Propagandaministeriums, die ihn zum Flugplatz Staaken begleiten, malen während der Autofahrt die Schrecken des Spanischen Bürgerkriegs aus und reichen Fotos verstümmelter Frauenleichen herum. Vor dem Abflug in einem Kampfflugzeug erhält Hanfstaengl einen falschen Pass auf den Namen Ernst Lehmann, und er muss einen Fallschirm umschnallen. Über den Wolken eröffnet ihm der Pilot, unmittelbar vor dem Start habe er den von Göring persönlich unterzeichneten Befehl erhalten, ihn nicht nach Salamanca zu bringen, sondern über einem von den Franco-Gegnern kontrollierten Gebiet zwischen Barcelona und Madrid mit dem Fallschirm abspringen zu lassen. Verzweifelt versucht der Passagier dem Piloten klarzumachen, dass er umkehren soll, denn es könne sich nur um ein Missverständnis handeln. Der geht jedoch nicht darauf ein. Dann täuscht er einen Motorschaden und eine Notlandung vor. Auf einer Wiese bei Wurzen östlich von Leipzig setzt er auf.[188] „Zum Kranklachen", schreibt Joseph Goebbels in sein Tagebuch.[189]

Ernst Hanfstaengl versteht den Streich als Menetekel und setzt sich über München nach Zürich ab. Dorthin schreibt ihm Göring: „Ich versichere dir, dass die ganze Angelegenheit nur einen harmlosen Scherz darstellen sollte. Man wollte dir wegen einiger allzu kühner Behauptungen, die du aufgestellt hast, Gelegenheit zum Nachdenken geben." Er fordert ihn auf, nach Deutschland zurückzukehren. „Ich erkläre dir ehrenwörtlich, dass du dich hier bei uns wie immer in aller Freiheit bewegen kannst."[190] Goebbels lockt Ernst Hanfstaengl mit einem lukrativen Angebot für die Komposition einer Filmmusik. Aber der bleibt misstrauisch und reist nach London.

„Wer möchte nicht mal f(F)röhlich sein?"

Am 19. Februar 1937 bringt Magda Goebbels ihre dritte Tochter zur Welt: Holde wird sie genannt.

Joseph Goebbels trifft sich nach wie vor mit Lida Baarova. Als er sich eines Abends im Auto mit einem Kuss von ihr verabschiedet, reißt plötzlich Gustav Fröhlich den Wagenschlag auf, zerrt seine Verlobte heraus und ohrfeigt sie. Bald kursieren Gerüchte über den Vorfall und man tuschelt, der Schauspieler habe nicht Lida Baarova, sondern Joseph Goebbels geschlagen. So gewinnt die Frage „Wer möchte nicht mal f(F)röhlich sein?" eine doppelte Bedeutung. Um sich nicht zum Gespött der Leute zu machen, trennt sich der Schauspieler von Lida Baarova und verkauft sein Anwesen auf Schwanenwerder.

Während der Reichspropagandaminister immer häufiger mit seiner Geliebten in Lanke übernachtet, seinen Wagen unbekümmert vor ihrer Villa im Grunewald parkt und sich kaum noch bemüht, das Verhältnis zu verheimlichen, zetert er über die wachsende Zahl von Scheidungen in der Parteiführung – und gibt den Frauen die Schuld: sie seien „zu dumm und zu plump", um ihre Männer zu halten.[191]

„Mit brennender Sorge"

„Mit brennender Sorge" protestiert Papst Pius XI. am 14. März 1937 gegen das NS-Regime: „Wer die Rasse oder das Volk oder den Staat oder die Staatsform, die Träger der Staatsgewalt oder andere Grundwerte menschlicher Gemeinschaftsgestaltung ... zur höchsten Norm aller, auch der religiösen Werte macht und sie mit Götzenkultur vergöttert, der verkehrt und fälscht die gottgeschaffene und gottbefohlene Ordnung der Dinge."[192]

Goebbels untersagt den deutschen Medien die Veröffentlichung der einzigen deutschsprachigen Enzyklika in der Kirchengeschichte, kann aber nicht verhindern, dass tausende von Priestern sie am Palmsonntag (21. März) von den Kanzeln verlesen. Daraufhin entfesselt der Propagandaminister ein „Höllenkonzert" gegen die katholische Kirche: Mitarbeiter sammeln Material über einen Sexualmord an einem Jungen in einem belgischen Kloster. Anhand dieses Falles prangert Goebbels in einer von allen Rundfunksendern übertragenen zweistündigen Rede am 28. Mai in der Berliner Deutschlandhalle die „himmelschreienden Skandale dieser Moralprediger" an, geriert sich als besorgter Familienvater und preist den „Führer", der „diese Sexualpest mit Stumpf und Stiel ausrotten" werde, als „berufenen Beschützer der deutschen Jugend" vor den „skrupellosen Jugendschändern".[193]

„Entartete ‚Kunst'"

Hitler und Goebbels nehmen am 18. Juli 1937 in München – der „Hauptstadt der Bewegung" – an der feierlichen Eröffnung des „Hauses der Deutschen Kunst" teil. Nach einem kilometerlangen Festzug unter dem Motto „Zweitausend Jahre Deutsche Kultur" schreiten die 60 000 Gäste – so Joseph Goebbels – „erhobenen Herzens durch die weiten Räume des Hauses der Deutschen Kunst mit einem wahren Glücksgefühl darüber, dass endlich, endlich nach Jahren furchtbarsten Niederbruchs die deutsche Kunst wieder zu sich selbst zurückgefunden hat"[194]. Hier wird präsentiert, was die Nationalsozialisten für Kunst halten: Abbildungen idyllischer Landschaften und Skulpturen gesunder Leiber. Hässliches, Mahnendes, Erschütterndes ist hier nicht zu finden.

Impressionistische, expressionistische, kubistische und abstrakte Gemälde werden in einer am nächsten Tag in den Galerien am Hofgarten eröffneten Wanderausstellung unter dem Titel „Entartete ‚Kunst'" angeprangert. Der Münchner Akademieprofessor Adolf Ziegler hat sie im Auftrag von Goebbels zusammengestellt und dafür unter 17 000 in deutschen Museen beschlagnahmten Werken etwa 600 ausgewählt – darunter auch Bilder, die Goebbels 1924 bei einem Besuch des Kölner Wallraf-Richartz-Museums als „Lichtblicke" der modernen Kunst gepriesen hatte.[195]

Mussolini in Deutschland

Während eines Staatsbesuches wird Benito Mussolini am 25. September 1937 von Hitler auf einem Rundgang durch das „Haus der Deutschen Kunst" begleitet, und Goebbels stellt dem „Duce" eine Reihe „völkischer" Künstler vor.

Trotz strömenden Regens tritt Mussolini am 28. September bei einer Großkundgebung in Berlin auf. Gauleiter Goebbels hält die Eröffnungsrede: „In Ihnen begrüßt die Stadt Berlin, begrüßt ganz Deutschland den großen Duce seines Volkes und seiner Nation, den Freund Deutschlands, den mutigen und zielbewußten Staatsmann, den überragenden Gestalter eines nationalen Volksschicksals!"[196] Nachdem auch Hitler gesprochen hat, geleitet Goebbels den Staatsgast zum Rednerpult. „Die Massen toben."[197] Voller Bewunderung für die Nationalsozialisten fährt Mussolini am nächsten Tag nach Rom zurück.

Als Hitler von der „cäsarischen" Erscheinung Mussolinis schwärmt, wendet Goebbels ein, er halte den „Duce" für operettenhaft und überhaupt könne man ihn nicht mit dem „Führer" vergleichen. Hitler, der sich durch den Widerspruch herausgefordert und zugleich geschmeichelt fühlt, parodiert daraufhin Mussolini, stemmt die Rechte in die Hüfte und ruft dazu unter dem Gelächter der anderen: „Makkaroni, belcanto, basta!"[198]

Krieg in Sicht

Am 5. November 1937 erläutert Hitler den Reichsministern Göring, von Neurath und von Blomberg sowie den Oberbefehlshabern des Heeres und der Marine, Generaloberst Werner Freiherr von Fritsch und Großadmiral Erich Raeder, seine außenpolitischen Absichten. Es gehe um die „Gewinnung eines größeren Lebensraumes", nicht als Überseekolonien, sondern in Osteuropa, „im unmittelbaren Anschluss an das Reich".[199]

Hermann Göring stimmt diesem Plan sofort zu. Von Neurath, von Blomberg und von Fritsch befürchten, dass England und Frankreich einer deutschen Expansion nicht tatenlos zusehen würden: das Risiko eines Zweifrontenkriegs sei nicht zu unterschätzen. Ihre Tage im Amt sind daraufhin gezählt.

Hjalmar Schacht kritisiert die forcierte Aufrüstungs- und Autarkiepolitik – die zu einer Verdopplung der Reichsverschuldung innerhalb von fünf Jahren führen werde. Als Göring im November 1937 bei einer Unterredung mit ihm insistiert: „Aber ich muss das Recht haben, Ihnen Befehle zu erteilen!", antwortet Schacht: „Nicht mir, sondern meinem Nachfolger."[200] Er tritt vom Amt des Reichswirtschaftsministers zurück, bleibt allerdings auf Hitlers ausdrücklichen Wunsch bis Januar 1939 Reichsbankpräsident.

Hitler betraut ausgerechnet Hermann Göring, dem Hjalmar Schacht keinerlei wirtschaftspolitische Kompetenz zubilligt, mit der kommissarischen Leitung des Wirtschaftsministeriums – bis er Anfang 1938 Goebbels' Staatssekretär Walther Funk zum neuen Wirtschaftsminister ernennt.

Die Blomberg-Fritsch-Krise

Der 60 Jahre alte verwitwete Reichskriegsminister Werner Freiherr von Blomberg wandte sich im Oktober 1937 vertrauensvoll an Hermann Göring: Er wolle eine 35 Jahre jüngere Stenotypistin aus seinem Ministerium heiraten und befürchte deshalb einen Skandal. Göring klopfte ihm jovial auf die Schulter: Soziale Vorurteile seien unter Hitler überholt, und er selbst werde ihn unterstützen.

Am Nachmittag seines 45. Geburtstags fährt Göring ins Reichskriegsministerium, um bei der Eheschließung Werner von Blombergs neben Hitler als Trauzeuge zu fungieren.

Berliner Huren lästern, eine von ihnen habe es weit gebracht, und das

Gerücht über eine zweifelhafte Vergangenheit der neuen Ehefrau des Kriegsministers verbreitet sich auch unter den Generälen. Schließlich blättert ein Polizeiinspektor in der Kartei seiner Dienststelle. Knapp zwei Wochen nach der Hochzeit unterrichtet Göring den „Führer", dass Frau von Blomberg vor einigen Jahren in Berlin als Prostituierte registriert war und für pornografische Fotos posierte. „Blomberg ist gar nicht mehr zu retten", urteilt Goebbels, als er die Akte „Frau Generalfeldmarschall Blomberg" durchblättert. „Die Fotos sind gemein und ekelhaft. Blomberg muss seinen Abschied nehmen. Es bliebe einem Ehrenmann nur die Pistole. ... Die schwerste Krise des Regimes seit der Röhmaffäre. Ich bin ganz zerschmettert. Der Führer sieht aus wie eine Leiche."[201] Hitler erklärt Werner von Blomberg, der wegen des Todes seiner Mutter vorzeitig aus den Flitterwochen zurückgekommen ist: „Die Belastung für mich und für Sie war zu groß. ... Wir müssen uns trennen."[202]

Wer wird Blombergs Nachfolger? Generaloberst Werner Freiherr von Fritsch, der Oberbefehlshaber des Heeres, rechnet sich gute Chancen aus, doch Göring sucht nach einer Möglichkeit, den Konkurrenten auszuschalten. War da nicht im Sommer 1936 ein von Himmler vorgelegtes Gestapo-Dossier, demzufolge der General von einem Berliner Strichjungen erpresst wurde? Damals wies Hitler die Anschuldigungen zurück. Göring übergibt ihm jetzt eine Kopie der Gestapo-Akte. Freiherr von Fritsch wird dem Zeugen im Beisein Hitlers und Görings gegenübergestellt. Obwohl dieser sich in mehreren Punkten widerspricht, verlangt der „Führer" am 3. Februar den Rücktritt des Generals.

Am 4. Februar erläutert Hitler den in der Reichskanzlei versammelten Generälen und Admirälen, dass er Blombergs „schwachen Charakter" schon „sehr bald" erkannt habe. Auch gegen Werner von Fritsch sei nun so viel Belastungsmaterial vorhanden, dass er die Vorwürfe gerichtlich prüfen lassen müsse.[203] Göring leitet die Verhandlung des Ehrengerichts gegen Fritsch „wie ein alter gewiegter Senatspräsident mit einer verblüffenden Aktenkenntnis"[204]. Dem Gericht bleibt nichts anderes übrig als den Generaloberst am 17. März wegen erwiesener Unschuld freizusprechen. Doch der Oberbefehl über das Heer wurde inzwischen Walther von Brauchitsch übertragen.

Obwohl es Göring gelungen ist, Werner Freiherr von Fritsch als möglichen Kandidaten für das Ministeramt auszuschalten, kommt er selbst doch nicht zum Zug, denn statt einen neuen Kriegsminister zu berufen, übernimmt Hitler selbst diese Funktion. Zu diesem Zweck richtet er das Oberkommando der Wehrmacht (OKW) ein und bestimmt als Chef den Artilleriegeneral Wilhelm Keitel, der ihm so kritiklos ergeben ist, dass ihn Spötter „Lakeitel" nennen. Da allerdings weder Hermann Göring noch Erich Raeder Befehle von Wilhelm Keitel für die Luftwaffe oder die Marine entgegennehmen, beschränkt sich dessen Entscheidungsspielraum faktisch auf den Bereich des Heeres.

Zum Trost für das entgangene Reichskriegsministerium wird der preußische Ministerpräsident und Reichsstatthalter, Reichstagspräsident, Reichsluftfahrtminister, Reichsforst- und -jägermeister, Oberbefehlshaber der Luftwaffe und Beauftragte für den Vierjahresplan am 4. Februar 1938 zum Generalfeldmarschall befördert. „Der [Göring] strahlt und mit Recht", notiert Goebbels. „Er hat eine fantastische Karriere gemacht. Ich gönne sie ihm."[205]

Am gleichen Tag ernennt Hitler Joachim von Ribbentrop zum neuen Reichsaußenminister. Joachim Ribbentrop ist 1920 durch die Heirat mit Anneliese Henkell, der Tochter eines Sektfabrikanten, in Unternehmerkreise aufgestiegen und ließ sich von einer entfernt verwandten Adligen adoptieren, um seinem Namen ein „von" hinzufügen zu dürfen. Darüber macht sich Joseph Goebbels lustig: „Seinen Namen hat er sich gekauft ..., sein Geld hat er geheiratet und seine Stellung bekam er durch Intrigen."[206] Er behauptet, jeder der führenden Nationalsozialisten habe wenigstens eine lobenswerte Seite – nur Ribbentrop nicht.[207] Hinter vorgehaltener Hand nennt man den Wichtigtuer auch „Ribbensnob". Als Hitler einmal lobend Ribbentrops Kontaktpersonen in England aufzählt, entgegnet Göring trocken: „Ja, aber die Schwierigkeit ist, dass diese ihrerseits Ribbentrop kennen."[208]

„Großdeutsches Reich"

Bei einer Unterredung am 12. Februar 1938 auf dem Obersalzberg wirft Hitler dem österreichischen Bundeskanzler Kurt von Schuschnigg vor, die Grenze nach Deutschland zu befestigen und droht: „Wer weiß – vielleicht bin ich über Nacht auf einmal in Wien; wie der Frühlingssturm! Dann sollen Sie etwas erleben!"[209] Hitler drängt ihn zu einer Kabinettsumbildung und verlangt eine Amnestie für die inhaftierten österreichischen Nationalsozialisten.

Am Mittwoch, den 9. März, ruft der österreichische Regierungschef seine Landsleute auf, in einer Volksabstimmung am folgenden Sonntag „für ein freies und deutsches, unabhängiges und soziales, christliches und einiges Österreich"[210] zu votieren. Goebbels entrüstet sich über den „gemeinen Querschuss"[211].

Am nächsten Morgen stellt Hitler klar, dass kein Plebiszit stattfinden dürfe. Während er mit weiteren Schritten zögert, packt Göring zu. Im Nürnberger Prozess wird er dazu sagen: „In diesem Augenblick hatte ich ein intuitives Gefühl, dass jetzt die Situation ins Rutschen kam und nunmehr endlich die lang und heiß ersehnte Möglichkeit bestand, die ganze und klare Lösung durchzuführen."[212] Tatsächlich geht es ihm auch darum, von der Blomberg-Fritsch-Krise abzulenken. Am 11. März telefoniert er 27-mal mit Wiener Politikern.[213] Ultimativ fordert er den Verzicht auf die Volksabstimmung und die Ablösung Kurt von Schuschniggs. Tatsächlich sagt der österreichische Bundeskanzler das Referendum am Abend ab und gibt im Rundfunk seinen Rücktritt bekannt. Aber Bundespräsident Wilhelm Miklas weigert sich, den rechtsradikalen Politiker Arthur Seyß-Inquart zum Nachfolger zu ernennen, wie Göring es verlangt.

Am Abend beschwört Göring Seyß-Inquart am Telefon: „Also gut! Ich gebe den Befehl zum Einmarsch, und dann sehen Sie zu, dass Sie sich in Besitz der Macht setzen; machen Sie die führenden Leute auf folgendes aufmerksam, was ich Ihnen jetzt sage: Jeder, der Widerstand leistet oder Widerstand organisiert, verfällt augenblicklich damit unseren Standgerichten. Den Standgerichten der einmarschierenden Truppen! Ist das klar?"[214]

Um 20.45 Uhr befiehlt er der Wehrmacht „im Namen des Führers", am nächsten Morgen die österreichische Grenze zu überschreiten. Gleich darauf diktiert er dem deutschen Sonderbotschafter Wilhelm Keppler in Wien ein Telegramm, mit dem Arthur Seyß-Inquart um die Entsendung deutscher Truppen bitten soll: „Die provisorische österreichische Regierung, die nach der Demission der Regierung Schuschnigg ihre Aufgabe darin sieht, die Ruhe und Ordnung in Österreich wiederherzustellen, richtet an die deutsche Regierung die dringende Bitte, sie in ihrer Aufgabe zu unterstützen und ihr zu helfen, Blutvergießen zu verhindern. Zu diesem Zweck bittet sie die deutsche Regierung um baldmöglichste Entsendung deutscher Truppen."[215] Als Keppler nachfragt, in welcher Funktion Seyß-Inquart das Telegramm absenden soll (er war zu diesem Zeitpunkt Innenminister, aber noch nicht Kanzler), meint Göring: „Also bitte, legen Sie ihm das Telegramm vor und sagen Sie ihm, wir bitten – er braucht das Telegramm ja gar nicht zu schicken, er braucht nur zu sagen: einverstanden."[216]

Abends empfängt Göring in Berlin tausend Gäste. Bei dieser Gelegenheit erklärt er dem tschechoslowakischen Gesandten, der bevorstehende Einmarsch in Österreich sei eine „Familienangelegenheit", und er gibt ihm sein Ehrenwort, die Tschechoslowakei habe nichts vom Deutschen Reich zu befürchten. „Es war absolut ehrlich gemeint", erklärt Göring später, „denn wir beabsichtigten keine militärische Erweiterung des Konfliktes mit Österreich gegen die Tschechoslowakei. Das war zu diesem Zeitpunkt weder vorgesehen noch geplant."[217]

Arthur Seyß-Inquart wird in der Nacht doch noch zum österreichischen Bundeskanzler ernannt. Am Samstagmorgen um 5.30 Uhr überschreiten deutsche Truppen die Grenze. Auf Widerstand treffen sie nicht. Im Gegenteil, sie werden von der Bevölkerung überschwänglich begrüßt: „Ein Volk, ein Reich, ein Führer!"[218]

Mussolini unternimmt nichts, um die Deutschen zurückzuhalten. Paris und London protestieren. Aber das nimmt Goebbels nicht ernst: „Was soll das alles. Sie müssen sich doch den Tatsachen beugen."[219]

Hitler fliegt nach München und fährt von dort nach Braunau und Linz. Mit Tränen in den Augen unterzeichnet er am 13. März 1938 zusammen mit Arthur Seyß-Inquart das „Gesetz über die Wiedervereinigung Österreichs mit dem Deutschen Reich"[220].

Hermann Görings Schwester Paula schreibt am 15. März aus Wels an ihren Bruder: „Schon 3 Tage gehe ich jetzt wie im Traum einher und kann dieses ungeheure gigantische wunderbare Geschehen nicht fassen! Zutiefst ergriffen bin ich, zu keinem Tun fähig, sitze nur stundenlang am Radio und immer wieder rollen mir die Tränen herunter und wollen nicht versiegen! ... Wir alle können es immer noch nicht begreifen, dass wir nun endlich zu euch gehören, keine Grenze uns mehr trennt."[221]

Das „deutsche Österreich" sei „in den Schoß des Reiches" zurückgekehrt, jubelt Goebbels.[222] Er weitet seine Zuständigkeit auf Österreich aus und richtet in Wien ein Reichspropagandaamt ein. Am 9. April proklamiert er vom Balkon des Wiener Rathauses den „Tag des Großdeutschen Reiches".

Privates Glück

Mittlerweile gibt Joseph Goebbels seine Anzüge beim berühmtesten Berliner Schneider in Auftrag, trägt orthopädische Maßschuhe und setzt sich täglich vor die Höhensonne. Doch er versteht es nicht wie Hermann Göring, ein festliches Essen zu genießen. Heringe mit Pellkartoffeln sind ihm lieber als Fasanenbraten mit Pfifferlingen – er achtet ohnehin kaum darauf, was er zu sich nimmt. Repräsentative Wohn- und Amtsräume sind ihm allerdings wichtig.

Der Berliner Oberbürgermeister zwingt einen jüdischen Bankier auf Schwanenwerder, sein fast 10 000 m² großes Seegrundstück im März 1938 dem Nachbarn Joseph Goebbels zu verkaufen. Der lässt das erworbene Jugendstil-Wohngebäude nach seinem Geschmack umgestalten und im Pferdestall einen privaten Filmsaal einrichten. Dieses Haus macht er zu seinem Refugium, zu seiner „Burg". Hier darf ihn niemand stören; selbst seine Ehefrau muss sich telefonisch anmelden.

Göring lässt Carinhall erweitern. Für die Züge seiner Modelleisenbahn werden rund 1000 m Schienen verlegt. Zwölf Marmorsäulen stützen die Decke des 411 m² großen Speisesaals. Stolz führt Göring vor, wie er das 12 m breite und 4 m hohe Fenster mit einem Knopfdruck im Boden versenken kann. Hitler räumt ein, dass er seinen Berghof auf dem Obersalzberg nicht damit vergleichen kann und nimmt Görings Prunksucht hin: „Ich lasse ihm seinen Spaß. Er ist nun einmal eine barocke Figur; diese kleinen Schwächen werden durch seine Verdienste aufgehoben."[223]

Am 1. Juni 1938 spätabends sehen sich Emmy und Hermann Göring in ihrem privaten Vorführraum einen Film an. Noch vor dem Ende geht die Hochschwangere erschöpft zu Bett. Am nächsten Morgen spürt sie die ersten Wehen. Daraufhin lässt sie sich von ihrem Mann, der zur Reichskanzlei chauffiert wird, am Krankenhaus absetzen. Sie wolle sich lediglich untersuchen lassen, beschwichtigt sie ihn. Den Arzt drängt Emmy Göring: „Mein Mann ist gerade bei Adolf Hitler, und wenn er zurückkommt, muss mein Kind da sein."[224]

Um die Mittagszeit wird sie von einer Tochter entbunden. Sie ruft in der Wohnung an. Hermann Göring ist noch nicht da; aber kaum zu Hause angekommen, wird er ans Telefon geholt. Besorgt fragt er, wie es ihr geht und ist völlig überrascht, als er das Kind schreien hört. Er kann es kaum fassen, freut sich riesig und ist erleichtert, dass die Geburt komplikationslos verlaufen ist. Immerhin ist seine Frau bereits 45 Jahre alt.

628 000 Glückwunsch-Telegramme aus aller Welt treffen ein. Goebbels, der am 5. Mai selbst Vater einer vierten Tochter geworden ist, schreibt in sein Tagebuch: „Alle, auch Göring sind froh, dass es ein Töchterchen ist. Die Mädchen hängen immer mehr am Vater als die Jungen, die in einem gewissen Alter sich ganz von der Familie loslösen."[225]

Nachdem seit Jahren über Görings Unfruchtbarkeit gemunkelt worden ist,[226] wird jetzt gespottet, der Name der Tochter Edda bedeute „Emmy dankt dem Adjutanten"[227]. Das Kind müsse eigentlich „Hamlet" heißen, witzelt der Kabarettist Werner Finck, denn die Frage laute:

Sein oder nicht sein?[228] Da hört bei Göring der Spaß auf. Er schickt einen Mitarbeiter zu Werner Finck, um ihn zu verwarnen.

Edda wird am 4. November von Reichsbischof Ludwig Müller in Carinhall getauft. Das gibt Unternehmern und Stadtvätern eine weitere Möglichkeit, sich gegenseitig mit Geschenken zu übertrumpfen. Die Stadt Köln schickt zum Beispiel ein Cranach-Gemälde aus dem Wallraf-Richartz-Museum.

Für seine kleine Tochter lässt Göring 1939 im Park von Carinhall ein 50 m langes, begehbares und voll eingerichtetes Modell des Schlosses Sanssouci bauen.

„Führer befiehl, wir folgen!"

In der tschechoslowakischen Republik, die nach dem Krieg auf Trümmern der Donaumonarchie gegründet wurde, wollen sich die Minderheiten nicht mit der zentralistischen Verfassung und der Dominanz der Tschechen abfinden. Am lautesten protestiert Konrad Henlein mit seiner 1933 gegründeten Sudetendeutschen Partei. „Heim ins Reich!" will er mit dem Sudetenland.

In einer Besprechung mit Managern der Luftfahrtindustrie verrät Hermann Göring am 8. Juli 1938, man müsse sich auf Krieg einstellen: „zu 80, 85, 90 Prozent bin ich überzeugt, dass es doch einmal einen größeren Kladderadatsch geben wird und dass wir dann einmal den großen Kampf machen müssen, den ich nicht scheue."[229] Zwei Monate später schimpft er: „Ein unbedeutendes Stückchen Europa macht der Menschheit das Leben unerträglich. Die Tschechen, jene unkultivierte Zwergenrasse – niemand weiß, wo sie eigentlich herkommen –, unterdrücken eine kultivierte Rasse und hinter ihnen sieht man gemeinsam mit Moskau das ewige Gesicht des jüdischen Unholds!"[230]

Um den drohenden Krieg zu verhindern, unternimmt der britische Premierminister Neville Chamberlain einen ungewöhnlichen Schritt: Ohne sich um protokollarische Fragen zu kümmern, steigt der 69-Jährige am 15. September 1938 zum ersten Mal in seinem Leben in ein Flugzeug, fliegt nach München und fährt zum Obersalzberg. Danach drängen der englische und der französische Botschafter die Regierung in Prag, die vorwiegend von Sudetendeutschen bewohnten Gebiete aufzugeben. Am 22. September unterrichtet Chamberlain den „Führer" in Bad Godesberg, dass Prag, London und Paris mit einer Eingliederung der Sudetengebiete in das Deutsche Reich einverstanden sind. Hitler, der damit nicht gerechnet hat, schiebt unverfroren eine weitere Forderung nach und besteht nun auf einer Übergabe innerhalb von acht Tagen. Diese Frist wird von der britischen Regierung zurückgewiesen.

„Führer befiehl, wir folgen!"[231] Mit diesen Worten wird Adolf Hitler am 26. September vor 20 000 Menschen im Berliner Sportpalast von Joseph Goebbels begrüßt. In seiner Rede beteuert der „Führer": „Und nun steht vor uns das letzte Problem, das gelöst werden muss und gelöst werden wird! Es ist die letzte territoriale Forderung, die ich Europa zu stellen habe, aber es ist die Forderung, von der ich nicht abgehe, und die ich, so Gott will, erfüllen werde."[232] Während Hitler nach minutenlangem Beifall schweißnass zu seinem Platz zurückkehrt, tritt Goebbels nochmals ans Mikrofon: „Niemals wird sich bei uns ein November 1918 wiederholen!"[233]

Am nächsten Vormittag übergibt Hitler einem Beauftragten der britischen Regierung ein bis 28. September, 14 Uhr, befristetes Ultimatum.

Einige Stunden vor dessen Ablauf schlägt Mussolini einen Vierergipfel vor, und bereits am folgenden Tag treffen sich Hitler, Mussolini, Chamberlain und der französische Ministerpräsident Edouard Daladier in dem neu errichteten „Führerbau" am Münchner Königsplatz. (Die sowjetische Regierung wird nicht hinzugezogen, obwohl sie dazu bereit wäre und der Tschechoslowakei in einem Beistandspakt verpflichtet ist.) Hermann Göring droht Joachim von Ribbentrop, der immer noch eine einvernehmliche Lösung zu hintertreiben versucht: „Wenn's jetzt zum Krieg kommt, dann bin ich derjenige, der dem deutschen Volk erzählt, dass Sie es in den Krieg getrieben haben."[234] Mussolini unterbreitet einen bereits vor der Konferenz von Göring ausgearbeiteten Vorschlag. Ohne sich noch einmal mit der tschechoslowakischen Regierung abzustimmen, einigen sich die vier Regierungschefs: Das Deutsche Reich wird zwischen dem 1. und 10. Oktober etappenweise das Sudetenland übernehmen. Um 2 Uhr nachts kommt Hermann Göring zu seiner Frau ins Hotel „Vier Jahreszeiten" zurück: „Wir werden Frieden haben! Bitte, Emmy, zieh dich rasch an und komm noch mit in die Halle! Das müssen wir feiern!"[235]

Goebbels lobt seine Landsleute, weil sie in den kritischen Wochen vor dem Münchner Abkommen Ruhe bewahrten. Die Deutschen seien „wieder eine anständige Nation geworden"[236] und sie hätten sich „des Führers würdig"[237] erwiesen.

Ohne einen Krieg auszulösen, hat Hitler seinem Reich Österreich und die Sudetengebiete einverleibt. Die erleichterte Bevölkerung glaubt nun endgültig, ihm gelinge einfach alles. Sie feiert ihn dafür und rühmt ihn paradoxerweise „als Bewahrer eines Friedens, den er nicht gewollt"[238] hat. Göring äußert 1946 in Nürnberg die Ansicht, „dass es vielleicht das Beste gewesen wäre, wenn der Führer nach der Münchner Konferenz einen tödlichen Autounfall erlitten hätte. Dann wäre er wirklich als einer der Größten in die deutsche Geschichte eingegangen."[239]

„Nun fängt ein neues Leben an"

Im August 1938 erscheint Joseph Goebbels mit Lida Baarova bei seiner Frau in Schwanenwerder zum Tee und gesteht ihr: „Frau Baarova und ich, wir lieben uns." Dann bestürmt er sie: „Du bist natürlich die Mutter meiner Kinder und die Frau, die zu mir gehört. Aber nach so vielen Jahren wirst du einsehen, dass ich eine Freundin …, ich meine eine feste und ernsthafte Freundin haben muss." Magda Goebbels bringt kein Wort heraus. Das fasst er als Zustimmung auf und meint begeistert: „Ich wusste ja, dass ich mich auf dich verlassen kann, liebste Magda. Du bist und bleibst meine gute Alte."[240]

Ein paar Tage später sitzt er bei einer privaten Filmvorführung in seinem Stadtpalais neben Lida Baarova in der ersten Reihe. Als das Licht wieder angeht, sieht Magda Goebbels, die hinter den beiden Platz genommen hat, wie sie ungeniert Händchen halten. Das hat auch Goebbels' Staatssekretär Karl Hanke beobachtet. Er ist so entrüstet über die Treulosigkeit seines Chefs, dass er Magda Goebbels und ihrer Schwägerin Ello 36 Frauen nennt, von denen er vermutet, dass sie eine Affäre mit dem Minister hatten.

Magda Goebbels weint sich bei Emmy Göring aus und kündigt an, sie werde mit Hitler über ihre zerrüttete Ehe sprechen. Durch Zufall erfährt Joseph Goebbels davon. Wütend stellt er seine Frau zur Rede. Einige Tage später besucht er sie noch einmal – dieses Mal mit einem Rosenstrauß – und schwört beim Leben seiner Kinder, er wolle sich von Lida Baarova trennen. Magda besteht auf der Scheidung. Da erklärt er theatralisch, die Liebe zu seiner Frau und die Kavalierspflicht gegenüber seiner Geliebten ließen ihm keine andere Wahl, als sich zu erschießen. „Leb wohl für immer!"

Hitler empfängt Magda Goebbels am 15. August. Nach der Blomberg-Affäre will er einen weiteren Eheskandal verhindern. Am nächsten Tag bestellt er Goebbels zu sich. Dem gelingt es, seine Frau als Hysterikerin hinzustellen und ihre Vorwürfe zu bagatellisieren. Triumphierend erklärt er Magda, Hitler habe die Scheidung kategorisch verboten.

Doch nach einer weiteren – von Karl Hanke vermittelten – Unterredung Hitlers mit Magda fühlt sich Joseph Goebbels in die Enge getrieben. Er bittet Hitler um die Erlaubnis zur Scheidung: „Ich habe das wohl bedacht, mein Führer. Ich weiß, dass ich unter diesen Umständen nicht länger Propagandaminister sein kann. Ich bitte Sie, mich meines Amtes zu entheben. Erlauben Sie mir, mich scheiden zu lassen und Frau Baarova zu heiraten."[241] Auf Goebbels' Vorschlag, mit ihr zusammen das Land zu verlassen und beispielsweise als Botschafter nach Japan zu gehen, reagiert Hitler mit einem Wutanfall: „Wer Geschichte macht, darf kein Privatleben haben."[242] Er befiehlt seinem Minister, sich unverzüglich von Lida Baarova zu trennen. Joseph Goebbels ist erschüttert: „Ich bin ... ganz benommen. Der Führer ist zu mir wie ein Vater. Ich bin ihm so dankbar dafür. In dieser schweren Stunde kann ich das gut gebrauchen. Ich fasse sehr schwere Entschlüsse. Aber sie sind endgültig. Ich fahre eine Stunde im Auto heraus. Ganz weit und ohne Ziel. Ich lebe fast wie im Traum. Das Leben ist so hart und grausam. Wo soll ich anfangen, wo soll ich aufhören? Aber die Pflicht steht über allem. Und ihr muss man in den schwersten Stunden gehorchen." Telefonisch erklärt er seiner Geliebten, er dürfe sie nicht mehr sehen. „Und nun fängt ein neues Leben an. Ein hartes, grausames, nur der Pflicht ergebenes. Die Jugend ist nun zu Ende."[243]

Nach einer Aussprache mit seiner Frau drei Tage später lamentiert er: „Sie ist sehr hart und grausam mit mir. Aber das schadet ja nun auch nichts mehr. Ich fahre dann zu Mutter, die so lieb und gut zu mir ist. Dort bin ich richtig zu Hause."[244]

Bei der Premiere einer Verfilmung des Dostojewskij-Romans „Der Spieler" in Berlin kommt es zum Tumult: Als Lida Baarova in ihrer Rolle den Vater um Geld bittet und der daraufhin sagt: „Bitte doch deinen Doktor um das Geld!", johlt das Kinopublikum, und einige besonders Freche rufen: „Raus, Ministerhure, raus!"[245] Lida Baarova erleidet einen Nervenzusammenbruch. Ihre Karriere ist abrupt beendet.

Die Gegner des Propagandaministers glauben bereits, er sei bei Hitler in Ungnade gefallen. Doch der überredet das Ehepaar, probeweise ein Jahr lang zusammenzubleiben und schmeichelt: „Wenn man so wundervolle Kinder hat wie Sie, Doktor, und wie Sie, Frau Magda, darf man sich nicht trennen."[246] Im November besucht er die Familie seines Ministers in Schwanenwerder und bleibt sogar über Nacht. Nach einem knapp zwei Wochen langen Aufenthalt auf dem Obersalzberg im Januar 1939 bittet Goebbels seine Schwester, Magda zu einer weiteren Aussprache mit ihm zu überreden. Am 22. Januar unterzeichnet das Paar einen neuen – auch von Hitler gebilligten – Ehevertrag. Und eine Woche später zeigen sich Joseph und Magda Goebbels gemeinsam auf einem Presseball.

Als Goebbels merkt, dass Hitler ihn nicht fallen lässt, wirft er sich vor Parteigenossen in Positur: Man müsse ihm schon gestatten, so zu leben, wie es ihm passe. Er sehe auch gar nicht ein, wieso er sich nach der verlogenen Moral der Spießer richten solle.

„Ich möchte kein Jude in Deutschland sein"

Der 17-jährige polnische Jude Herschel Grynszpan erfährt in Paris, dass seine Familienangehörigen im Niemandsland zwischen Polen und dem Deutschen Reich herumgestoßen werden. Aus Protest schießt er am 7. November 1938 auf den zwölf Jahre älteren deutschen Legationssekretär Ernst vom Rath. Eine Kugel trifft den Diplomaten in die Schulter, eine weitere zerreißt seine Milz. Die Juden sorgen sich und hoffen, dass der Verletzte überlebt.

Goebbels achtet darauf, dass keine Fotos des „schmächtigen, blassen Jungen in zerknittertem Trenchcoat mit wirren Haaren und erschrockenen Kinderaugen"[247] veröffentlicht werden, sondern ausschließlich bösartige Karikaturen des Täters.

Am 9. November nimmt Hitler an einer Gedenkfeier zum 15. Jahrestag des Marsches auf die Feldherrnhalle im Alten Münchner Rathaus teil. Leise bespricht sich der „Führer" mit dem neben ihm sitzenden Propagandaminister und verlässt bald darauf die Veranstaltung. Um 22 Uhr humpelt Goebbels ans Rednerpult und gibt bekannt, dass Ernst vom Rath seinen Schussverletzungen erlegen ist. „Der Deutsche vom Rath war Vertreter des deutschen Volkes, der Jude Grynszpan war Vertreter des Judentums. Das Judentum hat also in Paris auf das deutsche Volk geschossen."[248] Der „Volkszorn" habe sich bereits Bahn gebrochen, behauptet er. Die Gauleiter verstehen, was er ihnen damit sagen will und brechen auf, um unverzüglich mit ihren Dienststellen zu telefonieren.

In dieser Nacht werden im Deutschen Reich 7500 jüdische Geschäfte geplündert, 191 Synagogen in Brand gesteckt und weitere 76 verwüstet. Nach offiziellen Angaben kommen bei dem Pogrom 91 Juden ums Leben. Wegen der Scherben sprechen viele von der „Reichskristallnacht" – ohne zu bedenken, wie unangemessen dieser Begriff ist.

Heinrich Himmler notiert: „Der Befehl kommt von der Reichspropaganda-Leitung und ich vermute, dass Goebbels in seinem mir schon lange aufgefallenem Machtstreben und in seiner Hohlköpfigkeit gerade jetzt in der außenpolitisch schwersten Zeit diese Aktion gestartet hat."[249] Der aber bemerkt höhnisch: „Da haben sich die kleinen Leute von Berlin endlich wieder mal ordentlich ausstatten können. Sie hätten sehen sollen, wie sie das genossen haben. Damenpelze, Teppiche, kostbare Stoffe, alles gab es umsonst. Die Menschen waren begeistert – ein großer Erfolg für die Partei."[250]

Hermann Göring fährt in der Nacht vom 9./10. November mit dem Zug von München nach Berlin. Bei Halle weckt ihn ein Adjutant und deutet aus dem Fenster: Die Wolken reflektieren den Schein eines Großfeuers. Am Morgen sieht er die Verwüstungen in der Reichshauptstadt. „Ich habe eine Stinkwut bekommen",[251] erinnert er sich später. „Diese verdammten Idioten! Mich lassen sie einen Vierjahresplan durchführen; ich muss jeden alten Eimer und jede alte Zeitung Deutschlands sammeln, und dann geht so eine Horde Rowdys hin und vernichtet in einer Nacht Millionenwerte!"[252] Mit Goebbels zankt er sich so heftig, dass dieser sich bei Hitler über ihn beschwert.

Vom „Führer" beauftragt, die „Judenfrage" zu lösen, ruft Göring am 12. November mehr als 100 Personen zu einer Besprechung im Reichsluftfahrtministerium zusammen. Noch einmal schimpft er: „Es ist irrsinnig, ein jüdisches Warenhaus auszuräumen und anzuzünden, und dann trägt eine deutsche Versicherungsgesellschaft den Schaden, und die Waren, die ich dringend brauche ... werden verbrannt. Da kann ich gleich die Rohstoffe anzünden, wenn sie hereinkommen ... Mir wäre lieber gewesen, ihr hättet zweihundert Juden erschlagen und hättet nicht solche Werte vernichtet ..."[253] Er verlangt von „den Juden deutscher Staatsangehörigkeit ... die Zahlung einer Kontribution von 1 000 000 000 Reichsmark"[254].

Mit der Geldforderung folgt Göring einer Empfehlung von Joseph Goebbels. Der Propagandaminister, der auf Hitlers ausdrücklichen Wunsch an der Konferenz im Reichsluftfahrtministerium teilnimmt, schlägt außerdem vor, den Juden das Betreten deutscher Wälder zu verbieten und in den Zügen Judenabteile einzuführen. Er lässt sich von Göring zu immer absurderen Ideen provozieren und merkt nicht, wie dieser sich über seinen Fanatismus mokiert. Abschließend meint Göring: „Im übrigen muss ich noch einmal feststellen: Ich möchte kein Jude in Deutschland sein."[255]

Den Juden sei es in Deutschland „viel zu gut gegangen", findet Goebbels, „man habe sie allzu lange geschont aus deutscher Großzügigkeit und Gutmütigkeit. Nun aber sei Schluss damit!"[256] In einem Interview, das er einem Sonderkorrespondenten des englischen Reuter-Büros gibt, sagt er: „Das, was sich in den letzten Tagen hier in Berlin abgespielt hat, sind nur Reaktionen auf eine Infektion, die sich in den deutschen Volkskörper einschleichen wollte."[257] Goebbels sorgt innerhalb von vier Wochen dafür, dass Juden keine Theater, Kinos, Konzerte mehr besuchen dürfen und ihre Führerscheine abgeben müssen. Jüdische Kinder werden vom Besuch deutscher Schulen ausgeschlossen.

Empört äußern sich einige Offiziere über den Pogrom. Generaloberst Ludwig Beck, der wegen der Sudetenkrise am 18. August 1938 als Generalstabschef des Heeres zurückgetreten war, fragt Walther von Brauchitsch: „Kann man dieses Schwein, den Goebbels, nicht aufhängen?" Der Oberbefehlshaber des Heeres zuckt mit den Schultern und lächelt resigniert.[258]

Hitler auf dem Hradschin

Nachdem er sie stundenlang warten ließ, empfängt Hitler in der Nacht auf den 15. März 1939 den tschechoslowakischen Staatspräsidenten Emil Hacha und dessen Außenminister in der Neuen Reichskanzlei in Berlin. Er habe gerade deutsche Truppen gegen ihren Staat in Marsch gesetzt, teilt er ihnen mit, und zwar aufgrund eines Hilferufs der Slowakei, die am Vortag die Unabhängigkeit ausrief.

Dann überlässt Hitler die verzweifelten Besucher Hermann Göring und Joachim von Ribbentrop. Vergeblich wird versucht, eine Telefonverbindung nach Prag herzustellen. Göring, der eigens seinen Urlaub in San Remo unterbrochen hat und wenige Stunden vor den ausländischen Gästen in Berlin eintraf, droht mit der Bombardierung Prags – worauf der 66-jährige Emil Hacha gegen Morgen einen Herzanfall erleidet. Unverzüglich ruft Göring Hitlers Leibarzt Theodor Morell. Der tschechische Staatspräsident darf unter keinen Umständen in der Reichskanzlei sterben. Der Arzt bringt ihn mit einer Injektion wieder zu Bewusstsein. Endlich steht die Leitung. Man drückt Hacha den Hörer in die Hand, damit er seine Regierung in Prag anweisen kann, den deutschen Truppen keinen Widerstand zu leisten, und nach einer zweiten Spritze unterzeichnet er mit hochrotem Kopf um 3.55 Uhr ein Protektorats-Abkommen.

Hitler stürzt in sein Vorzimmer und möchte von seinen Sekretärinnen auf die Wange geküsst werden. „Kinder! Das ist der größte Tag meines Lebens. Ich werde als der größte Deutsche in die Geschichte eingehen."²⁵⁹ Dr. Morell – den Hermann Göring einmal als „Herr Reichsspritzenmeister" anredet²⁶⁰ – weist stolz darauf hin, dass Emil Hacha ohne seine Injektionen nicht in der Lage gewesen wäre, das Dokument zu unterschreiben. Aber da fährt ihn Hitler an: „Scheren Sie sich mit Ihren verfluchten Spritzen zum Teufel! Sie haben den alten Herrn so munter gemacht, dass ich schon dachte, der unterzeichnet nicht mehr!"²⁶¹

Am 16. März 1939 verkündet Hitler in Prag vom Hradschin aus die Errichtung des „Protektorats Böhmen und Mähren". Zwei Tage später ernennt er Konstantin Freiherr von Neurath zum Reichsprotektor. Die Slowakei unterstellt sich deutschem Schutz.

„Ich habe das Chaos in Deutschland überwunden"

In einer zweistündigen Rede vor dem Reichstag am 28. April 1939 brüstet sich Hitler: „Ich habe das Chaos in Deutschland überwunden, die Ordnung wiederhergestellt, die Produktion auf allen Gebieten unserer nationalen Wirtschaft ungeheuer angehoben ... Es ist mir gelungen, die uns allen so zu Herzen gehenden sieben Millionen Erwerbslosen restlos wieder in nützliche Produktionen einzubauen ... [Außerdem] habe ich das deutsche Volk nicht nur politisch geeint, sondern auch militärisch aufgerüstet, und ich habe weiter versucht, jenen Vertrag Blatt um Blatt zu beseitigen, der in seinen 448 Artikeln die gemeinste Vergewaltigung enthält, die jemals Völkern und Menschen zugemutet worden ist. Ich habe die uns 1919 geraubten Provinzen dem Reich wieder zurückgegeben, ich habe Millionen von uns weggerissenen, tief unglücklichen Deutschen wieder in die Heimat geführt, ich habe die tausendjährige historische Einheit des deutschen Lebensraumes wiederhergestellt." 1918 sei er noch ein „unbekannter Arbeiter und Soldat" gewesen; alle seine Erfolge habe er aus eigener Kraft erzielt.²⁶²

Sebastian Haffner beschreibt sehr gut, was viele Deutsche damals dachten: „Ekelhafte Selbstbeweihräucherung. Lachhafter Stil ... Aber, zum Teufel, es stimmte ja alles – oder fast alles. Wer sich an die paar Dinge klammerte, die vielleicht doch nicht stimmten (das Chaos überwunden – ohne Verfassung? Die Ordnung wiederhergestellt – mit Konzentrationslagern?), kam sich selbst manchmal wie ein kleinlich Mängel suchender Rechthaber vor. Der Rest – was konnte man im April 1939 dagegen vorbringen? Die Wirtschaft blühte ja wirklich wieder, die

Arbeitslosen hatten wirklich wieder Arbeit (es waren nicht sieben Millionen gewesen, sondern sechs, aber gut), die Aufrüstung war Wirklichkeit, der Versailler Vertrag war wirklich totes Papier geworden (und wer hätte das 1933 für möglich gehalten!), das Saarland und das Memelgebiet[263] gehörten wirklich wieder zum Reich, ebenso die Österreicher und Sudetendeutschen, und sie freuten sich wirklich darüber – ihren Jubelschrei hatte man noch im Ohr. Krieg hatte es wunderbarerweise deswegen wirklich nicht gegeben, und auch dass Hitler vor zwanzig Jahren wirklich ein Unbekannter gewesen war, konnte niemand bestreiten (allerdings kein Arbeiter, aber gut). Hatte er alles aus eigener Kraft geschaffen? Natürlich hatte er Helfer und Mitwirkende gehabt, aber konnte man im Ernst behaupten, es wäre alles auch ohne ihn gegangen? Konnte man also Hitler noch ablehnen, ohne alles, was er geleistet hatte, abzulehnen, und waren gegen diese Leistungen seine unangenehmen Züge und seine Übeltaten nicht nur Schönheitsfehler?"[264]

„Mit dem genialen Joseph bin ich todunglücklich geworden"

Im Februar 1939 beginnt Goebbels mit dem Ausbau seines Anwesens in Lanke, ohne sich um eine Genehmigung zu kümmern. Prompt fordern ihn die zuständigen Behörden auf, die Bauarbeiten einzustellen, weil Lanke zu einem Landschaftsschutzgebiet gehört. Aber Reichsforstmeister Göring sorgt dafür, dass Goebbels seine Pläne verwirklichen kann: Im Kiefernwald am Ufer des Bogensees entstehen neben dem ursprünglichen Blockhaus fünf neue Gebäude, darunter ein Wohnhaus mit 21 Zimmern und ein noch größeres Dienstgebäude für den Reichspropagandaminister.

Karl Hanke überredet Magda Goebbels, Reitstunden zu nehmen, damit sie ihn bei seinen Ausritten begleiten kann. Während sie im März 1939 mit Albert Speer und anderen nach Sizilien reist, bestürmt er sie mit Liebesbriefen. Allmählich zeigt sich die Frau des Propagandaministers immer unbefangener mit dem Staatssekretär ihres Mannes in der Öffentlichkeit. Karl Hanke hofft, dass sie sich scheiden lässt, und sie spielt wohl auch mit dem Gedanken an ein Leben mit ihm, denn sie sagt zu ihrer Schwägerin Ello: „Mit dem genialen Joseph bin ich todunglücklich geworden, vielleicht kann ich mit einem soliden Bürger wie Hanke ein ruhiges Glück finden."[265]

Im Frühsommer kurt sie in Bad Gastein. Unvermittelt taucht ihr

Mann auf. Sie machen zusammen Ausflüge und fahren zu den Salzburger Festspielen. Als Karl Hanke in Berlin hört, Joseph und Magda Goebbels seien dabei, gemeinsam die Festspiele in Bayreuth zu besuchen, befürchtet er, dass sie sich versöhnt haben. Doch Magda Goebbels vertraut Albert Speer in Bayreuth an, was sie gerade erlebte: „Es war furchtbar, wie mein Mann mich bedrohte. Gerade fing ich an, mich in Gastein zu erholen, als er unaufgefordert ins Hotel kam. Drei Tage redete er unaufhörlich auf mich ein; dann konnte ich nicht mehr. Mit unseren Kindern hat er mich erpresst; er würde sie mir nehmen lassen. Was konnte ich tun? Wir haben uns nur äußerlich versöhnt. Albert, es ist furchtbar! Ich habe ihm versprechen müssen, nie mehr privat mit Karl zusammenzutreffen. Ich bin so unglücklich, aber ich habe keine Wahl."[266]

Bei der Aufführung der Oper „Tristan und Isolde" am 26. Juli sitzen das Ehepaar Goebbels, Adolf Hitler und Winifred Wagner in der großen Mittelloge. Magda weint fortwährend und kauert während der Pause haltlos schluchzend in der Ecke eines Salons. Am nächsten Morgen fordert Hitler das Ehepaar Goebbels zur Abreise auf.

Der Minister zwingt seine Frau, ihr Verhältnis mit seinem Staatssekretär zu beenden. Anfang August räumt dieser sein Büro im Reichspropagandaministerium.

Der Hitler-Stalin-Pakt

Als der britische Botschafter Sir Nevile Meyrik Henderson bei einer Jagd vom Hochsitz klettert, sich an das auf einer Lichtung äsende Wild heranrobbt und erst aus unmittelbarer Nähe anlegt, witzelt Hermann Göring, das Kriechen sei wohl die einem Diplomaten angemessene Fortbewegungsart. Nach einem Gespräch mit dem Generalfeldmarschall am 27. Mai 1939 in Carinhall berichtet Henderson seiner Regierung: „Göring ist zwar kaum besser als die anderen Parteigrößen. Aber ich bin sicher, er will keinen Krieg und er hasst Ribbentrop."[267]

Während Goebbels in einer Rede am 17. Juni in Danzig die Rückkehr der seit dem Weltkrieg unter dem Schutz des Völkerbundes eng mit Polen verbundenen Freien Stadt ins Deutsche Reich fordert, die Bevölkerung aufwiegelt und gegen die Regierung in Warschau hetzt, schaudert es Göring vor einem Krieg, nicht wegen der Toten und Verwundeten, sondern weil er seine Macht, seinen Reichtum, seine Lebensgewohnheiten – und die Grundlage all dessen: das NS-Regime – nicht gefährden will.

Ohne Außenminister Joachim von Ribbentrop zu unterrichten, knüpft er über einen mit einer Deutschen verheirateten schwedischen Industriellen informelle Kontakte zur englischen Regierung: Birger Dahlerus kommt am 6. Juli nachmittags nach Carinhall. Dort treffen gerade auch hunderte von Film- und Theaterleuten zu einer Gartenparty ein, aber der Hausherr lässt sie warten und spricht erst einmal mit dem Schweden.

Ein paar Tage später beginnen Hermann und Emmy Göring eine Urlaubsreise quer durch Deutschland auf ihrer Yacht „Carin II". Fritz Thyssen, den sie in Essen besuchen, erkundigt sich, ob die Gerüchte über deutsch-russische Verhandlungen stimmen. Das könne er kaum glauben, denn Hitler habe sich doch stets als Bollwerk gegen den Bolschewismus gebärdet. Göring beruhigt ihn mit Ausflüchten. Tatsächlich verriet er Mussolini bei seinen politischen Gesprächen am 15. und 16. April in Rom, er sei dabei, dem „Führer" eine Annäherung an Moskau vorzuschlagen.

Die „Carin II" läuft am 21. Juli in Hamburg ein. Im Hotel „Atlantic" trifft sich Hermann Göring erneut mit Birger Dahlerus, der gut zwei Wochen später eine Unterredung zwischen dem Generalfeldmarschall und sieben englischen Industriellen an der deutsch-dänischen Grenze vermittelt.

Während Göring deutsch-englische und deutsch-russische Gespräche anregt, paraphieren sowjetische, britische und französische Unterhändler am 24. Juli 1939 in Moskau den Entwurf eines Verteidigungsbündnisses, das ergänzend zu einer Militärkonvention in Kraft treten soll, über die nun weiter verhandelt wird. Aber Stalin bleibt misstrauisch. Der sowjetische Staats- und Parteichef hat nicht vergessen, dass er im vorigen September nicht nach München eingeladen wurde, und seit sich die Regierungschefs aus Berlin, Rom, Paris und London auf das Münchner Abkommen verständigten, hält er es für möglich, dass Großbritannien und das Deutsche Reich in naher Zukunft einen gemeinsamen Krieg gegen ihn anstreben. Um das zu verhindern, hält es Stalin für opportun, mit den Deutschen zu reden – obwohl diese sich mit Japan, Italien und Spanien zur Bekämpfung der Sowjetunion und der kommunistischen Internationale verbündet haben (Antikomintern-Pakt).

Hitler zögert zunächst, die Maske des kompromisslosen Kämpfers gegen den Bolschewismus fallen zu lassen. Carl Jakob Burckhardt, dem für Danzig zuständigen Hohen Kommissar des Völkerbundes, verrät er: „Alles was ich unternehme, ist gegen Russland gerichtet; wenn der Westen zu dumm und zu blind ist, um dies zu begreifen, werde ich gezwungen sein, mich mit den Russen zu verständigen, den Westen zu schlagen, und dann nach seiner Niederlage mich mit meinen versammelten Kräften gegen die Sowjetunion zu wenden. Ich brauche die Ukraine, damit man uns nicht wieder wie im letzten Krieg aushungern kann."[268]

Joachim von Ribbentrop weist den deutschen Botschafter in Moskau am 14. August spätabends an, der sowjetischen Regierung offizielle Gespräche vorzuschlagen. Am 20. August telegrafiert Hitler selbst an Stalin. Mitten in der Nacht ruft er Göring an: Was Stalin wohl antworten werde? Der sowjetische Diktator stimmt einem raschen Treffen der Außenminister zu. Goebbels, der erst in letzter Minute informiert wurde, lässt das Rundfunkprogramm für eine Sondermeldung unterbrechen: „Die Reichsregierung und die Sowjetregierung sind übereingekommen, einen Nichtangriffspakt abzuschließen. Der Reichsaußenminister wird am Mittwoch, den 23. August, zum Abschluss der Verhandlungen in Moskau eintreffen."[269] London und Paris seien fassungslos, freut sich Goebbels.

Die militärische Führung unterrichtet Hitler am 22. August auf dem Obersalzberg über die neue Lage. Aufgrund der erwarteten Verständigung mit Stalin ist er mehr denn je entschlossen, als nächstes Polen zu erobern. „Ich habe nur Angst, dass mir noch im letzten Moment irgendein Schweinehund einen Vermittlungsplan vorlegt."[270] Das deutsche Volk müsse sich ans Kämpfen gewöhnen. Einer der anwesenden Generäle erinnert sich später: „Man hatte das Gefühl, dass hier ein Mann sprach, der jedes Gefühl der Verantwortlichkeit und jede klare Vorstellung von dem, was selbst ein siegreicher Krieg bedeutete, verloren hatte und mit einer nicht zu überbietenden Leichtfertigkeit entschlossen war, ins Dunkle hineinzuspringen."[271]

Großadmiral Erich Raeder weist den „Führer" darauf hin, dass im Fall eines Krieges mit Polen ein in der Danziger Buch liegendes Schulschiff mit 500 Kadetten an Bord gefährdet sei. Hitler winkt verächtlich ab.

Am Landsitz des britischen Regierungschefs in Chequers wird die streng geheime Landung eines deutschen Flugzeugs vorbereitet: Hermann Göring möchte sich mit dem englischen Premierminister treffen. Im letzten Augenblick untersagt Hitler die Reise, denn er glaubt jetzt, sein Zusammenspiel mit Stalin werde die Westmächte ohnehin abschrecken, Polen beizustehen, ihn also vor einem Zweifrontenkrieg bewahren.

In der Nacht auf den 24. August 1939 setzen der deutsche Außenminister und sein sowjetischer Amtskollege Molotow im Beisein Stalins ihre Namen unter den Nichtangriffspakt. Stalin zeichnet persönlich auf einer Karte ein Gebiet ein, das er Ribbentrop als Jagdrevier schenkt. Als Göring davon erfährt, besteht er darauf, dass das Gebiet nicht einer bestimmten Person zustehe, sondern dem Deutschen Reich – und folglich vom Reichsjägermeister zu verwalten sei.

Stalin paktiert mit dem Feind, um ihn zum Krieg gegen Polen zu verleiten. Anders als Hitler setzt er aber darauf, dass England und Frankreich eingreifen werden. Dann, so hofft er, schwächen sich die drei Staaten gegenseitig und können Russland nicht mehr gefährlich werden.

Görings letzte Vermittlungsversuche

Als Göring am 23. August 1939 seine geplante Reise nach England absagen muss, bittet er Birger Dahlerus nach Berlin. Am 25. August empfängt Lord Halifax, der inzwischen das britische Außenministerium leitet, den schwedischen Vermittler in London. Spät abends lässt sich Dahlerus mit Göring verbinden. Der Generalfeldmarschall wird aus einer Besprechung mit Hitler in der Reichskanzlei ans Telefon geholt und bestätigt dem Anrufer, dass jeden Augenblick mit dem Beginn des Kriegs gegen Polen zu rechnen sei. Das berichtet Birger Dahlerus am nächsten Morgen Lord Halifax, der sich daraufhin mit Premierminister Chamberlain berät und dem Besucher schließlich einen persönlichen Brief für Hermann Göring mitgibt.

In dessen bei Carinhall abgestellten Sonderzug übersetzt Birger Dahlerus noch am gleichen Abend das mitgebrachte Schreiben und berichtet eine Stunde lang über seine Gespräche in London. Dann begleitet er Göring nach Berlin zur Reichskanzlei, wo sie um Mitternacht eintreffen. Hitler ignoriert den Brief des britischen Außenministers und hält einen seiner endlosen Monologe über die deutsche Geschichte. Eine Atempause nutzt der Schwede, um vor der englischen Stärke zu warnen. Da überschlägt sich Hitlers Stimme: „Wenn es Krieg gibt, werde ich U-Boote bauen, U-Boote bauen, U-Boote, U-Boote, U-Boote." Er bricht ab, starrt vor sich hin und fährt dann fort: „Ich werde Flugzeuge bauen, Flugzeuge, Flugzeuge und ich werde meine Feinde vernichten!"[272] Birger Dahlerus ist entsetzt, nicht nur über Hitlers verbale Ausfälle, sondern auch über das unterwürfige Verhalten des Generalfeldmarschalls.

An diesem Sonntagmorgen fliegt Birger Dahlerus noch einmal nach London. Um 23.15 Uhr ist er zurück in Berlin und sucht Göring in dessen Stadtpalais auf. Drei Stunden später ruft er vom Hotel aus einen englischen Botschaftsrat an. Er erfrischt sich kurz und fährt dann wieder zu Göring. Der empfängt seinen Gast in einem grünen, von einer juwelenbesetzten Spange zusammengehaltenen Schlafrock. Süffisant demonstriert er die Arbeit seines Geheimdienstes, indem er aus dem Telefongespräch zitiert, das Dahlerus gerade mit der englischen Botschaft führte.

Am 28. August stellt Nevile Henderson im Auftrag seiner Regierung nochmals klar, dass England entschlossen ist, eine weitere gewaltsame deutsche Expansion notfalls auch mit militärischen Mitteln zu verhindern. Bei einer Unterredung am nächsten Abend erklärt Hitler dem britischen Botschafter, er sei bereit, am folgenden Tag einen bevollmächtigten polnischen Unterhändler zu empfangen.

Als Dahlerus am 29. August Göring aufsucht, begrüßt ihn dieser freudestrahlend: „Wir werden Frieden haben; der Friede ist gesichert!"[273] Er vertraut dem Schweden an, Hitler werde am nächsten Tag einen gerechten Vorschlag über die Zukunft Danzigs und die Beilegung des Konflikts mit Polen unterbreiten. Der Unterhändler fliegt erneut nach London und gibt diese Nachricht an die englische Regierung weiter. Um deren Zweifel zu zerstreuen, lässt er sich von Göring am Telefon versichern, dass Hitlers Angebot an Polen bereits schriftlich vorliege und noch großzügiger als erwartet ausgefallen sei.

In der Nacht auf den 31. August sucht der britische Botschafter noch einmal den deutschen Außenminister auf. Joachim von Ribbentrop und Nevile Henderson geraten so heftig aneinander, dass der Dolmetscher Paul Schmidt sich über seine Notizen duckt, weil er Handgreiflichkeiten befürchtet. Unvermittelt zieht Ribbentrop ein Papier aus der Tasche und liest hastig das „großzügige Angebot" vor, das er einem polnischen Delegierten habe machen wollen. Aber es sei ja keiner erschienen. Als der Diplomat um eine Abschrift bittet, meint der Minister, er könne das Dokument nicht aus der Hand geben, denn der Inhalt sei nach Ablauf der gesetzten Frist gegenstandslos geworden.[274]

Am Abend überfällt ein SS-Obersturmbannführer mit einigen Männern den Rundfunksender in der schlesischen Grenzstadt Gleiwitz (Gliwice) und täuscht einen deutschfeindlichen polnischen Aufruf vor. Ungefähr zur gleichen Zeit lässt die Gestapo das Zollhaus Hochlinden im Kreis Ratibor in Brand stecken und beim Forsthaus Pitschen im Kreis Kreuzburg eine Gruppe narkotisierter KZ-Häftlinge erschießen, denen man SS-Uniformen angezogen hat.

Blitzkrieg

Der Panzerkreuzer „Schleswig-Holstein" eröffnet am 1. September 1939 in der Danziger Bucht das Feuer auf ein polnisches Depot. Gleichzeitig greift die Luftwaffe Polen an, und Einheiten des Heeres überschreiten die Grenze.

Magda Goebbels schlägt ihrer Mutter vor, als Zuschauerin mit zur Reichstagssitzung in die Kroll-Oper zu kommen. Hitler tritt in feldgrauer Uniform auf und behauptet mit knarrender Stimme: „Polen hat nun heute Nacht zum ersten Mal auf unserem eigenen Territorium auch durch reguläre Soldaten geschossen. Seit 5.45 Uhr wird jetzt zurückgeschossen, und von jetzt ab wird Bombe mit Bombe vergolten."[275] Wie ein Feldherr, der sein Reich ordnet, bevor er in den Krieg zieht, bestimmt er: „Sollte mir in diesem Kampf etwas zustoßen, so ist mein erster Nachfolger Parteigenosse Göring. Sollte Parteigenossen Göring etwas zustoßen, dann ist der nächste Nachfolger Parteigenosse Heß."[276] (Dabei sagte Hitler vor zwei Jahren zu Göring: „Ich hoffe nur, dass Heß mich niemals ersetzen muss. Ich wüsste nicht, wer mir mehr leid täte, Heß oder die Partei."[277])

Um die Kriegsführung kümmert sich Hitler persönlich. Die Regierungsgeschäfte überlässt er dem „Ministerrat für die Reichsverteidigung" unter Hermann Göring. Das Gremium tagt zwar am 1. September, wird aber niemals wirklich aktiv, denn Göring zieht es vor, Gesetze und Verordnungen, die mit der Kriegsführung in keinem unmittelbaren Zusammenhang stehen, zurückstellen zu lassen.

1914 hielten die meisten Deutschen eine militärische Auseinandersetzung wegen der damals bestehenden Konflikte in Europa für unausweichlich; sie waren überzeugt, sich verteidigen zu müssen, und weil sie an einen raschen Sieg glaubten, zogen sie jubelnd ins Feld. Die Situation 25 Jahre später ist völlig anders: Ungeachtet der Propaganda durchschauen fast alle, dass Deutschland einen riskanten Weg eingeschlagen hat. Der Krieg ist unpopulär. Hitler vermeidet deshalb diesen Begriff, und Goebbels weist die Medien an, von „Polizeiaktionen" und „Vergeltungsmaßnahmen" zu sprechen.

Göring beschwört Hitler, rechtzeitig einzulenken, um keinen Zweifrontenkrieg zu riskieren: „Wir wollen doch das Vabanquespiel bleiben lassen." Hitler entgegnet verächtlich: „Ich habe in meinem Leben immer Vabanque gespielt."[278] Da fürchtet der Generalfeldmarschall, der „Führer" sei verrückt geworden und stöhnt: „Wenn wir diesen Krieg verlieren, dann möge uns der Himmel gnädig sein."[279]

Während die Franzosen zögern und sich fragen, ob sie wegen Danzig eigene Soldaten in den Krieg schicken sollen („mourir pour Danzig?"), überbringt der britische Botschafter am Sonntagmorgen, dem 3. September, im Auswärtigen Amt eine Note: Seine Regierung verlangt den sofortigen Abbruch der militärischen Unternehmungen. Andernfalls herrsche ab 11 Uhr Krieg zwischen England und dem Deutschen Reich. Der Dolmetscher Paul Schmidt nimmt das Dokument entgegen und bringt es in die Reichskanzlei. Hitler wirkt wie versteinert. Ribbentrop schaut aus dem Fenster. Nach einer langen Pause fragt der „Führer" seinen Außenminister: „Was nun?" Der antwortet leise und schleppend: „Ich nehme an, dass uns die Franzosen in der nächsten Stunde ein gleich lautendes Ultimatum überreichen werden."[280]

Die polnische Kavallerie wirft sich den deutschen Panzern entgegen. Am 6. September fällt Krakau. Die Regierung flieht von Warschau nach Lublin. Am 17. September marschieren sowjetische Truppen in Ostpolen ein. Die Hauptstadt kapituliert am 27. September. Tags darauf besiegeln der deutsche und der sowjetische Außenminister in Moskau mit einem deutsch-sowjetischen Freundschaftsvertrag die vierte Teilung Polens[281]. Am 1. Oktober ergeben sich die letzten polnischen Einheiten, und am 5. Oktober nimmt Adolf Hitler in Warschau die deutsche Siegesparade ab.

Die Landstriche um Posen und Danzig werden dem Deutschen Reich als neue Gaue eingegliedert. Für den größten Teil des eroberten polnischen Staatsgebiets ernennt Hitler überraschenderweise den ehemaligen bayrischen Justizminister Hans Frank zum Generalgouverneur.

„Man muss hier Schnitte tun, und zwar ganz radikale"

Göring, den Hitler nach dem Pogrom im November 1938 beauftragt hatte, die „Judenfrage" zu lösen, ordnete im Januar 1939 an, „die Auswanderung der Juden aus Deutschland ... mit allen Mitteln zu fördern"[282]. Seine Absicht war es, eine größere Anzahl von Juden aus dem Deutschen Reich zu vertreiben und dabei möglichst viel von ihrem Besitz im Land zu behalten. Aber daraus wurde nichts. Durch die Eroberung Polens versechsfacht sich die Zahl der dem NS-Regime ausgelieferten Juden. Göring spielt nun mit dem Gedanken, dreieinhalb Millionen Juden auf die zum französischen Kolonialreich gehörende Insel Madagaskar zu deportieren.

Goebbels reist am 30. Oktober 1939 ins „Generalgouvernement", um sich dieses „Stück vermurkstes Asien"[283] selbst anzuschauen. Nachdem er die Judenviertel in Lodz und Warschau besichtigt hat, urteilt er: „Das sind keine Menschen mehr, das sind Tiere. Das ist deshalb auch keine humanitäre, sondern eine chirurgische Aufgabe. Man muss hier Schnitte tun, und zwar ganz radikale. Sonst geht Europa einmal an der jüdischen Krankheit zugrunde."[284]

Wieder zurück in Berlin gibt er den „Dokumentar"-Film „Der ewige Jude" in Auftrag. „Die zivilisierten Juden, welche wir aus Deutschland kennen, geben nur ein unvollkommenes Bild ihrer rassischen Eigenart", erläutert der Kommentator die im Judenviertel von Lodz gedrehten Szenen. „Dieser Film zeigt Originalaufnahmen aus den polnischen Gettos, er zeigt uns die Juden, wie sie in Wirklichkeit aussehen, bevor sie sich hinter der Maske des zivilisierten Europäers verstecken ..."[285]

Euthanasie

Im Oktober 1939 unterzeichnet Hitler ein auf den 1. September – den Tag des Kriegsbeginns – rückdatiertes Schreiben. Damit ordnet er an, „die Befugnisse namentlich zu bestimmender Ärzte so zu erweitern, dass nach menschlichem Ermessen unheilbar Kranke bei kritischster Beurteilung ihres Krankheitszustandes der Gnadentod gewährt werden kann."[286] Daraufhin werden schätzungsweise 100 000 von den Nationalsozialisten als „Ballastexistenzen"[287] bezeichnete Patienten aus Heil- und Pflegeanstalten getötet – bis Clemens August Graf von Galen, der Bischof von Münster, am 28. Juli 1941 beim Polizeipräsidium „pflichtgemäß" Strafanzeige erstattet[288] und Hitler das Euthanasieprogramm einschränkt.

Anschlag auf den „Führer"

Am Jahrestag des missglückten Putschversuchs am 8. November 1923 im Bürgerbräukeller pflegt Hitler in der Münchner Großgaststätte eine Ansprache zu halten. Das tut er auch 1939. Um 20.15 Uhr beginnt er mit seiner Rede. Er ahnt nicht, dass an einem tragenden Pfeiler unmittelbar neben ihm eine auf 21.20 Uhr eingestellte Zeitbombe tickt. Angebracht hat sie der 36 Jahre alte schwäbische Tischler Johann Georg Elser in nächtelanger heimlicher Arbeit, um den „Führer" zu töten und damit – wie er hofft – den Krieg zu beenden.

Hitler redet gewöhnlich eineinhalb Stunden und schüttelt dann noch eine Weile alten Kameraden die Hand. Doch an diesem Abend beendet er seine Rede bereits um 21.07 Uhr und lässt sich gleich darauf zum Hauptbahnhof fahren.

In Nürnberg steigt Goebbels aus, um zu telefonieren. Fahl im Gesicht kehrt er zurück und berichtet stockend, eine Detonation habe die Decke des Bürgerbräukellers zum Einsturz gebracht, acht Menschen getötet und 63 verletzt. Goebbels bestärkt Hitler in dem Glauben, „unter dem Schutz des Allmächtigen" zu stehen: „Er wird erst sterben, wenn seine Mission erfüllt ist."[289]

Triumph über Frankreich

England und Frankreich haben zwar den Krieg erklärt, aber sie führen ihn nicht. An der deutsch-französischen Front sprechen die Soldaten von einem „Sitzkrieg". Generaloberst Alfred Jodl erklärt später im Nürnberger Prozess: „Wenn wir nicht schon im Jahre 1939 zusammenbrachen, so kommt das nur daher, dass die rund 110 französischen und englischen Divisionen im Westen sich während des Polenfeldzuges gegenüber den 23 deutschen völlig untätig verhielten."[290]

Hitler geht in die Offensive. Am 23. November 1939 verkündet er den Oberbefehlshabern der Wehrmacht, der deutsche Angriff an der Westfront stehe unmittelbar bevor.

In seiner Silvesteransprache zitiert Joseph Goebbels Fürst Leopold von Anhalt-Dessau, der am 15. Dezember 1745 vor der Schlacht bei Kesselsdorf betete: „Herrgott, hilf mich, und wenn du das nicht willst, dann hilf wenigstens die Schurken von Feinden nich', sondern sieh zu, wie es kommt. Amen. In Jesu Namen, marsch."[291]

Als Hermann Göring in Carinhall gerade Geburtstagsgeschenke auspackt, klingelt das Telefon. Er wechselt die Farbe: Ein deutscher Luftwaffenoffizier, der einer Fallschirmjägerdivision den Einsatzbefehl für den geplanten Beginn des Westfeldzugs überbringen sollte, ließ sich befehlswidrig am 10. Januar 1940 in einem Flugzeug von Münster nach Köln mitnehmen. Die Maschine kam vom Kurs ab, und als der Treibstoff zur Neige ging, setzte der Pilot in Belgien zur Notlandung an. Der Kurier zerriss die Dokumente und zündete die Schnipsel an. Sie waren noch nicht ganz verbrannt, da wurde er festgenommen. Göring weiß zwar nicht, welche Informationen die Belgier den verkohlten Papierfetzen entnehmen konnten, klar ist aber, dass sie ihre Erkenntnisse mit den Briten und Franzosen teilen werden. Hitler tobt, beschimpft Göring und verschiebt den Angriffstermin.

Am 8. April gehen Hitler und Goebbels im Garten der Reichskanzlei spazieren. Der „Führer" unterrichtet seinen Propagandachef erst jetzt über die „Aktion Weserübung": Am nächsten Morgen werden 250 000 Soldaten Kopenhagen, Oslo, Stavanger, Bergen, Trondheim und Narvik besetzen, um einer alliierten Landung in Skandinavien zuvorzukommen. Geschütze und Munition hat man bereits in Kohledampfern versteckt zu den Einsatzorten transportiert. Goebbels räsoniert: „Es ist dazu fast die gesamte deutsche Flotte eingesetzt. Das kühnste Wagnis der modernen Kriegsgeschichte. Mit einer ungeheuren Gefahr, mit größtem Einsatz, aber auch mit größten Chancen verbunden."[292] Er befürchtet, dass die USA in einem Jahr in den Krieg eingreifen könnten. „Und wir müssen in diesem Jahr zum Siege kommen. Sonst würde die Materialüberlegenheit der Gegenseite zu groß. Auch wäre ein langjähriger Krieg psychologisch schwer zu ertragen."[293]

Tatsächlich kommen die Deutschen den Engländern in Norwegen nur um Stunden zuvor. So kann Goebbels das deutsche Unternehmen in eine Schutzmaßnahme für die Skandinavier ummünzen: „Blitzartige Antwort auf die britischen Versuche, Skandinavien zum Kriegsschauplatz gegen Deutschland zu machen."[294] Dänemark und Norwegen kapitulieren. Schweden bleibt neutral, nicht zuletzt aufgrund einer von Göring arrangierten Unterredung Hitlers mit dem Befehlshaber der schwedischen Flotte.

Wegen ihres kraftlosen Vorgehens gegen das Deutsche Reich werden Edouard Daladier und Neville Chamberlain zunehmend kritisiert. Der französische Ministerpräsident tritt am 20. März 1940 zurück, und der britische Premier kann sich auch nicht mehr halten. Mit Winston Churchill übernimmt am 13. Mai in London ein Mann die Regierung, der seinen Landsleuten nichts anderes anzubieten hat, als „Blut, Mühsal, Tränen und Schweiß"[295].

Nachdem Hitler den Angriff im Westen 30-mal verschoben hat, befiehlt er ihn am 9. Mai 1940 endgültig für den nächsten Morgen. Abends fährt er mit seinem Sonderzug unauffällig in das bei Bad Münstereifel vorbereitete Hauptquartier „Felsennest". Um keinen Verdacht zu erregen, begleiten Göring und Goebbels den italienischen Volksbildungsminister ins Berliner Staatstheater zur Premiere des von Mussolini verfassten Dramas „Cavour". Goebbels langweilt sich: „Erster Teil mit einigen Höhepunkten, zweiter Teil nur zusammengestoppelt. ... Der Duce kann offenbar besser Geschichte machen als Geschichte dramatisieren."[296]

Im Morgengrauen greift die deutsche Luftwaffe französische, belgische und holländische Flugplätze an. Fallschirmjäger springen vor der Front ab und besetzen strategisch wichtige Brücken und Verkehrsknotenpunkte. Wie Stoßkeile sprengen die Panzerverbände die gegnerische Front auf, und die nachrückende Infanterie sichert das gewonnene Gelände. Die holländische Armee kapituliert nach drei Tagen, die belgische nach drei Wochen und die französische nach eineinhalb Monaten.

Die britischen und französischen Einheiten, die durch den deutschen „Sichelschnitt" an der Kanalküste isoliert worden sind, ziehen sich nach Dünkirchen zurück. Unvermittelt hält Hitler am 24. Mai seine Panzerspitzen 15 km vor Dünkirchen an. Will er die Engländer schonen, um sie doch noch für einen Separatfrieden zu gewinnen? Oder hat Göring ihn überredet, die Vernichtung der eingekesselten Streitkräfte seiner Luftwaffe zu überlassen, weil er sich selbst im Schlussakt den Ruhm des Siegers sichern möchte? Jedenfalls können die deutschen Flieger nicht verhindern, dass 850 Fischerboote, Yachten und Ausflugsdampfer 338 000 alliierte Soldaten bis 4. Juni über den Kanal holen und die Briten nur die schweren Waffen zurücklassen müssen.

„Der größte Sieg aller Zeiten ist errungen, das Feldherrngenie unseres Führers und Obersten Befehlshabers hat die große Schlacht im Westen zum herrlichsten Triumph der deutschen Waffen gestaltet." Mit diesen Worten wendet sich Göring am 5. Juni in einem Tagesbefehl an seine Soldaten. „Der furchtbare Schlag, der unsere Gegner getroffen hat, hat sie reif gemacht für den Stoß ins Herz."[297]

Am 6. Juni erkundigt sich Joseph Goebbels bei Hitler im Führerhauptquartier „Wolfsschlucht" bei Rocroi an der belgisch-französischen Grenze nach dem Kriegsverlauf. Dann schwelgt er in seinen Eindrücken: „Der Führer steht turmhoch über uns allen. Er ist ein geschichtliches Genie. Welch eine große Zeit! Welches Glück, an ihr mitarbeiten zu dürfen. Und nach ihr soll dann die große Ruhe kommen, nach der wir uns alle sehnen. Auch der Führer, vielleicht mehr als wir alle. Dann bauen wir Europa auf."[298] Mit einem Bomber fliegt er zurück nach Berlin – rechtzeitig vor Einbruch der Dunkelheit, weil er sonst einen Abschuss durch die eigene Flak riskieren würde.

Um nicht leer auszugehen, erklärt Italien dem zusammenbrechenden Frankreich den Krieg. Aber der italienische Angriff bleibt bereits in Menton stecken. Mussolini jammert: „Mir fehlt das Material. Auch Michelangelo brauchte Marmor, um seine Statuen zu schaffen. Wenn er nur Lehm gehabt hätte, wäre er nur Töpfer geworden."[299]

Die französische Regierung zieht sich von Paris nach Tours und von dort nach Bordeaux zurück. Kampflos rücken deutsche Einheiten am 14. Juni in Paris ein. Von einer Truppenparade rät Göring jedoch aus Furcht vor britischen Luftangriffen ab. Drei Tage später ersucht der 84-jährige Marschall Henri Philippe Pétain, der am Vortag die französische Präsidentschaft übernommen hat, die Deutschen um einen Waffenstillstand.

Deutsche Pioniere durchbrechen die Wand der Gedenkstätte im Wald von Compiègne, um den Salonwaggon, in dem am 11. November 1918 der deutsch-französische Waffenstillstand unterzeichnet wurde, herauszuholen und an historischer Stelle aufzustellen. „Kein Hass und keine Rache leiten uns", behauptet Goebbels. „Aber die Schmach vom 11. November 1918 muss ausgelöscht werden."[300] Am 21. Juni fahren Adolf Hitler, Hermann Göring, Joachim von Ribbentrop, Rudolf Heß, Erich Raeder, Wilhelm Keitel und Walther von Brauchitsch vor. Fünf Minuten später erscheint die französische Delegation. Sobald Keitel die Präambel des Vertragstextes verlesen hat, reist Hitler wieder ab. Am nächsten Tag beugen sich die Franzosen dem deutschen Diktat und unterschreiben einen Waffenstillstand, der drei Tage später in Kraft tritt. Frankreich wird bis zu einer zwischen Genf und Tours verlaufenden Linie und entlang der Atlantikküste von deutschen Truppen besetzt. In Vichy richtet Marschall Pétain seinen Amtssitz ein und vereinigt die Ämter des Staatspräsidenten und Regierungschefs in seiner Hand. Während sich General Charles de Gaulle nach London absetzt und von dort den Widerstand gegen die Besatzungsmacht organisiert, versucht Pétain durch eine begrenzte Zusammenarbeit mit den Deutschen so viel Autonomie wie möglich zu bewahren.

Als Hitler erfährt, dass die französische Delegation den Waffenstillstand unterschrieben hat, ruft er Goebbels an und lobt dessen Propagandaarbeit, die zu dem Erfolg beigetragen habe: „Er ist ganz ausgelassen glücklich. ... Er ist wie ein Junge, so freudig erregt und beglückt."[301]

Obwohl die Luftwaffe bei Dünkirchen versagte, betont Hitler in einer Rede am 19. Juli, dass die Anstrengungen des Heeres ohne ihren „heroischen Einsatz" vergeblich gewesen wären. Er preist Görings „einmalige Verdienste", „seine Arbeitskraft und Verantwortungsfreudigkeit", ernennt ihn zum „Reichsmarschall des Großdeutschen Reiches" und dekoriert ihn mit einem eigens für diesen Anlass entworfenen „Großkreuz des Eisernen Kreuzes".[302] Hitler duldet auch, dass Göring in Paris erbeutete Kunstwerke waggonweise nach Carinhall schafft. „Wenn ich mit Göring spreche", verrät er, „ist das für mich wie ein Stahlbad, ich fühle mich danach frisch."[303] Er selbst wird nach dem Sieg über Frankreich als „größter Feldherr aller Zeiten" gepriesen. Witzbolde machen daraus – in Anspielung auf den Abkürzungsspleen der Nationalsozialisten – den „Gröfaz"[304].

Luftkrieg gegen England

Das Deutsche Reich beherrscht im Sommer 1940 den europäischen Kontinent von der Atlantikküste bis zur Ostsee und zum Balkan. Der „Caudillo" (spanisch: Führer; Titel des spanischen Staatschefs General Franco) sympathisiert mit dem „Duce" und dem „Führer". Portugal, die Schweiz, Schweden und Irland bleiben neutral. Aber Hitler gibt sich nicht zufrieden. Er träumt nicht von einer gerechten Gesellschaft oder einer Weltfriedensordnung, sondern von seiner Machtentfaltung und ist bereit, an den Grenzen seines Herrschaftsbereiches lebenslang Feinde zu bekriegen. Damit das Erreichte nicht zusammenbricht, muss er es aufs Spiel setzen, denn seine charismatische Führung erfordert immer neue Erfolgsmeldungen und verträgt keine Stagnation; die Dynamik darf nicht nachlassen, jeder Schritt bereitet nur den nächsten vor.

Kriegslüstern hofft Goebbels Ende Juni, dass Churchill nicht einlenkt, denn England könne „in 4 Wochen niedergerungen werden"[305]. Am 16. Juli 1940 gibt Hitler die geheime Weisung, eine Landungsoperation gegen England vorzubereiten. Fünf Tage später erklärt Göring den Kommandeuren der Luftwaffe in Carinhall, die Royal Air Force müsse vernichtet werden, bevor man die Invasionstruppen ungefährdet über den Kanal bringen könne. Mit 1485 Einsätzen am 13. August verschärft Göring die seit einem Monat geflogenen Angriffe gegen die englische Südküste. Jeden Tag nehmen tausend deutsche Flugzeuge Kurs auf England. Bis zum Monatsende schießt die Luftwaffe 359 gegnerische Flugzeuge ab, verliert aber selbst fast doppelt so viele, denn die britischen Radarstationen unterrichten die Jagdflieger der Royal Air Force präzise über die anfliegenden Maschinen.

Göring prahlte 1938, seine Luftwaffe sei „die technisch modernste, einsatzbereiteste, zahlenmäßig stärkste der Welt"[306], und er versicherte im Jahr darauf: „Deutschland wird keine einzige Bombe abbekommen. Wenn ein einziges feindliches Bombenflugzeug über deutsches Gebiet fliegt, dann will ich nicht mehr Hermann Göring heißen; dann könnt ihr mich Meier nennen!"[307] Nachdem in der Nacht vom 23./24. August 1940 einige deutsche Maschinen vom Kurs abgekommen sind und ihre Bomben über der Londoner Innenstadt ausgeklinkt haben, wagen sich britische Piloten in der folgenden Nacht zu einem Vergeltungsschlag erstmals bis nach Berlin vor. Goebbels beginnt mit einer Propagandakampagne gegen die „feigen Luftpiraten". Am 4. September droht Hitler bei der Eröffnung des Winterhilfswerks: „Und wenn die britische Luftwaffe zwei- oder drei- oder viertausend Kilogramm Bomben wirft, dann werfen wir jetzt in einer Nacht 150 000, 180 000, 230 000, 300 000, 400 000, 1 Million Kilogramm. Wenn sie erklären, sie werden unsere Städte in großem Ausmaß angreifen – wir werden ihre Städte ausradieren!"[308]

Mit 625 Bombern und 648 Jägern fliegt die Luftwaffe am 7. September einen ersten Großangriff gegen London. Im Speisewagen seines Sonderzugs fragt Göring den Chef des Generalstabs der Luftwaffe, Generaloberst Hans Jeschonnek, ob es möglich sei, die Briten durch solche Schläge zu bezwingen. Als Jeschonnek die Frage bejaht, fährt Göring fort: „Glauben Sie, dass Deutschland nachgäbe, wenn Berlin zerstört wäre?" – „Natürlich nicht!" Da sagt der Oberbefehlshaber der Luftwaffe mit leiser Stimme: „So, dann glauben Sie also, dass die Engländer weicher sind als wir Deutschen. Ich fürchte, da irren Sie sich, ich glaube das nicht."[309]

Am 17. September verschiebt Hitler die für den 21. September geplante Landung in England auf unbestimmte Zeit, und zwei Wochen später stellt die Luftwaffe ihre Tagesangriffe auf englische Ziele ein. Ab jetzt überqueren deutsche Piloten den Kanal nur noch im Schutz der Nacht.

Göring lädt Goebbels zu einem Ausflug nach Frankreich ein. Am 17. Oktober fliegt der Reichspropagandaminister von Berlin nach Paris und fährt zu dem abgestellten Zug, der Göring als Hauptquartier dient. „Tolle Angriffe auf London", schwärmt der Besucher. „Wie lange will Churchill das noch aushalten? ... Die Leute sind fabelhaft und in bester Stimmung. ... Richtige Helden! ... Ich bin begeistert von den jungen Offizieren."[310] Bis 2 Uhr nachts plaudert er mit Göring.

Am nächsten Tag wollten sie eigentlich zur Küste fliegen, aber wegen des Nebels bleiben sie in Paris. „Paris. Der alte Zauber dieser wunderbaren Stadt, in die das pulsierende Leben wieder zurückgekehrt ist. Viel Militär. Ich bummle mit Göring durch die Straßen. Eine Riesensensation. Dann mache ich ein paar Einkäufe. Abends ins Casino de Paris. Ein Varieté. Nicht so gut wie die Berliner, aber viele schöne Frauen und eine entwaffnende Nacktheit."[311] Das Abendessen nehmen die beiden im „Maxim's" ein. Danach schreibt der Besucher begeistert in sein Tagebuch: „Göring ist fabelhaft. Er ist doch ein lieber Kerl."[312]

Joseph Goebbels wird an seinem 43. Geburtstag noch einmal Vater: Heide ist seine fünfte Tochter und sein sechstes Kind.

Hitlers neue Pläne

Hitler lobt seinen „lieben Reichsmarschall" am 18. Oktober 1940 in einem Brief für die 1936 bis 1940 geleistete Arbeit als Beauftragter des Vierjahresplans und stellt ihm die Aufgabe, „das begonnene Werk weiter fortzuführen und es besonders den Forderungen des Krieges anzupassen. Alle die Ihnen seinerzeit gegebenen Vollmachten stehen Ihnen dafür auch weiterhin zur Verfügung."[313]

Ohne sein eigentliches Ziel aufzugeben – die Eroberung von „Lebensraum" im Osten –, überfiel Hitler 1939 Polen und im Jahr darauf Dänemark, Norwegen, die Benelux-Staaten und Frankreich. Weil Göring nicht in der Lage ist, die englische Luftabwehr auszuschalten und damit eine wesentliche Voraussetzung für eine Landung auf der Insel zu schaffen, will Hitler nun doch erst einmal die Sowjetunion angreifen. Nach seinem Sieg über Stalin, davon ist Hitler überzeugt, werde die britische Regierung ohnehin aufgeben.

Zuvor gibt es allerdings noch anderes zu tun. Am 12. September 1940 hatten Mussolinis Truppen in der Cyrenaika mit einer Offensive gegen die ägyptische Hafenstadt Sidi Barani begonnen, und am 28. Oktober fielen die seit eineinhalb Jahren in Albanien stationierten Streitkräfte in Griechenland ein. Um die Italiener vor einer Niederlage zu bewahren, muss Hitler im Frühjahr 1941 sowohl in Nordafrika als auch auf dem Balkan eingreifen.

„Heute keine weiteren Reichsminister eingeflogen"

Am 11. Mai 1941 erhält Hitler auf dem Obersalzberg durch einen Stapel von Schriftstücken die Nachricht, dass Rudolf Heß in Augsburg ein Jagdflugzeug genommen hat und damit allein nach Schottland geflogen ist, um Douglas Hamilton, den Herzog von Hamilton und Brandon, für eine deutsch-britische Verständigung zu gewinnen. Hitler tobt. Er kennt zwar das außergewöhnliche fliegerische Können seines Stellvertreters, hofft aber dennoch, dass er „in der Nordsee ersoffen"[314] ist. Sofort lässt er Göring aus Veldenstein kommen und berät sich mit ihm.[315]

Ein von Reichspressechef Otto Dietrich verfasstes Kommuniqué wird am 12. Mai im Rundfunk verlesen: Rudolf Heß habe trotz „einer seit Jahren fortschreitenden Krankheit" ein Flugzeug gekapert und sei damit gestartet. Ein zurückgelassener Brief zeige „Spuren einer geistigen Zerrüttung"; man befürchte, er sei „das Opfer von Wahnvorstellungen" geworden.[316]

Erst jetzt erfährt Goebbels, was geschehen ist – und ärgert sich darüber, dass er an der Formulierung des Kommuniqués nicht beteiligt wurde. Unverzüglich sorgt er dafür, dass Aufnahmen von Rudolf Heß aus der aktuellen Wochenschau herausgeschnitten werden. Am Morgen des 13. Mai gibt der britische Rundfunk bekannt, dass Heß festgenommen worden ist. Wie alle anderen Reichs- und Gauleiter auch, pilgert Goebbels an diesem Tag zum Obersalzberg. Hitler wirkt „ganz zerschmettert"[317]. Nachdem der Reichspropagandaminister Briefe von Heß gelesen hat, entrüstet er sich über das „wirre Durcheinander" und den „primanerhaften Dilettantismus". Dass Churchill nicht mit dem ungebetenen Gast reden, sondern ihn verhaften lassen würde, habe Heß wohl nicht erwartet. „Er ist zu blödsinnig. So ein Narr war der nächste Mann nach dem Führer." Erklären kann er sich dessen Verhalten nur durch eine Geisteskrankheit: „Das Ganze ist aus der Atmosphäre seines Gesundbetens und seiner Grasfresserei erklärbar. Eine durchaus pathologische Angelegenheit. Man möchte seine Frau, seine Adjutanten und seine Ärzte windelweich prügeln."[318]

Die BBC meldet süffisant: „Heute keine weiteren Reichsminister eingeflogen."[319]

Als der „Führer" Hermann Göring fragt, wer als Nachfolger von Heß geeignet sei, meint dieser: „Jeder, nur nicht Bormann." Hitler entscheidet: „Die bisherige Dienststelle des Stellvertreters des Führers führt von jetzt ab die Bezeichnung Partei-Kanzlei. Sie ist mir persönlich unterstellt. Ihr Leiter ist, wie bisher, Parteigenosse Reichsleiter Martin Bormann."[320]

Niemand ist verhasster als der 1900 in Halberstadt geborene Sohn eines Postbeamten, den Hitler im Juli 1933 als Parteisekretär in München einstellte, denn durch seine Beflissenheit hat er dessen volles Vertrauen erworben und ist nun dabei, seine Machtposition rücksichtslos auszubauen.

Stalin wiegt sich in Sicherheit

Hermann Göring predigt, man müsse sich auf den „Führer" verlassen: „Wir anderen alle, wir kleineren Menschen, können nur hinter ihm marschieren, erfüllt von grenzenlosem Vertrauen zu ihm. Dann kann uns nichts passieren."[321] Tatsächlich aber macht er sich Sorgen: Im Januar verrät er seiner Frau, Hitler beabsichtige, die Sowjetunion anzugreifen – und er befürchtet, dafür sei es noch zu früh. Anfang Juni informiert er auch Birger Dahlerus. Der britische Nachrichtendienst, dem es gerade gelungen ist, den deutschen Geheimcode zu entschlüsseln, kennt die Pläne ebenfalls. Die Engländer warnen die Regierung in Moskau vor einem deutschen Überfall. Am 22. Juni sei damit zu rechnen, meldet der deutsche Journalist Richard Sorge dem sowjetischen Geheimdienst aus Tokio. Stalin aber glaubt nicht an einen deutschen Angriff.

Dem Propagandaminister offenbart Hitler erst im März 1939 seine Absichten. Obwohl Goebbels vor dem Krieg gegen Russland graut, lässt er sich von Hitler überzeugen, dass man das Risiko eingehen müsse: „Psychologisch bietet die ganze Sache einige Schwierigkeiten. Parallele Napoleon etc. Aber das überwinden wir leicht durch Antibolschewismus. … Wir werden da unser Meisterstück liefern."[322]

Um sicherzustellen, dass der Krieg mit einem Überraschungsangriff beginnen kann, streut er Gerüchte über einen geplanten Staatsbesuch Stalins in Berlin und verfasst einen Artikel für den „Völkischen Beobachter" vom 13. Juni 1941, in dem er zwischen den Zeilen eine unmittelbar bevorstehende Invasion in England andeutet. In der Nacht lässt er die Zeitung beschlagnahmen, einige Exemplare aber ausländischen Korrespondenten zuspielen. Das schlägt wie eine Bombe ein! Journalisten vermuten, das Erscheinen der Zeitung sei von Hitler im letzten Augenblick verhindert worden, weil das „Großmaul" Goebbels zu viel verraten habe. Sie glauben das Spiel zu durchschauen: Der deutsche Aufmarsch im Osten ist das Täuschungsmanöver; die Landung in England das tatsächliche Vorhaben.

Wenn die Presse weiterhin annehmen soll, der Reichspropagandaminister sei beim „Führer" in Ungnade gefallen, kann Goebbels fürs Erste nicht mehr ohne weiteres bei der Reichskanzlei vorfahren. Als er kurz nach der Aktion zu Hitler gerufen wird, schraubt sein Chauffeur eine andere Autonummer an und bringt ihn zu einem Seiteneingang. Der Optimismus des Propagandaministers übertrifft jetzt schon den seines Chefs: „Das Beispiel Napoleons wiederholt sich nicht. … Der Führer schätzt die Aktion auf etwa 4 Monate, ich schätze auf weniger. Der Bolschewismus wird wie ein Kartenhaus zusammenbrechen. Wir stehen vor einem Siegeszug ohnegleichen. … Ich schätze die Kampfkraft der Russen sehr niedrig ein, noch niedriger als der Führer. Wenn eine Aktion sicher war und ist, dann diese."[323] Hitler gibt ihm zu bedenken, dass weder er noch Goebbels eine Niederlage überleben werden: „Wir haben sowieso soviel auf dem Kerbholz, dass wir siegen müssen, weil sonst unser ganzes Volk, wir an der Spitze mit allem, was uns lieb ist, ausradiert werden."[324]

Durch die mit Regenperlen benetzten Autofenster beobachtet Goebbels auf der Rückfahrt die Leute in den Straßen. „Glückliche Menschen, die von all unseren Sorgen nichts wissen und in den Tag hineinleben. Für sie alle arbeiten und kämpfen wir und nehmen wir jedes Risiko auf uns. Damit unser Volk lebe!"[325]

ZUSAMMENBRUCH

"Vor uns kein Feind und hinter uns kein Nachschub"

Während Joseph Goebbels am Abend des 21. Juni 1941 dem italienischen Volksbildungsminister und dem italienischen Botschafter in Schwanenwerder den Film „Vom Winde verweht" vorführt, wird er in die Reichskanzlei gerufen. Nach der Lagebesprechung setzt er sich an einen Flügel und spielt verschiedene Musikstücke an, bis er sich für die Siegesfanfare aus „Les Préludes" von Franz Liszt entscheidet, die von jetzt an Sondermeldungen im Rundfunk ankündigen soll. Um 2.30 Uhr geht er zu seinem Ministerium hinüber und unterrichtet die dort wartenden Mitarbeiter über den unmittelbar bevorstehenden Angriff auf Russland. Dann zieht er sich zurück: „Ich gehe ruhelos im Zimmer auf und ab. Der Atem der Geschichte ist hörbar. Große, wunderbare Zeit, in der ein neues Reich geboren wird. Unter Schmerzen zwar, aber es steigt empor zum Licht."[1]

Am 22. Juni, um 5.30 Uhr, wird das Rundfunkprogramm unterbrochen. Zunächst ist die Siegesfanfare zu hören, dann berichtet der Reichspropagandaminister, man habe mit einer „militärischen Aktion" gegen Russland begonnen.

Napoleon marschierte im Juni 1812 mit 610 000 Soldaten nach Russland. Hitler bietet mehr als drei Millionen auf. Der deutschen Luftwaffe gelingt es, in den ersten 24 Stunden des Überfalls 1817 russische Flugzeuge zu zerstören – die meisten davon, ehe sie überhaupt aufsteigen konnten.

Scheinbar ungerührt lässt sich Göring am Tag nach dem Überfall von Albert Speer ein Modell des geplanten Reichsmarschallamtes zeigen, das noch gigantischer als die Neue Reichskanzlei werden soll.

Erst am 28. Juni richtet er sich im neuen Luftwaffenhauptquartier ein:

in Sonderzügen, die bei Goldap, in der Nähe des Reichsjägerhofs, abgestellt sind. Nicht weit davon befinden sich das Hauptquartier der Heeresführung im Norden der Masurischen Seenplatte und das „Führerhauptquartier Wolfsschanze" bei Rastenburg.

In der „Wolfsschanze" bestätigt Hitler am 29. Juni noch einmal Hermann Göring als seinen Nachfolger.

Generalstabschef Franz Halder meint schon am 3. Juli: „Es ist ... wohl nicht zuviel gesagt, wenn ich behaupte, dass der Feldzug gegen Russland innerhalb 14 Tagen gewonnen wurde."[2]

Das klingt Goebbels zu nüchtern. Er schreibt in einem Zeitungsartikel, der Kampf des Deutschen Reiches gegen die Sowjetunion sei „ein Krieg der gesitteten Menschheit überhaupt gegen seelische Fäulnis, gegen den Verfall der öffentlichen Moral, gegen den geistigen und physischen Blutterror, gegen eine kriminelle Politik, deren Urheber auf Leichenbergen sitzen, um Ausschau zu halten, wen sie sich als nächstes Opfer auswählen sollen."[3] Seinen Landsleuten droht der Propagandaminister: „Was es bedeuten würde, wenn sie [die Russen] mit ihren vertierten Horden Deutschland und den Westen dieses Erdteils überflutet hätten, das vermag sich die menschliche Fantasie nicht auszudenken. ... Deutschlands Söhne sind wieder einmal angetreten, um mit dem Schutz des eigenen Landes zugleich auch den Schutz der gesitteten Welt zu übernehmen. ... In ihrer erhobenen Hand halten sie die Fackel, damit das Licht der Menschheit nicht verlöscht."[4]

Am 27. Juli hält auch Goebbels den Zeitpunkt für gekommen, um zu triumphieren: „Mit einer Wucht ohnegleichen haben sich die deutschen Heere auf den Feind geworfen. Er ist bereits in seinem Kern getroffen."[5]

Am 18. August fliegt er ins „Führerhauptquartier". Hitler, der sich gerade von einer Ruhr-Erkrankung erholt, erläutert seinem Besucher, er habe zwar die sowjetische Stärke „gänzlich unterschätzt", werde den Krieg aber trotzdem noch vor dem Wintereinbruch zum Abschluss bringen. Wieder rückt Goebbels sein Weltbild zurecht: „Es ist vielleicht ganz gut gewesen, dass wir über das Potenzial der Bolschewisten nicht so genau im Bilde waren. Vielleicht wären wir doch davor zurückgeschreckt, die nun einmal fällig gewordene Frage des Ostens und des Bolschewismus in Angriff zu nehmen."[6]

Wo die russische Bevölkerung noch nicht erfahren hat, mit welcher Brutalität die Deutschen versuchen, das Land zu erobern – Göring rät zum Beispiel, jeden zu erschießen, der „nur schief schaut"[7] –, werden sie als Befreier vom stalinistischen Terror begrüßt.

Während die Grande Armée Napoleons geradewegs nach Moskau

marschiert war, hat Hitler an einer 1500 km langen Front drei Offensiven zugleich befohlen: gegen Leningrad (St. Petersburg), Moskau und zum Kaukasus. Rasch stürmen die Deutschen nach Osten; die sowjetischen Armeen weichen zurück. Sarkastisch schreibt ein Soldat aus dem Feld: „Vor uns kein Feind und hinter uns kein Nachschub."[8]

Das Scheitern des Feldzugs

Weil Goebbels überzeugt ist, gerade wegen des Krieges als Propagandaminister für Hitler unentbehrlich zu sein, bemüht er sich nun noch weniger, seine Affären zu verbergen. Seine Frau klagt in einem Gespräch mit Ello Quandt: „Ich habe offen mit Jupp geredet. Er war ziemlich vernünftig und versprach mir, in Zukunft keine Freundin mehr zu haben, die mir missfällt oder frech zu mir ist. ... Ich werde alt. Ich fühle mich oft erschöpft und kann's doch nicht ändern. Diese Mädchen sind zwanzig Jahre jünger und haben keine sieben Kinder zur Welt gebracht. Für mich gibt's nur zwei Möglichkeiten: Gewinnen wir den Krieg, dann wird Joseph so hoch im Kurse stehen, dass ich, eine alternde, verbrauchte Frau, sowieso abserviert bin. Verlieren wir den Krieg, so ist mein Leben ohnehin zu Ende. Die Lasten dieses Krieges darf ich noch mit ihm tragen. Dann ist alles zu Ende."[9]

Hitler versichert in einer Rede am 3. Oktober: „Dieser Gegner ist bereits gebrochen und wird sich nie mehr erheben."[10] Am 11. Oktober werden Frauen und Kinder aus Moskau evakuiert. Als Stalin zum „Großen Vaterländischen Krieg" aufruft, beruhigt Goebbels seine Landsleute: „Die Sowjetunion verfügt heute praktisch über keine militärisch in Betracht kommenden Armeen mehr."[11] Das deutsche Volk könne sicher sein, dass die Gefahr aus dem Osten endgültig gebannt sei.[12]

Schnee und Regen setzen ein. Die Fahrzeuge bleiben im Schlamm stecken. Anfang November beginnt der Frost. Bei minus 20 °C liegen die Soldaten auf dem gefrorenen Boden. Handschuhe gibt es nur für jeden Zweiten. Als Goebbels im August eine „Wollsammlungsaktion" anregte, winkte die Wehrmachtsführung ab. „Im Winter? Da sitzen wir in warmen Quartieren von Leningrad und Moskau",[13] prahlte General Alfred Jodl.

Mehr als drei Millionen sowjetische Soldaten sind bis Oktober 1941 in Gefangenschaft geraten. Da die Deutschen selbst nicht über ausreichend Nahrung und Kleidung verfügen und die Fahrzeugmotoren in der Kälte nicht anspringen, wären sie auch bei gutem Willen mit der Logistik des Transports, der Unterbringung und Versorgung der Kriegsgefangenen überfordert. Sie nehmen es hin, dass mehr als die Hälfte der russischen Gefangenen verhungert bzw. Seuchen erliegt.[14] Als der italienische Außenminister Galeazzo Ciano Conte di Cortellazzo Hermann Göring auf die Hungersnot in Griechenland hinweist, wehrt ihn dieser unwirsch ab: „Wir können uns nicht auch noch um die hungernden Griechen kümmern. ... In den Gefangenenlagern haben die Russen angefangen, sich gegenseitig aufzufressen. In diesem Jahr werden in Russland zwischen 20 und 30 Millionen Menschen verhungern. Und vielleicht ist das gut so, denn gewisse Völker müssen dezimiert werden."[15]

Ende November stehen die Deutschen 30 km vor dem Zentrum Moskaus.

Am 5. Dezember 1941 – bei minus 36 °C – geht die Rote Armee zum Gegenangriff über. Die Heeresgruppe Mitte weicht 200 km zurück. Am 16. Dezember befiehlt Hitler, „die Truppe zum fanatischen Widerstand in ihren Stellungen zu zwingen"[16]. Hitler persönlich löst Generalfeldmarschall Walter von Brauchitsch als Oberbefehlshaber des Heeres ab[17] – und gibt ihm zum Abschied nicht einmal die Hand. Am 20. Dezember fliegt Generaloberst Heinz Guderian nach Rastenburg, um Hitler von der Notwendigkeit eines weiteren Rückzugs zu überzeugen. Als der „Führer" darauf besteht, dass sich die Truppen „in den Boden einkrallen", gibt ihm der erfahrene Offizier zu bedenken: „Das Einkrallen in den Boden ist nicht mehr überall möglich, weil er einen bis eineinhalb Meter tief gefroren ist und wir mit unserem kümmerlichen Schanzzeug nicht mehr in die Erde kommen."[18] Hitler wischt den Einwand beiseite.

Goebbels redet sich ein, das Scheitern des Feldzugs sei „gut für die Moral": „Hätten wir überall so gesiegt wie in Polen und in Frankreich, so wären wir Deutschen größenwahnsinnig geworden."[19]

Kritik an der Luftwaffe

Obwohl Göring aufgrund seiner Machtfülle durchsetzt, dass für die Luftwaffe überproportional viele Arbeitskräfte und Rohstoffe eingesetzt werden, bleibt die Produktion von Flugzeugen hinter der von Panzern, Schiffen und Waffen weit zurück. Vorhandene Maschinen können häufig nicht starten, weil für notwendige Reparaturen keine Ersatzteile verfügbar sind.

Der Reichsmarschall macht dafür Ernst Udet verantwortlich. Ihn ernannte er 1939 zum Generalluftzeugmeister, obwohl die unbekümmerte

Künstlernatur nichts von Produktions- und Wirtschaftsfragen versteht. Am 17. November 1941 schreibt Ernst Udet mit roter Kreide an die graue Wand über seinem Bett: „Eiserner, du hast mich verlassen."[20] Dann setzt er sich seine Pistole an die Schläfe und drückt ab.

Als Göring vom Selbstmord seines Mitarbeiters erfährt, bricht er in Tränen aus. Während er auf und ab läuft und sich immer wieder gegen die Stirn schlägt, dankt er dem Schicksal, dass es Udet die Waffe in die Hand gedrückt habe. Sonst hätte er seinen besten Freund mit Schimpf und Schande davonjagen und ihn einem Kriegsgericht überantworten müssen.[21] Bei der Trauerfeier sagt Göring: „Du wirst immer zu Deutschlands größten Helden zählen ... ich war glücklich, dass die Natur dir nicht nur die starke Pflichttreue des Soldaten, sondern auch das künstlerische Element gegeben hatte, und dass gerade diese doppelte Befähigung es dir vergönnte, das Richtige zu erfassen und das Beste zu geben."[22]

Zum Nachfolger ernennt Göring seinen langjährigen und inzwischen zum Feldmarschall beförderten Weggefährten Erhard Milch.

Weltkrieg

Mit der Rückendeckung durch den deutschen Bündnispartner und ein – trotz des Antikominternpaktes abgeschlossenes – Nichtangriffsabkommen mit der Sowjetunion versuchen die Japaner, die Hegemonialstellung in Asien zu erzwingen. Die USA, die sich ihnen in den Weg stellen, werden am 7. Dezember 1941 durch einen verheerenden Angriff auf den Hauptstützpunkt ihrer Pazifikflotte in Pearl Harbor auf Hawaii überrascht.

Am 11. Dezember erfolgt die deutsche Kriegserklärung an die USA.

Nach dem gescheiterten Feldzug von 1941 ahnt Hitler vielleicht schon, dass er den Krieg nicht mehr gewinnen kann. Wichtiger als der Sieg ist ihm jetzt der titanische Kampf, den er gegen die Briten, Russen und Amerikaner inszeniert.

Göring unter Druck

In der Nacht auf den 8. Februar 1942 kommt Fritz Todt, der Reichsminister für Bewaffnung und Munition, bei einem Flugzeugabsturz ums Leben. Zum Nachfolger ernennt Hitler um die Mittagszeit Albert Speer.

Der will gerade gehen, als Göring eintrifft. Er muss sofort in seinem Hauptquartier losgefahren sein, als er von dem Unglück hörte. Voller Elan schlägt er vor: „Am besten, ich werde die Aufgaben von Dr. Todt im Vierjahresplan übernehmen. Dies würde die Reibungen und Schwierigkeiten vermeiden, die sich in der Vergangenheit aus seiner Stellung zu mir ergaben."[23] Verdrossen erklärt ihm Hitler, er habe bereits anders entschieden.

Hermann Göring versucht dem neuen Rüstungsminister einzureden, dass sich dessen Verantwortungsbereich auf das Heer beschränkt. Am folgenden Tag schickt er einige seiner Anhänger vor, um die Einflussmöglichkeiten Speers einzuengen. Da unterbricht dieser die Sitzung und holt den „Führer" zu Hilfe. Göring bleibt unbeeindruckt: Eine Woche später bestellt er Speer nach Carinhall. Nachdem er seinen Besucher eine Stunde warten ließ, kommt er in einem grünen Morgenrock aus Samt die Treppe herunter. Er setzt sich an seinen gigantischen Schreibtisch, springt trotz seiner Körperfülle gleich wieder auf und droht erregt, sein Amt als Beauftragter für den Vierjahresplan wegen der unklaren Zuständigkeiten niederzulegen. Speer lenkt ein und unterstellt sich ihm als „Generalbevollmächtigter für Rüstungsaufgaben im Vierjahresplan".

Bei der Vielzahl seiner Ämter ist Göring ohnehin nicht in der Lage, sich um alle Rüstungsangelegenheiten selbst zu kümmern. Deshalb richtet er im April eine „Zentrale Planung" ein, die von Speer, Milch und Körner gemeinsam geleitet wird.[24] Albert Speer kann seine Kompetenzen de facto sogar ausweiten. Auf einen gelegentlichen Protest des Reichsmarschalls antwortet Speer, der „Führer" erwarte von ihm „eine Ausrichtung der gesamten gewerblichen Kriegswirtschaft auf die Forderungen der Rüstungswirtschaft", er bemühe sich jedoch, „diese Aufgabe nur mit und unter" dem Beauftragten für den Vierjahresplan zu lösen.[25]

Speer teilt den verschiedenen Branchen Rohstoffe zu, drosselt die Erzeugung von Konsumgütern, legt ineffiziente Fabrikanlagen still und reduziert durch Normierungen und Standardisierungen die Umrüstzeiten. Mit Hilfe von bis zu 7,6 Millionen Zwangsarbeitern, die Fritz Sauckel, der „Generalbevollmächtigte für den Arbeitseinsatz" in den besetzten Gebieten aushebt, gelingt es Speer, die Rüstungsproduktion bis 1944 zu verdreifachen.

Am 14. Februar 1942 beschließt die britische Regierung, Stadtkerne und dicht besiedelte Arbeiterviertel zu bombardieren, um die Deutschen wirkungsvoller zu demoralisieren. Der erste dieser Angriffe richtet sich in der Nacht vom 28./29. März gegen Lübeck. Köln wird in der

Nacht auf den 31. Mai von 1047 britischen Bombern verwüstet. Hitler tobt und kritisiert Göring erstmals öffentlich. Der aber kanzelt den Kölner Gauleiter ab: „Der Bericht ist erstunken und erlogen. Ich sage Ihnen als Reichsmarschall, dass die angegebenen Zahlen einfach zu hoch sind. Wie können Sie dem Führer solche Fantastereien melden!"[26] Ungefähr zur gleichen Zeit berichtet General Adolf Galland, ein amerikanisches Jagdflugzeug sei bei Aachen abgeschossen worden. Hermann Göring will nicht wahrhaben, dass die Amerikaner bereits in die Luftkämpfe über Deutschland eingreifen. „Also, Galland, nun lassen Sie sich doch mal was sagen", meint er jovial. „Ich bin selbst ein erfahrener Jagdflieger. Ich weiß, was möglich ist. Aber auch, was nicht geht. Geben Sie zu: Sie haben sich getäuscht!" Als der General bei seiner Aussage bleibt, brüllt Göring ihn an: „Ich gebe Ihnen hiermit den dienstlichen Befehl, dass sie nicht da waren! Haben Sie verstanden? Die amerikanischen Jäger waren nicht da!"[27]

Nach einer dreistündigen, „in außerordentlich freundschaftlichen und herzlichen Formen" verlaufenen Aussprache mit Hermann Göring am 20. März freut sich Joseph Goebbels, dass sie in allen wichtigen Fragen gleicher Meinung sind. „Göring befindet sich körperlich in einer außerordentlich guten Verfassung. Er arbeitet fleißig, erringt enorme Erfolge, beurteilt die Probleme mit gesundem Menschenverstand, ohne viel Theoretisiererei, steht deshalb auch manchen Vorgängen in der Partei mit ziemlicher Skepsis gegenüber. Ich kann ihm das nicht verdenken. Er hat das große Glück, in seiner Arbeit nicht an die Partei gebunden zu sein, sodass er sich eine freizügigere Stellung erlauben darf. Er ist in mancher Beziehung darum zu beneiden."[28]

„Ich habe außerordentlich viel zu tun und außerordentlich viel Verantwortung", herrscht Göring die Reichskommissare für die besetzten Ostgebiete an. „Ich habe keine Zeit, Briefe und Denkschriften durchzulesen, in denen Sie mir mitteilen, dass Sie das, was ich verlangt habe, nicht leisten können."[29] Er misstraut Tabellen und grafischen Darstellungen; Berichte mit mehr als drei Seiten liest er nicht. Selbstständig handelnde Mitarbeiter kämen ihm zugute, aber in seiner Umgebung duldet er keine unabhängigen Persönlichkeiten. Weil er wichtige Aufgaben nicht delegiert, hastet er von Konferenz zu Konferenz und urteilt häufig aufgrund oberflächlicher Kenntnisse.

Als er Hitler auf einem Flughafen das Produktionsprogramm der Luftwaffe vorstellt, orientiert er sich an einem Spickzettel – ohne zu merken, dass ein Flugzeug in der Reihe fehlt und er deshalb die falschen Maschinen beschreibt. Mitarbeitern fällt auf, dass er hin und wieder

Wichtiges vergisst, entscheidende Zusammenhänge übersieht und bei Besprechungen schon mal einnickt.

Immer häufiger zieht er sich zurück zu seiner Familie, nach Carinhall, in sein Haus auf dem Obersalzberg oder auf die Burg Veldenstein, die er inzwischen von Elisabeth von Epenstein geerbt hat.[30] Die Möglichkeiten, sich zu bereichern, verliert er allerdings nicht aus den Augen. So lässt er zum Beispiel im Sommer 1942 waggonweise Damenwäsche aus Italien kommen und auf dem Schwarzmarkt verkaufen. Als „König des Schwarzmarkts"[31] beschimpft ihn der penible und korrekte Heinrich Himmler.

Holocaust

Vor dem Angriff auf die Sowjetunion sorgte Hitler dafür, dass auch hinter der neuen Ostfront ein ähnlicher Kompetenz-Wirrwarr wie in Berlin entstand: Heinrich Himmler erhielt am 13. März 1941 Sonderaufgaben, „die sich aus dem endgültig auszutragenden Kampf zweier entgegengesetzter politischer Systeme ergeben"[32]. Die SS sei dabei auch nicht an Weisungen der Wehrmacht gebunden, versicherte Göring am 26. März. Den Reichsmarschall beauftragte Hitler am 13. Mai, das eroberte Land für die deutsche Wirtschaft auszubeuten. Alfred Rosenberg war seit 20. April für die „zentrale Bearbeitung der Fragen des osteuropäischen Raumes" zuständig, und noch bevor er am 17. Juli zum „Reichsminister für die besetzten Ostgebiete" ernannt wurde, konstatierte Generalstabschef Franz Halder: „Das Heer kann nicht mit allen Aufgaben belastet werden, daher Zusammenarbeit mit Reichsführer-SS in polizeilicher, dem Reichsmarschall in wirtschaftlicher und dem Reichsleiter Rosenberg in politischer Hinsicht."[33]

Die von Heinrich Himmler und Reinhard Heydrich im Krieg gegen Polen aufgestellten „Einsatzgruppen der Sicherheitspolizei und des SD" erhielten 1941 die Aufgabe, kommunistische Funktionäre aufzuspüren und umzubringen. Von Anfang an erschossen sie auch Juden, Sinti und Roma. Mitglieder der Erschießungskommandos verhöhnten ihre noch lebenden Opfer: Sie zündeten jüdischen Männern feixend die Vollbärte an oder zwangen sie, wie zum Gebet niederzuknien, wobei sie ihnen die Kopfbedeckungen herunterschlugen. Die Fotos, die sie dabei knipsten, schickten sie mit hämischen Kommentaren an ihre Familien zu Hause.

Die Juden in der am 19. September 1941 von Deutschen eingenommenen Stadt Kiew wurden nach angeblichen Sabotageakten durch Plakate aufgefordert, am 29. September zum Güterbahnhof der Stadt zu kommen. Von dort trieben Mitglieder einer Einsatzgruppe 33 771 Männer, Frauen und Kinder zu der nahe gelegenen Schlucht von Babi Yar und forderten sie auf, Wertsachen, Gepäck, Mäntel, Schuhe, Kleidung und Wäsche abzulegen. Nackt mussten die Juden weitergehen bis zu einem Abgrund, wo SS-Männer sie mit Genickschüssen töteten. Zwei Tage lang dauerten die Erschießungen. Mehr als hundert Lastwagenladungen Kleidung wurden für die NS-Wohlfahrt abtransportiert. Um Spuren zu beseitigen, sprengten Pioniereinheiten der Wehrmacht anschließend die Felswände der Schlucht.

Reinhard Heydrich hatte sich am 31. Juli 1941 von Göring beauftragen lassen, „alle erforderlichen Vorbereitungen ... für eine Gesamtlösung der Judenfrage im deutschen Einflussgebiet in Europa" zu treffen und „in Bälde einen Gesamtentwurf über die ... Vorausmaßnahmen zur Durchführung der angestrebten Endlösung der Judenfrage vorzulegen".[34] Wegen des japanischen Überfalls auf Pearl Harbor verschob er eine geheime Konferenz, zu der er am 29. November eingeladen hatte, vom 9. Dezember 1941 auf den 20. Januar 1942. Sie fand in der Interpol-Dienststelle am Wannsee statt. Heydrich teilte den 13 anwesenden Staatssekretären und SS-Offizieren eingangs mit, der Reichsmarschall habe ihn zum „Beauftragten für die Vorbereitung der Endlösung der europäischen Judenfrage" ernannt. Zweck der Besprechung sei es, zur Vorbereitung des von Göring verlangten Gesamtkonzepts „Klarheit in grundsätzlichen Fragen zu schaffen". Dann präsentierte er seine Vorstellungen und schlug vor, die Juden aus allen besetzten europäischen Ländern nach Osten zu deportieren, arbeitsunfähige Juden sofort und die übrigen durch Zwangsarbeit umzubringen. Auf elf Millionen schätzte er die Zahl der zu Tötenden.[35]

Das Projekt eines Judenreservats auf Madagaskar wird damit endgültig zu den Akten gelegt. Die systematischen Deportationen von West nach Ost beginnen.

Niemand sorgt eifriger für die Entfernung der Juden aus deutschen Städten als der Berliner Gauleiter. Bereits am 20. August 1941 meinte Goebbels: „Das öffentliche Leben in Berlin muss schleunigst von ihnen [den Juden] gereinigt werden. ... Berlin muss eine judenreine Stadt werden. ... Sie [die Juden] verderben nicht nur das Straßenbild, sondern auch die Stimmung. ... Wir müssen an dies[es] Problem ohne jede Sentimentalität herangehen. ... Ich habe den Kampf gegen das Judentum in Berlin im Jahre 1926 aufgenommen, und es wird mein Ehrgeiz sein, nicht zu ruhen und nicht zu rasten, bis der letzte Jude Berlin verlassen hat."[36]

Auf seine Veranlassung hin müssen alle Juden in Deutschland seit 19. September 1941 in der Öffentlichkeit einen auf die linke Brustseite der Kleidung genähten handtellergroßen, gelben, sechszackigen Stoffstern tragen.

Da sich das in der Wannsee-Konferenz angekündigte Umsiedlungs- und Tötungsprogramm ohne einen Sieg über die Sowjetunion nicht verwirklichen lässt, wissen die örtlichen Machthaber im „Generalgouvernement" bald nicht mehr, wo sie die unaufhörlich aus dem „Altreich" herantransportierten Menschen unterbringen sollen. Überzeugt davon, dass die Juden ohnehin vernichtet werden müssen, suchen sie nach Tötungsmethoden, die effizienter sind als die von den Einsatzgruppen der SS praktizierten Massenerschießungen.

Die Tötung von Menschen durch Kohlenmonoxid in hermetisch abgedichteten Lkw-Aufbauten wurde seit November 1939 in Polen erprobt. Zu Versuchszwecken sperrte Dr. Albert Gottlob Widmann, ein Beauftragter des Kriminaltechnischen Instituts des Reichssicherheitshauptamts, im September 1941 geisteskranke Russen in einen Bunker bei Minsk und zündete im Inneren einen Sprengsatz. Blutüberströmt krochen einige der Opfer noch ins Freie. Erst eine zweite Sprengung tötete auch sie. Zur gleichen Zeit wurden im Lager Auschwitz zwischen Krakau und Kattowitz sowjetische Kriegsgefangene versuchsweise mit dem blausäurehaltigen Schädlingsbekämpfungsmittel „Zyklon B" umgebracht.

Im März 1942 beginnt man in Auschwitz mit fabrikmäßigen Vergasungen. Lagerkommandant Rudolf Höß atmet auf: „Nun hatten wir das Gas und auch den Vorgang entdeckt. – Mir graute immer vor den Erschießungen, wenn ich an die Massen, an die Frauen und Kinder dachte. ... Nun war ich doch beruhigt, dass uns allen diese Blutbäder erspart bleiben sollten, dass auch die Opfer bis zum letzten Moment geschont werden konnten." Und voller Selbstmitleid stöhnt er: „Nichts ist wohl schwerer, als über dieses kalt, mitleidlos, ohne Erbarmen hinwegschreiten zu müssen."[37]

Goebbels notiert am 27. März 1942 in seinem Tagebuch: „Es wird hier ein ziemlich barbarisches und nicht näher zu beschreibendes Verfahren angewandt, und von den Juden selbst bleibt nicht mehr viel übrig. Im Großen kann man wohl feststellen, dass 60% davon liquidiert werden müssen ... An den Juden wird ein Strafgericht vollzogen, das zwar barbarisch ist, das sie aber vollauf verdient haben. ... Man darf in diesen Dingen keine Sentimentalität obwalten lassen. ... Es ist ein Kampf auf Leben und Tod zwischen der arischen Rasse und dem jüdischen Bazillus.

Keine andere Regierung und kein anderes Regime konnte die Kraft aufbringen, diese Frage generell zu lösen. Auch hier ist der Führer der unentwegte Vorkämpfer und Wortführer einer radikalen Lösung."[38]

Am 22. Juli 1942 beginnen die Deutschen mit der Räumung des Warschauer Gettos, in dem hinter einer 18 km langen und 3 m hohen Mauer 400 000 Juden eingesperrt sind.

In Güterwaggons zusammengepfercht werden auch die Juden aus dem „Altreich", aus Holland, Frankreich und anderen besetzten Staaten in die Vernichtungslager im „Generalgouvernement" gefahren. Wer zum Beispiel in Auschwitz lebend ankommt, wird an der lagereigenen Bahnrampe einer Kolonne zugeteilt. Währenddessen spielt ein aus weiblichen Häftlingen in weißen Blusen und marineblauen Röcken zusammengestelltes Orchester Operettenmelodien. Die Menschen müssen sich ausziehen, Schmuck, Brillen und Prothesen ablegen; den Frauen und Mädchen werden die Haare abgeschnitten. In den angeblichen Duschräumen, die jeweils 2000 Personen aufnehmen können, blicken einige der nackten Männer, Frauen und Kinder bang zu den Brauseköpfen hoch, aus denen kein Wasser tropft; andere stellen fest, dass im Boden keine Abflussrinnen sind. Sobald das Gas einströmt, schieben und stoßen sich die kreischenden Opfer in Panik, aber es gibt keinen Ausgang. Zwanzig Minuten dauert es, bis alle tot sind. Andere Häftlinge, die mit Gasmasken, Gummistiefeln und Wasserschläuchen ausgerüstet sind, öffnen das Tor, zerren die Leichen heraus. „Zwei Dutzend Arbeiter sind mit den Mündern beschäftigt, die sie mit Hilfe von Eisenhaken öffnen. ‚Gold nach links, ohne Gold nach rechts!' – Andere kontrollieren After und Geschlechtsteile auf Geld und Brillanten, Gold usw."[39] Dann werden die Leichenberge im Krematorium verbrannt.

Rudolf Höß meint: „Unser System ist so furchtbar, dass die Welt es für unmöglich halten wird ... Selbst wenn es einem Juden gelingen sollte, von Auschwitz zu entfliehen und der Welt alles Gesehene mitzuteilen, so werden sie ihn doch nur für einen fantastischen Lügner halten."[40]

Attentat auf Reinhard Heydrich

Reinhard Heydrich, der seit September 1941 unter Konstantin Freiherr von Neurath auch stellvertretender Reichsprotektor von Böhmen und Mähren ist und dort faktisch das Sagen hat, fährt jeden Tag im offenen Mercedes von seinem Landsitz nach Prag. Am 27. Mai 1942 wird er bei einem Attentat schwer verletzt.

Joseph Goebbels ordnet in Berlin sofort Maßnahmen gegen die Juden an: „Ich lasse augenblicklich die Judengeiselliste zusammenstellen und dann umfangreiche Verhaftungen vornehmen. Ich habe keine Lust, mir unter Umständen von einem 22-jährigen Ostjuden ... eine Kugel in den Bauch schießen zu lassen. Zehn Juden im Konzentrationslager oder unter der Erde sind mir lieber als einer in Freiheit."[41] Als Reinhard Heydrich eine Woche nach dem Anschlag stirbt, lässt Goebbels zur Vergeltung 152 der 500 in Berlin verhafteten Juden erschießen.

SS-Einheiten stellen die beiden Attentäter in der orthodoxen Kyrillos- und Methodios-Kirche in Prag und liquidieren sie zusammen mit fünf Gleichgesinnten. Standgerichte verurteilen insgesamt 1357 Männer und Frauen zum Tod. In dem zwischen Prag und Kladno gelegenen Bergarbeiter-Dorf Lidice, in dem die Täter möglicherweise übernachteten, brennen SS-Einheiten am 10. Juni alle 95 Häuser nieder. Sie erschießen die 199 männlichen Bewohner und verschleppen die 184 Frauen sowie 90 der 98 Kinder in ein Konzentrationslager. Acht Kinder werden von deutschen Familien adoptiert.[42]

Stalingrad

„Sowohl in Moskau wie in London und Washington ist man bemüht, die Lage an der Ostfront in einem etwas realistischeren Lichte zu sehen und wehmütig Abschied zu nehmen von den Wünschen, Hoffnungen und Truggebilden, denen man in den vergangenen Monaten nachhing", behauptet Goebbels im Mai 1942 in einem Zeitungsartikel. „Unser Glaube an den Enderfolg beruht nicht auf Illusionen, sondern auf Tatsachen, und siegen werden wir, weil die Tatsachen am Ende doch immer stärker sind als die Illusionen."[43]

Goebbels lanciert das Gerücht, die Hauptstoßrichtung der Sommeroffensive 1942 im Osten ziele auf Moskau. Tatsächlich richtet sich der deutsche Angriff vor allem auf die rohstoffreichen Gebiete im Süden. Deutsche Truppen erreichen am 6. August die kaukasischen Erdölfelder. Auf dem 5630 m hohen Elbrus hissen Gebirgsjäger die deutsche Kriegsflagge.

Am 21. August erzwingt die von General Friedrich Paulus geführte 6. Armee den Übergang über den Don, und zwei Tage später steht sie nördlich von Stalingrad an der Wolga. Vom 1. September an dringen die Deutschen in die Stadt ein. Während sie die ukrainische Industriemetropole in ein Trümmerfeld verwandeln, kämpfen sich die Angreifer

Straße um Straße, Haus um Haus weiter vor, bis die Rote Armee die Front durchstößt und am 22. November Stalingrad samt der 6. Armee einschließt.

Der Kessel von Stalingrad hat einen Durchmesser von 30 bis 35 km. General Paulus will ausbrechen. Doch Hitler befiehlt der 6. Armee, sich einzuigeln, denn Hermann Göring hat ihm – „strahlend wie ein Operettentenor, der einen siegreichen Reichsmarschall darzustellen hat"[44] – versichert, er werde die 350 000 Eingeschlossenen aus der Luft versorgen. Verzweifelt versucht der Reichsmarschall, sein politisches Gewicht zurückzugewinnen. Die Luftwaffe kann aber nur ein Drittel des benötigten Nachschubs heranschaffen. Am 1. Januar 1943 sind die ersten Soldaten verhungert. „In der Tat ist bei Stalingrad die Lage etwas ernst geworden",[45] räumt Goebbels am 5. Januar ein.

Am 22. Januar meldet sich im „Führerhauptquartier" ein junger Major, der es geschafft hat, aus Stalingrad herauszukommen. „Seine Darstellung von der Lage in Stalingrad ist erschütternd", kommentiert Goebbels. „Die Truppen haben nichts mehr zu essen, nichts mehr zu schießen und nichts mehr zu feuern. Reihenweise sitzen sie in den Bunkern, verhungern und erfrieren." Pathetisch fügt er hinzu: „Ein Bild von wahrhaft antiker Größe."[46]

Eine von den Sowjets zweimal vorgeschlagene Kapitulation muss General Paulus auf Anweisung Hitlers ablehnen. Am 26. Januar zerschneidet die Rote Armee den Kessel in zwei Teile. Hitler befördert Friedrich Paulus am 30. Januar zum Generalfeldmarschall – kurz vor dessen Freitod, wie er glaubt. Doch am nächsten Tag ergibt sich Paulus den Russen, die bis zu seinem Bunker vorgedrungen sind. Hitler gerät außer sich, und Goebbels kann nicht verstehen, dass jemand 15 oder 20 Jahre seines Lebens einem „mehrtausendjährigen ewigen Leben in unverwelklichem Ruhm" vorzieht.[47]

„Das Menschenmaterial, das die Sowjetunion noch zur Verfügung hat, ist unterernährt und friert. Trotzdem wird das Letzte aus ihm herausgeholt", behauptet Hermann Göring in einer Rundfunkansprache zum 10. Jahrestag der „Machtergreifung", die er wegen eines englischen Luftangriffs um eine Stunde verschiebt. „Der Bolschewist kennt keine Ruhe ... Mit den gewaltigen Massen, die er nun für diesen Winter noch zusammengetrieben hat, brach er da und dort in Stellungen ein. ... Ich bin aber der Überzeugung: Das ist auch das letzte Aufgebot, die letzte Reserve, die nur herausgequetscht werden konnte, weil eben diese Härte schon keine Härte mehr ist, sondern reine Barbarei, weil eben der Bolschewist das Menschenleben überhaupt nicht mehr achtet." Dann verklärt er das Debakel von Stalingrad zum „größten Heroenkampf in unserer Geschichte" und vergleicht die Schlacht mit der an den Thermopylen im Jahr 480 v. Chr.: „Auch damals war es ein Ansturm von Horden, der sich hier am nordischen Menschen brach."[48]

„Die Rede Görings wird etwas belächelt",[49] stellt Goebbels fest. Fünf Tage später drischt er in einem Zeitungsartikel ähnliche Phrasen: „Die animalische Wildheit einer primitiven Rasse ... ist auf uns losgelassen, und man wagt es sich nicht auszudenken, welche Folgen ein Versagen unserer Widerstandskraft für unser Land und für Europa, ja genau genommen für die ganze abendländische Menschheit nach sich ziehen würde. ... Die Männer der 6. Armee werden in der Geschichte für alle Zeiten bewundert und verehrt werden als die Vorposten Europas in seiner Sicherung gegen die Steppe. Ihre Helden fielen, ... um den Sturm aus Asien aufzuhalten."[50]

„Totaler Krieg – kürzester Krieg"

Im Herbst 1942 kam Goebbels auf eine Idee zurück, die er bereits in einem Zeitungsbeitrag im November 1941 erläutert hatte: den „totalen Krieg".[51] Darunter versteht er einen „sozialistisch" geführten Krieg, in dem alle Gesellschaftsschichten und Lebensbereiche mobilisiert werden. Für dieses Konzept gewann er bei einem Gespräch in Schwanenwerder den Reichsminister für Bewaffnung und Munition, Albert Speer, den Leiter der Deutschen Arbeitsfront, Robert Ley, und Reichswirtschaftsminister Walther Funk. Zusammen mit dem Rüstungsminister trug er das Konzept im Oktober dem „Führer" vor, aber der legte sich nicht fest.

In mehreren Einzelgesprächen überzeugt Goebbels auch Martin Bormann und Hans-Heinrich Lammers – die Leiter der Partei- bzw. der Reichskanzlei – von seinem Konzept, mit dem er innerhalb eines Vierteljahres 500 000 bis 700 000 zusätzliche Soldaten aufstellen will. Tatsächlich unterschreibt Hitler am 13. Januar 1943 eine geheime Anordnung über den umfassenden Einsatz von Männern und Frauen „für Aufgaben der Reichsverteidigung".[52] Aber mit der Durchführung betraut er nicht Goebbels, sondern Bormann, Lammers und Keitel!

„Je radikaler und totaler wir den Krieg führen, umso schneller kommen wir zu seinem siegreichen Ende", beschwört Goebbels seine Landsleute. „Die Zeiten sind vorbei, da ein Teil des Volkes den Krieg führte und der andere ihm zuschauen konnte."[53]

Bei einer von Hans-Heinrich Lammers geleiteten Sitzung am 20. Januar kämpft er noch einmal vier Stunden lang vehement für seine kompromisslosen Vorstellungen vom „totalen Krieg", kann sich aber nur in Teilbereichen durchsetzen. Zwei Tage später fliegt er nach Rastenburg. Hitler nimmt ihn auf seinen Morgenspaziergang mit der Schäferhündin Blondi mit. Beim Mittagessen fragt Goebbels, warum er nicht als aktives Mitglied in den von ihm initiierten Ausschuss berufen worden sei? Die Antwort, die er in seinem Tagebuch festhält, veranschaulicht, wie leicht er sich hinters Licht führen lässt: „Er [Hitler] will nicht, dass ich persönlich in den Dreierausschuss eintrete, um nicht mit den Verwaltungsarbeiten dieses großen Programms belastet zu werden. Er möchte gern, dass ich in dieser ganzen Arbeit die Stelle eines ewig laufenden Motors übernehme."[54]

Bis morgens um halb vier sitzen die beiden Männer im Arbeitsbunker zusammen. „Der Führer freut sich so sehr, dass ich die ganze Nacht bei ihm bleibe, und ich bin auch sehr glücklich, ihm ... Gesellschaft leisten zu können. Er bittet mich eindringlich, möglichst oft ins Hauptquartier wiederzukehren; er habe so viel mit mir zu besprechen, und es beruhige ihn so, wenn ich in seiner Umgebung sei. Dieses Geständnis ist für mich tief beglückend."[55] Goebbels jauchzt über jedes Zeichen von Hitlers Zuneigung. Die hält sich allerdings in Grenzen. Das beobachtet Traudl Junge, eine der Sekretärinnen des „Führers", die später darüber sagt: „Die Beziehung zwischen Hitler und Goebbels war viel weniger von persönlichen Gefühlen geprägt als etwa die zwischen Hitler und Speer. Hitler hat Goebbels sehr bewundert, er hat ihn geschätzt. Aber es war keine freundschaftliche Note dabei."[56]

Am 18. Februar 1943 fährt der Propagandaminister in seinem kugelsicheren Mercedes zum Berliner Sportpalast. Vier Tage lang hat er an seiner Rede gefeilt. Kurz vor 17 Uhr betritt er die seit einer halben Stunde wegen Überfüllung geschlossene Arena. Auch Magda Goebbels sitzt auf der Tribüne, mit Helga und Hilde, die zum ersten Mal eine solche Massenveranstaltung miterleben. Man hat dafür gesorgt, dass Prominente wie zum Beispiel der Schauspieler Heinrich George da sind, um deren Beifall später in den Bericht der „Wochenschau" einblenden zu können. An der Balustrade hängt ein riesiges Spruchband mit der Aufschrift: „Totaler Krieg – kürzester Krieg"[57].

Joseph Goebbels beginnt zu reden. Er schürt die Furcht vor den russischen „Horden" und den Briten und Amerikanern, die im November 1942 mit mehr als 100 000 Mann an der nordwestafrikanischen Küste gelandet sind, um von dort nach Italien vorzustoßen. Es gebe in der

193

deutschen „Volksgemeinschaft" keine gesellschaftlichen Schichten mehr, Arme und Reiche müssten ihren Beitrag für den Krieg leisten. Jetzt komme es darauf an, dem „Führer" zu vertrauen, der wie Friedrich der Große seinen übermächtigen Feinden trotze. Das Publikum im Berliner Sportpalast repräsentiere in diesem Augenblick die ganze Nation und müsse zehn Fragen beantworten, um „die Stellungnahme des Volkes vor der Welt"[58] zu manifestieren. Nach dem Applaus beginnt er mit der Frage: „Glaubt ihr mit dem Führer und mit uns an den endgültigen totalen Sieg der deutschen Waffen?" Das Publikum antwortet mit frenetischem Beifall. „Seid ihr und ist das deutsche Volk entschlossen, wenn der Führer es einmal in der Notzeit befehlen sollte, zehn, zwölf und, wenn nötig, vierzehn und sechzehn Stunden täglich zu arbeiten und das Letzte für den Sieg herzugeben?" Mit sich überschlagender Stimme stellt er die vierte Frage: „Wollt ihr den totalen Krieg? Wollt ihr ihn, wenn nötig, totaler und radikaler, als wir ihn uns heute überhaupt vorstellen können?" Ein tosendes „Ja!" brandet auf. Nach der zehnten Frage beendet Goebbels seine Rede mit den Worten: „Nun, Volk, steh' auf – und Sturm, brich los!"[59] Die Menge rast.

„Wir haben eine ‚Führerkrise'!"

Nach seinem Auftritt im Berliner Sportpalast nimmt Joseph Goebbels Albert Speer mit zu seiner Dienstwohnung. Verächtlich meint der Propagandaminister: „Was für ein idiotischer Auftritt! Wenn ich die Leute gefragt hätte, ob sie vom Dach des Kolumbushauses springen wollten, hätten sie auch ‚ja' gebrüllt!"[60] Bald darauf kommen auch noch andere Gäste. Hitler führe nur noch Krieg und kümmere sich nicht mehr um die Politik, klagen sie, und Goebbels meint einige Tage später: „Wir haben nicht nur eine ‚Führungskrise', sondern streng genommen eine ‚Führerkrise'!"[61] Goebbels, Speer, Funk und Ley beschließen deshalb, sich an Hermann Göring zu wenden und ihn für das radikale Konzept des „totalen Kriegs" zu gewinnen. „Görings Autorität zusammen mit meiner Energie wird hier sicherlich Wunder wirken", hofft Goebbels und ersucht Speer, „Göring klarzumachen, dass wir auf das Loyalste mit ihm zusammenarbeiten wollen".[62]

Am 1. März trifft er sich mit Göring in dessen Haus auf dem Obersalzberg. Da es Speer in einem Vorgespräch gelungen ist, „eine Reihe von Nichtigkeiten" und „kleinlichen Misshelligkeiten" zwischen Göring und Goebbels „aus dem Weg zu räumen",[63] rechnet der Besucher mit einer konstruktiven Atmosphäre. Der Reichsmarschall trägt „eine etwas barocke Kleidung, die, wenn man ihn nicht kennte, ein bisschen komisch wirken würde. Aber er ist ja so, und man muss sich schon mit seinen Originalitäten abfinden; ja sie haben manchmal etwas direkt Sympathisches an sich."[64] Vier Stunden dauert die Unterredung, zu der die beiden zeitweilig auch Albert Speer hinzuziehen.

Göring und Goebbels stellen übereinstimmend fest, Hitler sei „in den dreieinhalb Kriegsjahren um fünfzehn Jahre gealtert" und finden es tragisch, dass er kaum noch an die frische Luft geht. In so einer Krise sei es die Aufgabe der „engsten Freunde des Führers …, eine eherne Phalanx um seine Person zu bilden", sorgt sich Goebbels. „Göring ist sich vollkommen im Klaren darüber, was uns allen drohen würde, wenn wir in diesem Kriege schwach würden. Er macht sich darüber gar keine Illusionen. Vor allem in der Judenfrage sind wir ja so festgelegt, dass es für uns gar kein Entrinnen mehr gibt. Und das ist auch gut so. Eine Bewegung und ein Volk, die die Brücken hinter sich abgebrochen haben, kämpfen erfahrungsgemäß viel vorbehaltloser als die, die noch eine Rückzugsmöglichkeit besitzen."[65]

Göring hätte die Möglichkeit gehabt, mit dem zu Beginn des Krieges eingesetzten Ministerrat für die Reichsverteidigung die zentrale Regierungsarbeit zu leiten. Aber das Gremium hat seit November 1939 nicht mehr getagt. Als Goebbels auf den neuen Reichsverteidigungsausschuss zu sprechen kommt, spöttelt Göring über die „heiligen drei Könige": Lammers sei ihm zu bürokratisch, Bormann zu ehrgeizig, und Keitel hält er für „eine absolute Null". Goebbels, Speer und Göring beschließen, einen „Treuebund für den Führer" zu bilden, „den Dreierausschuss langsam kaltzustellen und die Kompetenzen auf den Ministerrat zu verlagern."[66] Der Propagandaminister beteuert: „Wir haben keinen persönlichen Ehrgeiz. Doch wenn jeder von uns beim Führer für den andern spricht, dann sind wir bald allen überlegen und können um den Führer einen festen Wall bilden!"[67]

Goebbels soll Hitler dafür gewinnen, den Ministerrat unter Görings Leitung aufzuwerten. Als er am 8. März im ukrainischen „Führerhauptquartier" in Winniza ankommt, wird er bereits von Albert Speer erwartet, der drei Tage vor ihm eintraf. „Er hat wie immer klug und geschickt vorgearbeitet",[68] lobt Goebbels. Der Rüstungsminister warnt ihn, Hitler sei auf die Luftwaffe schlecht zu sprechen, und den Namen des Reichsmarschalls dürfe man in seiner Gegenwart überhaupt nicht erwähnen. Hitler schneidet das Thema jedoch selbst an und schimpft, Göring „habe sich durch seine Generalität in Illusionen wiegen lassen, die keinerlei echte Substanz besitzen. Sein Optimismus ... neige ... dazu, sich in Wunschträumen zu verlieren."[69] Als am späten Abend ein schwerer Luftangriff auf Nürnberg gemeldet wird, steigert sich Hitlers „Granatenwut" noch weiter. „Speer und ich haben alle Mühe, die Sache etwas einzudämmen", notiert Goebbels, der es für wichtig hält, Görings „starke politische und militärische Autorität" zu erhalten.[70]

Bis morgens um 3 Uhr sitzen die Männer am Kaminfeuer, Hitler trinkt Mineralwasser, Speer und Goebbels bevorzugen Wein. Ihr eigentliches Anliegen erwähnen die Besucher nicht. Speer erinnert sich später: „Ich kam wenig zu Wort; denn Goebbels verstand es, Hitler zu unterhalten. Mit großer Beredsamkeit, mit geschliffenen Sätzen, mit Ironie am rechten Platz, mit Bewunderung, wo Hitler es erwartete, mit Sentimentalität, wenn Augenblick und Gegenstand es erforderten, mit Klatsch und mit Liebesaffären. Meisterlich mischte er alles: Theater, Film und alte Zeiten; aber auch über die Kinder der Familie Goebbels ließ sich Hitler – wie immer – ausführlich erzählen."[71]

Bei einer weiteren Unterredung gut eine Woche später malen sich Göring und Goebbels aus, wie sie den Dreierausschuss durch den wieder belebten Ministerrat entmachten werden. Der soll wöchentlich tagen, schlägt Goebbels vor und bietet an, vertretungsweise den Vorsitz zu übernehmen, wenn Göring verhindert sei. Ohne die Falle zu wittern, stimmt der Reichsmarschall zu. Weil sich aber Speer, Göring und Goebbels nicht ständig über ihre Rivalitäten hinwegtäuschen können, scheitert ihr Vorhaben, und der Propagandaminister beginnt unvermittelt positive Eigenschaften an Bormann zu entdecken ...[72]

Mussolinis Entmachtung

Als Benito Mussolini am 25. Juli 1943 den König aufsucht, erklärt ihm dieser, er wolle eine neue Regierung bilden. Man verhaftet den „Duce" und löst die faschistische Partei auf. Dem deutschen Propagandaminister fällt nichts Besseres ein, als seinen Landsleuten vorzulügen, Mussolini sei aus gesundheitlichen Gründen zurückgetreten.

Goebbels schlägt Hitler vor, König Viktor Emanuel III. und den neuen Ministerpräsidenten Pietro Badoglio festzunehmen, obwohl diese den Deutschen versichern, Italien werde an ihrer Seite weiterkämpfen. Hitler hört zwar nicht auf seinen Minister, aber als im September angelsächsische Truppen in Kalabrien landen, die italienische Armee kapituliert und der König mit der Regierung nach Brindisi flieht, rücken deutsche Truppen in die italienische Hauptstadt ein.

Mussolini, den 250 Polizisten in einem nur per Seilbahn zu erreichenden Hotel auf dem Gran Sasso d'Italia bewachen, wird am 12. September von einem SS-Kommando befreit. Als gebrochener Mann steht er am 14. September im „Führerhauptquartier" bei Rastenburg vor Hitler. „Es spielt sich hier ein ergreifendes Beispiel von Treue unter Männern und Kameraden ab",[73] kommentiert Goebbels die Szene. Tatsächlich aber nimmt Hitler keine Rücksicht auf die Gefühle seines politischen Freundes: Er zwingt den sich Sträubenden, in Salo am Gardasee einen deutschen Vasallenstaat auszurufen.

Die Regierung in Brindisi erklärt dem Deutschen Reich am 13. Oktober 1943 den Krieg. Schritt für Schritt kämpfen sich die Alliierten nach Norden vor.

„Führer befiehl, wir tragen die Folgen!"

Die US Army Air Force, die sich seit Mitte 1942 an den Luftangriffen gegen deutsche Städte beteiligt, greift am 27. Januar 1943 mit 55 „fliegenden Festungen" erstmals auch bei Tageslicht an. Ab Juni teilen sich Briten und Amerikaner die Aufgaben: Nachts legt die Royal Air Force Bombenteppiche, und tagsüber fliegen US-Bomber Präzisionsangriffe. Dadurch verstärken sich heimliche Vorbehalte gegen das NS-Regime in der deutschen Bevölkerung, aber es kommt nicht – wie von den Alliierten erhofft – zu einer breiten Widerstandsbewegung.

„Führer befiehl, wir folgen!", rief Joseph Goebbels 1938 im Berliner Sportpalast. „Führer befiehl, wir tragen die Folgen!", ist jetzt als zynisches Graffito an einer Ruine in Berlin zu lesen.[74]

In der Nacht zum 1. August lässt Joseph Goebbels in jeden Berliner Hausbriefkasten einen Handzettel stecken mit einem Aufruf an Frauen, Kinder und alte Menschen, die Stadt zu verlassen. „Wer seine Kinder wirklich lieb hat, nimmt ... die Gelegenheit wahr, sie aufs Land zu schicken", rät er drei Tage später in einer Rundfunkrede, in der er zugleich an den Durchhaltewillen der Bürger appelliert: „Was die Engländer im Herbst 1940 durchgestanden haben und wofür sie manch einer von uns bewunderte, das müssen wir jetzt durchstehen. Ich weise mit Empörung die feindliche Unterstellung zurück, dass die Berliner schwächere Nerven hätten als die Londoner."[75] Seine eigene Familie hat er in Lanke untergebracht. Dort fahren Helga, Hilde, Hellmuth, Holde,

Hedda und Heide[76] mit ihrem Ponywagen zur Schule und tollen nachmittags im Park herum. Magdas Mutter lässt sich von der Idylle allerdings nicht täuschen und kündigt mehrmals an, sie werde sich im See ertränken.

Ende August gesteht der Reichspropagandaminister seinem neuen Pressereferenten, es müsse damit gerechnet werden, dass Deutschland den Krieg verliert. „Entweder wir werden dieser Krise Herr – und ich werde dafür all meine Kraft einsetzen – oder ich werde mich noch einmal tief vor dem englischen Geist verbeugen und mir eine Kugel durch den Kopf schießen."[77]

Görings Fiasko

Die Luftwaffe kann die Bombardierung deutscher Städte nicht verhindern, und nicht nur auf diesem Gebiet hat Göring versagt. Trotzdem zollt ihm Hitler immer noch Respekt: „Der Reichsmarschall hat sehr viele Krisen mit mir durchgemacht ... Ich habe immer gemerkt, wenn es auf Biegen und Brechen kommt, ist er der rücksichtslose, eisenharte Mensch. Also, da kriegen Sie gar keinen Besseren, einen Besseren können Sie gar nicht haben."[78]

Unmittelbar nach diesem Lob, in der Zeit vom 25. Juli bis 3. August 1943, wird Hamburg durch Bombenangriffe verwüstet. Göring macht seinen Generalstabschef Hans Jeschonnek zum Sündenbock. Der Gescholtene folgt dem Beispiel Ernst Udets und erschießt sich am 19. August 1943. Auf seinem Schreibtisch hinterlässt er einen Zettel: „Ich kann mit dem Reichsmarschall nicht mehr zusammenarbeiten. Es lebe der Führer!"[79] Goebbels kommentiert sarkastisch: „Unsere Fliegerhelden machen es sich verhältnismäßig einfach, sich der Verantwortung für einen geschichtlichen Versager zu entziehen."[80]

Nach dem Selbstmord seines Generalstabschefs bespricht sich Göring im „Führerhauptquartier Wolfsschanze" mit seinen engsten Mitarbeitern. Der Luftwaffe bleibe nichts anderes übrig, als sich auf die Verteidigung des „Altreichs" zu konzentrieren. Er suche jetzt den „Führer" auf, um dessen Genehmigung für die beabsichtigte Strategieänderung zu erhalten. Nach einigen Minuten kommt er zurück, geht mit starrem Blick zwischen den Versammelten hindurch in die für ihn reservierten Räume. Dann lässt er zwei Generäle rufen. Einer von ihnen berichtet später: „Das Bild, das sich uns bot, war erschütternd. Göring war vollkommen zusammengebrochen. Den Kopf zwischen den Armen auf einem Tisch vergraben, stöhnte er unverständliche Worte vor sich hin. Wir standen einige Augenblicke peinlich berührt da. Dann richtete er sich auf und erklärte, wir seien Zeugen des verzweifeltsten Augenblickes seines Lebens. Der Führer habe ihm das Vertrauen entzogen. Alle seine Vorschläge, von denen er sich eine radikale Änderung der Lage des Luftkrieges versprochen habe, seien abgelehnt worden. Der Führer habe erklärt, er sei zu oft von der Luftwaffe enttäuscht worden. Von Umstellung auf die Luftdefensive gegen den Westen könne nicht die Rede sein."[81]

Seinen militärischen Führern misstraut Hitler. „Die Generalität insgesamt hält der Führer ... für denkbar ekelhaft", notiert Joseph Goebbels am 4. März 1944. „Die Generäle haben kein inneres Verhältnis zu ihm; sie stehen in Reserve und möchten zum großen Teil lieber heute als morgen Schwierigkeiten machen. Stalin tut sich da leichter. Er hat die Generäle, die uns heute im Wege stehen, rechtzeitig erschießen lassen, sie können ihm deshalb heute nicht mehr in die Quere kommen."[82]

Über den Reichsmarschall schreibt Goebbels am gleichen Tag: „Bormann beurteilt Görings Situation ziemlich ernst. Göring hat keine Verbindung zur Partei und ist Kritik gegenüber denkbar empfindlich. Infolgedessen wird ihm weder vom Führer noch von Seiten der Partei das gesagt, was jetzt gesagt werden müsste. Er steht also etwas im luftleeren Raum."[83] Auch zu diesem Thema hält Goebbels die Meinung Hitlers fest: „Sehr bedauert wird vom Führer das vollkommene Fiasko Görings auf dem Gebiet der Luftrüstung. ... Der Führer hat volles Verständnis dafür, dass Göring in seiner gegenwärtigen Situation etwas nervös ist. Aber er meint, dass wir ihm deshalb umso mehr helfen müssen. Er kann augenblicklich keine Kritik vertragen; man muss sehr vorsichtig mit ihm vorgehen, um ihm das eine oder das andere zu sagen."[84]

Hitler fordert Goebbels auf, ein paar Tage bei ihm auf dem Obersalzberg zu bleiben, doch der Propagandaminister muss nach Berlin zurück. Wenigstens verspricht er, in der folgenden Woche noch einmal auf ein, zwei Tage vorbeizukommen. „Ich kann gar nicht sagen, wie sehr mir diese Stunden der Unterhaltung mit dem Führer gut getan haben. Man geht von ihm weg wie nach einer stärkenden Kur."[85]

Tatsächlich reist er eine gute Woche später noch einmal nach Berchtesgaden. Erneut sitzt er bis 4 Uhr morgens mit Hitler zusammen. Danach protokolliert er: „Der Führer ist der Überzeugung, dass, so schlimm der feindliche Luftterror augenblicklich, insbesondere für unsere mittelalterlichen Städte, ist, er doch auch insofern etwas Gutes hat, als er diese Städte überhaupt für den modernen Verkehr aufschließt.

Eine Stadt wie Regensburg beispielsweise würde doch in absehbarer Zeit ein Museumsstück werden. Es ist beglückend, einige solcher Städte erhalten zu können; aber in ihrer Vielzahl würden sie einer gesunden Entwicklung unseres modernen Verkehrs- und Wirtschaftslebens nur immer wieder hindernd in den Weg treten. Im Übrigen ist nur einiges an dem, was an Kunstwerten zerstört wird, unersetzlich. Wenn beispielsweise von der mittelalterlichen Schönheit des Kölner Doms gesprochen und geschrieben wird, so vergisst man meist, dass der Kölner Dom ja erst im 19. Jahrhundert das geworden ist, was er heute ist."[86]

Am 12. Mai 1944 zerstören amerikanische Bomber einen beträchtlichen Teil der deutschen Raffinerieanlagen. Als Industriemanager eineinhalb Wochen später Hitler über die Lage berichten, wirft ihnen Göring vor, den „Führer" mit ihrem Pessimismus unnötig zu belasten.

Die Invasion der Alliierten

„Der Führer möchte jetzt geradezu, dass die Invasion käme, um im Westen in einer relativ kurzen Zeit tabula rasa machen zu können", stellt Joseph Goebbels am 15. März 1944 fest. „Dann, glaubt er, habe er genügend Divisionen frei, um im Osten wieder aktiv zu werden. Er geht sogar heimlich mit dem Plan um, eine Reihe von Divisionen aus dem Westen zum Schein zurückzuziehen, um die Engländer und Amerikaner hereinzulocken und sie dann, wenn sie kommen, blutig zurückzuschlagen."[87]

In der Nacht auf den 6. Juni plaudern Hitler und Goebbels wieder einmal bis 2 Uhr morgens in einer Ecke des Berghofs. Sie beklagen sich über Göring, tauschen Erinnerungen aus und freuen sich „über die vielen schönen Tage und Wochen", die sie zusammen verbracht haben. „Kurz und gut, es herrscht eine Stimmung wie in den guten alten Zeiten."[88] Dabei treffen um 22 Uhr die ersten Nachrichten ein, die erwarten lassen, dass die alliierte Invasion noch in der Nacht beginnt!

6697 Schiffe laufen von südenglischen Häfen aus. Ihr Ziel ist die Halbinsel Cotentin in der Normandie. Dort erobern die Alliierten einen 50 km breiten Küstenabschnitt westlich von Caen. Innerhalb von zehn Tagen landen sie 619 000 Soldaten, 95 000 Fahrzeuge und 218 000 Tonnen Material an. Außerdem stehen ihnen 14 600 Flugzeuge zur Verfügung.

Katzbuckeln vor dem „Führer"

Anfang Juni 1944 ordnet Hitler an, dass Albert Speer – der sich inzwischen „Reichsminister für Rüstung und Kriegsproduktion" nennt – auch die Luftrüstung von Göring übernimmt.

Als Hitler am 21. Juni von einem massiven Luftangriff amerikanischer Bomber auf das Berliner Stadtzentrum erfährt, schimpft er offen über den Reichsmarschall: „Der größte Fehler, den Göring mache, sei, dass er sich nicht orientiere, dass er nur das Angenehme hören wolle ... [und] in einem Reich völliger Illusion lebe. Infolgedessen habe er die Luftwaffe in die schwerste Krise dieses Krieges hineingeführt, und das, was heute aus der Luftwaffe geworden sei, könne nur mit eigenem absoluten Versagen bezeichnet werden."[89]

Joseph Goebbels, der an diesem Tag wieder bei Hitler auf dem Obersalzberg ist, versucht in einer drei Stunden langen Besprechung – „eine der ernstesten, die ich je mit dem Führer gehabt habe" – die Zustimmung für die Radikalisierung des Krieges zu bekommen. Vergeblich. Aber am Ende freut er sich wie ein Kind, dass Hitler seine Ausführungen wenigstens ernst nimmt und der Abschied trotz der Meinungsverschiedenheiten „sehr herzlich" ist.[90]

Am 10. Juli beraten Joseph Goebbels und Albert Speer über weitere Maßnahmen zur Mobilisierung von Reserven. Dabei halten sie sich an Hitlers Vorgaben. Noch würde keiner aus seiner Entourage es wagen, etwas gegen seinen Willen zu unternehmen. Vor allem die Männer, die sich daran erinnern, wie furchtlos Goebbels in der „Kampfzeit" in Berlin-Wedding – einer Hochburg der Kommunisten – auf die Straße ging, wundern sich über sein devotes Auftreten gegenüber dem „Führer". Bestimmt ist er tapfer, doch er benötigt das Wohlwollen seines Idols wie den Sauerstoff zum Atmen. Auch der prahlerische Hermann Göring und der einflussreiche Heinrich Himmler treten dem „Führer" gegenüber kleinlaut auf. Göring gestand Hjalmar Schacht einmal: „Ich nehme mir oft vor, ihm etwas zu sagen, aber jedes Mal, wenn ich ihm gegenüberstehe, fällt mir das Herz in die Hose."[91]

Um Hitler ein funktionstüchtiges Führungsgremium an die Seite zu stellen, schlägt Goebbels am 18. Juli einen von der Regierung und den Kanzleien unabhängigen Planungs- und Exekutivausschuss vor: „Geben Sie, mein Führer, für jede zu lösende Aufgabe, die unschwer in einer gemeinsamen Besprechung bei Ihnen zu finden ist, einem Mann Ihres Vertrauens größte Vollmachten."[92] Sich selbst empfiehlt er als Koordinator des Kollegiums.

Während Hitler seit Sommer 1942 kaum noch öffentlich auftritt, kümmert sich Goebbels, der im April zum Stadtpräsidenten ernannt wurde, um die Menschen in seinem Gau: Er feuert Rüstungsarbeiter an, erkundigt sich nach Bombenangriffen bei den Feuerwehrleuten über deren Einsätze, hilft Ausgebombten mit Sonderrationen und spricht Verwundeten Mut zu. Seine Frau fährt sogar einige Zeit demonstrativ mit der Straßenbahn zur Fabrikarbeit bei Telefunken. Der Berliner Polizeipräsident Wolf Heinrich Graf von Helldorf meint, „es sei widerlich mit anzuschauen, aber wo sich dieser tückische Zwerg blicken lasse, strömten noch heute die Menschen zusammen und fühlten sich von einem Autogramm oder Händedruck beglückt."[93]

Während Goebbels sich und anderen Mut macht, verrät der sichtlich erschöpfte Reichsmarschall einem Mitarbeiter während eines Waldspaziergangs, er glaube nicht an die viel beschworene Vorsehung und bezweifle, dass Deutschland den Krieg noch gewinnen könne, aber „es sei alles wie ein Lotteriespiel, in dem man auch noch in der fünften oder letzten Klasse das große Los gewinnen könne"[94].

Das Attentat vom 20. Juli 1944

Am 20. Juli 1944 kauft Emmy Göring in Berchtesgaden ein. Plötzlich rennt ihr der Chauffeur hinterher: „Gnädige Frau, bitte regen Sie sich nicht auf!", keucht er. „Ich muss Ihnen etwas melden: Auf den Führer ist ein Attentat verübt worden! Er ist nur leicht verwundet. Der Herr Reichsmarschall war Gott sei Dank nicht dabei!"[95] Emmy Göring fährt sofort zurück zu ihrem Haus auf den Obersalzberg und telefoniert mit ihrem Mann in Ostpreußen. Soll sie Fräulein Braun[96] verständigen? Nach zehn Minuten ruft Hermann Göring zurück: Er habe mit dem „Führer" telefoniert, dieser lasse danken, sie brauche sich nicht um Eva Braun zu kümmern.

Was ist geschehen?

Um Generaloberst Ludwig Beck, den 1938 zurückgetretenen Generalstabschef des Heeres, hatte sich ein Widerstandskreis gebildet. Beck unternahm erst einmal nichts, weil er aufgrund des Münchner Abkommens und der siegreichen Blitzkriege nicht mit einer breiten Unterstützung eines Umsturzes rechnen konnte. Nach dem Debakel von Stalingrad setzen sich Putschisten der Gefahr einer neuen „Dolchstoßlegende" aus, denn viele, die Hitler bejubelt hatten und ihm anfangs blind gefolgt waren, merken zwar inzwischen, dass er sie mit in den Abgrund reißt, aber jetzt glauben sie paradoxerweise, er sei der Einzige, der sie auch wieder retten könne.

1943 schloss sich Oberst Claus Graf Schenk von Stauffenberg der Widerstandsgruppe um Ludwig Beck an. Stauffenberg hatte bei einer Minenexplosion im April 1943 in Tunesien ein Auge, die rechte Hand und zwei Finger der linken Hand verloren und wurde deshalb seit Oktober 1943 nicht mehr an der Front, sondern im Stabsdienst eingesetzt. Am 1. Juli 1944 wurde der 36 Jahre alte Vater von vier Kindern Stabschef bei Generaloberst Friedrich Fromm, dem Befehlshaber des Ersatzheeres in Berlin, und erhielt auf diese Weise Zugang zum „Führer".

Am 20. Juli fliegt Stauffenberg mit seinem Adjutanten Oberleutnant Werner Karl von Haeften ins „Führerhauptquartier" bei Rastenburg. Dort sucht er eine Toilette auf, um den chemisch-mechanischen Zeitzünder einer in seiner Aktentasche versteckten Bombe unbeobachtet in Gang setzen zu können. Um 12.30 Uhr begleitet er Generalfeldmarschall Wilhelm Keitel zur Lagebesprechung, die nicht – wie üblich – in einem Bunker der „Wolfsschanze" stattfindet, in dem die Wirkung der Detonation verheerend wäre, sondern in einer Holzbaracke, deren Fenster wegen des heißen Sommertages auch noch offen stehen. Hitler begrüßt ihn und beugt sich dann wieder über den eichenen Kartentisch. Stauffenberg stellt seine Mappe vor Hitlers Füßen auf den Boden. Dann entfernt er sich unauffällig. Der Knall ist im gesamten „Führerhauptquartier" zu hören. Sirenen heulen. Die Wachen sperren die Ausgänge und halten Stauffenberg und dessen Adjutanten an. Aber nach einem Telefongespräch mit der Kommandatur dürfen sie die Sicherheitszäune passieren.

Vier Konferenzteilnehmer sind tödlich verwundet, sieben weitere schwer verletzt. Hitler ist mit geplatzten Trommelfellen, leichten Verbrennungen, Prellungen und Hautabschürfungen davongekommen. Das hat er einem Zufall zu verdanken: Ein Konferenzteilnehmer, der mit dem Fuß gegen die Aktentasche gestoßen war, hatte sie unmittelbar vor der Explosion auf die von Hitler abgewandte Seite des massiven Tischsockels gestellt. Claus Graf Schenk von Stauffenberg, der sofort verdächtigt wird, die Bombe gelegt zu haben, befindet sich auf dem Rückflug nach Berlin.

Hermann Göring fährt unverzüglich zur „Wolfsschanze". Mussolini trifft gerade zu einem Staatsbesuch ein. Großadmiral Karl Dönitz ist entrüstet über das Attentat eines Heeresoffiziers auf den „Führer" und gibt dem Heer auch die Schuld an den Fehlschlägen des Kriegs. Hermann Göring beschimpft er wegen des Versagens der Luftwaffe. Dessen

Gesicht verfärbt sich. Wutschnaubend macht er den ebenfalls anwesenden Außenminister für den Kriegsausbruch verantwortlich und droht ihm mit dem Marschallstab: „Sie schmutziger kleiner Sektvertreter!" Weil er ihn ohne „von"-Titel anredet, schreit Joachim von Ribbentrop zurück: „Noch bin ich Außenminister, und mein Name ist ‚von Ribbentrop'!"[97] Hitler sitzt in einen Sessel versunken dabei und kaut auf mehreren Pillen herum. Unvermittelt bricht die aufgestaute Wut über den Anschlag aus ihm hervor und er schwört hysterisch Rache. Verwirrt zieht sich Mussolini zurück.

Die Verschwörer beabsichtigten, mit dem Codewort „Walküre" die für den Fall innerer Unruhen vorgesehenen Maßnahmen anzuordnen und die Staatsführung an sich zu reißen. Am Nachmittag meldete sich also General Friedrich Olbricht beim Befehlshaber des Ersatzheeres im Reichskriegsministerium in Berlin und behauptete, Hitler sei bei einem Attentat getötet worden, er schlage deshalb vor, den Plan „Walküre" in Gang zu setzen. Um sich zu vergewissern, rief Friedrich Fromm im „Führerhauptquartier" an. Keitel versicherte ihm, Hitler sei nur leicht verletzt. Daraufhin lehnte es der Befehlshaber des Ersatzheeres ab, die vereinbarte Parole auszugeben.

Die Aufständischen, die sich nach und nach im Kriegsministerium in der Bendlerstraße einfinden, warten unschlüssig auf Stauffenberg. Um 16.30 Uhr kommt er, lässt unverzüglich die Losung „Walküre" durchgeben und arrestiert seinen Vorgesetzten, General Friedrich Fromm, in einem der Büros.

Unterdessen konferiert Goebbels in seinem Ministerium mit Speer über weitere Mobilisierungsmöglichkeiten. Da ruft Otto Dietrich aus der „Wolfsschanze" an und berichtet über das Attentat. Gegen 17.30 Uhr tritt Hans Hagen, ein Referent des Reichspropagandaministeriums, in Goebbels' Arbeitszimmer und teilt mit, der Berliner Stadtkommandant General Paul von Hase gehöre offenbar zu den Putschisten, denn er habe dem Wachbataillon befohlen, das Regierungsviertel abzuriegeln und die Reichsminister festzunehmen. Goebbels springt auf: „Unmöglich!" Vom Fenster aus beobachtet er jedoch, wie ein Lkw mit Soldaten auf der Ladefläche vorbeirattert. Der Minister verlangt nach dem Bataillonschef und telefoniert mit dem „Führer". Als ihn Speer darauf aufmerksam macht, dass zwei bewaffnete Posten vor dem Eingang des Ministeriums stehen, holt er aus seinen Privaträumen eine Pillenschachtel und steckt sie ein: „So, dies für alle Fälle!"[98]

Wenig später schlägt der 32-jährige Bataillonskommandeur Major Otto Ernst Remer vor Goebbels die Hacken zusammen und grüßt mit einem markigen „Heil Hitler" – obwohl er annimmt, der „Führer" sei tot. Goebbels spricht erneut mit Hitler und fragt zwischendurch Remer: „Der Führer kann Ihnen doch Befehle erteilen, die die Befehle Ihres Generals aufheben, nicht wahr?" Nachdem er die Situation kurz am Telefon geschildert hat, reicht er Remer den Hörer. Der nimmt sogleich Haltung an. „Erkennen Sie mich an der Stimme?", fragt Hitler und versichert ihm, nicht ernsthaft verletzt zu sein. Bis zum Eintreffen des Reichsführers-SS solle Remer die Anweisungen des Propagandaministers befolgen.

Nachdem Goebbels zu dem im Garten angetretenen Wachbataillon gesprochen hat, verhaftet Major Remer General von Hase und befiehlt seinen Leuten, die Verschwörer in Berlin zu überwältigen.

Rasch verbreitet sich das Gerücht, Hitler habe einen Anschlag überlebt. Der Staatsstreich ist gescheitert. Soldaten befreien General Fromm, der sofort ein Standgericht einsetzt. Der 64 Jahre alte Generaloberst Ludwig Beck schießt sich zweimal mit der Pistole in den Kopf, zielt aber so unglücklich, dass erst der Schuss eines Feldwebels den Stöhnenden tötet. Claus Graf Schenk von Stauffenberg und Friedrich Olbricht sowie ihre beiden Adjutanten Werner Karl von Haeften und Albrecht Ritter Mertz von Quirnheim werden in den Innenhof des Bendlerblocks geführt und im Licht von Autoscheinwerfern füsiliert.

Im Gespräch mit Heinrich Himmler, der am Abend vom „Führerhauptquartier" nach Berlin flog, spottet Goebbels über die Putschisten: „Wenn die nicht so ungeschickt gewesen wären! Sie haben eine große Chance gehabt. Welche Trümpfe! Welche Kinderei! Wenn ich denke, wie ich das gemacht hätte! Warum haben sie nicht das Funkhaus besetzt und die tollsten Lügen verbreitet. Hier stellen sie Posten vor meine Tür. Aber seelenruhig lassen sie mich mit dem Führer telefonieren ... Was für Anfänger!"[99]

Hermann Göring wendet sich an die Luftwaffe: „Ein unvorstellbarer, gemeiner Mordanschlag wurde heute von einem Oberst Graf Stauffenberg im Auftrage einer erbärmlichen Clique von ehemaligen Generalen, die wegen ihrer ebenso feigen wie schlechten Führung davongejagt werden mussten, gegen unseren Führer durchgeführt. Der Führer wurde durch die allmächtige Vorsehung wie durch ein Wunder gerettet." Nach seinem Appell, den Reichsführer-SS zu unterstützen und bei der „Ausrottung dieser Verräter" rücksichtslos durchzugreifen, endet er mit den Worten: „Es lebe unser Führer, den der allmächtige Gott heute so sichtbar segnete."[100] Auch im Namen von Generalfeldmarschall Keitel und Großadmiral Dönitz bittet er Hitler um die Erlaubnis, den „deutschen

Gruß" für die gesamte Wehrmacht „als ein Zeichen unverbrüchlicher Treue zum Führer" einführen zu dürfen.[101]

„Ganz Deutschland steht trauernd an Hitlers leerer Bahre",[102] wagen nur ein paar ganz Unerschrockene zu witzeln.

Bei einer Chefbesprechung am 22. Juli in Rastenburg steht Goebbels im Mittelpunkt, denn alle wollen hören, was am 20. Juli in Berlin geschah. Hans Heinrich Lammers schlägt zähneknirschend vor – wohl auf Druck Görings und Weisung Hitlers –, den Reichsverteidigungsausschuss endgültig aufzulösen, die militärische Neuordnung in der Heimat Heinrich Himmler und die Reform des öffentlichen Lebens Joseph Goebbels zu übertragen. Hitler, Göring und Lammers unterschreiben am 25. Juli die Ernennungsurkunde für Goebbels. Der neue „Generalbevollmächtigte für den totalen Kriegseinsatz" schmollt, man habe Hitler erst „eine Bombe unter den Arsch schieben"[103] müssen. Aber er genießt seinen Triumph und prahlt vor seinem Stab, er besitze jetzt innerhalb des Reichs „praktisch diktatorische Vollmachten"[104].

Über seinen Besuch am 22. Juli in Rastenburg schreibt Goebbels: „Dann sehe ich den Führer wieder. Er kommt mir auf dem Wege von seinem Bunker entgegen. Meine erste Begrüßung mit ihm ist geradezu erschütternd. Ich bin auf das Tiefste ergriffen, ihn so heil und gesund vor mir zu sehen. Die Begrüßungsszene entbehrt nicht einer gewissen Feierlichkeit. Ich habe das Empfinden, in ihm vor einem Menschen zu stehen, der unter Gottes Hand arbeitet."[105] Diesen Gedanken greift der Propagandaminister in einer Rundfunkrede am 26. Juli auf: „Ich hatte es schon oft – aber noch niemals so sichtbar und eindeutig wie hier – erlebt, dass der Führer sein Werk unter dem Schutz der Vorsehung erfüllt …, dass damit aber auch ein über allem menschlichen Tun waltendes göttliches Schicksal uns einen Fingerzeig gibt, dass dieses Werk, auch wenn es noch so großen Schwierigkeiten begegnet, vollendet werden muss, vollendet werden kann und vollendet werden wird."[106]

Ein Strafgericht von „geschichtlichen Ausmaßen" gegen die Verschwörer und ihre Mitwisser verlangt Goebbels.[107] Für die Fahndung richtet Himmler eine aus 400 Beamten bestehende „Sonderkommission 20. Juli" ein. Am 8. August werden die ersten acht Verurteilten in der Berliner Strafanstalt Plötzensee auf Verlangen Hitlers „wie Schlachtvieh"[108] an Fleischerhaken aufgehängt und erdrosselt. Ein Kamerateam filmt im Auftrag des Propagandaministers ihre letzten Zuckungen. Bei der Filmvorführung hält Goebbels jedoch beide Hände vors Gesicht.

„Göring lebt außerhalb der Welt"

Göring liegt im Sommer 1944 wochenlang mit einer eitrigen Mandelentzündung im Bett. Wenn er früher krank war, erkundigte sich Hitler täglich nach seinem Befinden, aber dieses Mal kümmert er sich nicht um ihn. Selbst als sich der Reichsmarschall zurückmeldet, geht Hitler mit keinem Wort auf dessen Gesundheitszustand ein. „Da habe ich Bescheid gewusst",[109] sagt Göring später.

„Der Führer hat Göring in guten Zeiten zu groß werden lassen", urteilt Goebbels, „jetzt in schlechten Zeiten hängt er ihm wie ein schweres Bleigewicht am Bein."[110]

An Joseph Goebbels' 47. Geburtstag klingelt kurz nach Mitternacht das Telefon. Adolf Hitler gratuliert ihm und bittet ihn, seine Frau an den Apparat zu holen. Er ahnt offenbar, wie verzweifelt sie ist. Mit feuchten Augen kehrt sie einige Minuten später zu der kleinen Gesellschaft zurück, die gerade auf das Wohl des Hausherrn anstoßen wollte: „Der Führer hat mir versprochen, dass er dem deutschen Volk an Weihnachten einen großen militärischen Sieg schenken wird!"[111]

In der Nacht auf den 2. Dezember unterhalten sich Hitler und Goebbels abermals bis zum Morgengrauen. Wie schon oft, reden sie über Göring. Über das Versagen Görings sei „der Führer außerordentlich traurig", hält Goebbels fest. „Er kann es nicht verstehen, dass Göring bei der jetzigen Härte des Krieges immer noch seinen alten luxuriösen Lebensstil pflegt, dass er sich in pompöse Uniformen kleidet. ... Der Führer hat Göring auch dringend angeraten, nicht so viel bei seiner Familie in Carinhall zu leben. Der Oberbefehlshaber eines Wehrmachtteiles gehört nicht zu seiner Familie, sondern zu seinen Soldaten. ... Der Führer betont ganz richtig, dass Göring durchaus nicht eine so eiserne Persönlichkeit ist, wie er früher immer geschildert wurde, er ist au fond ein weichlicher und anfälliger Mensch, der zwar mit einem großen Elan eine bestimmte Aufgabe anfassen kann, sie aber nicht durchhält, wenn sie Zähigkeit und verbissenen Trotz erfordert. ... Göring hat keinen einzigen alten Nationalsozialisten als Mitarbeiter, sondern er hat sich in der Hauptsache mit seinen alten Weltkriegskameraden Loerzer und wie sie alle heißen umgeben. Diese alten Weltkriegskameraden haben natürlich mit dem Nationalsozialismus nur sehr wenig zu tun; aber was noch schlimmer ist, sie sind auch ihren Aufgaben sachlich nicht gewachsen. Der Führer ist es nun leid, Göring ewig Vorhaltungen zu machen. ... Während der Führer noch vor einigen Wochen mit einem gewissen nachsichtigen Lächeln das Auftreten Görings in langen Schlafröcken und in Pelzschuhen vermerkt hat, ist er heute doch darüber sehr ungehalten, vor allem weil Göring in diesem mehr als skurrilen Aufzug auch seine Generäle empfängt." Dann aber reden Hitler und Goebbels über erfreulichere Themen: „Ich erzähle dem Führer einige Einzelheiten aus dem Familienleben, lese ihm aus dem Tagebuch von Hellmuth einen Aufsatz über den 9. November 1918 vor, über den wir Tränen lachen. Es ist für mich direkt beglückend, zu sehen, wie der Führer sich schüttelt vor Heiterkeit."[112]

Am 3. Dezember 1944 besucht Hitler noch einmal die Familie Goebbels in Lanke. Magdas Mutter beschreibt später, wie er eintraf: „Langsam, die Schultern stark nach vorn gebeugt, die Arme lang am Körper herabhängend, schlich er mehr als er schritt, die Treppe hinauf. Beim Ausziehen des Mantels stöhnte er wie ein schwerkranker Mann. Schrill und brüchig die Stimme, unecht das Lachen."[113] Er entschuldigt sich für den bescheidenen Lilienstrauß, den er mitbringt, aber etwas Besseres sei nicht zu bekommen, weil Goebbels die Berliner Blumenläden geschlossen habe.

Nach einer vierstündigen Unterredung mit Göring am 6. Dezember in Carinhall meint Goebbels: „Göring lebt in Carinhall außerhalb der Welt, und die Menschen, die ihn umgeben, haben mit dem Krieg nur noch sehr wenig zu tun."[114]

Die letzte Offensive

Hiroshi Oshima, der japanische Botschafter in Berlin, drängt bei einem Gespräch mit Goebbels' Staatssekretär Werner Naumann am 20. September 1944 darauf, das Deutsche Reich müsse mit der Sowjetunion einen Separatfrieden schließen, um Großbritannien und den USA standhalten zu können. Goebbels glaubt inzwischen auch, dass der Zweifrontenkrieg nicht durchzuhalten sei und die gegnerische Koalition gesprengt werden müsse. Da er eine Verständigung mit den Westmächten für unrealistisch hält, sieht er auch nur die Möglichkeit, mit Stalin wieder ins Gespräch zu kommen. Eine entsprechende Denkschrift an Hitler bleibt allerdings unbeantwortet.

Aachen ergibt sich am 24. Oktober 1944 als erste deutsche Stadt den Amerikanern – die von der Bevölkerung als Befreier begrüßt werden.

Am 16. Dezember 1944 um 5.30 Uhr greifen die Deutschen auf einem 120 km langen Frontabschnitt in den Ardennen an. Die überraschten Amerikaner können wegen der tief hängenden Wolkendecke ihre Luftherrschaft nicht zur Geltung bringen. Die deutschen Panzerverbände stürmen vorwärts. In der Nacht auf den 17. Dezember telefoniert Hitler mit Goebbels, brüstet sich mit den Erfolgen der Ardennenoffensive und vergisst am Ende auch nicht, ihm und seiner Frau zum bevorstehenden 13. Hochzeitstag zu gratulieren.

Aber hinter der belgisch-luxemburgischen Grenze geht es nicht mehr weiter.

Am ersten Weihnachtsfeiertag schaut Goebbels kurz bei den Görings vorbei. Niedergeschlagen meint er: „Ich habe eine grauenhafte Angst, dass ich meine Kinder umbringen muss." Als Emmy Göring ihn fragt, ob er denn wirklich nicht mehr daran glaube, dass der Krieg noch gewonnen werden könne, erwidert er: „Ich weiß es nicht! Ich weiß es einfach nicht! Aber ich kann mir schlechterdings nicht vorstellen, dass wir ihn verlieren. Irgend etwas hat der Führer bestimmt noch – ganz bestimmt ..."[115]

In der Silvesternacht greift die Wehrmacht im Elsass an, und am Neujahrsmorgen vernichtet die Luftwaffe auf Flugplätzen in Holland, Belgien und Nordfrankreich 1000 alliierte Flugzeuge. Drei Tage später beginnen die Alliierten damit, die Deutschen erneut nach Osten zurückzudrängen.

75 000 Soldaten beider Seiten sind während der Ardennenoffensive gefallen.

Goebbels erklärt Berlin zur Festung

Der Aderlass in den Ardennen schwächt auch die deutsche Ostfront. Die Rote Armee beginnt am 12. Januar 1945 – Görings 52. Geburtstag – mit einer neuen Großoffensive, überquert die Weichsel und verschiebt die gesamte 900 km lange Front nach Westen. Am 26. Januar schließen die Russen Ostpreußen ein. Am nächsten Morgen erreichen sie Auschwitz. Obwohl die Vergasungen im November eingestellt und die Krematorien zerstört wurden, finden Beauftragte des Roten Kreuzes noch sieben Tonnen Menschenhaare.[116]

Göring klammert sich an die Hoffnung, Winston Churchill werde am Ende doch noch Seite an Seite mit den Deutschen kämpfen, um eine Ausbreitung des Bolschewismus zu verhindern. In einer Besprechung am 27. Januar meint er, es sei durchaus möglich, dass in ein paar Tagen ein entsprechendes Telegramm aus London eintreffe: „Sie [die Briten] haben gewiss nicht damit gerechnet, dass wir sie im Westen aufhalten, während die Russen ganz Deutschland erobern. ... Sie sind in den Krieg eingetreten, um unser Vordringen nach dem Osten zu verhindern. Aber nicht, um den Osten bis an den Atlantik vordringen zu lassen."[117]

Hitler kehrt endgültig aus seinen wechselnden Hauptquartieren nach Berlin zurück. Seit einem halben Jahr hat ihn die Öffentlichkeit kaum noch beachtet. Jetzt überredet ihn der Reichspropagandaminister, am 30. Januar noch einmal eine Rundfunkansprache zum Jahrestag der „Machtergreifung" zu halten.

Am 31. Januar stehen die Panzerspitzen der Roten Armee an der Oder.

Am selben Tag verabschiedet sich Göring von seiner Frau und seiner Tochter, die von Carinhall in das Haus auf dem Obersalzberg ziehen. Goebbels schickt einen Adjutanten nach Lanke, um Magda, die sechs Kinder, die beiden Mütter, die Bediensteten und das nötigste Gepäck in seine Berliner Dienstvilla zu holen.

Am 1. Februar erklärt Goebbels die Reichshauptstadt zur Festung und bereitet die Verteidigung vor. „Wenn eine einzige weiße Fahne in Berlin gehisst wird", droht er, „werde ich nicht zögern, die ganze Straße mitsamt ihren Bewohnern in die Luft sprengen zu lassen."[118] Rastlos inspiziert er, wie sich die Berliner verbarrikadieren.

In der Nacht vom 13./14. Februar und am folgenden Tag um die Mittagszeit werfen 773 britische und 311 amerikanische Flugzeuge 3 700 Tonnen Bomben über dem mit 250 000 schlesischen Flüchtlingen überfüllten Dresden ab. Die Flammen verursachen einen Orkan. Zehntausende sterben in dem Inferno.

Als Goebbels davon erfährt, zittert und weint er vor Wut. Er rät Hitler, als Vergeltung 10 000 englische und amerikanische Kriegsgefangene erschießen zu lassen, macht Göring für die Zerstörung der Barockstadt verantwortlich und fordert, „diesen dummen und nichtsnutzigen Reichsmarschall"[119] vor den Volksgerichtshof zu stellen. „Es ist schade, dass ... die Partei ... repräsentiert wird durch Göring, der mit der Partei soviel zu tun hat wie die Kuh mit der Strahlenforschung. ... Ordenbehängte Narren und eitle, parfümierte Gecken gehören nicht an die Kriegsführung. ... Hoffentlich gelingt es dem Führer, aus Göring wieder einen Mann zu machen."[120]

Eine Luftmine zerstört am Abend des 13. März das Reichspropagandaministerium. Vor dem brennenden Gebäude beschwört Goebbels die Feuerwehrleute, eine Explosion der 500 darin gelagerten Panzerfäuste zu verhindern. Wieder ereifert er sich im Gespräch mit Hitler über den Oberbefehlshaber der Luftwaffe. „Eine scharfe Kritik an Göring und an der Luftwaffe kann ich mir nicht verkneifen. Aber es ist immer dasselbe

Lied, wenn man beim Führer auf dieses Thema zu sprechen kommt ... er kann sich nicht dazu entschließen, Konsequenzen daraus zu ziehen. Er erzählt mir, dass Göring nach den letzten Unterredungen, die der Führer mit ihm gehabt habe, ganz gebrochen gewesen sei. Aber was hilft das! ... Ich bitte den Führer noch einmal, endlich handelnd einzugreifen, denn so kann es ja unmöglich weitergehen. Wir dürfen ja nicht schließlich das Volk zugrunde richten, weil wir nicht die Entschlussfreudigkeit besitzen, nun die Wurzel unseres Unglücks auszureißen."[121]

Als Hermann Göring ein Wisent erlegt und das Fleisch einem Flüchtlingstreck aus Ostpreußen übergibt, hält Joseph Goebbels das für „den Höhepunkt der moralischen Verwirrung Görings" und unterrichtet Hitler darüber. Wieder einmal erinnert er ihn an Friedrich den Großen. Der hatte seinen jüngeren Bruder August Wilhelm wegen ungeschickter Manöver im Siebenjährigen Krieg unehrenhaft aus der Armee entlassen. „August Wilhelm ist dann bekanntlich kurz danach in Gram gestorben, ohne dass Friedrich sich irgendwie dadurch beirren oder in seinem Gewissen belasten ließ. Das nenne ich friderizianisch. So müssten wir handeln, um mit den offenbaren Versagern ... fertig zu werden. Jedenfalls hat das lange Zögern Göring gegenüber die Nation in schwerstes Unglück geführt."[122]

„Ein Wunder ist geschehen"

Die Amerikaner erreichen am 11. April 1945 bei Magdeburg die Elbe. Einen Tag später bilden sie einen Brückenkopf am östlichen Ufer des Flusses – nur 120 km von der deutschen Reichshauptstadt entfernt. Die Berliner unken, es sei nun bald möglich, mit der U-Bahn von der Ost- zur Westfront zu fahren.[123] „Wisst ihr, wann der Krieg zu Ende ist?" flüstern sie. „Wenn dem Göring die Hose vom Goebbels passt!"[124]

Während Goebbels an die Soldaten appelliert und behauptet, der Umschwung stehe unmittelbar bevor und der „Führer" wisse auf die Stunde genau, wann das sei, spielt dieser mit dem Gedanken, sich umzubringen. Doch Goebbels gibt ihm zu bedenken, dass Friedrich der Große trotz seiner verzweifelten Lage im Siebenjährigen Krieg nicht aufgab und im letzten Augenblick durch den Tod der Zarin Elisabeth vom Untergang bewahrt wurde, weil ihr Nachfolger, Zar Peter III., den Preußenkönig bewunderte und aus der Allianz der Gegner Preußens ausschied.[125] Goebbels hofft, dass die „unnatürliche" Koalition der Russen, Briten und Amerikaner „fünf Minuten vor zwölf" zerbricht. Dann würde Hitler an der Seite der Westmächte einen „Kreuzzug" gegen die Bolschewisten führen!

Am 12. April schickt Goebbels dem „Führer" ein Memorandum, in dem er anregt, sich mit den Westmächten zu einigen, um alle Kräfte im Osten einsetzen zu können.[126] Mit anderen NS-Größen zusammen besucht er am selben Tag ein Konzert der Berliner Philharmoniker. Danach inspiziert er die Oder-Front. Als er um Mitternacht nach Berlin zurückkehrt, wartet vor seinem Palais eine Menschentraube auf ihn: Die Nachricht vom Tod des amerikanischen Präsidenten Franklin D. Roosevelt hat sich herumgesprochen. Goebbels vergewissert sich, dass die Meldung stimmt; dann bestellt er Champagner und ruft Hitler im Bunker der Reichskanzlei an: „Mein Führer, ich gratuliere Ihnen. Das Schicksal hat Ihren größten Feind niedergeworfen. Gott hat uns nicht verlassen. ... Ein Wunder ist geschehen. ... Das erinnert an den Tod der Zarin Elisabeth im Siebenjährigen Krieg."[127]

Joachim von Ribbentrop aber schimpft am nächsten Tag nach einer kurzen Unterredung mit Hitler: „Der Führer ist mit den Beinen nicht mehr auf der Erde. Er schwebt irgendwo im Himmel. Goebbels, diese Kanaille, hat ihm eingeredet, dass der Tod Roosevelts die große Wende sei ... Was für ein Unsinn, und was für ein Verbrechen!"[128]

„Jetzt wird Ihnen das Hälschen durchgeschnitten"

Frühmorgens am 16. April 1945 beginnt die Schlacht um Berlin: Zweieinhalb Millionen russische Soldaten überqueren die Oder. Mit Bussen der Berliner Verkehrsbetriebe schickt ihnen Goebbels „Volkssturm"-Verbände entgegen, also Einheiten, wie sie im Herbst 1944 aus Jugendlichen und älteren Männern gebildet wurden, um „den Heimatboden mit allen Waffen und Mitteln [zu] verteidigen"[129].

Hitler beabsichtigt, sein Hauptquartier auf den Obersalzberg zu verlegen und hat bereits einen Teil des Personals vorausgeschickt. Sein Propagandaminister drängt ihn aber, in Berlin zu bleiben und in den Ruinen zu sterben, denn mit dieser „heroischen" Haltung werde er einen „moralischen Welterfolg"[130] erzielen.

Am Vorabend des „Führer-Geburtstags" spricht Joseph Goebbels im Rundfunk. „Die Zeit in all ihrer dunklen und schmerzenden Größe" habe in Hitler „den einzigen würdigen Repräsentanten" gefunden. „Wenn Deutschland heute noch lebt, wenn Europa und mit ihm das gesittete Abendland mit seiner Kultur und Zivilisation noch nicht ganz im

Strudel des finsteren Abgrunds, der sich gähnend vor uns auftut, versunken ist – sie haben es ihm allein zu verdanken. Denn er wird der Mann dieses Jahrhunderts sein, das sich unter furchtbaren Wehen und Schmerzen zwar, aber doch seiner selbst sicher den Weg nach oben bahnt. ... Deutschland wird nach diesem Kriege in wenigen Jahren aufblühen wie nie zuvor."[131]

Im Bunker unter der Neuen Reichskanzlei nimmt Adolf Hitler am 20. April die Glückwünsche zu seinem 56. Geburtstag entgegen.

Als Otto Meißner, der Chef der Präsidialkanzlei, Joseph Goebbels durch seinen Staatssekretär telefonisch mitteilen lässt, er habe sich nach Mecklenburg abgesetzt, um die Handlungsfreiheit der „Reichsregierung" aufrechtzuerhalten, faucht der Minister: „Die Reichsregierung ist da, wo der Führer und ich sind, nicht wo Sie sich befinden." Zwölf Jahre lang habe er Lust gehabt, Meißner ins Gesicht zu spucken. Zwölf Jahre lang habe er diese Lust unterdrückt – heute bedaure er das.[132]

Bei Kerzenlicht leitet Joseph Goebbels am 21. April hinter den mit Brettern vernagelten Fenstern seines verwüsteten Palais die letzte „11-Uhr-Konferenz". Frierend sitzen zwei Dutzend Herren vor dem Minister im eleganten dunklen Anzug, der sie fragt: „Was fange ich mit einem Volke an, dessen Männer nicht einmal mehr kämpfen, wenn ihre Frauen vergewaltigt werden!?" Die Deutschen würden ihr Schicksal verdienen, grollt er, sie hätten es selbst gewählt und sich für eine Politik des „kühnen Wagnisses" entschieden. Das sei „halt missglückt". Er verschränkt die Arme vor der Brust und blickt in die Runde: „Ich habe ja niemand gezwungen, mein Mitarbeiter zu sein, so, wie wir auch das deutsche Volk nicht gezwungen haben. Es hat uns ja selbst beauftragt. Warum haben Sie mit mir gearbeitet! Jetzt wird Ihnen das Hälschen durchgeschnitten." In der Tür dreht er sich noch einmal um und schreit: „Aber wenn wir abtreten, dann soll der Erdkreis erzittern!"[133]

Am Nachmittag des nächsten Tages lässt er seine Tagebücher in den „Führerbunker" bringen. Magda und die Kinder werden mit zwei Autos abgeholt und durch die verwüsteten Straßen zur Ruine der Neuen Reichskanzlei gefahren: Joseph Goebbels zieht mit seiner Familie im Bunker ein.

Als Speer am 23. April vorbeischaut, um sich von Hitler zu verabschieden, erfährt er, dass Magda Goebbels wegen eines Herzanfalls nicht aufstehen kann. Er erinnert sich später an diese letzte Begegnung mit ihr: „Sie war bleich und sprach nur leise Belangloses, obwohl zu spüren war, dass sie unter dem Gedanken an die unvermeidlich näher rückende

Stunde des gewaltsamen Todes ihrer Kinder litt. Goebbels blieb beharrlich an meiner Seite; so beschränkte sich das Gespräch auf ihren Zustand. Erst gegen Ende deutete sie an, was sie wirklich bewegte: ‚Wie glücklich bin ich, dass wenigstens Harald am Leben ist.'"[134]

„Herr Reichsmarschall, draußen steht die SS und will sie verhaften!"

Auch Hermann Göring gratuliert Adolf Hitler persönlich zum Geburtstag. Für ein paar Stunden kehrt er noch einmal nach Carinhall zurück, bevor er am Nachmittag an einer Lagebesprechung im „Führerbunker" teilnimmt und sich dann in sein Haus auf dem Obersalzberg abmeldet, wo Frau und Tochter bereits auf ihn warten.

Vor seinem Aufbruch hatte Göring angeordnet, die Gebeine seiner verstorbenen Frau aus dem Mausoleum in Carinhall zu bergen und im nahen Wald zu vergraben. Die wertvollsten Gemälde, Gobelins und Kunstgegenstände waren bereits mit drei Sonderzügen nach Oberbayern gebracht worden. In Görings Auftrag bereitet nun ein Sprengkommando die Zerstörung der Gebäude vor. Die Männer, die Löcher für die Dynamitstangen in die Mauern bohren, werden vom Hausverwalter ermahnt, das kostbare Mobiliar der Räume nicht zu beschädigen: „Vielleicht können unsere Soldaten die Russen doch noch aufhalten."

Am 23. April fliegt General Karl Koller, der Stabschef der Luftwaffe, mit einer Jagdmaschine von Berlin nach München. Gegen Mittag trifft er auf dem Obersalzberg ein und berichtet Göring, Hitler sei zum Suizid entschlossen. Der Reichsmarschall, den Hitler zu seinem Nachfolger ernannte, ist hin- und hergerissen: „Wenn ich jetzt handle, kann ich als Verräter abgestempelt werden; wenn ich nicht handle, wird man mir vorwerfen, ich hätte in der Stunde der Katastrophe nichts unternommen."[135] Vor Aufregung schwitzend sendet er einen Funkspruch nach Berlin: „Mein Führer! Sind Sie einverstanden, dass ich nach Ihrem Entschluss, im Gefechtsstand der Festung Berlin zu verbleiben, gemäß Ihres Erlasses vom 29. 6. 1941 als Ihr Stellvertreter sofort die Gesamtführung des Reiches übernehme mit voller Handlungsfreiheit nach innen und außen. Falls bis 22 [Uhr] keine Antwort erfolgt, nehme ich an, dass Sie Ihrer Handlungsfreiheit beraubt sind. Ich werde dann die Voraussetzungen Ihres Erlasses als gegeben ansehen und zum Wohl von Volk und Vaterland handeln. Was ich in diesen schwersten Stunden meines Lebens für Sie empfinde, wissen Sie, und kann ich durch Worte nicht ausdrücken. Gott schütze Sie und lasse Sie trotz allem baldmöglichst hierherkommen. Ihr getreuer Hermann Göring."[136] Bitter sagt er zu seiner Frau: „Nun endlich soll ich Deutschland in die Hand bekommen, nun, wo alles zerschlagen und zu spät ist!"[137]

Hitler überfliegt Görings Mitteilung und achtet zunächst nicht weiter darauf. Am frühen Abend legt ihm Martin Bormann die Abschrift eines weiteren Funkspruchs vor, den der Reichsmarschall an Joachim von Ribbentrop schickte: „Ich habe den Führer gebeten, mich mit Weisungen bis zum 23. 4. 45, 22.00 Uhr zu versehen. Falls bis zu dieser Zeit ersichtlich ist, dass der Führer seiner Handlungsfreiheit für die Führung des Reiches beraubt ist, tritt sein Erlass vom 29. 6. 1941 in Kraft, nach welchem ich als Stellvertreter in all seine Ämter eintrete."[138] Damit gelingt es Bormann – den Göring einmal als „Mephistopheles des Führers"[139] bezeichnete –, Hitlers Argwohn zu erregen: „Göring übt Verrat. Er sendet bereits Telegramme an die Regierungsmitglieder und teilt ihnen mit, dass er ... Ihr Amt, mein Führer, heute Nacht antreten werde."[140] Mit stieren Augen und gerötetem Gesicht brüllt Hitler: „Ich weiß es schon lange. Ich weiß, dass Göring faul ist. Er hat die Luftwaffe verludern lassen. Er war korrupt. Sein Beispiel hat die Korruption in unserem Staate möglich gemacht. Zu allem ist er seit Jahren Morphinist. Ich weiß es schon lange."[141]

Um 19.50 Uhr trifft Hitlers Antwort auf dem Obersalzberg ein: „Der Erlass vom 29. 6. 41 tritt erst nach meiner besonderen Genehmigung in Kraft. Von einer Handlungsfreiheitsberaubung kann keine Rede sein. Ich verbiete daher jeden Schritt in der von Ihnen angedeuteten Richtung."[142] Unverzüglich telegrafiert Göring an Joachim von Ribbentrop: „Führer teilt mir mit, er besitzt noch Handlungsfreiheit. Widerrufe Telegramm von heute Mittag. Heil Hitler."[143]

Bormann hat nicht nur Hitlers Antwort übermittelt, sondern außerdem den Kommandeur der SS-Einheit auf dem Obersalzberg angewiesen, Göring festzunehmen. „Herr Reichsmarschall, draußen steht die SS und will sie verhaften!",[144] meldet aufgeregt ein Bediensteter. Göring lacht ungläubig, geht aber dennoch in sein Arbeitszimmer. Als seine Frau ihm folgen will, fordert das SS-Kommando sie auf, sich in ihr Zimmer zurückzuziehen. Zwanzig Minuten später läuft sie wieder hinunter, aber vor der geschlossenen Tür steht ein Posten und lässt sie nicht hinein.

„Treue bis in den Tod"

Am 25. April 1945 schließt sich die von zwei sowjetischen Heeren gebildete Zange um Berlin, und auf der zerstörten Elbbrücke in Torgau reichen sich Rotarmisten und US-Soldaten die Hand:[145] Das Deutsche Reich ist nun in einen nördlichen und einen südlichen Teil unter Großadmiral Karl Dönitz bzw. Generalfeldmarschall Albert Kesselring geteilt.

Hitlers Hündin Blondie hat im März geworfen. Immer wieder laufen die sechs Goebbels-Kinder durch die Bunkerkorridore zu Hitlers Räumen, um mit den Welpen zu spielen. Günther Quandt bietet seiner geschiedenen Frau an, für ihre Kinder in der Schweiz zu sorgen. Ein Dienstmädchen Eva Brauns ist bereit, sich mit den Kindern in Bayern zu verbergen. Auch Hitler schlägt vor, die Kinder auszufliegen. Als sein Fahrer überlegt, wie er sie zum Flugplatz Gatow bringen könne, atmet Magda Goebbels auf. In diesem Augenblick tritt ihr Mann ein. Seiner Frau stünde es frei, sich und die Kinder in Sicherheit zu bringen, erklärt er „exaltiert heroisch"[146]; er selbst werde in jedem Fall mit dem „Führer" in Berlin ausharren und aus dem Leben scheiden. Magda Goebbels beeilt sich zu beteuern, auch sie bleibe mit den Kindern im Bunker. Einer Vertrauten sagt sie: „Ich kann Joseph jetzt nicht verlassen. Ich muss mit ihm und dem Führer sterben. Und wenn ich sterbe, dann müssen auch die Kinder sterben."[147]

Während einer Lagebesprechung am 25. April offenbart Goebbels, wie verzweifelt er sich an seinem illusorischen Weltbild festkrallt: „Würde der Führer in Berlin einen ehrenvollen Tod finden und Europa bolschewistisch werden – in fünf Jahren spätestens wäre der Führer eine legendäre Persönlichkeit und der Nationalsozialismus ein Mythos, weil er durch den letzten größten Einsatz geheiligt wäre und alles Menschliche, was man heute an ihm kritisiert, dann mit einem Schlage abgewischt wäre."[148]

Am Vormittag desselben Tages zwingen SS-Offiziere Hermann Göring, eine Rücktrittserklärung zu unterschreiben. Unmittelbar danach zerstören 318 alliierte Bomber den Berghof und andere Gebäude auf dem Obersalzberg, darunter auch Görings Haus. Dessen Bewohner werden zunächst in einen alten Luftschutzkeller und von dort während einer Angriffspause in einen sicheren Stollen gebracht.

Dann bittet Göring einen SS-Offizier, nach Berlin zu telegrafieren: „Wenn Adolf Hitler mich für treulos hält, dann soll er mich erschießen lassen. Aber er soll meine Familie und die Menschen, die bei uns sind, endlich in Freiheit setzen."[149] Er ahnt nicht, dass seine Bewacher bereits Anweisungen von Bormann erhalten haben: „Die Situation in Berlin wird immer gespannter. Sollte Berlin fallen und wir mit der Hauptstadt untergehen, dann müssen die Verräter des 23. April liquidiert werden. Männer, tut eure Pflicht! Euer Leben und eure Ehre stehen auf dem Spiel."[150]

Am 26. April 1945 fliegt der Luftwaffengeneral Robert Ritter von Greim von München nach Berlin, um sich, wie befohlen, beim „Führer" zu melden. Die Testpilotin Hanna Reitsch begleitet ihn. Magda Goebbels kennt die 33-Jährige nur dem Namen nach, aber als sie ihr im Korridor begegnet, umarmt sie die Frau und schluchzt.

Hanna Reitsch erschrickt, als sie Hitler sieht: Gebeugt, mit wackelndem Kopf, fahlem Gesicht und gläsernen Augen schlurft er auf sie zu und hält seinen linken Unterarm fest, weil die Hand unentwegt zittert. „Seien Sie froh, dass Sie ihn nicht gesehen haben", sagte Goebbels bereits im Februar zu seinem früheren Adjutanten Friedrich Christian Prinz von Schaumburg-Lippe, als dieser ihn kurz besuchte, „der Hitler, an den Sie einmal geglaubt haben, der existiert schon lange nicht mehr."[151]

Weil Ritter von Greim kurz vor der Landung durch einen Schuss am Fuß verletzt wurde, muss er auf einer Bahre zu Hitler getragen werden. Der fuchtelt mit Görings Telegramm herum und schreit: „Ein Ultimatum! Ein krasses Ultimatum! Jetzt bleibt nichts übrig! Nichts bleibt mir erspart! Keine Treue wird gehalten, keine Ehre! Keine Enttäuschung, kein Verrat, kein Unrecht ist mir erspart geblieben – und jetzt auch das!"[152] Unvermittelt reicht er Ritter von Greim die Hand und fährt leise fort: „Ich ernenne Sie hiermit zum Oberbefehlshaber der Luftwaffe."

„Reichsmarschall Hermann Göring hat einen Herzanfall erlitten, der in ein akutes Stadium getreten ist", heißt es am 27. April im Rundfunk. „Er hat deshalb darum gebeten, von seinen Pflichten als Oberbefehlshaber der Luftwaffe abgelöst zu werden, weil in diesem Augenblick die allergrößten Anstrengungen erforderlich sind. Der Führer ist seiner Bitte nachgekommen."[153]

Als am nächsten Vormittag die ersten Spähtrupps berittener Rotarmisten in der Schorfheide auftauchen, wird Carinhall gesprengt. Bald darauf bringen SS-Offiziere Hermann, Emmy und Edda Göring nach Mauterndorf.

In Anwesenheit der Kinder lässt Magda Goebbels sich ihre Verzweiflung nicht anmerken. Immer häufiger trinkt sie ein Glas Wein oder Cognac.[154] Sie schreibt ihrem Sohn Harald, den sie in einem englischen

Kriegsgefangenenlager in Nordafrika weiß: „Mein geliebter Sohn! Nun sind wir schon sechs Tage hier im Führerbunker, Papa, deine sechs kleinen Geschwister und ich, um unserem nationalsozialistischen Leben den einzig möglichen, ehrenvollen Abschluss zu geben. ... Du sollst wissen, dass ich gegen den Willen Papas bei ihm geblieben bin, dass noch vorigen Sonntag der Führer mir helfen wollte, hier herauszukommen. Du kennst deine Mutter – wir haben dasselbe Blut, es gab für mich keine Überlegung. Unsere herrliche Idee geht zugrunde – und mit ihr alles, was ich Schönes, Bewundernswertes, Edles und Gutes in meinem Leben gekannt habe. Die Welt, die nach dem Führer und dem Nationalsozialismus kommt, ist nicht mehr wert, darin zu leben, und deshalb habe ich auch die Kinder hierher mitgenommen. Sie sind zu schade für das nach uns kommende Leben, und ein gnädiger Gott wird mich verstehen, wenn ich ihnen selbst die Erlösung geben werde. ... Die Kinder sind wunderbar ... niemals ein Wort der Klage oder ein Weinen. Die Einschläge erschüttern den Bunker. Die Größeren beschützen die noch Kleineren, und ihre Anwesenheit hier ist schon dadurch ein Segen, dass sie dem Führer hin und wieder ein Lächeln abgewinnen. Gestern Abend hat der Führer sein Goldenes Parteiabzeichen abgenommen und mir angeheftet. Ich bin stolz und glücklich. Gott gebe, dass mir die Kraft bleibt, um das Letzte, Schwerste zu tun. Wir haben nur noch ein Ziel. Treue bis in den Tod dem Führer, und dass wir das Leben mit ihm beenden können, ist eine Gnade des Schicksals, mit der wir niemals zu rechnen wagten. Harald, lieber Junge – ich gebe dir das Beste noch auf den Weg, was das Leben mich gelehrt hat: Sei treu! Treu dir selbst, treu den Menschen und treu deinem Land gegenüber. ... Sei stolz auf uns und versuche, uns in stolzer, freudiger Erinnerung zu behalten."[155]

Darunter schreibt Joseph Goebbels: „Lass dich nicht verwirren durch den Aufruhr, der jetzt in der Welt herrschen wird. Eines Tages werden die Lügen unter ihrer eigenen Last zusammenbrechen und die Wahrheit wird wieder triumphieren. Die Stunde wird wiederkommen, in der wir sauber und unbefleckt wieder dastehen werden vor der Welt. So sauber und unbefleckt, wie unser Glaube und unser Ziel immer gewesen sind ... Sei immer stolz darauf, einer solchen Familie angehört zu haben, die im Angesicht des Unheils dem Führer treu blieb bis zum Letzten und treu seiner reinen und heiligen Sache."[156]

Den Brief steckt Hanna Reitsch ein, als sie mit Ritter von Greim Berlin verlässt. Hitler schickt seinen neuen Oberbefehlshaber der Luftwaffe nach Norddeutschland, wo er Heinrich Himmler festnehmen soll, weil sich dieser heimlich mit dem Schweden Folke Graf Bernadotte traf, von dem er hoffte, er könne einen Waffenstillstand mit den westlichen Alliierten vermitteln.

„Heute Abend werden wir weinen"

„Heute Abend werden wir weinen",[157] prophezeit Eva Braun am 28. April Hitlers Sekretärinnen. Eine Stunde später muss Traudl Junge zum „Führer". Verblüfft stellt sie fest, dass in einem der Bunkerräume ein Tisch festlich gedeckt ist. Hitler diktiert ihr sein politisches Testament: Göring und Himmler verstößt er aus der Partei. Goebbels soll ihn als Reichskanzler ablösen. Als Reichspräsident und Oberbefehlshaber der Wehrmacht ernennt Hitler keinen Offizier des Heeres oder der Luftwaffe – die er für die Niederlage verantwortlich macht –, sondern Großadmiral Karl Dönitz, den Oberbefehlshaber der Kriegsmarine.

Dann wendet er sich seinem persönlichen Testament zu: „Da ich in den Jahren des Kampfes glaubte, es nicht verantworten zu können, eine Ehe zu gründen, habe ich mich nunmehr vor Beendigung dieser irdischen Laufbahn entschlossen, jenes Mädchen zur Frau zu nehmen, das nach langen Jahren treuer Freundschaft aus freiem Willen in die schon fast belagerte Stadt hereinkam, um ihr Schicksal mit dem meinen zu teilen. Sie geht auf ihren Wunsch als meine Gattin mit mir in den Tod. Er wird uns das ersetzen, was meine Arbeit im Dienst meines Volkes uns beiden raubte."[158]

Mitten in der Nacht lässt Goebbels einen Gauamtsleiter beim „Volkssturm" suchen, der befugt ist, als Standesbeamter zu amtieren. Eva Braun trägt ein langes, hochgeschlossenes Kleid aus schwarzem Seidentaft; Adolf Hitler steht in einer schlichten Uniform neben ihr. Goebbels und Bormann unterschreiben die Heiratsurkunde als Trauzeugen. In einem der Betonkorridore nimmt das soeben vermählte Paar die Gratulationen entgegen. Dann gibt Hitler in seinen Privaträumen noch ein kleines Essen für Joseph und Magda Goebbels, Martin Bormann und weitere fünf Gäste.

Traudl Junge stellt ihr Glas ab und setzt sich an die Schreibmaschine. Später berichtet sie: „Als ich Hitlers Testament tippte, kam plötzlich Goebbels herein. Ich war erschüttert, wie er aussah. Er war leichenblass, hatte Tränen in den Augen und sagte zu mir: ‚Frau Junge, der Führer will, dass ich ihn verlasse, dass ich in der zukünftigen Regierung eine Funktion übernehme. Aber ich kann das nicht, ich bin doch Gauleiter von Berlin. Mein Platz ist an der Seite des Führers. Ich kann ihn doch nicht verlassen.'"[159] Unter das Testament schreibt er um halb sechs Uhr morgens: „Zum ersten Mal in meinem Leben muss ich mich kategorisch weigern, einem Befehl des Führers Folge zu leisten. Meine Frau und meine Kinder schließen sich dieser Weigerung an. Im anderen Falle würde ich mir selbst – abgesehen davon, dass wir es aus menschlichen Gründen und solchen der persönlichen Treue niemals über das Herz bringen könnten, den Führer in seiner schwersten Stunde allein zu lassen – für mein ganzes ferneres Leben als ein ehrloser Abtrünnling und gemeiner Schuft vorkommen, der mit der Achtung vor sich selbst auch die Achtung seines Volkes verlöre, die die Voraussetzung eines weiteren Dienstes meiner Person an der Zukunftgestaltung der Deutschen Nation und des Deutschen Reiches bilden müsste. In dem Delirium von Verrat, das in diesen kritischsten Tagen des Krieges den Führer umgibt, muss es wenigstens einige geben, die bedingungslos und bis zum Tode zu ihm halten."[160]

Am 30. April isst Adolf Hitler mit seinen beiden Sekretärinnen und der Diätköchin zu Mittag, während Eva Braun in ihrem Zimmer bleibt. Dann beauftragt er seinen Fahrer, 200 Liter Benzin zu besorgen und in den Garten der zerstörten Reichskanzlei zu schaffen. Gemeinsam mit Eva Braun verabschiedet er sich von seinen engsten Mitarbeitern. Als die Tür zu seinen Privaträumen ins Schloss fällt, verliert Magda Goebbels die Fassung. Schluchzend verlangt sie, noch einmal mit Hitler sprechen zu dürfen. Ein Adjutant klopft. Ungehalten öffnet Hitler die Tür. Magda redet auf ihn ein. Dann aber zieht sie sich weinend zurück.

Joseph Goebbels wartet – bis er einen Knall hört. Dann betritt er mit Martin Bormann Hitlers Räume, wo sie zwei Tote auf einem Sofa sitzend vorfinden: Adolf Hitler hat sich mit einer Pistole erschossen; vor Eva Hitler liegt eine zerbrochene Giftampulle am Boden. Goebbels kündigt an, er werde jetzt den Bunker verlassen und so lange herumlaufen, bis er im Feuer der Russen falle. Aber er beruhigt sich wieder. Einige Zeit später steigt er mit Bormann die Treppen hinauf und tritt ins Freie, wo inzwischen ein paar Meter vom Notausgang entfernt die beiden in Decken gehüllten und mit mehreren Kanistern Benzin übergossenen Leichen liegen. Immer wieder bläst der Wind die Streichhölzer aus. Ein SS-Mann tränkt schließlich einen Lappen mit Benzin, zündet ihn an und wirft ihn auf die Toten.

Magda Goebbels tötet ihre sechs Kinder

Großadmiral Karl Dönitz, der sein Hauptquartier in Plön, zwischen Kiel und Lübeck, eingerichtet hat, erhält am 30. April abends ein Telegramm von Martin Bormann: „Anstelle des bisherigen Reichsmarschalls Göring setzte der Führer Sie, Herr Großadmiral, als seinen Nachfolger ein."[161] Hitlers Tod erwähnt Bormann nicht. Dönitz kabelt deshalb ahnungslos nach Berlin: „Mein Führer, meine Treue zu Ihnen wird unabdingbar sein. Ich werde daher weiter alle Versuche unternehmen, um Sie in Berlin zu entsetzen."[162]

Reichskanzler Goebbels teilt Josef Stalin als erstem Ausländer mit, dass Hitler tot ist und schlägt einen Waffenstillstand vor. Am 1. Mai im Morgengrauen übergibt der russisch sprechende Generalstabschef Hans Krebs das Papier einer sowjetischen Kommandostelle beim Flughafen Tempelhof. Die Antwort aus Moskau trifft um 10.15 Uhr ein. Die Einstellung der Kampfhandlungen komme nur nach einer bedingungslosen Kapitulation in Betracht. Mittags kehrt Hans Krebs in den Bunker zurück – und wird von Goebbels beschuldigt, den Russen die Alternative nicht deutlich genug aufgezeigt zu haben. Jetzt werde bis zur letzten Patrone gekämpft.

Erst am Nachmittag schickt er ein Fernschreiben nach Plön, um Reichspräsident Karl Dönitz über Hitlers Tod zu unterrichten: „Führer gestern 15.30 verschieden."[163] Kein Wort darüber, dass es sich um einen Selbstmord handelte.

Seine Tagebuch-Aufzeichnungen beschließt Joseph Goebbels mit den Worten: „Das Unglück muss so ungeheuerlich sein, dass die Verzweiflung, der Wehruf und Notschrei der Massen trotz aller Hinweise auf uns Schuldige sich gegen jene richten muss, die sich berufen fühlen, aus diesem Chaos ein neues Deutschland aufzubauen."[164]

Mehrmals hatte Magda Goebbels die anwesenden Ärzte gefragt, wie man jemand rasch und schmerzfrei töten könne. Am 1. Mai, kurz nach 17 Uhr, setzen sich ihre Kinder im Nachthemd um einen Tisch. Ein Bediensteter bringt eine Kanne Kakao – in dem ein Schlafmittel aufgelöst ist – und sechs Tassen. Als die Kinder ausgetrunken haben, kämmt ihnen die Mutter die Haare und begleitet sie zu ihren drei doppelstöckigen Betten. Einige Zeit später geht sie noch einmal zu ihnen, dieses Mal mit einem der Ärzte. „Keine Angst; der Doktor wird jedem von euch einen kleinen Piekser geben. Den kriegen jetzt alle Kinder und Soldaten." Schlaftrunken lassen sich Hilde, Hellmuth, Holde, Hedda und Heide die Spritze setzen, aber das älteste Kind, die elfjährige Helga, wehrt sich und muss deshalb von der Mutter festgehalten werden, bis das Morphium injiziert ist. Als alle Kinder schlafen, bricht ein anderer Arzt Zyankali-Ampullen auf und träufelt die tödliche Flüssigkeit in die Münder der Kinder, die Magda Goebbels der Reihe nach öffnet.

Währenddessen raucht Joseph Goebbels eine Zigarette nach der anderen und erkundigt sich immer wieder nach der militärischen Lage. Rote Flecken hat er im Gesicht. Mit pathetischen Floskeln und krampfhaft bemüht, die Haltung zu bewahren, verabschiedet er sich schließlich von Martin Bormann und seinen eigenen Mitarbeitern. Magda Goebbels sagt zu einem Adjutanten ihres Mannes: „Bitte, sagen Sie Harald, dass wir anständig aus dem Leben gegangen sind."[165] Kurz nach 22 Uhr steigen Joseph und Magda Goebbels sorgfältig gekleidet die Wendeltreppe hinauf. Sie sprechen kein Wort. Im Freien zerbeißen sie Zyankali-Ampullen, und ein SS-Offizier schießt beiden in den Hinterkopf. Dann werden die Leichen angezündet.

Kapitulation

Am 2. Mai 1945 kapituliert der Berliner Stadtkommandant.

Zur selben Zeit beauftragt Reichspräsident Karl Dönitz Reichsfinanzminister Graf Schwerin von Krosigk, eine geschäftsführende Regierung zu bilden. Als Sitz wählen sie Flensburg-Mürwik.

Das Oberkommando der Wehrmacht kapituliert am 7. Mai in Reims, im Hauptquartier von General Dwight D. Eisenhower, dem Oberbefehlshaber der angloamerikanischen Streitkräfte. Tags darauf muss der Kapitulationsakt im sowjetischen Hauptquartier in Berlin-Karlshorst vor Marschall Georgij Konstantinowitsch Schukow wiederholt werden. Die Alliierten nehmen Karl Dönitz und Johann Ludwig Graf Schwerin von Krosigk am 23. Mai gefangen.

Mit einer gemeinsamen Erklärung ihrer Oberbefehlshaber übernehmen „die Regierungen des Vereinigten Königreichs, der Vereinigten Staaten von Amerika, der Union der Sozialistischen Sowjetrepubliken und die Provisorische Regierung der Französischen Republik" am 5. Juni „die oberste Regierungsgewalt in Deutschland".[166]

Göring in amerikanischer Kriegsgefangenschaft

Emmy Göring lag in Mauterndorf mit Ischias- und Herzbeschwerden im Bett, als der Rundfunk Hitlers Tod meldete. Ihr Mann klagte: „Er ist tot, Emmy. Nun werde ich ihm nie sagen können, dass ich ihm bis zum Ende treu geblieben bin!"[167]

An Reichspräsident Dönitz telegrafiert Göring, er sei bereit, mit Eisenhower „von Marschall zu Marschall" über einen ehrenvollen Frieden zu verhandeln. Dönitz antwortet ihm nicht einmal. Göring schickt daraufhin am 6. Mai einen Adjutanten mit einem persönlichen Schreiben an den Oberbefehlshaber der Alliierten. „Um weiteres Blutvergießen in einer aussichtslosen Lage zu verhindern", bittet er um ein Gespräch auf der „menschlich-soldatischen Ebene".[168]

Niemand hält ihn zurück, als er sich mit seiner Familie und einem kleinen Gefolge von Mauterndorf über den tief verschneiten Tauernpass nach Norden fahren lässt. Bei Radstatt deutet der Chauffeur der gepanzerten Limousine nach vorn: „Herr Reichsmarschall, da sind die Amerikaner." Die Autos halten. Ein weißhaariger General kommt über die Straße. Göring steigt ebenfalls aus. Die Amerikaner geleiten ihren prominenten Kriegsgefangenen nach Schloss Fischhorn am Südufer des Zeller Sees, wo er mit seinem Gefolge im Obergeschoss einer requirierten Villa untergebracht wird. Emmy Göring bettet ihre Tochter auf eine Couch. Als sie sich anschickt, die Fenster zu verdunkeln, sagt ihr ein amerikanischer Soldat, das sei nicht mehr nötig, der Krieg sei aus. Da weint sie leise.

Als Eisenhower erfährt, dass Göring mit einem Glas Champagner in der Hand auf einer Hotelterrasse in Kitzbühel eine Pressekonferenz gegeben hat, befiehlt er wütend, den Kriegsgefangenen unverzüglich nach Augsburg zu fliegen. Dort wird er mit einem Bediensteten und zwei Adjutanten in einer Zwei-Zimmer-Wohnung ohne Bad und WC am Stadtrand einquartiert.

Am 21. Mai bringen die Amerikaner Göring nach Mondorf bei Merzig an der deutsch-luxemburgischen Grenze. Im „Palast-Hotel", wo sie ihn internieren, muss er sich mit einer Pritsche, einem Tisch und einem Stuhl begnügen. Seine Adjutanten blieben in Augsburg zurück, aber der Bedienstete steht ihm noch zur Verfügung. Zwei Aktentaschen, vollgestopft mit Paracodein-Tabletten, und eine Dose Nescafé mit einer im Pulver versteckten Zyankali-Ampulle nehmen ihm die Bewacher ab. Sie händigen ihm jeden Tag eine kleine Menge der Tabletten aus, bis er von seiner Sucht befreit ist.

Göring vor dem Nürnberger Tribunal

Als alle Deutschen aus Österreich ausgewiesen werden, muss auch Emmy Göring mit den bei ihr ausharrenden Angehörigen und Bediensteten das Quartier am Zeller See verlassen. In einem Lastwagen gelangen die fünf Frauen und Mädchen nach Veldenstein, wo Emmy Göring im Oktober 1945 erneut von den Amerikanern festgenommen wird. Man sperrt sie in das Gefängnis von Straubing. Um Edda kümmert sich zunächst eine Bauernfamilie, bis man das Kind im November zur Mutter in die Zelle bringt. Im Frühjahr 1946 kommen sie wieder frei. Burg Veldenstein ist inzwischen mit Flüchtlingen aus dem Osten überfüllt. Emmy Göring muss deshalb mit einer Jagdhütte vorlieb nehmen. Wenigstens weiß sie sich in der Nähe ihres Mannes: 30 km sind es bis Nürnberg – wo sich Hermann Göring und 20 Mitgefangene[169] seit November vor dem Internationalen Militärgerichtshof zu verantworten haben. Besuche sind jedoch bis auf weiteres verboten.

„Man mag sich beim Anblick dieser armseligen Gestalten, wie sie hier als Gefangene vor uns sind, kaum die Macht vorstellen, mit der sie als Nazi-Führer einst einen großen Teil der Welt beherrscht und fast die ganze Welt in Schrecken gehalten haben", meint der amerikanische Hauptankläger im „Nürnberger Prozess". Es falle schwer, nicht nach Rache zu schreien, sondern sich stattdessen um eine „gerechte Wiedergutmachung" zu bemühen. „Unsere Aufgabe ist es jedoch, soweit das menschenmöglich ist, das eine streng abzugrenzen gegen das andere. ... Wir möchten ebenfalls klarstellen, dass wir nicht beabsichtigen, das ganze deutsche Volk zu beschuldigen."[170]

Für sein Schlusswort benötige er nur eine Minute, tönt Göring, denn es werde im Wesentlichen aus dem Götz-Zitat bestehen. Er kritisiert zwar, dass der „Sieger immer der Richter und der Besiegte stets der Angeklagte"[171] sei, aber er bereitet sich eifrig auf die Verhandlungen vor: Die Möglichkeit zum Wortgefecht mit Juristen aus England, Frankreich, Russland und Amerika spornt ihn an.[172] Albert Speer meint anerkennend: „Wie ich ihn nach all der Macht, dem Prunk und dem Aufwand so ernst und all seiner Diamanten und Orden entkleidet seine Verteidigung vor Gericht durchführen sah – das war wirklich erschütternd."[173] Der amerikanische Gefängnispsychologe Gustave M. Gilbert erinnert sich später: „In unseren Unterhaltungen in seiner Zelle versuchte Göring den Eindruck eines jovialen Realisten zu machen, der mit hohen Einsätzen gespielt und verloren hatte und es alles wie ein guter Sportsmann hinnahm."[174] Auf die Frage eines Journalisten, warum er sich den

Amerikanern ergeben habe, antwortet Göring: Um „die deutsche Sache von einer wirklich verantwortlichen Stellung aus zu unterbreiten."[175]

Als Gustave Gilbert dem Angeklagten vorhält, dass sich die meisten Deutschen vom Nationalsozialismus distanzieren, knurrt Göring: „Kümmern Sie sich nicht darum, was die Leute jetzt sagen! Das ist genau das, was mich nicht einen Dreck interessiert! Ich weiß, was sie vorher sagten! Ich weiß, wie sie uns umjubelten und lobpriesen, als alles gut ging."[176] Er träumt von einem Neubeginn des Nationalsozialismus: „Wer weiß, vielleicht wird in dieser Stunde der Mann geboren, geboren aus unserem Fleisch und Blut, der mein Volk einigen wird – und er wird die Demütigung rächen, die wir jetzt erleiden!"[177] Er prophezeit, in hundert Jahren sei Hitler wieder „das Symbol Deutschlands" und fährt fort: „Verlassen Sie sich darauf: ... meine Gebeine kommen in einen Marmorsarkophag, und wenn es meine Knochen nicht mehr geben sollte, dann werden sie sonst was dafür reinlegen, wie bei den Heiligen!"[178]

Vor Gericht behauptet Göring, niemals einen Mord oder eine Grausamkeit geduldet oder gar angeordnet zu haben. „Aber da ist etwas, was Sie wissen müssen – wirklich!", teilt er Gilbert mit. „Sie können es glauben oder nicht – aber ich sage es in tödlichem Ernst: Grausam bin ich nie gewesen! Ich gebe zu, ich war hart, ich leugne nicht, dass ich nicht gerade schüchtern war, wenn es sich darum handelte, 1000 Mann erschießen zu lassen, zur Vergeltung, als Geiseln oder was Sie wollen. Aber Grausamkeit – Frauen und Kinder foltern – du lieber Gott! Das lag meiner Natur fern."[179] Beim Rorschach-Test[180] versucht er, auf der Vorlage einen roten Klecks, den Probanden häufig mit Blut assoziieren, mit den Fingern wegzuschnippen. Der Psychologe fragt ihn: „Erfuhren Sie nichts über die Gräueltaten, von denen die ganze Welt wusste?" Göring antwortet: „Oh, man hörte eine ganze Menge Gerüchte, aber man glaubte natürlich nichts Derartiges."[181] Und er behauptet: „Je höher man gestellt ist, desto weniger sieht man von dem, was sich unten abspielt."[182] Als ein ehemaliger SS-General vor dem Gericht Massenmorde bezeugt, springt Göring auf und kann von den Wachen nur mühsam zurückgehalten werden: „Wahrhaftig, dieses dreckige, verfluchte Verräterschwein! Dieser gemeine Schuft! Herrgott, verflucht noch mal! Donnerwetter, der dreckige, hohlköpfige Hundesohn! Er war der verruchteste Mörder in dem ganzen verfluchten Verein. Der widerliche, stinkende Schweinehund! Verkauft seine Seele, um seinen dreckigen Hals zu retten!"[183]

Seinem Verteidiger Otto Stahmer erklärt Göring: „Wenn Sie wirklich etwas Neues machen wollen, so werden Ihnen die Guten dabei nicht helfen. Sie sind selbstgenügsam, faul, haben ihren lieben Gott und ihren eigenen Dickkopf – man kann es nicht mit ihnen machen. ‚Lasst wohlbeleibte Männer um mich sein …' – das kann ein gesalbter König sagen, aber kein Führer, der sich selbst geschaffen hat. Lasst abgefeimte Schurken um mich sein … Die Bösen, die etwas auf dem Kerbholz haben, sind gefällige Leute, hellhörig für Drohungen, denn sie wissen, wie man es macht, und für Beute … Man kann ihnen etwas bieten, weil sie nehmen. Weil die keine Bedenken haben. Man kann sie hängen, wenn sie aus der Reihe tanzen. Lasst abgefeimte Bösewichter um mich sein – vorausgesetzt, dass ich die Macht habe, die ganze Macht über Leben und Tod. … Was wissen Sie von den Möglichkeiten im Bösen! Wozu schreibt ihr Bücher und macht Philosophie, wenn ihr nur von der Tugend etwas wisst, und wie man sie erwirbt, wo doch die Welt im Grund von etwas ganz anderem bewegt wird."[184]

„Sie hängen mich nicht"

Als der Gefängnispsychiater Emmy Göring den ersten Brief ihres Mannes bringt, fürchtet sie, es sei der Abschiedsbrief. Ein Bekannter fährt sie am 12. September 1946 mit seinem Holzgaswagen nach Nürnberg. Nach eineinhalb Jahren darf sie Hermann Göring zum ersten Mal wieder sehen. Jacke und Hose sind viel zu groß, denn er hat bereits in Mondorf 30 kg abgenommen. Von jetzt an darf sie ihn jeden Tag eine halbe Stunde lang besuchen. Auch Edda bringt sie mit. Als Görings acht Jahre alte Tochter Gedichte aufsagt, hört er aufmerksam zu – hinter Glas und Maschendraht, an einen Bewacher gefesselt.

Am 1. Oktober 1946 verkündet das Gericht die Urteile. Als Erster wird Hermann Göring mit Handschellen in den Saal geführt. Ein Soldat reicht ihm den Kopfhörer für die Simultanübersetzung. Der Gerichtspräsident beginnt zu sprechen. Göring unterbricht ihn, weil der Kopfhörer nicht funktioniert. Nach der Reparatur vernimmt er den Richterspruch: „Sie werden in allen Punkten der Anklage für schuldig erklärt. Der Internationale Militärgerichtshof verurteilt Sie zum Tode durch den Strang."[185] In der Begründung heißt es: „Göring war oft, ja tatsächlich fast immer die treibende Kraft und wurde nur von einem Führer übertroffen, er war die ausschlaggebende Persönlichkeit bei den Angriffskriegen sowohl in seiner Eigenschaft als politischer wie auch als militärischer Führer. Er war richtunggebend für das Sklavenarbeiterprogramm und er war der Urheber des Unterdrückungsprogramms gegen die Juden und andere Rassen im In- und Ausland. ... Diese Schuld ist einmalig in ihrer Ungeheuerlichkeit."[186] Göring steht einige Sekunden lang starr da, reißt dann mit den gefesselten Händen den Kopfhörer herunter, wendet sich um und will in seine Zelle. Dort setzt er sich mit starr geweiteten Augen auf die Pritsche und murmelt nur: „Tod!"

Emmy Göring hört den Urteilsspruch im Rundfunk. Verzweifelt ergreift sie Eddas Hand und läuft mit ihr im Wald herum, bis sie sich wieder unter Kontrolle hat.

Sie darf ihren Mann am 7. Oktober ein letztes Mal sehen. Edda plappert drauflos und erzählt ihrem Vater, sie wolle ihn noch zehnmal besuchen. Göring nimmt an, er werde erst hingerichtet, wenn ihn die Alliierten als Zeugen in weiteren Prozessen vernommen haben: „Die Suppenhühner dürfen noch einmal gackern, den Amerikanern ein Ei legen, und dann kommen sie auch in den großen Topf."[187] Und er hofft noch immer, nicht gehenkt, sondern erschossen zu werden. Aber als er Emmys Zweifel spürt, versichert er ihr: „Auf etwas kannst du dich felsenfest verlassen: Sie hängen mich nicht." Er blickt sie an und murmelt dann noch einmal: „Sie hängen mich nicht."[188]

Zurück in seiner Zelle sagt er zum Gefängnisarzt Dr. Ludwig Pflücker: „Ich sah meine Frau eben zum letzten Mal, lieber Doktor. Nun bin ich gestorben. Es war eine sehr schwere Stunde, aber meine Frau wünschte es. Sie hat sich wunderbar gezeigt. Sie ist eine ganz große Frau, nur zum Schluss wollte sie durchsinken, aber dann raffte sie sich wieder auf und war beim Abschied ganz gefasst."[189]

Am 15. Oktober 1946 werden Balken in die Turnhalle des Gefängnisses getragen und zusätzliche Lampen installiert. Der Arzt, der weiß, dass die elf zum Tod Verurteilten um 23.45 Uhr geweckt werden sollen, bringt Hermann Göring gegen 22 Uhr scheinbar die gewohnten Schlafmittel, hat aber das Pulver in einer der beiden Kapseln heimlich durch Natrium ersetzt. Göring fragt, ob es noch sinnvoll sei, sich auszuziehen. Dr. Pflücker verrät nichts, aber Göring ahnt, dass die Hinrichtung unmittelbar bevorsteht und reicht ihm die Hand zum Abschied.

Fünfzig Minuten später wird Pflücker alarmiert. Der evangelische Gefängnispfarrer ist bereits in Görings Zelle und betet. Göring bäumt sich auf seiner Pritsche auf, sein Gesicht ist blau verfärbt. „Haben Sie einen Herzanfall?", schreit der Arzt. Da sackt Göring mit einem letzten Röcheln zusammen. In seinem Mund stecken die Splitter einer Zyankali-Ampulle.

Epilog

Die nur teilweise verbrannten Leichen von Joseph und Magda Goebbels und die toten Körper ihrer sechs Kinder wurden von sowjetischen Soldaten am 2. Mai 1945 gefunden, in ein Feldlazarett gebracht und dort einige Tage später obduziert. Weiter ist darüber nichts bekannt.

Magda Goebbels' Sohn Harald Quandt leitete nach dem Tod seines Vaters (1954) gemeinsam mit seinem Stiefbruder Herbert den Familienkonzern. Er kam im September 1967 beim Absturz seines Privatflugzeugs in der Nähe von Turin ums Leben.[190]

Die Leichen Hermann Görings und der zehn hingerichteten Mitangeklagten verbrannte man im Münchner Ostfriedhof. Amerikanische Soldaten schütteten die Asche am 16. Oktober 1946 in einen Zulauf der Isar.

Karin Görings Gebeine ließ der schwedische Pastor Heribert Jansson am 3. Februar 1951 auf Wunsch ihrer Schwester Fanny Wilamowitz unter falschem Namen im Krematorium von Berlin-Wilmersdorf einäschern. Dann brachte er die Urne heimlich nach Stockholm, und die Familie Fock setzte sie in Karin Görings ursprünglichem Grab in Lovö bei.

Emmy Göring wurde im Mai 1947 erneut festgenommen und im Januar des folgenden Jahres von Augsburg-Göggingen nach Garmisch-Partenkirchen überstellt, wo im Juli der Prozess gegen sie stattfand. Das Gericht stufte sie nicht als „Hauptschuldige" ein, wie es der Staatsanwalt verlangt hatte, sondern nur als „Nutznießerin des NS-Regimes", konfiszierte 30 Prozent ihres Vermögens und verurteilte sie zu einem Jahr Arbeitslager, das durch die Haft als bereits verbüßt galt. Im August 1948 kam Emmy Göring frei. Einige Zeit später bezog sie eine Wohnung in München. Aufsehen erregte sie noch einmal, als sie 1960 aufgrund einer Klage die von den Briten beschlagnahmte Yacht „Carin II" zurückerhielt.[191] Die Feier zu Emmy Görings 80. Geburtstag richtete ihr Stiefsohn Thomas von Kantzow am 24. März 1973 im Münchner Hotel „Vier Jahreszeiten" aus.[192]

Edda Göring blieb unverheiratet und wohnte bis zum Tod ihrer Mutter am 10. Juni 1973 bei ihr. Sie lebt in München.

ANHANG

Dank

Bedanken möchte ich mich bei den Mitarbeiterinnen und Mitarbeitern des Bundesarchivs in Koblenz, der Deutschen Bibliothek in Frankfurt am Main und besonders des Instituts für Zeitgeschichte in München, die mich bei meinen Recherchen unterstützt haben und bei Frau Rechtsanwältin Cordula Schacht, die den Abdruck der Goebbels-Zitate genehmigte.

Der Lektorin Heidi Krinner-Jancsik verdanke ich – wie bereits bei meinen beiden anderen im Verlag Friedrich Pustet veröffentlichten Büchern – wertvolle Anregungen. Für die nun schon jahrelange ausgezeichnete Zusammenarbeit bedanke ich mich bei ihr, ihren Kolleginnen und bei Herrn Fritz Pustet.

Mein besonderer Dank gilt meiner Frau Irene, die wie immer am sprachlichen Schliff des Textes entscheidend beteiligt war.

Kelkheim im Herbst 2001   Dieter Wunderlich
www.dieterwunderlich.de

Anmerkungen

Vorwort, S. 7–10

1 „Hitler war kein Betriebsunfall": Titel eines Buches von Fritz Fischer.
2 „Eichmann in Jerusalem. Ein Bericht von der Banalität des Bösen": Titel eines Buches von Hannah Arendt.
3 Yehuda Bauer: Mord als Ziel. „Der Spiegel" 22/2001
4 „Hitlers willige Vollstrecker. Ganz gewöhnliche Deutsche und der Holocaust", lautet der Buchtitel.
5 Milgram S. 18
6 Jaspers S. 189 f

Traumatisierung, S. 11–41

1 Zit.: Mosley S. 29
2 Franziska Göring ca. 1903 über ihren Sohn. Zit.: Kube S. 4
3 Interview mit Leutnant a. D. August Krüger, Kompanieverwalter der 1. Kompanie des I. Bataillons der Hauptkadettenanstalt Lichterfelde. „Völkischer Beobachter", 22. Januar 1939. IfZ Göring 38/4–39/5
4 Zit.: Heiber (1988) S. 11
5 TB 9. August 1932. Fröhlich I 2 S. 219
6 Faksimile einer von Wilhelm II. unterschriebenen Karte mit dem zitierten Spruch: Chronik der Deutschen S. 742
7 Zur Entstehungsgeschichte des Begriffs: Winkler (Band 2). S. 6
8 Goebbels: Michael Voormanns Jugendjahre. BA N/1118 F. 148 ff
9 Brief vom 22. August 1916. BA N/1118 F. 625 ff
10 Goebbels: Erinnerungsblätter. In: Reuth (1999). S. 55
11 Ernst Jünger: In Stahlgewittern (1920)
12 Heiber (1975). S. 10
13 Foto: Pleticha (Band 11). S. 342
14 Zeugnis des Gymnasiums zu Rheydt vom 22. Dezember 1916. BA N/1118
15 Originalmanuskript. BA N/1118
16 Goebbels: Vom Kaiserhof zur Reichskanzlei. IfZ 80/38. S. 304
17 Programm zum Vereinsfest. IfZ F82
18 Brief vom 5. September 1917. Zit.: Fraenkel und Manvell (Goebbels). S. 29
19 Paulli Krause-Jensen. Zit.: Ernst Gritzbach: Jagdflieger Hermann Göring. In: „Berlin Rom Tokio", 1. September 1940. S. 32 (Archiv des Autors)
20 Goebbels: Erinnerungsblätter. In: Reuth (1999). S. 56
21 Brief von Agnes Kölsch vom 7. November 1917. BA N/1118 F. 519 ff
22 Brief von Liesel Kölsch vom 7. November 1917. BA N/1118 F. 523 ff
23 TB 9. Juni 1925. Fröhlich I 1 S. 118
24 TB 14. Juli 1924. Ebd. S. 41
25 Goebbels: Erinnerungsblätter. In: Reuth (1999). S. 60
26 Ebd.
27 Originalmanuskript: BA N/1118 F. 1 ff
28 Goebbels: Erinnerungsblätter. In: Reuth (1999). S. 62
29 Haffner (1987). S. 155
30 Nöhbauer S. 440
31 Zit.: Knopp u. a. (Unser Jahrhundert). S. 43
32 Zit.: „Hamburger Fremdenblatt", 19. Dezember 1933. IfZ Göring 1933/3–1936/12
33 Zit.: Pleticha (Band 11). S. 51

34 Paul von Hindenburg bezieht sich am 18. November 1919 vor einem parlamentarischen Untersuchungsausschuss der Nationalversammlung auf einen englischen Offizier, der zu Recht behauptet habe: „Die deutsche Armee ist von hinten erdolcht worden." Benz (1990). S. 56
35 Zit.: Reuth (1995). S. 36
36 Originalmanuskript: BA N/1118
37 Goebbels: Erinnerungsblätter. In: Reuth (1999). S. 63
38 Oswald Spengler: Der Untergang des Abendlandes. 1918–1922
39 Brief an Anka Stalherm vom 17. Februar 1919. Zit.: Reuth (1995). S. 73
40 Goebbels: Erinnerungsblätter. In: Reuth (1999). S. 66
41 Am 18. Januar 1919, dem 48. Jahrestag der Reichsgründung durch Bismarck, trat unter dem Vorsitz des französischen Ministerpräsidenten Georges Clemenceau die Friedenskonferenz in Versailles zusammen. Der von den Siegermächten ausgearbeitete Vertragsentwurf wurde den Deutschen am 7. Mai übergeben. Kaum einer der Änderungswünsche vom 29. Mai wurde in der endgültigen Fassung vom 16. Juni berücksichtigt. Mit 237 gegen 138 Stimmen ermächtigte die Nationalversammlung am 22. Juni 1919 die Reichsregierung, den Friedensvertrag zu unterzeichnen. Das geschah am 28. Juni durch die Reichstagsabgeordneten Hermann Müller (SPD) und Johannes Bell (Zentrum). Am 10. Januar 1920 trat der Versailler Friedensvertrag in Kraft. – Klöss (1965) S. 39–99
42 Goebbels: Erinnerungsblätter. In: Reuth (1999). S. 71
43 Brief vom 29. November 1919. BA N/1118 F. 113
44 Goebbels: Erinnerungsblätter. In: Reuth (1999). S. 71
45 Hermann Göring am 16. Mai 1946. Zit.: Bross S. 210
46 Zit.: Mosley S. 91
47 Zit.: Irving (Göring). S. 39
48 Toland S. 170
49 Goebbels: Kampf der Arbeiterklasse. Bestand Genoud, Lausanne.
50 Goebbels: Die Saat. BA N/1118 F. 1345
51 Brief vom 14. April 1920. BA N/1118 F. 114 ff
52 Brief vom 29. Juni 1920. BA N/1118 F. 123
53 „Ulex" hieß Joseph Goebbels in der Studentenverbindung. Mit diesem Namen redeten ihn auch seine Freunde und Freundinnen an. – Brief aus dem Jahr 1920. BA N/1118
54 Original-Testament: BA N/1118
55 Richard Flisges am 31. Oktober 1920. Zit: Reuth (1995). S. 50
56 Goebbels: Erinnerungsblätter. In: Reuth (1999). S. 76
57 Brief vom 24. November 1920. BA N/1118 F. 124 ff
58 Brief vom 27. November 1920. BA N/1118 F. 128 ff
59 TB 14. Juli 1924. Fröhlich I 1 S. 41
60 Karin von Kantzow in einem Brief an ihre Schwester Mary. Zit.: Irving (Göring). S. 35
61 Brief vom 5. Mai 1922. Zit.: Sigmund S. 29
62 Einige Autoren verlegen die Eheschließung ins Jahr 1922. Aber die „Bescheinigung der Eheschließung" ist vom 3. Februar 1923. IfZ ED 180/1
63 Goebbels: Erinnerungsblätter. In: Reuth (1999). S. 81
64 Der Dramatiker Christian Wilhelm von Schütz lebte von 1776 bis 1847. – Unveröffentlichte Dissertation: IfZ Fq287
65 Ebd.
66 Zit.: Toland S. 170
67 Zit.: Alfred Kube: Hermann Göring – Zweiter Mann im „Dritten Reich". In: Smelser u. a. S. 71
68 Hermann Göring 1946 in Nürnberg. Zit.: Sigmund S. 30
69 Hauptmann Karl Mayr 1941. Zit.: Kershaw (1998). S. 166

70 Mann (Erinnerungen). S. 456
71 Zuckmayer S. 450f
72 Zit: Fest (1994). S. 191
73 Adolf Hitler in der Nacht vom 3./4. Januar 1942: „Ich habe ihm eigentlich einen Dreckhaufen gegeben." Zit.: Maser (Göring). S. 49
74 Nach einem Brief Karin Görings an ihren Sohn Thomas. Zit.: Irving (Göring). S. 39f
75 Zit.: Ebd. S. 39
76 Goebbels: Erinnerungsblätter. In: Reuth (1999). S. 84
77 Goebbels: Aus meinem Tagebuch. 1923. BA N/1118 F. 136
78 Goebbels: Erinnerungsblätter. In: Reuth (1999). S. 83
79 Ebd. S. 85
80 Reuth (1995). S. 60
81 Goebbels: Aus meinem Tagebuch. 1923. BA N/1118 F. 132ff
82 Brief vom 7. Juni 1923. BA N/1118
83 Brief vom 10. Juni 1923. BA N/1118
84 Goebbels: Erinnerungsblätter. In: Reuth (1999). S. 84
85 Ebd. S. 86
86 Ebd.
87 Unter dem Vorwand, das Deutsche Reich sei mit Holz- und Kohlelieferungen in Verzug, marschierten Belgier und Franzosen am 11. Januar 1923 ins Ruhrgebiet ein. Die deutsche Regierung stellte die Reparationsleistungen ein und forderte die Bewohner des Industrierieviers auf, den Besatzungsmächten passiven Widerstand zu leisten. Die aber betrieben die stillgelegten Zechen, Verarbeitungsbetriebe und Bahnlinien mit eigenen Leuten. Vereinzelt kam es zu Sabotage und blutigen Zusammenstößen.
88 Goebbels: Erinnerungsblätter. In: Reuth (1999). S. 87
89 Goebbels: Aus meinem Tagebuch. 1923. BA N/1118 F. 132ff
90 Ebd.
91 Goebbels: Michael. IfZ Y62. S. 31
92 Ebd. S. 41
93 Hermann Göring am 23. Oktober 1923. Zit.: Fest (1976. Band 1). S. 255
94 Zit.: Ebd. S. 262
95 Zit.: Bullock (2000). S. 88
96 Zit.: Ebd. S. 89
97 Dornberg S. 317
98 Brief vom 13. November 1923. Zit.: Sigmund S. 34
99 Zit.: Manvell S. 39f
100 Zit.: Ebd. S. 40
101 Zit.: Sigmund S. 37
102 Brief vom 28. Dezember 1923 an die Eltern. Zit: Paul S. 89
103 Zit.: Frauen um Hitler. S. 107

Hoffnung, S. 42–86

1 Goebbels: Die Führerfrage. In: Die zweite Revolution. IfZ Ek209 S. 5ff
2 TB 30. Juni 1924. Fröhlich I 1 S. 30
3 TB 4. Juli 1924. Ebd. S. 34
4 Zit.: Sigmund S. 38
5 Hermann Göring in einem Brief an Leo Negrelli. Zit.: Toland S. 275
6 Hans Grimm: „Volk ohne Raum" (1926)
7 Hitler: Mein Kampf. IfZ G96/334 S. 30f
8 Hitler im Mai 1921. Zit.: Kershaw (1998). S. 218
9 Hitler 1922 zu Arthur Moeller van den Bruck. Zit.: Ebd. S. 217
10 Hitler Anfang 1923. Zit.: Fest (1976. Band 1). S. 222

11 Hitler in einer Rede am 4. Mai 1923. Zit.: Kershaw (1998). S. 215
12 Zit.: Shirer S. 117
13 TB 11. Juli 1924. Fröhlich I 1 S. 40
14 TB 25. Juli 1924. Ebd. S. 50
15 TB 7. Juli 1924. Ebd. S. 37
16 TB 17. Juli 1924. Ebd. S. 43
17 TB 6. August 1924. Fröhlich I 1 S. 60
18 TB 7. Juli 1924. Ebd. S. 37
19 TB 9. Juli 1924. Ebd. S. 38 f
20 BA N/1118. F. 481 ff
21 TB 1. August 1924. Fröhlich I 1 S. 58
22 TB 11. August 1924. Ebd. S. 63
23 TB 29. August 1924. Ebd. S. 79
24 TB 11. Dezember 1940. Fröhlich I 9 S. 46
25 TB 15. Juli 1926. Fröhlich I 1 S. 193
26 TB 23. Juli 1924. Ebd. S. 47
27 TB 9. Juli 1924. Ebd. S. 38
28 TB 16. Dezember 1925. Ebd. S. 148
29 TB 23. Juli 1924. Ebd. S. 47 f
30 TB 14. August 1924. Ebd. S. 65
31 TB 15. August 1924. Ebd. S. 65
32 TB 4. September 1924. Ebd. S. 82
33 TB 22. August 1924. Ebd. S. 75 f
34 Reuth (1995). S. 81
35 Äußerung eines Pressereferenten von Joseph Goebbels. Zit.: Heiber (1988). S. 9
36 zit.: Ebd. S. 46
37 Goebbels: Der Nazi-Sozi
38 Redetext: IfZ Ek173a
39 Goebbels: Die Führerfrage. In: Die zweite Revolution. IfZ Ek209 S. 6
40 TB 22. September 1924. Fröhlich I 1 S. 89
41 TB 4. Juli 1924. Ebd. S. 34
42 TB 7. Oktober 1924. Ebd. S. 95
43 TB 8. September 1924. Ebd. S. 83
44 Ebd.
45 TB 27. September 1924. Ebd. S. 91
46 TB 4. April 1925. Ebd. S. 101
47 TB 22. April 1925. Ebd. S. 106
48 TB 4. April 1925. Ebd. S. 101
49 TB 22. April 1925. Ebd. S. 106
50 TB 30. August 1924. Ebd. S. 80
51 TB 27. September 1924. Ebd. S. 91
52 „Völkische Freiheit", 20. September 1924. Zit.: Reuth (1995). S. 83 f
53 Zit.: Ebd. S. 84
54 Ebd. S. 85
55 Goebbels am 20. Dezember 1924 in „Völkische Freiheit". Zit.: Ebd.
56 Zit.: Shirer S. 116
57 „Völkischer Beobachter", 26. Februar 1925. Faksimile der Titelseite: „Freude und Arbeit" Heft 4/1939. S. 41 (Archiv des Autors)
58 Zit.: Bullock (2000). S. 111
59 TB 4. Mai 1929. Fröhlich I 1 S. 368
60 Krankenblatt des Katarina-Hospitals in Stockholm vom 1. September 1925. Zit.: Maser (Göring). S. 71. – Eukodal war ein synthetisches Morphiumderivat der Firma Merck in Darmstadt.

61 Arztbericht über Görings Aufenthalt vom 2. September bis 7. Oktober 1925 in der Nervenheilanstalt Längbro. Zit.: Ebd. S. 72 f
62 Winkler (Band 1). S. 460
63 TB 2. Oktober 1925. Fröhlich I 1 S. 131
64 SA-Befehl vom 2. November 1926. Zit.: Longerich (1989). S. 56 f
65 TB 14. Oktober 1925. Fröhlich I 1 S. 134
66 Zit.: Smelser u. a. S. 55
67 TB 21. August 1925. Fröhlich I 1 S. 121
68 Goebbels: Der Glaube an das Proletariat. In: Die Zweite Revolution. IfZ Ek209 S. 56
69 Zit.: Bullock (2000). S. 118
70 TB, 11. Februar 1926. Fröhlich I 1 S. 160. – In Wuppertal-Elberfeld hatte Goebbels sein Büro.
71 TB 15. Februar 1926. Ebd. S. 162
72 TB 13. April 1926. Ebd. S. 173
73 TB, 25. Juli 1926. Ebd. S. 197
74 Fest (1976. Band 1). S. 347
75 Brief vom 11. September 1926. Zit.: Heiber (1988). S. 58
76 Zit.: Reuth (1995). S. 111
77 Zit.: Fraenkel und Manvell (Goebbels). S. 121
78 Zit.: Maser (Göring). S. 76 / 118
79 Zit: Knopp (Hitlers Helfer). S. 78
80 Goebbels im Dezember 1926. Zit.: Christian de Nuys-Henkelmann: Moderne Zeiten: Der Verlust der Gemütlichkeit. In: Hoffmann und Klotz (Band 2). S. 41
81 Zit.: Reuth (1995). S. 118
82 Goebbels am 1. April 1927 in den „Nationalsozialistischen Briefen". Zit.: Heiber (1988). S. 62
83 Pressemeldung. IfZ Goebbels 1926 – 1945
84 Elke Fröhlich: Joseph Goebbels – Der Propagandist. In: Smelser u. a. S. 52
85 TB 26. Oktober 1928. Fröhlich I 1 S. 282
86 Joseph Goebbels: Der Generalstab. In: Wege ins Dritte Reich. IfZ Fk938 S. 10
87 Zit.: Hanfstaengl S. 191
88 Zit.: Reuth (1995). S. 133
89 Goebbels: Verantwortlichkeit. In „Der Angriff", 16. April 1928. IfZ MZ 18/0
90 Goebbels: Was wollen wir im Reichstag? In: „Der Angriff", 30. April 1928. IfZ MZ18/0
91 Ebd.
92 Hummel S. 21
93 Goebbels: I. d. I. In „Der Angriff", 28. Mai 1928. IfZ MZ18/0
94 TB 13. Juni 1928. Fröhlich I 1 S. 234
95 Ebd.
96 Zit.: Sigmund S. 41
97 TB 1. Oktober 1928. Fröhlich I 1 S. 271
98 TB 11. September 1929. Ebd. S. 422
99 TB 11. September 1929. Ebd. S. 423
100 TB 23. September 1929. Ebd. S. 429
101 TB 19. Januar 1930. Ebd. S. 486
102 Zit.: Bullock (2000). S. 129
103 Heiber (1975) S. 202
104 Zit.: Reuth (1995) S. 155
105 TB 7. Dezember 1929. Ebd. S. 465
106 TB 11. Dezember 1929. Ebd. S. 468
107 TB 30. April 1929. Ebd. S. 366
108 TB 6. März 1930. Ebd. S. 510

109 TB 3. April 1929. Ebd. S. 353
110 TB 14./16. Dezember 1928. Ebd. S. 303/304
111 TB 20. Januar 1929. Ebd. S. 321
112 TB 6. Januar 1930. Fröhlich I 1 S. 479
113 TB 22. Mai / 1. Juni 1930. Ebd S. 550/555
114 TB 14. Mai 1929. Ebd. S. 372
115 TB 27. Juni 1929. Ebd. S. 391
116 TB 20. April 1930. Ebd. S. 532 f
117 TB 24. April 1930. Ebd. S. 536
118 TB 29. Januar 1930. Ebd. S. 491
119 TB 16. März 1930. Ebd. S. 515
120 TB 30. März 1930. Ebd. S. 521
121 TB 1. April 1930. Ebd. S. 522
122 Zit.: Kershaw (1998). S. 414
123 Zit.: Ebd.
124 Fest (1976. Band 1). S. 399
125 Ebd. S. 397
126 Zit.: Ebd. S. 394
127 TB 29. Juni 1930. Fröhlich I 1 S. 567
128 „Ein Brief des Führers". In „Der Angriff", 3. Juli 1930; IfZ MZ18/1–41
129 Zit.: Ian Kershaw (1998). S. 416
130 TB 30.August 1930. Fröhlich I 1 S. 596
131 TB 15. September 1930. Ebd. S. 603
132 Fest (1994). S. 194 f
133 Adolf Hitler am 3. Februar 1931. Zit.: Longerich (1989). S. 110
134 Reuth (1999). S. 528 (Anm. 84)
135 TB 14. Oktober 1930. Fröhlich I 1 S. 617
136 Pleticha (Band 11). S. 25
137 Göring im September 1930. Zit.: Fest (1976. Band 1). S. 405
138 Zit.: Urteil des Schöffengerichts beim Amtsgericht München vom 6. Juni 1932. IfZ MA743. – Görings beleidigende Worte fielen am 8. August 1930 während einer Wahlversammlung der NSDAP im Circus Krone in München.
139 Goebbels: Kommunalpolitik. In: „Der Angriff", 1. Dezember 1929. IfZ MZ18/0
140 Martin Bormann. Zit.: Koch-Hillebrecht S. 23
141 Fest (1976. Band 2). S. 732
142 Ebd. S. 1038
143 George Orwell 1941 in seiner Rezension von „Mein Kampf". Zit.: Burleigh S. 311
144 Mann (Deutsche Geschichte). S. 864
145 Fest (1976. Band 1). S. 525
146 Zit.: Haffner (1999) S. 93
147 Zit.: Von Hammerstein. IfZ ED84 S. 118
148 Wagener (Bd. 4 Heft 14). IfZ ED60 F. 863
149 Ebd. S. 871 ff
150 Ebd. S. 888
151 Behrend in: „Schwäbische Illustrierte", 1. April 1952 (IfZ)
152 TB 7. November 1930. Fröhlich I 1 S. 629
153 TB 14. November 1930. Ebd. S. 632
154 Behrend in: „Schwäbische Illustrierte", 1. März 1952 (IfZ)
155 Hans-Otto Meißner behauptet, er habe den Mann nach dem Krieg kennen gelernt, aber in seiner Biografie verschweigt er dessen Identität. – Auguste Behrend nennt angeblich den richtigen Namen: Fritz Gerbert („Schwäbische Illustrierte", 29. März 1952). – Andere Autoren gehen davon aus, dass es sich bei dem Geliebten um Victor Arlosoroff handelte.

156 Behrend in: „Schwäbische Illustrierte", 29. März 1952 (IfZ)
157 Zit.: Maser (Göring). S. 119
158 TB 4. Januar 1931. Fröhlich I 2 S. 3
159 Ebd.
160 Von Ilsemann S. 154
161 TB 9. Mai 1931. Fröhlich I 2 S. 62
162 Mit einer „(1)" markiert Joseph Goebbels das Ereignis in seinem Tagebuch.
163 TB 15. März 1931. Fröhlich I 2 S. 34
164 TB 23. Februar 1931. Ebd. S. 25
165 TB 12. April 1931. Ebd. I 2 S. 47
166 TB 17. April 1931. Ebd. S. 50
167 Ebd.
168 TB 18. Januar 1931. Ebd. S. 9
169 TB 11. Januar 1931. Ebd. S. 5
170 TB 21. Februar 1931. Ebd. S. 25
171 TB 18. März 1931. Ebd. S. 35
172 TB 10. Juni 1931. Ebd. S. 77
173 TB 16. März 1931. Ebd. S. 34
174 TB 2. April 1931. Ebd. S. 42
175 Walter Stennes am 2. April 1931. Zit.: Kershaw (1998). S. 441
176 Offener Brief in „Vossische Zeitung", 3. April 1931. Zit.: Reuth (1995). S. 192
177 TB 4. April 1931. Fröhlich I 2 S. 44
178 TB 8. Juni 1931. Ebd. S. 44
179 TB 18. Juni 1931. Ebd. S. 81
180 TB 28. April 1931. Ebd. S. 57
181 Zit.: Gritzbach S. 200
182 Wagener (Bd. 6 Heft 25). IfZ ED60 F. 1557f. – Auch die Darstellung folgt Otto Wageners Tagebuchaufzeichnungen (F. 1556 – 1561).
183 Ebd.
184 Angela Raubal führte ihrem Halbbruder Adolf Hitler von 1928 bis 1936 den Haushalt in seinem Haus auf dem Obersalzberg. Ihre Tochter Angelika („Geli") legte am 24. Juni 1927 als eines der ersten Mädchen am Linzer Akademischen Gymnasium die Reifeprüfung ab und schrieb sich für das folgende Wintersemester an der medizinischen Fakultät der Münchner Universität ein. Im Oktober 1929 gab sie ihr Zimmer in Schwabing auf und zog in die neue Wohnung ihres Onkels am Prinzregentenplatz. Geli Raubal sei Hitlers einzige große Liebe gewesen, schreibt Joachim C. Fest, „voll der Verbotsgefühle, der Tristanstimmungen und der tragischen Sentimentalität." (Fest (1976. Band 1). S. 447) Ian Kershaw meint: „Ob Hitler und Geli Raubal sexuelle Beziehungen hatten oder nicht, sein Verhalten ihr gegenüber weist alle Merkmale einer starken, zumindest latenten sexuellen Abhängigkeit auf. Diese kam durch extreme Eifersuchtsanfälle und eine herrschsüchtig Besitz ergreifende Art zum Ausdruck, sodass eine Beziehungskrise unausweichlich wurde." (Kershaw (1998). S. 444) Am 18. September 1931 schoss sich Geli Raubal in Hitlers Wohnung mit einer Pistole in die Brust. Sie fiel aufs Gesicht, hatte die Lunge, aber nicht das Herz getroffen und erstickte.
185 Zit.: Wagener (Bd. 6 Heft 27) IfZ ED 60 F. 1636 f. – Auch die weitere Darstellung folgt Otto Wageners Tagebuchaufzeichnungen (F. 1636 – 1645).
186 Ebd. F. 1639 ff
187 Zit.: Hans-Otto Meißner S. 107
188 Behrend in: „Schwäbische Illustrierte", 1. April 1952. (IfZ)
189 Behrend in: „Schwäbische Illustrierte", 12. April 1952. (IfZ)
190 Das Herzogtum Braunschweig wurde 1918 Freistaat. 1946 fiel das Territorium zum größten Teil an das Land Niedersachsen.

191 Hitler: „Braunschweig hat eine Gesandtschaft in Berlin bei der Reichsregierung ... Heute eine Absurdität. Aber gerade deshalb für meinen Fall wie geschaffen. ... Dieser Lächerlichkeit setzen wir die Krone auf, indem wir eine neue ... Regierungsstelle bei der Gesandtschaft im braunschweigischen Landtag beantragen, um sie mit mir zu besetzen." Zit.: Wagener (Bd. 7 Heft 30). IfZ ED 60 F. 1831
192 Rede am 5. März 1932. IfZ Fa88
193 Rede am 3. April 1932. IfZ Fa88
194 Zit.: Reuth (1999). S. 655 (Fußnote)
195 Schwerin von Krosigk: Eidesstattliche Erklärung vom 4. Januar 1949. IfZ ZS145
196 TB 14. Juni 1932. Fröhlich I 2 S. 185
197 TB 23. April 1932. Ebd. S. 160
198 TB 28. Mai 1932. Ebd. S. 174
199 Zit.: „Literarische Rundschau", 21. Februar 1934. IfZ Göring 1917 – 40/11
200 Hindenburg am 10. Oktober 1931: „Dieser böhmische Gefreite will Reichskanzler werden? Niemals!" Zit.: Fritzsche S. 173
201 Göring im Herbst 1932 zu Martin Henry Sommerfeldt: „Immer wenn ich diesen ostpreußischen Hartschädel [Hindenburg] beinahe weich habe, schmeißt mir der Jupp [Goebbels] einen Knüppel zwischen die Beine. Er überspannt alles, aber er tut es mit Absicht. ‚Nationalbolschewisten!' wird mir der Marschall wieder mit steinernem Gesicht sagen." Zit.: Paul S. 124
202 TB 9. August 1932. Fröhlich I 2 S. 218 f
203 TB 7. August 1932. Ebd. S. 217
204 Knopp u. a. (Unser Jahrhundert). S. 74
205 TB 16. September 1932. Fröhlich I 2 S. 244
206 Zit.: Gritzbach S. 217
207 Harold Laski. Zit.: Fest (1976. Band 1). S. 495
208 „Notizen für die Unterredung des Herrn Reichspräsidenten mit Adolf Hitler am 19. November 1932". IfZ Fa295
209 „Unterlage für die Besprechung des Reichspräsidenten mit dem Abgeordneten Ludwig Kaas am 24. November 1932". IfZ Fa295
210 Zit.: Fest (1976. Band 1). S. 487
211 Schwerin von Krosigk: Eidesstattliche Erklärung vom 4. Januar 1949. IfZ ZS145
212 TB 4. Dezember 1932. Fröhlich I 2 S. 292
213 TB 6. Dezember 1932. Ebd. S. 294
214 Zit.: Toland S. 381
215 Reuth (1995). S. 250
216 Zit.: Mann (Deutsche Geschichte). S. 770
217 Fest (1976. Band 1). S. 499
218 Erdmann (Band 18). S. 305
219 TB 25. Januar 1933. Fröhlich I 2 S. 349
220 General von Hammerstein trägt Hindenburg am 26. Januar 1933 seine Bedenken wegen der politischen Entwicklung vor. Hindenburg verbittet sich jede politische Beeinflussung, versichert dann aber beruhigend, er denke gar nicht daran, „den österreichischen Gefreiten zum Wehrminister oder Reichskanzler zu machen". (Zit.: Fest (1976. Band 1). S. 502) – „Meine Herren, Sie trauen mir doch gewiss nicht zu, dass ich diesen österreichischen Gefreiten zum Reichskanzler ernenne?" (Hindenburg am 27. Januar 1933. Zit.: Fritzsche S. 173)
221 Zit.: Toland S. 390
222 Otto Meißner S. 263 f
223 Haffner (1996). S. 59
224 Goebbels: Vom Kaiserhof zur Reichskanzlei. IfZ 80/38 S. 250 f

Triumph, S. 87–178

1 DNVP: Deutschnationale Volkspartei
2 Kershaw (1998). S. 523
3 Eberhard Jäckel: Hitler und die Deutschen. In: Bracher u. a. (1983). S. 715
4 Franz von Papen am 30. Januar 1933 gegenüber dem DNVP-Politiker Ewald von Kleist-Schmenzin. Zit.: Erdmann (Band 20). S. 80
5 Foto des Kabinetts: Chronik des 20. Jahrhunderts. S. 460. – Foto der Parteifunktionäre: Seite 102 oben
6 Zit.: Heiber (1991. Band 1). S. 62 f. Tondokument: Das 20. Jahrhundert. CD-ROM 2
7 TB 31. Januar 1933. Fröhlich I 2 S. 357
8 TB 15. Februar 1933. Ebd. S. 376
9 Goebbels: Vom Kaiserhof zur Reichskanzlei. IfZ 80/38 S. 256
10 Runderlass Görings vom 17. Februar 1933 an alle Polizeibehörden. Zit.: Michalka S. 18 f
11 Zit.: Peuschel S. 85
12 Hanfstaengl S. 294 f
13 So berichtet Goebbels bei seiner Vernehmung am 9. November 1933. Zit.: Bahar und Kugel S. 140
14 Der Journalist und Augenzeuge Sefton Delmer in einem Brief zur „Spiegel"-Serie „Stehen Sie auf, van der Lubbe!" In: „Der Spiegel", 25. November 1959. S. 57
15 Die Darstellung folgt einem Bericht Martin Henry Sommerfeldts. Zit.: Paul S. 142 f
16 „Der Angriff", 28. Februar 1933. IfZ MZ18/6
17 Protokoll der Ministerbesprechung vom 28. Februar 1933. IfZ Fa199/27
18 Verordnung des Reichspräsidenten „Zum Schutz von Volk und Staat" vom 28. Februar 1933. Text: Michalka S. 20 ff
19 Zit.: Erdmann (Band 20). S. 82
20 Goebbels: Vom Kaiserhof zur Reichskanzlei. IfZ 80/38 S. 262/270
21 Zit.: Sefton Delmer in „Der Spiegel", 25. November 1959. S. 57
22 Stresemann S. 69
23 Am 18. März 1946 konfrontierte Robert H. Jackson Göring mit der Aussage von Franz Halder, demzufolge er sich am 20. April 1942 beim Frühstück so geäußert hatte. Göring stritt dies ab. „Der Spiegel", 18. November 1959. S. 61 f
24 Mann (Deutsche Geschichte). S. 837
25 Bahar und Kugel S. 543
26 Die Serie beruhte auf Forschungen von Fritz Tobias, der dazu zwei Jahre später ein Buch veröffentlichte: Fritz Tobias: Der Reichstagsbrand. Legende und Wirklichkeit. Rastatt 1962
27 Zit.: Bahar und Kugel S. 390 f
28 TB 14. Februar 1933. Fröhlich I 2 S. 375
29 Zit.: Shirer S. 187
30 Wilhelm Frick am 19. Februar 1933. Zit.: Broszat (1975). S. 97
31 Goebbels: Vom Kaiserhof zur Reichskanzlei. IfZ 80/38 S. 275
32 TB 6. März 1933. Fröhlich I 2 S. 388
33 Goebbels (Revolution der Deutschen. 14 Jahre Nationalsozialismus. Oldenburg 1933). Zit.: Reuth (1995). S. 271
34 Ebd. S. 269
35 Goebbels am 15. März 1933 vor der Presse. Zit.: Michalka S. 78
36 Friedrich der Große wurde 1786 in der Potsdamer Garnisonkirche bestattet. 1945 überführte man seine Gebeine in die Hohenzollernburg bei Hechingen. Seit 1991 liegen sie in Sanssouci.
37 Faksimile: Kershaw (1998). S. 539
38 Zit.: Reuth (1995). S. 283

39 Goebbels: Vom Kaiserhof zur Reichskanzlei. IfZ 80/38 S. 303
40 Zit.: Fest (1976. Band 2). S. 558
41 Zit.: Michalka S. 24 f
42 Friedrich Schiller: Die Piccolomini. Beginn des 1. Aufzugs. – Über Hitlers Auftritt: „Völkischer Beobachter", 25. März 1933. IfZ MZ9/22
43 Fest (1976. Band 2). S. 561
44 Goebbels: Vom Kaiserhof zur Reichskanzlei. IfZ 80/38 S. 287
45 „Völkischer Beobachter", 25. März 1933. IfZ MZ9/22
46 Zit.: Mann (Erinnerungen). S. 530
47 Zit.: „Völkischer Beobachter", 11. April 1938, IfZ Göring 38/4 – 39/5
48 Goebbels: Vom Kaiserhof zur Reichskanzlei. IfZ 80/38 S. 298
49 TB 12. Mai 1933. Fröhlich I 2 S. 419
50 Zit.: „Die Zeit", 16. April 1971. – Einige Autoren gehen davon aus, dass sich Görings Ausspruch nicht auf Erhard Milch, sondern auf einen Wissenschaftler bezog.
51 Kompletter Text der Rede über „Die zukünftige Arbeit und Gestaltung des deutschen Rundfunks": Heiber (1991. Band 1). S. 82 ff. (Die Zitate sind auf den Seiten 87, 91, 93 zu finden.) – Tondokument: Das 20. Jahrhundert. CD-ROM 2
52 TB 14. Dezember 1925. Fröhlich I 1 S. 147
53 TB 25. Mai 1933. Fröhlich I 2 S. 424
54 TB 17. Juni 1933. Ebd. S. 435
55 TB 20. Juni 1933. Ebd. S. 436
56 TB 27. Juli 1933. Ebd. S. 451
57 TB 23. und 24. August 1933. Ebd. S. 460
58 TB 7. August 1933. Ebd. S. 455
59 TB 23. August 1933. Ebd. S. 460
60 Zit.: Kammer und Bartsch S. 190
61 TB 1. Mai 1933. Fröhlich I 2 S. 414
62 Bade S. 93
63 Verordnung vom 24. Oktober 1934. Zit.: Michalka S. 57
64 Goebbels: Vom Kaiserhof zur Reichskanzlei. IfZ 80/38 S. 289
65 Ansprache am 10. Mai 1933 auf dem Berliner Opernplatz. Zit.: Heiber (1991). S. 111
66 Klemperer, 10. März 1933 (Band 1). Seite 8
67 Klemperer, 17. März 1933. Ebd. S. 11 f
68 „Der Hitler-Mythos. Führerkult und Volksmeinung": Titel eines Buches von Ian Kershaw.
69 Klemperer, 31. Januar 1934. Ebd. S. 84
70 André François Poncet Mitte 1933. Zit.: Wendt S. 7
71 „Rundschau" (Presseorgan der Komintern), August 1933. Zit.: Luks S. 286
72 Das 20. Jahrhundert. CD-ROM 2
73 Speer (Erinnerungen). S. 41
74 Goebbels: Michael. IfZ Y62 S. 41
75 Goebbels in einer Diskussion mit dem österreichischen Dramatiker Arnolt Bronnen und dessen Ehefrau Olga. TB 19. Januar 1931. Fröhlich I 2 S. 7 f
76 Hanfstaengl S. 319
77 TB 25. September 1933. Fröhlich I 2 S. 465
78 Interview mit Jules Sauerwein. „Paris Soir", 5. Oktober 1933. Zit.: Gritzbach S. 261 ff
79 Klemperer, 11. November 1933 (Band 1). S. 67
80 Zit.: Chronik der Deutschen S. 871
81 Göring im Juni 1945 über die Gründung der Gestapo und die Übergabe an Himmler: Dokument 2828 PS. Zit.: Bross S. 265. – Rundschreiben Görings vom 20. November 1934. IfZ MA206. F. 4732. – Rundschreiben Görings vom 30. November 1934. IfZ MA433. F. 8736 – 8738. – Gesetz über die Geheime Staatspolizei vom 10. Februar 1936: IfZ MA433. F. 8698 – 8703. IfZ MA438. F. 2321 – 2324. – Verordnung zur

Ausführung des Gesetzes über die Staatspolizei vom 10. Februar 1936. IfZ MA438. F. 2321 - 2324)
82 Den Ausspruch überlieferte Stefanie Camola, eine Freundin der Familie Heß. Zit.: Knopp (Hitlers Helfer). S. 213
83 Fest (1994). S. 1038
84 Sternheim-Peters S. 246
85 Klemperer, 20. März 1933 / 14. Juli 1934 (Band 1). S. 13/123
86 Vance Packard: The Hidden Persuaders (1957)
87 Klemperer, 24. Februar 1934 (Band 1). S. 93
88 Zit.: Hanfstaengl S. 198
89 „Zum 40. Geburtstag von Reichsminister Dr. Goebbels am 29. Oktober". Hanseaten-Pressedienst, 26. Oktober 1937. IfZ Goebbels 6/37–2/38
90 Rede am 18. Juli 1932. Zit.: Barth S. 131
91 TB 1. September 1924. Fröhlich I 1 S. 81
92 Robert Ley im Juli 1937. Zit.: Hummel S. 111
93 Behrend in: „Schwäbische Illustrierte", 26. April 1952 (IfZ). Sie beruft sich dabei auf Prinz Christian zu Schaumburg-Lippe.
94 Peters und Roos in: „Revue" Nr. 18, 3. Mai 1952 (IfZ)
95 Zit.: Gritzbach S. 111
96 Hanfstaengl S. 89
97 Original in schwedischer Sprache. Zit.: Sigmund S. 45. Vgl.: „Völkischer Beobachter" (Berlin), 10. November 1933. IfZ Göring 1933/3–1936/12
98 Haffner (1999). S. 38
99 Zit.: Fest (1976. Band 2). S. 617
100 Zit.: Shirer S. 201
101 Goebbels am 1. Juli 1934 im Rundfunk. Zit.: „Münchener Zeitung", 2. Juli 1934 (Archiv des Autors)
102 Zit.: Knopp (Hitlers Helfer). S. 96
103 „Münchener Zeitung", 2. Juli 1934 (Archiv des Autors)
104 Erlass vom 1. Juli 1934. Zit.: Ebd.
105 Zit.: Toland S. 462
106 Zit.: Gritzbach S. 253
107 Auf den ersten Blick ist es verblüffend, dass der Fliegerheld General der Infanterie wurde. Aber eine Luftwaffe existierte offiziell erst seit 26. Februar 1935.
108 Zit.: Overy S. 390 f
109 Zit.: Gritzbach S. 253
110 Hitler am 30. Juni 1934. Zit.: „Münchner Neueste Nachrichten", 1. Juli 1934 (Archiv des Autors)
111 Sternheim-Peters S. 2
112 Zit.: Michalka S. 42
113 „Vossische Zeitung", 11. April 1933. Zit.: Wulf S. 86 f
114 „Berliner Lokal-Anzeiger", 11. April 1933. Zit.: Ebd. S. 88
115 Stresemann S. 120
116 Reuth (1995). S. 323
117 „Die Musik", März 1935. Zit.: Wulf S. 378
118 TB 2. März 1935. Fröhlich I 2 S. 483
119 TB 2. Januar 1935. Ebd. S. 481
120 TB 13. Oktober 1935. Ebd. S. 526
121 TB 5. Juli 1935. Ebd. S. 490; 7. November 1935. Ebd. S. 537; 17. November 1935. Ebd. S. 541; 6. März 1936. Ebd. S. 580)
122 TB 2. März 1935. Ebd. S. 484
123 Artikel vom 19. März 1935. IfZ MZ 18/14
124 Emmy Göring S. 113

125 Louis Lochner von Associated Press am 20. April 1935 in einem Brief. Zit.: Sigmund S. 55
126 Zit.: Ebd. S. 56
127 Fest (1976. Band 2). S. 574
128 „Amt für die Überwachung der gesamten weltanschaulichen Schulung und Erziehung der NSDAP"
129 Speer (Erinnerungen). S. 119
130 Fest (1994). S. 232
131 TB 11. Dezember 1935. Fröhlich I 2 S. 551
132 Brief vom 20. August 1934. Zit.: Reuth (1999). S. 848 (Anmerkung 18)
133 Richard Strauss in einem Brief vom 17. Juni 1935. Zit.: Strauss/Zweig S. 142
134 TB 5. Juli 1935. Fröhlich I 2 S. 490
135 Zit.: Wulf S. 198 f
136 TB 20. Juni 1936. Reuth (1999). S. 963
137 Reuth (1995). S. 309. – In Babelsberg, einem Stadtteil Potsdams, befand sich das Filmgelände der Ufa.
138 Hirche S. 88
139 Maiwald und Mischler S. 25
140 Behrend in: „Schwäbische Illustrierte", 3. Mai 1952 (IfZ)
141 Magda Goebbels zu Ello Quandt. Zit.: Hans-Otto Meißner S. 119
142 Zit.: Behrend in: „Schwäbische Illustrierte", 3. Mai 1952 (IfZ)
143 TB 15. September 1935. Fröhlich I 2 S. 514
144 TB 3. Oktober 1935. Ebd. S. 522
145 TB 29. Februar 1936. Ebd. S. 576
146 TB 2. März 1936. Fröhlich I 2 S. 577
147 TB 15. März 1936. Ebd. S. 586
148 Klemperer, 16. Mai 1936 (Band 1). S. 264
149 TB 20. April 1936. Fröhlich I 2 S. 602
150 Göring bei seiner Vernehmung im Juni 1945: „Die SS war ein Staat im Staate." Dokument 2828 PS. Zit.: Bross S. 265. – „Der SS-Staat", nannte Eugen Kogon 1946 sein viel gelesenes Buch über „das System der deutschen Konzentrationslager".
151 Reuth (1995). 345 f
152 Leni Riefenstahl wurde 1902 als Tochter eines Geschäftsmannes in Berlin geboren. Ihre wegen des Widerstands des Vaters spät begonnene aber vielversprechende Karriere als Balletttänzerin endete 1924 aufgrund einer Knieverletzung. An der Seite von Luis Trenker wurde sie 1926 Filmschauspielerin, und 1931 führte sie zum ersten Mal selbst Regie. Für die NSDAP drehte sie zwei Filme über die Reichsparteitage 1933 und 1934: „Sieg des Glaubens" und „Triumph des Willens".
153 TB 6. November 1936. Fröhlich I 2 S. 717
154 TB 24. November 1937. Fröhlich I 4 S. 420
155 TB 16. August 1936. Fröhlich I 3 S. 160
156 „Berliner Börsen-Zeitung", 16. August 1936. IfZ Goebbels 7/36–10/36
157 TB 2. August 1936. Fröhlich I 3 S. 147
158 „Der Angriff", 31. Oktober 1936. IfZ Goebbels 7/36–10/36
159 Schenkungsurkunde. Zit.: Ebd.
160 Hitler in einer Parteitagsrede am 12. September 1936. Zit.: Winkler (Band 2). S. 50
161 Hitler in einer geheimen Denkschrift über den Vierjahresplan, August 1936. Zit.: Michalka S. 112
162 Zit.: Das 20. Jahrhundert. CD-ROM 2
163 Zit.: Shirer S. 190
164 Erste Verordnung zur Durchführung des Vierjahresplanes vom 18. Oktober 1936. Zit.: Gritzbach S. 161
165 TB 23. Oktober 1936. Fröhlich I 3 S. 223

166 TB 9. November 1937. Fröhlich I 4 S. 397 f
167 Backe S. 23 ff
168 Hjalmar Schacht: Abrechnung mit Hitler (1948). Zit.: Kammer und Bartsch S. 216
169 Zit.: Bewley S. 129
170 Hitler über Göring. Zit.: Gritzbach S. 162
171 Zit.: Sigmund S. 53
172 Während des Nürnberger Prozesses ermittelte der im Dienst der US-Army stehende Psychologe Gustave Gilbert die Intelligenzquotienten der Angeklagten. Die höchsten IQs erreichten Hjalmar Schacht (143), Arthur Seyß-Inquart (141), Hermann Göring und Karl Dönitz (138), Franz von Papen und Erich Raeder (134). Gilbert S. 20/36
173 Göring am 3. April 1947. Zit.: Maser (Göring). Fußnote S. 159
174 Göring am 11. Dezember 1945. Zit.: Gilbert S. 72
175 Georges Suarès: Nos Seigneurs et Maîtres. Buchbesprechung in: „Neue Zürcher Zeitung", 9. Juli 1937. IfZ Göring 1917–40/11
176 Göring im Nürnberger Prozess. Zit.: Maser (Göring). S. 110
177 Hanfstaengl S. 89
178 Zit.: Fest (1994). S. 103
179 Zit.: „Der Spiegel", 29. Januar 1968. S. 45
180 Goebbels über Göring. Zit.: Overy S. 32
181 Göring im Juni 1933. Zit.: Gritzbach S. 168
182 Maser (Göring) S. 267
183 Overy S. 131
184 Zit.: Knopp (Hitlers Helfer). S. 97
185 „Deutsche Allgemeine Zeitung", 3. Juni 1938. IfZ Göring 38/4–39/5
186 Göring am 4. März 1946. Zit.: Bross S. 131
187 Zit.: Hanfstaengl S. 200
188 Ebd. S. 362 ff
189 TB 19. Februar 1937. Fröhlich I 3 S. 381
190 Mit dem Schreiben Görings vom 19. März 1937 reiste sein persönlicher Adjutant Karl Bodenschatz nach Zürich. Faksimile: Hanfstaengl S. 373
191 TB 11. Februar 1937. Fröhlich I 3 S. 369
192 „Mit brennender Sorge …" IfZ Ok376/2 S. 13
193 Zit.: Reuth (1999) S. 1083 f (Fußnote 73)
194 Zit.: Mathias Schreiber: Ein Hauch von Todesnähe. In: „Der Spiegel" 25/2001
195 TB 29. August 1924. Fröhlich I 1 S. 78
196 Zit.: Heiber (1995. Band 1). S. 288
197 TB 29. September 1937. Fröhlich I 4 S. 334
198 Speer (Spandauer Tagebücher) S. 199
199 Hitlers Wehrmachtsadjutant Oberst Friedrich Hoßbach fasste die Ausführungen schriftlich zusammen (Hoßbach-Niederschrift). Zit.: Michalka S. 140 ff
200 Zit.: Bewley S. 129
201 TB 27. Januar 1938. Fröhlich I 5 / S. 117
202 Fest (1976. Band 2). S. 746
203 Liebmann IfZ ED1 S. 415
204 Von Hammerstein. IfZ ED84 S. 90
205 TB 6. Februar 1938. Fröhlich I 5 S. 139
206 Zit.: Rudolf Semler am 16. Januar 1941 in seinem Tagebuch. Zit.: „Die Welt", 25. September 1947. IfZ Goebbels 1945/6–78/1
207 Zit.: Fest (1994). S. 245
208 Ebd. S. 249
209 Zit.: von Schuschnigg S. 42. In seinem Buch (S. 38 ff) zitiert Kurt von Schuschnigg ausführlich aus seinem Gespräch mit Hitler am 12. Februar 1938.
210 Zit.: Graml S. 361

211 TB 10. März 1938. Fröhlich I 5, S. 198
212 Zit.: Reuth (1999). S. 1213 (Fußnote 44)
213 Auszüge aus Görings Telefongesprächen am 11. März 1938: von Schuschnigg S. 84 ff
214 Zit.: Ebd. S. 95
215 Zit.: Ebd. S. 97
216 Zit.: Paul S. 221 f
217 Göring am 21. Februar 1946. Zit.: Bross S. 116 f
218 Zit.: Bramsted S. 295
219 TB 13. März 1938. Fröhlich I 5 S. 204
220 Klöss (1964). S. 256
221 Aus Görings Schreibtisch. S. 120 f
222 Goebbels in „Westdeutscher Beobachter", 16. März 1938. IfZ Goebbels 3/38–8/38
223 Hitler im Mai 1938. Zit: Mosley S. 22
224 Emmy Göring S. 134
225 TB 3. Juni 1938. Fröhlich I 5 S. 331
226 Angeblich war Göring aufgrund seiner Verletzung vom 9. November 1923 nicht mehr zeugungsfähig. Werner Maser nimmt an, das Kind sei künstlich gezeugt worden. Maser (Göring). S. 272 ff)
227 Hirche S. 74
228 Sigmund. S. 58
229 Göring am 8. Juli 1938. Zit.: Das 20. Jahrhundert. CD-ROM 2
230 Göring am 10. September 1938. Zit.: Toland S. 625
231 Zit.: „Freude und Arbeit", Heft 10/1938. S. 17/20/24 (Archiv des Autors)
232 Zit.: Ebd. S. 20
233 Zit.: Ebd. S. 24
234 Knopp (Hitlers Helfer). S. 110
235 Emmy Göring S. 189
236 Rede am 11. Oktober in einer Berliner Fabrik. Zit.: „Berliner Tageblatt", 12. Oktober 1938. IfZ Goebbels 9/38–4/39
237 Rede am 21. Oktober 1938 in der Hamburger Hanseatenhalle. Zit.: „Hamburger Nachrichten", 22. Oktober 1938. IfZ Goebbels 9/38–4/39
238 Kershaw (2000). S. 181
239 Äußerung Görings gegenüber Werner Bross, dem Assistenten seines Verteidigers Otto Stahmer. Zit.: Paul S. 229
240 Hans-Otto Meißner S. 215 f
241 Riess S. 218
242 Ebd. S. 218
243 TB 16. August 1938. Fröhlich I 6 S. 44 f
244 TB 19. August 1938. Ebd. S. 48
245 Hirche S. 91
246 Hans-Otto Meißner S. 239
247 Sternheim-Peters S. 147
248 Zit.: Ebd. S. 147
249 Zit.: Toland S. 661
250 Zit.: Bramsted S. 506
251 Göring am 13. Januar 1946. Zit.: Bross S. 21
252 Zit.: Emmy Göring S. 69
253 Zit.: Mosley S. 22 f
254 Verordnung vom 12. November 1938. Faksimile: Maser (Göring). S. 289
255 Zit.: Burleigh S. 388
256 Zit.: „Deutsche Allgemeine Zeitung", 14. November 1938. IfZ Goebbels 9/38–4/39
257 Interview mit Gordon Young. Zit.: „Westdeutscher Beobachter", 15. November 1938. IfZ Goebbels 9/38–4/39

258 Liebmann. IfZ ED1. F. 426
259 Zit.: Rauscher S. 305
260 Speer (Erinnerungen). S. 119
261 Toland S. 676
262 Zit.: Kershaw (2000). S. 249 f
263 Der Versailler Friedensvertrag sah eine Völkerbund-Verwaltung für das bis dahin preußische Memelgebiet vor. Litauen annektierte das Land 1923, wurde jedoch gezwungen, es am 23. März 1939 dem Deutschen Reich zurückzugeben.
264 Haffner (1999). S. 41 f
265 Hans-Otto Meißner S. 244
266 Speer (Erinnerungen). S. 165
267 Bericht vom 28. Mai 1939. Zit.: Paul S. 242
268 Hitler am 11. August 1939. Zit.: Burckhardt S. 272
269 Zit.: Shirer S. 488
270 Zit.: Rauscher S. 340
271 Liebmann. IfZ ED1. F.428 ff
272 Zit.: Bullock (2000). S. 524
273 Fraenkel und Manvell (Göring). S. 205
274 Schmidt S. 458 f
275 Zit.: Shirer S. 548
276 Zit.: Michalka S. 177
277 Hitler 1937. Zit.: Knopp (Hitlers Helfer). S. 208/249
278 Zit.: Haffner (1989). S. 300
279 Göring am 3. September 1939. Zit.: Rauscher S. 352
280 Schmidt S. 463 f
281 Die ersten drei Teilungen Polens fanden 1772, 1793 und 1795 statt.
282 Schreiben Görings vom 24. Januar 1939. Faksimile einer Abschrift: Maser (2000). S. 301
283 TB 9. Mai 1940. Reuth (1999). S. 1413
284 TB 2. November 1939. Fröhlich I 7 S. 177
285 Eberhard Tauber in dem Film „Der ewige Jude". Zit.: Sternheim-Peters S. 140
286 Zit.: Erdmann (Band 21). S. 111
287 Zit.: Kershaw (2000). S. 350
288 Anzeige vom 28. Juli 1941. Zit.: Michalka S. 318
289 TB 9. November 1939. Fröhlich I 7 S. 188
290 Zit.: Reuth (1995). S. 426
291 Zit.: Christian Graf von Krockow: Friedrich der Große. Ein Lebensbild. München 1998[5] S. 73
292 TB 9. April 1940. Fröhlich I 8 S. 42 f
293 Ebd. S. 41
294 Zit.: Reuth (1995). S. 444
295 „I have nothing to offer but blood, soil, tears and sweat", erklärte Winston Churchill am 13. Mai 1940, dem Tag seiner Amtsübernahme, vor dem Unterhaus. Zit.: Das 20. Jahrhundert. CD-ROM 2 (Text und Tondokument)
296 TB 10. Mai 1940. Fröhlich I 8 S. 105
297 „Berliner Börsen-Zeitung", 6. Juni 1940. IfZ Göring 40/6–41/12
298 TB 6. Juni 1940. Fröhlich I 8 S. 159
299 Zit.: Rauscher S. 392
300 TB 22. Juni 1940. Fröhlich I 8 S. 185
301 TB 25. Juni 1940. Ebd. S. 192 f
302 Hitler in einer Rede am 19. Juli 1940. Zit.: „Berlin Rom Tokio", 1. September 1940. S. 8 (Archiv des Autors)
303 Zit.: Speer (Erinnerungen). S. 190

304 Hirche S. 131
305 TB 3. Juli 1940. Fröhlich I 8 S. 202
306 Göring am 10. September 1938 in einer Rede vor der DAF. Zit.: Kube S. 332
307 Göring im August 1939. Zit.: Fraenkel und Manvell (Göring). S. 200. – Eigentlich sagte er: „Lehmann", aber daraus machte der Volksmund: „Meier".
308 Zit.: Burleigh S. 882
309 Von Hammerstein. IfZ ED84 S. 131 f. (Er war Zeuge dieses Gesprächs.)
310 TB 18. Oktober 1940. Fröhlich I 8 S. 382
311 TB 19. Oktober 1940. Ebd. S. 383
312 Ebd.
313 Brief vom 18. Oktober 1940. Zit.: „Der Angriff", 27. Oktober 1940. IfZ Göring 40/6–41/12
314 Speer (Erinnerungen). S. 189
315 „Telefon Führer (Sofort kommen!)", schreibt Hermann Göring am 11. Mai 1941 in seinen Terminkalender. IfZ ED180/5
316 „Münchener Zeitung", 13. Mai 1941 (Archiv des Autors). – Rudolf Heß' Sohn Wolf-Rüdiger behauptete 1959 in einem Interview: „In seinem Abschiedsbrief hat mein Vater Hitler geraten, ihn einfach für verrückt zu erklären, falls sein Unternehmen in England fehlschlage." Lebert S. 36
317 TB 13. Mai 1941. Fröhlich I 9 S. 309
318 TB 14. Mai 1941. Ebd. S. 311
319 Knopp (Hitlers Helfer). S. 259
320 Hitler am 12. Mai 1941. Zit.: „Münchener Zeitung", 13. Mai 1941 (Archiv des Autors)
321 Göring im Frühjahr 1941 zu Erhard Milch. Zit.: Paul S. 278
322 TB 29. März 1941. Fröhlich I 9 S. 211 – Napoleon I. drang 1812 mit seinem Heer bis Moskau vor. Um nicht von seinen Nachschubwegen abgeschnitten zu werden, verließ der französische Kaiser Moskau allerdings nach fünf Wochen wieder. Den Rückmarsch überlebten nur wenige seiner ursprünglich mehr als 600 000 Soldaten. Der katastrophale Ausgang dieses Feldzugs ermutigte die Preußen, sich von Napoleons Fremdherrschaft zu befreien.
323 TB 16. Juni 1941. Fröhlich I 9 S. 377 f
324 Ebd. S. 379
325 Ebd. S. 380

Zusammenbruch, S. 179–228

1 TB 22. Juni 1941. Fröhlich I 9 S. 396
2 Zit.: Burleigh S. 565
3 Goebbels: Der Schleier fällt. In: „Völkischer Beobachter", 7. Juli 1941. IfZ MZ 9/49 / IfZ Goebbels 1/41–9/41
4 Ebd.
5 Goebbels in „Das Reich", 27. Juli 1941. IfZ MZ 235/2
6 TB 19. August 1941. Fröhlich II 1 S. 260
7 Zit.: Shirer S. 860
8 Zit.: Fest (1976. Band 2). S. 887
9 Zit.: Hans-Otto Meißner S. 261
10 Zit.: Jacobsen S. 38
11 Goebbels am 14. Oktober 1941. Zit.: „Denk bei jeder Bombe dran. Diesen Krieg fing Hitler an!" Flugblatt (Archiv des Autors)
12 Goebbels in einer Rede vor Berliner SA-Führern. „Frankfurter Zeitung", 16. Oktober 1941. IfZ Goebbels 10/41–4/42
13 Zit.: Reuth (1995). S. 495
14 3,3 der 5,7 Millionen sowjetischen Soldaten, die sich den Deutschen während des

Krieges ergaben, starben in der Gefangenschaft. Insgesamt verlor die UdSSR in diesem Krieg 27 Millionen Menschen. Luks S. 374/ 380
15 Zit.: Bullock (2000). S. 646
16 Zit.: Cartier S. 391
17 Hitler ist somit Kriegsminister, Oberbefehlshaber der Wehrmacht und des Heeres in einer Person.
18 Zit.: Burleigh S. 571 f
19 TB 19. Dezember 1941. Reuth (1999). S. 1721
20 „Eiserner" wurde Hermann Göring von seinen Anhängern genannt. – Paul S. 289
21 Von Hammerstein. IfZ ED84 S. 133 f
22 Zit.: „Frankfurter Zeitung", 22. November 1941. IfZ Göring 40/6–41/12
23 Speer (Erinnerungen). S. 211
24 Erlass Görings über die „Zentrale Planung" im Vierjahresplan. V. P. 6707 g. IfZ MA-144/4. F. 8096
25 Schreiben Speers an Göring vom 3. November 1942. IfZ MA218. F. 392683. – Schreiben Görings an Speer vom 27. Oktober bzw. 5. November 1942. IfZ MA218. F. 392675/392677
26 Speer (Erinnerungen). S. 292
27 Ebd. S. 302 f
28 TB 21. März 1942. Reuth (1999). S. 1775 f
29 Göring am 6. August 1942. Zit.: Maser (Göring). S. 391
30 Hermann Ritter von Epenstein starb 1934 im Alter von 84 Jahren. Seine Witwe Lilly überschrieb Göring am 23. Dezember 1938 Veldenstein und seiner Tochter Edda Mauterndorf. Sie starb am 4. September 1939.
31 Fraenkel und Manvell (Göring). S. 248
32 Weisung des „Führers" vom 13. März 1941. Zit.: Winkler (Band 2). S. 80
33 Franz Halder am 4./5. Juni 1941 gegenüber den Chefs der Generalstäbe des Ostheeres. Zit.: Krausnick S. 115
34 Faksimile: Maser (Göring). S. 408. – Aus Görings Terminkalender (IfZ ED 180/5) geht hervor, dass er Heydrich am 31. Juli 1941 um 18.15 Uhr in Carinhall empfing.
35 Adolf Eichmann, der Leiter des Referats für Judenangelegenheiten im Reichssicherheitshauptamt, verfasste ein Protokoll über die Konferenz, das in 30 Ausfertigungen verteilt wurde. Text: http://www.wannsee-konferenz.de/wannsee-konferenz_protokoll.html
36 TB 20. August 1941. Fröhlich II 1 S. 278
37 Höß S. 127/111
38 TB 27. März 1942. Fröhlich II 3 S. 561
39 Bericht des SS-Obersturmführers Kurt Gerstein vom 26. April 1945 über eine Besichtigung des Vernichtungslagers Belzec im August 1942. Zit.: Michalka S. 273
40 Nach einer eidesstattlichen Erklärung von Isaak Egon Ochshorn vom 14. September 1945. Zit.: Breitman (1996). S. 12
41 TB 28. Mai 1942. Fröhlich II 4 S. 386
42 Deschner S. 300/303
43 Goebbels: Abbau der Illusionen. In: „Das Reich", 24. Mai 1942. IfZ Goebbels 5/42–12/42
44 Speer (Erinnerungen). S. 262
45 TB 5. Januar 1943. Fröhlich II 7 S. 47
46 TB 23. Januar 1943. Ebd. S. 175
47 TB 2. Februar 1943. Ebd. S. 240
48 Zit.: „Münchner Neueste Nachrichten", 2. Februar 1943. IfZ Göring 42/1–50/12. – 480 v. Chr. hielt der spartanische König Leonidas die angreifenden und weit überlegenen Perser mit ein paar hundert Kriegern am Thermopylen-Pass auf, bis er und alle seine Leute gefallen waren.

49 TB 1. Februar 1943. Fröhlich II 7 S. 235
50 Goebbels: Die harte Lehre. In: „Das Reich", 7. Februar 1943. IfZ Goebbels 1/43–10/43
51 Goebbels: Wann oder wie? In: „Das Reich", 9. November 1941. IfZ MZ235/2 / IfZ Goebbels 10/41–4/42
52 Text des Erlasses: Michalka S. 292 ff
53 Goebbels: Der totale Krieg. In: „Das Reich", 17. Januar 1943. IfZ Goebbels 1/43–10/43
54 TB 23. Januar 1943. Fröhlich II 7 S. 169 f
55 Ebd. S. 181 f
56 Zit.: Knopp (Hitlers Helfer). S. 51
57 Foto: Das 20. Jahrhundert (CD-ROM 2)
58 Zit.: Heiber (1991. Band 2). S. 206
59 Text der kompletten Rede: Ebd. S. 172 ff (Bild und Ton: Das 20. Jahrhundert. CD-ROM 2) – „Das Volk steht auf, der Sturm bricht los", lautet der Anfang des Gedichtes „Männer und Buben" von Theodor Körner, das 1814 posthum in dem Sammelband „Leyer und Schwerdt" erschien.
60 Zit.: Toland S. 915
61 Zit.: Speer (Erinnerungen). S. 271
62 TB 28. Februar 1943. Fröhlich II 7 S. 439
63 TB 2. März 1943. Fröhlich II 7. S. 450
64 Ebd.
65 Ebd. S. 454
66 Ebd. S. 452/453/456
67 Zit.: Speer (Erinnerungen). S. 273
68 TB 9. März 1943. Fröhlich II 7 S. 501
69 Ebd. S. 505
70 Ebd. S. 506/516/502
71 Speer (Erinnerungen). S. 275
72 TB 15. März 1944. Fröhlich II 11. S. 480
73 TB 15. September 1943. Fröhlich II 9 S. 512
74 Seibt S. 309
75 Goebbels am 4. August 1943. Zit.: Das 20. Jahrhundert. RD-ROM 2
76 Warum die Namen aller Kinder von Magda Goebbels mit „H" anfangen? Darüber wurde viel gerätselt. Ihr Mutter Auguste Behrend behauptete, die Wahl des ersten Namens – Harald – sei Zufall gewesen, und danach habe ihre Tochter einfach den Ehrgeiz entwickelt, ausschließlich mit „H" beginnende Namen zu verwenden. Behrend in: „Schwäbische Illustrierte", 10. Mai 1952 (IfZ)
77 Goebbels zu Wilfred von Oven. Zit.: Reuth (1995). S. 530
78 Hitler bei einer Lagebesprechung am 25. Juli 1943. Zit.: Fest (1976. Band 2). S. 751 f
79 Zit.: Knopp (Hitlers Helfer). S. 134
80 TB 8. Juli 1944. Fröhlich II 13 S. 64
81 Adolf Galland. Zit.: Paul S. 303
82 TB 4. März 1944. Fröhlich II 11 S. 403
83 Ebd. S. 395
84 Ebd. S. 401 f
85 Ebd. S. 409
86 TB 14. März 1944. Ebd. S. 472
87 TB 15. März 1944. Ebd. S. 482
88 TB 6. Juni 1944. Fröhlich II 12 S. 414
89 TB 22. Juni 1944. Ebd. S. 520
90 Ebd. S. 527 f
91 Zit.: Koch-Hillebrecht S. 152

92 Goebbels: Denkschrift vom 18. Juli 1944. Zit.: Longerich (1987). S. 24
93 Wolf Heinrich Graf von Helldorf am 20. Juli 1944 zu Hans-Bernd Gisevius. Zit.: Reuth (1995). S. 560
94 Göring im Juli 1944 zu Harry Weber, einem Mitglied seines privaten Stabes in Carinhall. Zit.: „Velberter Zeitung", 1. Juli 1953. IfZ Göring 51/1 – 86/10
95 Emmy Göring S. 209
96 Auf dem Reichsparteitag 1934 klatschten einige Damen erstmals über die neue Mätresse des Führers: die 22-jährige Eva Braun. 1936 kaufte Hitler für Eva Braun und deren Schwester ein Haus in München-Bogenhausen, aber seine Geliebte verbrachte die meiste Zeit auf dem Obersalzberg, wo ihr im Obergeschoss des „Berghofs" ein Appartement neben seinem Schlafzimmer zur Verfügung stand.
97 Frankel und Manvell (Göring). S. 288
98 Speer (Erinnerungen). S. 393
99 Zit.: Ebd. S. 398
100 Zit.: „20. Juli 1944" S. 162 f
101 Göring in einem Fernschreiben an Hans Heinrich Lammers. IfZ Fa 199/50
102 Klemperer, 21. Juli 1944 (Band 2). S. 550
103 Goebbels am 23. Juli 1944. Zit.: Rudolf Semmler. Hier: Kershaw (2000). S. 924
104 Zit.: Kershaw (2000). S. 925
105 TB 23. Juli 1944. Fröhlich II 13 S. 139
106 Zit.: „Berliner Börsen-Zeitung", 28. Juli 1944. IfZ Goebbels 11/43 – 4/45
107 TB 23. Juli 1944. Fröhlich II 13 S. 141
108 Shirer S. 977
109 Göring am 14. Mai 1946. Zit.: Bross S. 187
110 TB 23. September 1944. Fröhlich II 13 S. 550
111 Reuth (1995). S. 570
112 TB 2. Dezember 1944. Fröhlich II 14 S. 329/332
113 Behrend in: „Schwäbische Illustrierte", 31. Mai 1952. IfZ Magda Goebbels 2/52 – 5/52
114 TB 7. Dezember 1944. Fröhlich II 14 S. 370
115 Emmy Göring S. 216
116 Toland S. 1047
117 Zit.: Bullock (2000). S. 770
118 Zit.: Ebd. S. 772
119 Zit.: Fest (1994). S. 115
120 TB 28. Februar 1945. Fröhlich II 15 S. 383 f
121 TB 14. März 1945. Ebd. S. 503
122 TB 21. März 1945. Ebd. S. 557
123 Kershaw (2000). S. 994
124 Buddrus S. 210
125 Dieter Wunderlich: Vernetzte Karrieren. Friedrich der Große, Maria Theresia, Katharina die Große. Regensburg 2000. S. 151 f
126 Rudolf Semler: Tagebuch 12. April 1944. Zit.: „Die Welt", 25. September 1947. IfZ Goebbels 1945/6 – 78/1
127 Ebd.
128 Von Ribbentrop am 14. April 1945. Zit.: Toland S. 1068
129 Erlass Hitlers vom 25. September 1944. Zit.: Jacobsen S. 364 f
130 Zit.: Fest (1976. Band 2). S. 1003 f
131 Goebbels am 19. April 1945. Zit.: „Völkischer Beobachter", 20. April 1945 (Archiv des Autors)
132 Es sprach Hans Fritzsche. S. 25 f
133 Ebd. S. 31
134 Speer (Erinnerungen). S. 484 f
135 Zit.: Shirer S. 1020

136 Faksimile in: „Der Kurier", 2. März 1946. IfZ Göring 42/1–50/12
137 Paul S. 335
138 IfZ MA653. F. 501194
139 Maser (Göring). Fußnote S. 363
140 Zit.: Speer (Erinnerungen). S. 485
141 Zit.: Ebd. S. 486
142 Zit.: Kube S. 345
143 Zit.: Paul S. 336
144 Emmy Göring S. 243
145 Der Händedruck von William D. Robertson und Alexander Sylvashko am 25. April 1945 auf der zerstörten Brücke von Torgau ging in die Annalen ein. Tatsächlich fand die erste Begegnung amerikanischer und sowjetischer Soldaten kurz vorher in Strehla statt. „Süddeutsche Zeitung", 25. April 1995
146 Speer (Erinnerungen). S. 487
147 Fraenkel und Manvell (Goebbels). S. 345
148 Zit.: Burleigh S. 923
149 Emmy Göring S. 249
150 Zit.: Paul S. 337
151 Bramsted S. 313
152 Nach Shirer S. 1023 und Fest (1976. Band 2). S. 1010
153 Meldung des Reichssenders Hamburg am 27. April 1945. Zit.: Maser (Nürnberg). S. 69
154 Behrend in: „Schwäbische Illustrierte", 19. April 1952/24. Mai 1952
155 Brief vom 28. April 1945. Zit.: Hans-Otto Meißner S. 337 f
156 Zit.: Fraenkel und Manvell (Goebbels). S. 367 f
157 Toland S. 1096
158 Zit.: Rauscher S. 597
159 Zit.: Knopp (Hitlers Helfer). S. 73
160 Zit.: Riess S. 479 f
161 IfZ MA653. F. 501197
162 Zit.: Shirer S. 1036
163 Zit.: Ebd. S. 1037
164 Zit.: Speer, 13. Mai 1947 (Spandauer Tagebücher). S. 105 f
165 Magda Goebbels am 1. Mai 1945 zu Günter Schwägermann. Goebbels-Dokumente 29.10.1897–1.5.1945. IfZ F82
166 Erklärung vom 5. Juni 1945. Text: Deuerlein (1963). S. 47 ff
167 Fest (1994). S. 117
168 Zit.: Maser (Göring). S. 9
169 Hans Frank, Wilhelm Frick, Alfred Jodl, Ernst Kaltenbrunner, Wilhelm Keitel, Joachim von Ribbentrop, Alfred Rosenberg, Fritz Sauckel, Arthur Seyß-Inquart, Julius Streicher (hingerichtet); Karl Dönitz, Walther Funk, Rudolf Heß, Konstantin von Neurath, Erich Raeder, Baldur von Schirach, Albert Speer (Freiheitsstrafen); Hans Fritzsche, Hjalmar Schacht, Franz von Papen (freigesprochen)
170 Robert H. Jackson am 21. November 1945. Zit.: Maser (Nürnberg). S. 149 0 152 f 0 155
171 Gilbert S. 10
172 Ebd. S. 204
173 Speer nach der ersten Vernehmung Görings am 13. März 1946. Zit.: Ebd. S. 192
174 Ebd. S. 17
175 Interview mit dem Korrespondenten der Londoner Zeitung „Evening Standard". Zit.: „Freiheit", 11. Oktober 1946. IfZ Göring 42/1–50/12
176 Göring am 29. Oktober 1945. Zit.: Gilbert S. 18
177 Göring am 24. März 1946. Zit.: Ebd. S. 212
178 Zit.: Speer (Spandauer Tagebücher). S. 103
179 Göring am 9. oder 10. März 1946 zu Gustave M. Gilbert. Zit.: Gilbert S. 185

180 Dabei handelt es sich um einen von dem Schweizer Psychiater Hermann Rorschach 1921 entwickelten Persönlichkeitstest, bei dem der Proband sagt, was ihm zu Vorlagen mit farbigen und schwarzen Tintenklecksen einfällt.
181 Die Frage stellte der Psychologe Gustave M. Gilbert am 12. November 1945. Zit.: Gilbert S. 20
182 Göring zu seinem Verteidiger. Zit.: Knopp (Hitlers Helfer). S. 81
183 Göring am 7. Januar 1946. Bei dem Zeugen handelte es sich um Erich von dem Bach-Zelewski. Zit.: Gilbert S. 116
184 Zit.: Martens S. 251
185 Zit.: Fraenkel und Manvell (Göring). S. 363
186 Zit.: „Süddeutsche Zeitung", 1. Oktober 1946 (Archiv des Autors)
187 Göring zu Ludwig Pflücker. Zit.: „Waldeckische Landeszeitung", 16. Oktober 1952. Hier: Maser (Nürnberg). S. 476
188 Emmy Göring S. 306
189 Zit.: Maser (Nürnberg). S. 489
190 „Frankfurter Allgemeine Zeitung", 23. September 1967
191 Emmy Göring verkaufte die Yacht 1960 einem Bonner Druckereibesitzer. Von ihm erwarb sie 1973 Gerd Heidemann, der Reporter, der 1985 wegen Betrugs im Zusammenhang mit den zwei Jahre zuvor im „Stern" veröffentlichten gefälschten „Hitler-Tagebüchern" zu einer Haftstrafe verurteilt wurde. Bei der Zwangsversteigerung der Yacht erhielt ein Ägypter den Zuschlag.
192 „Die Zeit", 30. März 1973

Quellen- und Literaturverzeichnis

BA = Bundesarchiv in Koblenz
IfZ = Institut für Zeitgeschichte, München
TB = Joseph Goebbels: Tagebücher
Texte von Joseph Goebbels: © 2002 by Rechtsanwältin Cordula Schacht

Dokumente

Briefwechsel Joseph Goebbels – Anka Stalherm. 1918 – 1920. Bestandssignatur BA N/1118 (Archivsignatur 109/110)
Briefwechsel Joseph Goebbels – Else Janke. 1922 – 1924. BA N/1118 (110/111)
Briefe von Agnes und Liesel Kölsch an Joseph Goebbels. 7. November 1917. BA N/1118 (111)
Brief von Lene Krage an Joseph Goebbels. 22. August 1916. BA N/1118 (112)
Brief von Agnes Kölsch an Joseph Goebbels. 15. August 1918. BA N/1118 (112)
„Die Saat. Ein Geschehen in drei Akten von P. Joseph Goebbels". 1920. BA N/1118 (117)
Brief von Joseph Goebbels an Anka Stalherm. 1920. BA N/1118 (118)
Testament Joseph Goebbels'. 1. Oktober 1920. BA N/1118 (118)
Gymnasium zu Reydt: Zeugnis für Joseph Goebbels. 22. Dezember 1916. BA N/1118 (126)
Abiturientenrede Joseph Goebbels'. 21. März 1917. BA N/1118 (126)
„Die Weihnachtsglocken des Eremiten. Eine Weihnachtsgeschichte von P. J. Goebbels. Der lieben Anka auf den Weihnachtstisch" (1918). BA N/1118 (126). F. 222 ff
Brief von Joseph Goebbels an Anka Stalherm. 29. November 1919. BA N/1118 (126). F. 113
„Aus meinem Tagebuch. Von Paul Joseph Goebbels. Anka Stalherm zugeeignet. München, Weihnachten 1919". BA N/1118 (126)
Brief von Joseph Goebbels an Anka Stalherm. 14. April 1920. BA N/1118 (126). F. 114 ff
Brief von Joseph Goebbels an Anka Stalherm. 29. Juni 1920. BA N/1118 (126). F. 123
Brief von Anka Stalherm an Joseph Goebbels. 24. November 1920. BA N/1118 (126). F. 124 ff
Brief von Joseph Goebbels an Anka Stalherm. 27. November 1920. BA N/1118 (126). F. 128 ff
Joseph Goebbels: „Aus meinem Tagebuch". 1923. BA N/1118 (126). F. 132 ff
Joseph Goebbels: „Michael Voormanns Jugendjahre". I. Teil. (1919) BA N/1118 (126). F. 148 ff
„Judas Iscariot. Eine biblische Tragödie in fünf Akten von P. J. Goebbels. Anka Stalherm in tiefer Verehrung". 1918. BA N/1118 (127). F. 1 ff
Albert M. Beer: Die Tagebücher von Dr. Joseph Goebbels: Eine Fälschung? Überarbeitete Fassung eines Vortrages auf der Tagung der Zeitgeschichtlichen Forschungsstelle Ingolstadt am 14. Mai 1988. Schreibmaschinen-Manuskript. Deutsche Bibliothek D88b/7711
Joseph Goebbels: Vom Kaiserhof zur Reichskanzlei. Eine historische Darstellung in Tagebuchblättern. Vom 1. Januar 1932 bis zum 1. Mai 1933. München 1942^{38}. IfZ 80/38
„Persönliche Erlebnisse des Generals d. Inf. a. D. Curt Liebmann in den Jahren 1938/39. Niedergeschrieben im November 1939." IfZ ED1
Otto Wagener: Tagebuchaufzeichnungen 1929 – 1933. IfZ ED60
Christian Freiherr von Hammerstein: „Mein Leben. Geschrieben für meine Frau und meine Kinder, meine Schwestern und meine Freunde." IfZ ED84
Trauschein von Hermann und Karin Göring. 3. Februar 1923. IfZ ED180/1
Bescheinigung der Nervenheilanstalt Långbro. 7. Oktober 1925. IfZ ED180/1
Auszüge aus dem Kirchenregister Stockholm (Karin Göring). Dezember 1925. IfZ ED180/1

Brief Hermann Görings an seine Schwiegermutter. 9. Januar 1926. IfZ ED180/1
Ehevertrag für Hermann und Karin Göring mit notariellem Schreiben und Bestätigung des
 Eintrags in das Güterrechtsregister. 1930. IfZ ED180/1
Sterbeurkunde und Totenschein (Karin Göring). 27. Oktober 1931. IfZ ED180/1
Hermann Göring: „Berg- und Gletscherfahrten Sommer 1911. Ostalpen. (Buch I.)". IfZ
 ED180/2
Hermann Göring: Schulheft mit persönlichen Notizen. Ca. 1933/1935. IfZ ED180/3
Notizbuch Hermann Görings. IfZ ED180/4
Terminkalender Hermann Görings. 1941. IfZ ED180/5
Termin- und Notizkalender Hermann Görings. 1943. IfZ ED180/6
Kalendernotizbuch Hermann Görings. 1943. IfZ ED180/7
Taschenkalender Hermann Görings. 1944. IfZ ED180/8
Joseph Goebbels: Lenin oder Hitler. Eine Rede. Gehalten am 19. Februar 1926 im Opern-
 haus in Königsberg. i. Pr. Zwickau 1926. IfZ Ek173a
Joseph Goebbels: Die zweite Revolution. Briefe an Zeitgenossen. Zwickau 1926. IfZ Ek209
Geburtsurkunde von Paul Joseph Goebbels. 29. Oktober 1897. IfZ F82
Geburtsurkunde von Johanna Maria Magdalena Behrend. 11. November 1901. IfZ F82
„Programm zum Vereinsfest des Bonner U. V." 24. Juni 1917. IfZ F82
Brief von Karl Kaufmann an Otto Strasser. 4. Juni 1927. IfZ F82
Auszug aus dem Trauregister der Gemeinde Frauenmark über die Eheschließung von Jo-
 seph Goebbels und Johanna Maria Magdalene, geschiedene Quandt, geborene Ritschel,
 am 19. Dezember 1931. IfZ F82
Aussage von Günter Schwägermann über den 22. April 1945. IfZ F82
Rede Adolf Hitlers am 5. März 1932 in der Stadthalle von Bad Blankenburg. IfZ Fa88
Rede Hermann Görings am 3. April 1932 auf der Radrennbahn in Dresden. IfZ Fa88
Adolf Hitler: Rede am 7. September 1932 im Circus Krone, München. IfZ Fa88
Protokolle von Kabinettssitzungen am 30. Januar und 28. Februar 1933. IfZ Fa199/27
Pressemitteilungen vom 23. Februar und 2. März 1933. Wolff's Telegraphisches Büro. IfZ
 Fa199/27
Hermann Göring: Denkschrift vom 21. März 1934 über die Reichsreform. IfZ Fa199/42
Hermann Göring: Brief an Adolf Hitler. 17. März 1934. IfZ Fa199/49
Schreiben an Hermann Göring über die Ablösung von Wilhelm Frick durch Heinrich
 Himmler. 21. August 1943. IfZ Fa199/49
Fernschreiben von Hermann Göring an Hans Heinrich Lammers. Juli 1944. IfZ Fa199/50
Rücktrittsgesuch Heinrich Brünings. 30. Mai 1932. IfZ Fa295
Unterlagen für Besprechungen des Reichspräsidenten mit Parteiführern im November
 1932. IfZ Fa295
RAM-Sonderakten: 23. April – 14. Juli 1939. IfZ Fb5
„Rede des Reichspropagandaleiters Reichsminister Dr. Goebbels im Berliner Sportpalast
 am 18. Februar 1943". Reichspropagandaleitung der NSDAP (Hg.). IfZ Fk648
Joseph Goebbels: Wege ins dritte Reich. Briefe und Aufsätze für Zeitgenossen. München
 1927. IfZ Fk938
Joseph Goebbels: Wilhelm von Schütz. Ein Beitrag zur Geschichte des Dramas der ro-
 mantischen Schule. Unveröffentlichte Dissertation. 1921. IfZ Fq287
Adolf Hitler: Mein Kampf. Jubiläumsausgabe. München 1939. IfZ G96/334
Erlass Hermann Görings vom April 1942. V. P. 6707 g. IfZ MA144/4. F. 8096
Fernschreiben von Hermann Göring an Joseph Goebbels. 27. Mai 1942. IfZ MA144/4.
 F. 8383
Franz Ritter von Epp: Glückwunschtelegramm an Hermann Göring. 10. Januar 1945. IfZ
 MA144/5. F. 9687
Hermann Göring betraut Heinrich Himmler mit seiner Vertretung auch in den Angele-
 genheiten der Geheimen Staatspolizei. Rundschreiben vom November 1934. IfZ
 MA206. F. 4732 / MA433. F. 8736 – 8738

Fernschreiben-Wechsel Hermann Göring – Albert Speer vom Oktober/November 1942.
  IfZ MA218. F. 392675 – 392683
Gesetz über die Geheime Staatspolizei. 10. Februar 1936. IfZ MA433. F. 8698 – 8703 /
  MA438. F. 2321 – 2324
Fernschreiben vom April 1945 über die Amtsnachfolge Hitlers. IfZ MA653. F. 501194 –
  501197
Urteil des Schöffengerichts beim Amtsgericht München. 6. Juni 1932. IfZ MA743
Bericht des Zollsekretärs Friedelmaier vom 15. Februar 1935 über Hermann Görings illegalen Grenzübertritt am 11. November 1923. IfZ MA743
Fernschreiben an Hermann Göring vom 24. Dezember 1938 über die Mitgliedschaft seiner
  Frau Emmy in der NSDAP. IfZ MA743
Herbert Backe: Großer Bericht 1946. IfZ Ms577
„Völkischer Beobachter". IfZ MZ9 (Mikrofilme)
„Der Angriff". IfZ MZ18 (Mikrofilme)
„Das Reich". IfZ MZ235 (Mikrofilme)
„Mit brennender Sorge ..." Enzyklika Papst Pius' XI. vom 14. März 1937 über die Lage der
  katholischen Kirche im Deutschen Reich. Berlin 1948[2]. IfZ Ok376/2
Joseph Goebbels: Michael. Ein deutsches Schicksal in Tagebuchblättern. (1929). München
  1935[7] IfZ Y62
Johann Ludwig Graf Schwerin von Krosigk: Briefe und eidesstattliche Erklärungen. IfZ
  ZS145

Artikel in Zeitungen und Zeitschriften:

Joseph Goebbels: 13 Ordner Zeitungsausschnitte im IfZ
Magda Goebbels: 1 Ordner Zeitungsausschnitte im IfZ
Hermann Göring: 10 Ordner Zeitungsausschnitte im IfZ
Erhard Milch: 1 Ordner Zeitungsausschnitte im IfZ
Auguste Behrend: Meine Tochter Magda Goebbels. In: „Schwäbische Illustrierte". 23. Februar 1952 – 31. Mai 1952. IfZ: Magda Goebbels 2/52 – 5/52
Jürgen Peters und Hans Roos: Magda Goebbels, gesch. Quandt, gen. Friedländer, geb. Ritschel. Tatsachenbericht. In: „Revue", 23. Februar – 5. Juli 1952. IfZ: Magda Goebbels
  2/52 – 5/52
„Stehen Sie auf, van der Lubbe!" Der Reichstagsbrand 1933. Geschichte einer Legende.
  Nach einem Manuskript von Fritz Tobias. „Der Spiegel", 21. Oktober 1959 – 6. Januar
  1960
Kurt Sontheimer: Die kurze Demokratie. „Der Spiegel", 16. August 1999
Joachim C. Fest: Das Böse als reale Macht. Hitlers noch immer verleugnetes Vermächtnis.
  „Der Spiegel", 25. Oktober 1999
Klaus Wiegrefe: Flammendes Fanal. „Der Spiegel", 9. April 2001
Die Gegenwart der Vergangenheit. „Der Spiegel", 7. Mai – 1. Oktober 2001. Autoren: Götz
  Aly, Yehuda Bauer, Thomas Darnstädt, Joachim Fest, Brigitte Hamann, Ian Kershaw,
  Peter Longerich, Bernhard Schlink, Heinrich August Winkler u. a.

Elektronische Medien

Das 20. Jahrhundert. Die Millenium-Chronik. Geschichte multimedial auf 5 CD-ROMs.
  Königswinter o. J.
Gabi Müller-Ballin: Die Nürnberger Prozesse 1945–1949. Vorgeschichte, Verlauf, Ergebnisse,
  Dokumente. http://www.bz.nuernberg.de/bzshop/publikationen/nproz/nproz.html
Wannsee-Konferenz. Protokoll von Adolf Eichmann. http://www.wannsee-konferenz.de/
  wannsee-konferenz_protokoll.html

Bücher

20. Juli 1944. Ein Drama des Gewissens und der Geschichte. Dokumente und Berichte. Freiburg/Basel/Wien 1963³

Ackermann, Josef: Himmler als Ideologe. Nach Tagebüchern, stenographischen Notizen, Briefen und Reden. Göttingen/Zürich/Frankfurt am Main 1970

Arendt, Hannah: Eichmann in Jerusalem. Ein Bericht von der Banalität des Bösen. München 1965

Arendt, Hannah: Elemente und Ursprünge totaler Herrschaft. München 1995

Aus Görings Schreibtisch. Ein Dokumentenfund. Bearbeitet von: T. R. Emessen. Berlin 1990

Backes, Uwe, Karl-Heinz Janßen, Eckhard Jesse, Henning Köhler, Hans Mommsen, Fritz Tobias: Reichstagsbrand. Aufklärung einer historischen Legende. München/Zürich 1987²

Bade, Wilfrid: Deutschland erwacht. Werden, Kampf und Sieg der NSDAP. Hamburg-Bahrenfeld 1933

Bahar, Alexander, und Wilfried Kugel: Der Reichstagsbrand. Wie Geschichte gemacht wird. Berlin 2001

Bajohr, Frank: Parvenüs und Profiteure. Korruption in der NS-Zeit. Frankfurt am Main 2001

Bärsch, Claus-Ekkehard: Die politische Religion des Nationalsozialismus. Die religiöse Dimension der NS-Ideologie in den Schriften von Dietrich Eckart, Joseph Goebbels, Alfred Rosenberg und Adolf Hitler. München 1998

Bärsch, Claus-Ekkehard: Erlösung und Vernichtung. Dr. phil. Joseph Goebbels. Zur Psyche und Ideologie eines jungen Nationalsozialisten. 1923–1927. München 1987

Barth, Erwin: Joseph Goebbels und die Formierung des Führer-Mythos 1917 bis 1934. Erlangen/Jena 1999

Bastian, Till: Auschwitz und die „Auschwitz-Lüge". Massenmord und Geschichtsfälschung. München 1994³

Batov, Omer: Hitlers Wehrmacht. Soldaten, Fanatismus und die Brutalisierung des Krieges. Reinbek 1999

Beevor, Antony: Stalingrad. Gütersloh 1999

Benz, Wolfgang (Hg.): Legenden, Lügen, Vorurteile. Ein Lexikon zur Zeitgeschichte. Gräfelfing bei München 1990

Benz, Wolfgang, Hermann Graml und Hermann Weiß (Hg.): Enzyklopädie des Nationalsozialismus. München 1998²

Benz, Wolfgang, und Werner Bergmann (Hg.): Vorurteil und Völkermord. Entwicklungslinien des Antisemitismus. Bonn 1997

Berger, Ludwig: Käthe Dorsch. Berlin 1957

Bewley, Charles: Hermann Göring. Göttingen 1956

Binion, Rudolph: „Daß ihr mich gefunden habt". Hitler und die Deutschen: Eine Psychohistorie. Stuttgart 1978

Böddeker, Günter, und Rüdiger Winter: Die Kapsel. Das Geheimnis um Görings Tod. München 1983

Borresholm, Boris von, und Karena Niehoff (Hg.): Dr. Goebbels. Nach Aufzeichnungen aus seiner Umgebung. Berlin 1949

Bracher, Karl Dietrich, Manfred Funke und Hans-Adolf Jacobsen (Hg.): Nationalsozialistische Diktatur 1933–1945. Eine Bilanz. Düsseldorf 1983

Bracher, Karl Dietrich: Die Auflösung der Weimarer Republik. Eine Studie zum Problem des Machtverfalls in der Demokratie. Düsseldorf 1984

Bramsted, Ernest K.: Goebbels und die nationalsozialistische Propaganda 1925–1945. Frankfurt 1971

Breitman, Richard, und Karl Nicolai: Der Architekt der „Endlösung". Himmler und die Vernichtung der europäischen Juden. Paderborn/München/Wien/Zürich 1996

Breitman, Richard: Heinrich Himmler. Der Architekt der „Endlösung". Zürich 2000
Bross, Werner: Gespräche mit Hermann Göring während des Nürnberger Prozesses. Flensburg/Hamburg 1950
Broszat, Martin: Der Staat Hitlers. München 1975[5]
Browning, Christopher R.: Judenmord. NS-Politik, Zwangsarbeit und das Verhalten der Täter. Frankfurt am Main 2001
Buchheim, Hans: Anatomie des SS-Staates. München 1999
Buddrus, Michael: „Wenn dem Göring die Hose von Goebbels paßt ..." Aufsätze sächsischer Volksschüler als Stimmungsbilder aus dem Dritten Reich. In: Jahrbuch für zeitgeschichtliche Jugendforschung 1994/95. Berlin. S. 197 ff
Bullock, Alan: Hitler und Stalin. Parallele Leben. München 1991
Bullock, Alan: Hitler. Biographie 1889 – 1945. Augsburg 2000
Burckhardt, Carl J.: Meine Danziger Mission 1937–1939. München 1962
Burleigh, Michael: Die Zeit des Nationalsozialismus. Eine Gesamtdarstellung. Frankfurt am Main 2000
Cartier, Raymond: Der Zweite Weltkrieg. 2 Bände. München 1967
Chronik der Deutschen. Dortmund 1983
Chronik des 20. Jahrhunderts. Braunschweig 1982
Craig, Gordon A.: Über die Deutschen. Stuttgart/Hamburg/München o. J.
Dahlerus, Birger: Der letzte Versuch. München 1973[2]
Davidson, Eugene: Wie war Hitler möglich? Der Nährboden einer Diktatur. Düsseldorf/Wien 1980
Deschner, Günther: Reinhard Heydrich. Statthalter der totalen Macht. Esslingen 1999[4]
Deuerlein, Ernst (Hg.): Potsdam 1945. Quellen zur Konferenz der „Großen Drei". München 1963
Deuerlein, Ernst (Hg.): Der Aufstieg der NSDAP in Augenzeugenberichten. München 1974
Diemer, Gebhard: Die faschistische Herrschaft in Deutschland: Der Nationalsozialismus. In: Friedrich Schultes (Hg.): Geschichte. Frankfurt am Main 1973[3]
Distel, Barbara (Hg.): Frauen im Holocaust. Gerlingen 2001
Dönitz, Karl: Zehn Jahre und zwanzig Tage. Erinnerungen 1933–1945. Koblenz 1985[9]
Dornberg, John: Hitlers Marsch zur Feldherrnhalle. München, 8. und 9. November 1923. München/Wien 1983
Erdmann, Karl Dietrich: Der Erste Weltkrieg. In: Herbert Grundmann (Hg.), Gebhardt. Handbuch der deutschen Geschichte. Band 18. München 1980
Erdmann, Karl Dietrich: Die Weimarer Republik. Ebd. Band 19. München 1980
Erdmann, Karl Dietrich: Deutschland unter der Herrschaft des Nationalsozialismus. 1933–1939. Ebd. Band 20. München 1980
Erdmann, Karl Dietrich: Der Zweite Weltkrieg. Ebd. Band 21. München 1980
Es sprach Hans Fritzsche. Nach Gesprächen, Briefen und Dokumenten von Hildegard Springer. Stuttgart 1949
Evans, Richard J.: Im Schatten Hitlers? Historikerstreit und Vergangenheitsbewältigung in der Bundesrepublik Deutschland. Frankfurt am Main 1991
Falter, Jürgen W.: Hitlers Wähler. München 1991
Fest, Joachim C.: Hitler. Band 1: Der Aufstieg. Band 2: Der Führer. Frankfurt am Main/Berlin/Wien 1976
Fest, Joachim C.: Das Gesicht des Dritten Reiches. Profile einer totalitären Herrschaft. München/Zürich 1994[11]
Fest, Joachim C.: Joseph Goebbels. Eine Porträtskizze. Vortrag am 21. Februar 1995. In: „Zum Nachdenken". Wiesbaden, Juli 1996
Fest, Joachim C.: Speer. Eine Biographie. Berlin 1999
Fetscher, Iring: Joseph Goebbels im Berliner Sportpalast 1943. „Wollt Ihr den totalen Krieg?" Hamburg 1998

Finck, Werner: Alter Narr, was nun? Die Geschichte meiner Zeit. Frankfurt am Main / Berlin 1992
Finkelstein, Norman G.: Die Holocaust-Industrie. Wie das Leiden der Juden ausgebeutet wird. München 2001
Fischer, Fritz: Hitler war kein Betriebsunfall. München 1993³
Focke, Harald, und Uwe Reimer: Alltag unterm Hakenkreuz. Wie die Nazis das Leben der Deutschen veränderten. Reinbek 1994
Fraenkel, Heinrich, und Roger Manvell: Himmler. Kleinbürger und Massenmörder. Frankfurt am Main / Berlin 1965
Fraenkel, Heinrich, und Roger Manvell: Hermann Göring. Herrsching 1981
Fraenkel, Heinrich, und Roger Manvell: Goebbels. Der Verführer. München 1995³
Frauen um Hitler. Nach Materialien von Henriette von Schirach. München / Berlin 1983
Frei, Norbert (Hg.): Karrieren im Zwielicht. Hitlers Eliten nach 1945. Frankfurt am Main 2001
Freund, Michael: Deutsche Geschichte. Von den Anfängen bis zur Gegenwart. München 1981
Fritzsche, Peter: Wie aus Deutschen Nazis wurden. Zürich / München 1999
Fröhlich, Elke (Hg.): Die Tagebücher von Joseph Goebbels.
   Teil I: Aufzeichnungen 1923 – 1941. Band 1: 27. 6. 1924 – 31. 12. 1930 (München 1987); Band 2: 1. 1. 1931 – 31. 12. 1936 (1987); Band 3: März 1936 – Februar 1937 (2001); Band 4: März – November 1937 (2000); Band 5: Dezember 1937 – Juli 1938 (2000); Band 6: August 1938 – Juni 1939 (1998); Band 7: Juli 1939 – März 1940 (1998); Band 8: April – November 1940 (1998); Band 9: Dezember 1940 – Juli 1941 (1998).
   Teil II: Diktate 1941 – 1945: Band 1: Juli – September 1941 (1996); Band 2: Oktober – Dezember 1941 (1996); Band 3: Januar – März 1942 (1994); Band 4: April – Juni 1942 (1995); Band 5: Juli – September 1942 (1995); Band 6: Oktober – Dezember 1942 (1996); Band 7: Januar – März 1943 (1993); Band 8: April – Juni 1943 (1993); Band 9: Juli – September 1943 (1993); Band 10: Oktober – Dezember 1943 (1994); Band 11: Januar – März 1944 (1994); Band 12: April – Juni 1944 (1995); Band 13: Juli – September 1944 (1995); Band 14: Oktober – Dezember 1944 (1996); Band 15: Januar – April 1945 (1995)
Geiss, Imanuel: Geschichte griffbereit. 6 Bände. Reinbek 1979–1983
Gerlach, Christian: Krieg, Ernährung, Völkermord. Forschungen zur deutschen Vernichtungspolitik im Zweiten Weltkrieg. Hamburg 1998
Gilbert, Gustave M.: Nürnberger Tagebuch. Gespräche der Angeklagten mit dem Gerichtspsychologen. Frankfurt am Main 1995
Giordano, Ralph: Wenn Hitler den Krieg gewonnen hätte. Die Pläne der Nazis nach dem Endsieg. Hamburg 1989
Goldhagen, Daniel Jonah: Hitlers willige Vollstrecker. Ganz gewöhnliche Deutsche und der Holocaust. Berlin 1998
Göring, Emmy: An der Seite meines Mannes. Begebenheiten und Bekenntnisse. Coburg 1996⁴
Gorodetsky, Gabriel: Die große Täuschung. Hitler, Stalin und das Unternehmen Barbarossa. Berlin 2001
Graml, Hermann: Europa zwischen den Kriegen. München 1974²
Gritzbach, Erich: Hermann Göring. Werk und Mensch. München 1938
Gruchmann, Lothar: Der Zweite Weltkrieg. München 1974³
Haase, Günther: Die Kunstsammlung des Reichsmarschalls Hermann Göring. Eine Dokumentation. Berlin 2000
Haffner, Sebastian: Von Bismarck zu Hitler. Ein Rückblick. München 1989
Haffner, Sebastian: Germany: Jekyll & Hyde. 1939 – Deutschland von innen betrachtet. Berlin 1996

Haffner, Sebastian: Anmerkungen zu Hitler. München 1998 / Frankfurt am Main 1999[19]
Haffner, Sebastian: Geschichte eines Deutschen. Die Erinnerungen 1914–1933. Stuttgart / München 2000
Hamann, Brigitte: Hitlers Wien. Lehrjahre eines Diktators. München 2000[3]
Hanfstaengl, Ernst: 15 Jahre mit Hitler. Zwischen Weißem und Braunem Haus. München / Zürich 1980[2]
Harenberg, Bodo (Hg.): Chronik der Menschheit. Dortmund 1984
Hastings, Selina: Nancy Mitford. Eine Biographie. Reinbek 1994
Heiber, Helmut (Hg.): Reichsführer! Briefe an und von Himmler. München 1970
Heiber, Helmut: Die Republik von Weimar. München 1975[8]
Heiber, Helmut: Joseph Goebbels. München 1988[3]
Heiber, Helmut (Hg.): Goebbels Reden 1932–1945. 2 Bände. Bindlach 1991
Heil, Johannes, und Rainer Erb (Hg.): Geschichtswissenschaft und Öffentlichkeit. Der Streit um Daniel J. Goldhagen. Frankfurt am Main 1999
Herbert, Ulrich (Hg.): Nationalsozialistische Vernichtungspolitik 1939–1945. Neue Forschungen und Kontroversen. Frankfurt am Main 1998
Herzfeld, Hans: Der Erste Weltkrieg. München 1974[3]
Heß, Wolf-Rüdiger: Mord an Rudolf Heß? Der geheimnisvolle Tod meines Vaters in Spandau. Leoni 1989
Hilberg, Raul: Täter, Opfer, Zuschauer. Die Vernichtung der Juden 1933–1945. Frankfurt am Main 1996
Hirche, Kurt: Der braune und der rote Witz. Zwei deutsche Diktaturen in 1200 politischen Witzen. München 1968[3]
Hoffmann, Hilmar, und Heinrich Klotz (Hg.): Die Kultur unseres Jahrhunderts. Band 2: 1918–1933. Düsseldorf / Wien / New York / Moskau 1993
Hoffmann, Hilmar, und Heinrich Klotz (Hg.): Die Kultur unseres Jahrhunderts. Band 3: 1933–1945. Düsseldorf / Wien / New York / Moskau 1991
Höhne, Heinz: Mordsache Röhm. Hitlers Durchbruch zur Alleinherrschaft 1933–1934. Reinbek 1984
Höß, Rudolf: Kommandant in Auschwitz. Autobiographische Aufzeichnungen des Rudolf Höß. Hg.: Martin Broszat. München 1965[3]
Höver, Ulrich: Joseph Goebbels – ein nationaler Sozialist. Bonn / Berlin 1992
Hubatsch, Walther (Hg.), Hitlers Weisungen für die Kriegführung. Dokumente des Oberkommandos der Wehrmacht. 1939–1945. München 1965
Hummel, Karl-Joseph: Deutsche Geschichte 1933–1945. München 1998
Ilsemann, Sigurd von: Der Kaiser in Holland. Aufzeichnungen des letzten Flügeladjutanten Kaiser Wilhelms II. Hg.: Harald von Koenigswald. München 1968. IfZ 68/56162
Irving, David: (Hg.): Der unbekannte Dr. Goebbels. Die geheimen Tagebücher 1938. London 1995
Irving, David: Goebbels. Macht und Magie. Kiel 1997
Irving, David: Göring. Eine Biographie. Kiel 1999
Jäckel, Eberhard: Hitlers Weltanschauung. Stuttgart 1986[3]
Jacobsen, Hans-Adolf: 1939–1945. Der Zweite Weltkrieg in Chronik und Dokumenten. Darmstadt 1959[3]
Jaspers, Karl: Vom Ursprung und Ziel der Geschichte. München 1950
Jochmann, Werner (Hg.): Adolf Hitler. Monologe im Führerhauptquartier 1941–1944. Aufgezeichnet von Heinrich Heim. München 2000
Kammer, Hilde, und Elisabet Bartsch: Nationalsozialismus. Begriffe aus der Zeit der Gewaltherrschaft 1933–1945. Reinbek 1996
Kershaw, Ian: Hitlers Macht. Das Profil der NS-Herrschaft. München 1992
Kershaw, Ian: Der Hitler-Mythos. Führerkult und Volksmeinung. Stuttgart 1999
Kershaw, Ian: Hitler. Band 1: 1889–1936. Stuttgart 1998

Kershaw, Ian: Hitler. Band 2: 1936 – 1945. Stuttgart 2000
Kershaw, Ian: Der NS-Staat. Geschichtsinterpretationen und Kontroversen im Überblick. Reinbek 2001[2]
Kinder, Hermann, und Werner Hilgemann: dtv-Atlas zur Weltgeschichte. Karten und chronologischer Abriß. München 1975[10/11]
Klabunde, Anja: Magda Goebbels. Annäherung an ein Leben. München 1999
Klee, Ernst: „Euthanasie" im NS-Staat. Die „Vernichtung lebensunwerten Lebens". Frankfurt am Main 1993
Klemperer, Victor: Ich will Zeugnis ablegen bis zum letzten. Tagebücher. Herausgegeben von Walter Nowojski unter Mitarbeit von Hadwig Klemperer. Band 1: 1933–1941. Band 2: 1942–1945. Berlin 1996[8]
Klöss, Erhard (Hg.): Der Luftkrieg über Deutschland. Deutsche Berichte und Pressestimmen des neutralen Auslands. 1939–1945. München 1964[2]
Klöss, Erhard (Hg.): Von Versailles zum Zweiten Weltkrieg. Verträge zur Zeitgeschichte 1918–1939. München 1965
Knopf, Volker und Stefan Martens: Görings Reich. Selbstinszenierungen in Carinhall. Berlin 1999
Knopp, Guido: Hitler. Eine Bilanz. Berlin 1995
Knopp, Guido: Hitlers Helfer. München 1998
Knopp, Guido, u. a.: Unser Jahrhundert. Deutsche Schicksalstage. München 1998
Koch-Hillebrecht, Manfred: Homo Hitler. Psychogramm des deutschen Diktators. München 1999
Kogon, Eugen: Der SS-Staat. Das System der deutschen Konzentrationslager. Stuttgart / Hamburg / München o. J.
Krausnick, Helmut: Hitlers Einsatzgruppen. Die Truppe des Weltanschauungskrieges 1938–1942. Frankfurt am Main 1998
Krockow, Christian Graf von: Hitler und seine Deutschen. München 2001
Krummacher, Friedrich A.: Joseph Goebbels. Gütersloh 1964
Kube, Alfred: Pour le mérite und Hakenkreuz. Hermann Göring im Dritten Reich. München 1986 / 1987[2]
Kubizek, August: Adolf Hitler. Mein Jugendfreund. Graz 1953
Lang, Jochen von: Das Eichman-Protokoll. Tonbandaufzeichnungen der israelischen Verhöre. Berlin 1982
Lebert, Norbert und Stephan: Denn Du trägst meinen Namen. Das schwere Erbe der prominenten Nazi-Kinder. München 2000
Longerich, Peter: Josef Goebbels und der Totale Krieg. Eine unbekannte Denkschrift des Propagandaministers vom 18. Juli 1944. In: „Zum Nachdenken". Wiesbaden / Stuttgart August 1987
Longerich, Peter: Die braunen Bataillone. Geschichte der SA. München 1989
Longerich, Peter: Politik der Vernichtung. Eine Gesamtdarstellung der nationalsozialistischen Judenverfolgung. München / Zürich 1998
Longerich, Peter: Der ungeschriebene Befehl. Hitler und der Weg zur „Endlösung". München 2001
Lozowick, Yaacov: Hitlers Bürokraten. Eichmann, seine willigen Vollstrecker und die Banalität des Bösen. Zürich / München 2000
Luks, Leonid: Geschichte Russlands und der Sowjetunion. Von Lenin bis Jelzin. Regensburg 2000
Maiwald, Stefan, und Gerd Mischler: Sexualität unter dem Hakenkreuz. Manipulation und Vernichtung der Intimsphäre im NS-Staat. Hamburg / Wien 1999
Mann, Golo: Deutsche Geschichte des 19. und 20. Jahrhunderts. Stuttgart / Hamburg o. J.
Mann, Golo: Erinnerungen und Gedanken. Eine Jugend in Deutschland. Stuttgart / München o. J.

Mann, Golo (Hg.): Propyläen Weltgeschichte. Eine Universalgeschichte. Band 9: Das Zwanzigste Jahrhundert. Berlin / Frankfurt am Main 1986
Manvell, Roger: Der Reichsmarschall. Aufstieg und Fall des Hermann Göring. Rastatt 1983
Martens, Stefan: Hermann Göring. „Erster Paladin des Führers" und „Zweiter Mann im Reich". Paderborn 1985
Maser, Werner: Nürnberg. Tribunal der Sieger. Stuttgart / Hamburg / München o. J.
Maser, Werner: Hermann Göring. Hitlers janusköpfiger Paladin. Eine politische Biographie. Berlin 2000
Meißner, Hans-Otto: Magda Goebbels. Ein Lebensbild. München 1978
Meißner, Otto: Staatssekretär unter Ebert, Hindenburg, Hitler. Ein Schicksalsweg des deutschen Volkes von 1918 – 1945, wie ich ihn erlebte. Hamburg 1950
Michalka, Wolfgang (Hg.): Deutsche Geschichte 1933–1945. Dokumente zur Innen- und Außenpolitik. Frankfurt am Main 1994
Michalzik, Peter: Gustaf Gründgens. Der Schauspieler und die Macht. Berlin 1999
Michel, Kai: Vom Poeten zum Demagogen. Die schriftstellerischen Versuche Joseph Goebbels'. Köln / Weimar / Wien 1999
Milgram, Stanley: Das Milgram-Experiment. Zur Gehorsamsbereitschaft gegenüber Autorität. Reinbek 1985
Moeller, Felix: Der Filmminister. Goebbels und der Film im Dritten Reich. Berlin 1998
Mommsen, Hans: Alternative zu Hitler. Studien zur Geschichte des deutschen Widerstands. München 2000
Mommsen, Wolfgang J.: Das Zeitalter des Imperialismus. Fischer Weltgeschichte. Band 28. Frankfurt am Main 1980[10]
Mosley, Leonard: Göring. Bergisch Gladbach 1975 / 1977
Müller, Hans (Hg.): Katholische Kirche und Nationalsozialismus. München 1965
Müller, Hans-Dieter: Der junge Goebbels. Zur ideologischen Entwicklung eines politischen Propagandisten. Mannheim 1974
Neumann, H. J.: Arthur Seyß-Inquart. Graz / Wien / Köln 1970
Nill, Ulrich: Die „geniale Vereinfachung". Anti-Intellektualismus in Ideologie und Sprachgebrauch bei Joseph Goebbels. Frankfurt am Main / Bern / New York / Paris 1991
Nöhbauer, Hans F.: Die Chronik Bayerns. Dortmund 1987
Nolte, Ernst: Die faschistischen Bewegungen. München 1975[5]
Novick, Peter: Nach dem Holocaust. Der Umgang mit dem Massenmord. Stuttgart / München 2001
Orth, Karin: Das System der nationalsozialistischen Konzentrationslager. Eine politische Organisationsgeschichte. Hamburg 1999
Orth, Karin: Die Konzentrationslager-SS. Sozialstrukturelle Analysen und biographische Daten. Göttingen 2000
Ortner, Helmut: Der Attentäter. Georg Elser – der Mann, der Hitler töten wollte. Tübingen 1999
Oven, Wilfred von: Wer war Goebbels. Biographie aus der Nähe. München / Berlin 1987
Overy, Richard J.: Hermann Göring. Machtgier und Eitelkeit. München 1986
Parker, R. A. C.: Das Zwanzigste Jahrhundert. 1918–1945. Fischer Weltgeschichte. Band 34. Frankfurt am Main 1980[11]
Paul, Wolfgang: Wer war Hermann Göring? Esslingen 1983
Pehle, Walter H. (Hg.): Der Judenpogrom 1938. Von der „Reichskristallnacht" zum Völkermord. Frankfurt am Main 1988
Peuschel, Harald: Die Männer um Hitler. Braune Biographien: Martin Bormann, Joseph Goebbels, Hermann Göring, Reinhard Heydrich, Heinrich Himmler und andere. Düsseldorf 1982
Pietrow-Ennker, Bianka (Hg.): Präventivkrieg? Der deutsche Angriff auf die Sowjetunion. Frankfurt am Main 2000

Pleticha, Heinrich (Hg.): Deutsche Geschichte. Band 11: Republik und Diktatur. 1918–1945. Gütersloh 1987
Rauscher, Walter: Hitler und Mussolini. Macht, Krieg und Terror. Graz/Wien/Köln/Regensburg 2001
Reich-Ranicki, Marcel: Mein Leben. München 2000
Reimann, Viktor: Dr. Joseph Goebbels. Wien/München/Zürich 1976
Reuth, Ralf Georg: Goebbels. Eine Biographie. München/Zürich 1995[3]
Reuth, Ralf Georg (Hg.): Joseph Goebbels. Tagebücher. 5 Bände. München/Zürich 1999
Riefenstahl, Leni: Memoiren. München 1987
Riess, Curt: Joseph Goebbels. Eine Biographie. Wiesbaden 1977
Rother, Rainer: Leni Riefenstahl. Die Verführung des Talents. Berlin 2000
Ruck, Michael: Bibliographie zum Nationalsozialismus. Darmstadt 2000
Schaake, Erich, und Roland Bäurle: Hitlers Frauen. Augsburg 2000
Schad, Martha: Frauen gegen Hitler. Schicksale im Nationalsozialismus. München 2001
Schaumburg-Lippe, Friedrich Christian Prinz zu: Dr. G. Ein Portrait des Propagandaministers. Wiesbaden 1963
Schmidt, Paul: Statist auf diplomatischer Bühne 1923–45. Erlebnisse des Chefdolmetschers im Auswärtigen Amt mit den Staatsmännern Europas. Wiesbaden 1986[14]
Schmidt, Rainer F.: Rudolf Heß. Botengang eines Toren? Der Flug nach Großbritannien vom 10. Mai 1941. Düsseldorf 1997
Schmölders, Claudia: Hitlers Gesicht. Eine physiognomische Biographie. München 2000
Schoeps, Julius H. (Hg.): Ein Volk von Mördern? Die Dokumentation zur Goldhagen-Kontroverse um die Rolle der Deutschen im Holocaust. Hamburg 1996
Schröm, Oliver, und Andrea Röpke: Stille Hilfe für braune Kameraden. Das geheime Netzwerk der Alt- und Neonazis. Berlin 2001
Schulz, Gerhard: Revolutionen und Friedensschlüsse 1917–1920. München 1974[3]
Schuschnigg, Kurt von: Ein Requiem in Rot-Weiß-Rot. „Aufzeichnungen des Häftlings Dr. Auster". Zürich 1946
Seibt, Ferdinand: Das alte böse Lied. Rückblicke auf die deutsche Geschichte 1900 bis 1945. München 2000
Shirer, William L.: Aufstieg und Fall des Dritten Reiches. Frankfurt am Main 2000
Sigmund, Anna Maria: Die Frauen der Nazis. Wien 1999
Smelser, Ronald, Enrico Syring und Rainer Zitelmann (Hg.): Die braune Elite 1. 22 biographische Skizzen. Darmstadt 1999[5]
Smith Bradley F.: Heinrich Himmler 1900–1926. Sein Weg in den deutschen Faschismus. München 1979
Speer, Albert: Spandauer Tagebücher. Stuttgart/Hamburg/München o. J.
Speer, Albert: Erinnerungen. Frankfurt am Main/Berlin/Wien 1969
Steinberger, Petra: Die Finkelstein-Debatte. München 2001
Sternheim-Peters, Eva: Habe ich denn allein gejubelt? Eine Jugend im Nationalsozialismus. Köln 2000
Strauss, Richard, und Stefan Zweig: Briefwechsel. Frankfurt am Main 1957
Stresemann, Wolfgang: Wie konnte es geschehen. Hitlers Aufstieg in der Erinnerung eines Zeitzeugen. Berlin/Frankfurt am Main 1987
Toland, John: Adolf Hitler. Bergisch-Gladbach 1977
Turner, Henry Ashby (Hg.): Hitler aus nächster Nähe. Otto W. Wageners Aufzeichnungen über Erlebnisse und vertrauliche Gespräche 1929–1933. Frankfurt am Main/Berlin/Wien 1978
Ueberschär, Gerd R.: Der 20. Juli 1944. Bewertung und Rezeption des deutschen Widerstandes gegen das NS-Regime. Köln 1994
Ueberschär, Gerd R., und Winfried Vogel: Dienen und Verdienen. Hitlers Geschenke an seine Eliten. Frankfurt am Main 1999

Walb, Lore: Ich die Alte – ich die Junge. Konfrontation mit meinen Tagebüchern 1933 – 1945. Berlin 1998
Weber-Kellermann, Ingeborg: Die deutsche Familie. Versuch einer Sozialgeschichte. Frankfurt am Main 1982[7]
Weisenborn, Günther (Hg.): Der lautlose Aufstand. Reinbek 1962
Wendt, Bernd Jürgen: Das nationalsozialistische Deutschland. Berlin 1999
Winkler, Heinrich August: Der lange Weg nach Westen. Band 1: Deutsche Geschichte vom Ende des Alten Reiches bis zum Untergang der Weimarer Republik. Band 2: Deutsche Geschichte vom „Dritten Reich" bis zur Wiedervereinigung. München 2000
Wollenberg, Jörg (Hg.): „Niemand war dabei und keiner hat's gewußt". Die deutsche Öffentlichkeit und die Judenverfolgung 1933 – 1945. München / Zürich 1989
Wulf, Joseph: Das Dritte Reich und seine Vollstrecker. Wiesbaden 1989
Wulf, Joseph: Musik im Dritten Reich. Eine Dokumentation. Frankfurt am Main 1989
Wykes, Alan: Reichsführer SS Himmler. München 1981
Wykes, Alan: Joseph Goebbels. Der Reichspropagandaminister. Rastatt 1986
Zuckmayer, Carl: Als wär's ein Stück von mir. Die Horen der Freundschaft. Frankfurt 1994

Zeittafel

20. April 1889	Adolf Hitler in Braunau geboren
12. Januar 1893	Hermann Göring in Rosenheim geboren
29. Oktober 1897	Joseph Goebbels in Rheydt (Mönchengladbach) geboren
Juli 1914 bis November 1918	Erster Weltkrieg
20. April 1917	Goebbels schreibt sich an der Bonner Universität für Germanistik und Altphilologie ein.
2. Juni 1918	Göring wird mit dem Orden „Pour le mérite" ausgezeichnet.
7. Juli 1918	Göring übernimmt das Kommando des Jagdgeschwaders „Richthofen".
Sommer 1918 bis Herbst 1920	Liebesbeziehung von Goebbels und Anka Stalherm
9. November 1918	Philipp Scheidemann ruft in Berlin die Republik aus.
11. November 1918	Deutsch-französischer Waffenstillstand in Compiègne unterzeichnet
18. Januar 1919	Beginn der Versailler Friedenskonferenz
28. Juni 1919	Unterzeichnung des Versailler Friedensvertrags
1919	Eine am 19. Januar gewählte Nationalversammlung arbeitet in Weimar eine republikanische Verfassung aus, auf die Reichspräsident Friedrich Ebert am 20. August vereidigt wird.
29. Juli 1921	Hitler löst Anton Drexler als Vorsitzenden der NSDAP ab.
November 1921	Goebbels promoviert
Januar bis September 1923	Goebbels arbeitet als Depotbuchhalter in einer Kölner Bankfiliale.
25. Januar 1923	Eheschließung von Hermann Göring und Karin von Kantzow, geb. von Fock, in Stockholm
1. März 1923	Hitler ernennt Göring zum SA-Chef.
8. November 1923	Putschversuch im Münchner Bürgerbräukeller
9. November 1923	Beim Marsch zur Feldherrnhalle in München wird Göring schwer verletzt.
April bis Dezember 1924	Hitler verbüßt seine Freiheitsstrafe in der Festung Landsberg.
28. Februar 1925	Tod von Friedrich Ebert. Zum Nachfolger im Amt des Reichspräsidenten wird Paul von Hindenburg gewählt.
14. Februar 1926	„Führertagung" in Bamberg

28. Oktober 1926	Goebbels wird zum Gauleiter der NSDAP von Berlin-Brandenburg ernannt. (Am 1. Oktober 1928 wird der Gau Brandenburg davon abgetrennt.)
20. Mai 1928	Göring und Goebbels werden mit zehn anderen Nationalsozialisten in den Reichstag gewählt.
6. Januar 1929	Heinrich Himmler wird „Reichsführer-SS".
26. April 1930	Goebbels wird zum Reichspropagandaleiter der NSDAP ernannt.
21./22. Mai 1930	Auseinandersetzung zwischen Hitler und Otto Strasser
14. September 1930	Bei der Reichstagswahl erhält die NSDAP 18,3 % der Stimmen und stellt nun 107 statt 12 Abgeordnete.
5. Oktober 1930	Göring begleitet Hitler bei dessen erster Besprechung mit Reichskanzler Heinrich Brüning.
5. Januar 1931	Göring arrangiert eine Begegnung Hitlers mit Fritz Thyssen und Hjalmar Schacht.
10. Oktober 1931	Göring begleitet Hitler bei dessen erster Besprechung mit Reichspräsident Paul von Hindenburg.
17. Oktober 1931	Tod von Karin Göring
19. Dezember 1931	Eheschließung von Joseph Goebbels und Magda Quandt, geb. Behrend
10. April 1932	Reichspräsident Hindenburg wird für eine zweite Amtsperiode gewählt. Hitler unterliegt.
24. April 1932	Landtagswahl in Preußen: Die NSDAP steigert die Zahl ihrer Abgeordneten von 9 auf 162.
1. Juni 1932	Franz von Papen löst Heinrich Brüning als Reichskanzler ab.
20. Juli 1932	Franz von Papen tritt als Reichskommissar an die Stelle der preußischen Regierung.
31. Juli 1932	Bei der Reichstagswahl erhält die NSDAP 37,4 % der Stimmen und 230 Mandate.
30. August 1932	Göring wird zum Reichstagspräsidenten gewählt.
6. November 1932	Bei der Reichstagswahl verliert die NSDAP 34 Mandate.
2. Dezember 1932	Kurt von Schleicher wird zum neuen Reichskanzler ernannt.
30. Januar 1933	Hitler löst Reichskanzler Kurt von Schleicher ab. Göring wird Reichsminister ohne Geschäftsbereich und übernimmt kommissarisch das preußische Innenministerium.
27. Februar 1933	Reichstagsbrand
14. März 1933	Goebbels wird Reichsminister für Volksaufklärung und Propaganda.

23. März 1933	Reichstag und Reichsrat verabschieden das „Ermächtigungsgesetz".
11. April 1933	Göring erfährt in Rom von seiner Ernennung zum preußischen Ministerpräsidenten.
21. April 1933	Hitler ernennt Rudolf Heß zu seinem Stellvertreter in der NSDAP.
2. Mai 1933	Zerschlagung der Gewerkschaften
5. Mai 1933	Göring wird Reichsminister für Luftfahrt.
14. Juli 1933	Nach der Auflösung aller Parteien mit Ausnahme der NSDAP wird das „Gesetz gegen die Neubildung von Parteien" erlassen.
22. September 1933	Presse- und Kulturkammergesetz (Eröffnung der Reichskulturkammer am 15. November 1933)
12. November 1933	Volksabstimmung über Deutschlands Austritt aus dem Völkerbund am 19. Oktober
30. Juni 1934	Aktion gegen Ernst Röhm und die SA („Röhm-Putsch")
3. Juli 1934	Göring wird zum Reichsforst- und -jägermeister ernannt.
2. August 1934	Nach dem Tod Hindenburgs übernimmt Hitler auch das Amt des Reichspräsidenten.
16. März 1935	Nachdem Göring am 10. März 1935 trotz des Verbots im Versailler Friedensvertrag die Gründung einer deutschen Luftwaffe unter seinem Oberbefehl angekündigt hat, gibt Hitler am 16. März die Einführung der allgemeinen Wehrpflicht und den Ausbau der „Wehrmacht" bekannt.
10. April 1935	Eheschließung von Hermann Göring und Emmy Sonnemann
18. Juni 1935	Unterzeichnung eines deutsch-britischen Flottenabkommens
7. März 1936	Remilitarisierung des Rheinlands
17. Juni 1936	Hitler ernennt Heinrich Himmler zum „Reichsführer-SS und Chef der Deutschen Polizei". Reinhard Heydrich wird am 26. Juni 1936 „Chef der Sicherheitspolizei und des SD".
1. bis 16. August 1936	Olympische Sommerspiele in Berlin
18. Oktober 1936	Verordnung zur Durchführung des Vierjahresplans
14. März 1937	Enzyklika „Mit brennender Sorge"
19. Juli 1937	Eröffnung der Wanderausstellung „Entartete ‚Kunst'" in München
Ende Januar / Anfang Februar 1938	Blomberg-Fritsch-Krise

4. Februar 1938	Göring wird zum Generalfeldmarschall befördert.
13. März 1938	„Gesetz über die Wiedervereinigung Österreichs mit dem Deutschen Reich"
29. September 1938	Münchner Abkommen
9./10. November 1938	Pogrom („Reichskristallnacht")
16. März 1939	„Protektorat Böhmen und Mähren"
23. März 1939	Litauen wird gezwungen, dem Deutschen Reich das Memelgebiet zurückzugeben.
23. August 1939	Hitler-Stalin-Pakt
1. September 1939	Mit dem deutschen Angriff auf Polen beginnt der Zweite Weltkrieg.
8. November 1939	Attentat von Johann Georg Elser
9. April 1940	Deutscher Angriff gegen Dänemark und Norwegen
10. Mai 1940	Beginn des Westfeldzugs
13. Mai 1940	Winston Churchill tritt als Nachfolger von Neville Chamberlain das Amt des britischen Premierministers an.
22. Juni 1940	Deutsch-französischer Waffenstillstand in Compiègne unterzeichnet
19. Juli 1940	Hitler ernennt Göring zum „Reichsmarschall".
August/September 1940	Der deutschen Luftwaffe gelingt es nicht, die britische Luftabwehr auszuschalten.
10. Mai 1941	Rudolf Heß fliegt nach Schottland.
22. Juni 1941	Deutscher Angriff auf die Sowjetunion
31. Juli 1941	Göring beauftragt Reinhard Heydrich, die „Endlösung der Judenfrage" vorzubereiten.
7. Dezember 1941	Japanischer Überfall auf Pearl Harbor
11. Dezember 1941	Deutsche Kriegserklärung an die USA
20. Januar 1942	Wannsee-Konferenz
März 1942	In Auschwitz beginnen die fabrikmäßigen Vergasungen.
27. Mai 1942	Reinhard Heydrich wird bei einem Attentat schwer verletzt und stirbt am 4. Juni.
22. Juli 1942	Die Räumung des Warschauer Gettos beginnt.
8. November 1942	Von Dwight D. Eisenhower geführte angloamerikanische Truppen landen in Marokko und Algerien.
31. Januar / 2. Februar 1943	Die in Stalingrad eingekesselten Deutschen kapitulieren. 140 000 deutsche Soldaten sind in Stalingrad gefallen, und von den 90 000, die in russische Gefangenschaft geraten, überleben nur 6000.
18. Februar 1943	Goebbels ruft im Berliner Sportpalast zum „totalen Krieg" auf.

25. Juli 1943	Mussolini wird abgesetzt. Die neue italienische Regierung kapituliert am 3. September vor den Alliierten und erklärt dem Deutschen Reich am 13. Oktober den Krieg.
6. Juni 1944	Alliierte Invasion in der Normandie
20. Juli 1944	Attentat von Oberst Claus Graf Schenk von Stauffenberg
24. Oktober 1944	Aachen kapituliert
16. Dezember 1944	Beginn der Ardennenoffensive
1. Februar 1945	Goebbels erklärt Berlin zur Festung. Die Rote Armee steht an der Oder.
13./14. Februar 1945	Zerstörung Dresdens durch angloamerikanische Luftangriffe.
11. April 1945	Die Amerikaner rücken bis zur Elbe vor.
12. April 1945	Tod des US-Präsidenten Franklin D. Roosevelt
23. April 1945	Göring wird verhaftet. Vier Tage später meldet der Rundfunk, dass er von seinen Ämtern zurückgetreten ist. Hitler verstößt ihn am 28. April aus der NSDAP.
25. April 1945	US-Soldaten und Rotarmisten reichen sich auf der zerstörten Elbbrücke in Torgau die Hand.
28. April 1945	Mussolini wird erschossen.
28. April 1945	Eheschließung von Adolf Hitler und Eva Braun
30. April 1945	Suizid des Ehepaars Hitler. Karl Dönitz wird Reichspräsident, Joseph Goebbels Reichskanzler.
1. Mai 1945	Nachdem Magda Goebbels ihre sechs Kinder getötet hat, nehmen sie und ihr Mann sich selbst das Leben.
7./8. Mai 1945	Kapitulation des Deutschen Reiches
5. Juni 1945	Die alliierten Oberbefehlshaber übernehmen die oberste Regierungsgewalt in Deutschland.
20. November 1945	Erster Verhandlungstag vor dem Internationalen Militärgerichtshof in Nürnberg
1. Oktober 1946	Göring wird zum Tod verurteilt.
15. Oktober 1946	Suizid Görings

Personenregister

Amann, Max: 132, 135
Arlosoroff, Victor: 69, 235 (Anm. 155)
August Wilhelm von Preußen: 70, 88

Baarova, Lida: 138 f, 143 f, 154 f
Backe, Herbert: 140
Badoglio, Pietro: 197
Beaumont, Frank: 24
Beck, Ludwig: 158, 202 f, 205
Behrend, Auguste: 69, 76, 133, 166, 198, 208, 210
Bernadotte af Wisborg, Folke Graf: 218
Blomberg, Werner von: 108, 128, 146 f, 264
Bormann, Martin: 176, 192 f, 195 f, 199, 215, 217, 219 ff
Brauchitsch, Walther von: 147, 158, 172, 182
Braun, Eva: 202, 216, 219 f, 248 (Anm. 96), 266
Brüning, Heinrich: 66, 74, 78, 80, 263
Burckhardt, Carl Jakob: 162

Chamberlain, Neville: 152 f, 170, 265
Churchill, Winston: 170, 173, 176, 209, 244 (Anm. 295), 265
Ciano Conte di Cortellazzo, Galeazzo: 182
Claß, Heinrich: 60

Dahlerus, Birger: 162, 164 f, 177
Daladier, Edouard: 153, 170
Darré, Richard Walter: 102
Dietrich, Otto: 132, 175, 204
Dimitroff, Georgij: 93
Dönitz, Karl: 203, 205, 216, 219, 221 ff, 241 (Anm. 172), 249 (Anm. 169), 266
Dorsch, Käthe: 21 f
Drexler, Anton: 33 f, 262

Ebert, Friedrich: 22, 50, 262
Eisenhower, Dwight D.: 222 f, 265
Elser, Johann Georg: 168, 265
Epenstein, Elisabeth von (geb. von Sandrovich): 13, 186, 246 (Anm. 30)
Epenstein, Hermann Ritter von: 12 f, 246 (Anm. 30)
Epp, Franz Ritter von: 76, 126
Erzberger, Matthias: 21

Finck, Werner: 142, 151 f
Flisges, Richard: 23, 28 ff, 36
Franco y Bahamonde, Francisco: 173
Frank, Hans: 167, 249 (Anm. 169)
Frick, Wilhelm: 87, 102, 118, 121, 132, 249 (Anm. 169)
Friedländer, Richard: 69

Friedrich der Große: 95 f, 194, 211, 238 (Anm. 36)
Fritsch, Werner Freiherr von: 146 f, 264
Fritzsche, Hans: 249 (Anm. 169)
Fröhlich, Gustav: 138, 143 f
Fromm, Friedrich: 203 ff
Funk, Walther: 146, 192, 194, 249 (Anm. 169)
Furtwängler, Wilhelm: 128 f

Galen, Clemens August Graf von: 168
Galland, Adolf: 185
Gaulle, Charles de : 172
Gayl, Wilhelm Freiherr von: 80
George, Heinrich: 193
Gilbert, Gustave: M. 224 f
Goebbels, Fritz: 13 f, 61
Goebbels, Hans: 16, 28, 30
Goebbels, Hedda: 109, 198, 210, 213, 216, 218, 221 f
Goebbels, Heide: 109, 175, 198, 210, 213, 216, 218, 221 f
Goebbels, Helga: 85, 107 ff, 193, 197, 210, 213, 216, 218, 221 f
Goebbels, Hellmuth: 109, 134, 197, 208, 210, 213, 216, 218, 221 f
Goebbels, Hilde: 107, 109, 123, 193, 197, 210, 213, 216, 218, 221 f
Goebbels, Holde: 109, 143, 197, 210, 213, 216, 218, 221 f
Goebbels, Katharina (geb. Odenhausen): 13 f, 17, 29, 96, 100
Goebbels, Magda (geb. Behrend, gesch. Quandt): 68 ff, 75 ff, 85, 100 f, 108 f, 119, 123, 133 f, 135 f, 151, 154 ff, 160 f, 166, 181, 193, 198, 202, 207, 209 f, 213 f, 216 ff, 228, 263, 266
Göring, Edda: 151 f, 214, 217, 223 f, 226 f, 228, 246 (Anm. 30)
Göring, Emmy (geb. Sonnemann): 77 f, 86, 88, 104 ff, 109, 130 f, 138, 151, 153 f, 162, 202, 209, 214 f, 217, 223 f, 226 f, 228, 264
Göring, Franziska (geb. Tiefenbrunn): 11 f, 21, 24, 27, 39
Göring, Heinrich: 11 f
Göring, Karin (geb. von Fock, gesch. von Kantzow): 27 f, 30 f, 35, 39 ff, 43, 50, 54, 58, 62, 70 f, 73 f, 99, 103, 124, 214, 228, 262 f
Greim, Robert Ritter von: 217 ff
Groener, Wilhelm: 66, 79 f
Grynszpan, Herschel: 156
Guderian Heinz: 182
Gundolf, Friedrich: 31

Hacha, Emil: 158 f
Haeften, Werner Karl von: 203, 205
Haffner, Sebastian: 159
Hagen, Hans: 204
Halder, Franz: 180, 186
Halifax, Edward Frederick Lindley Wood, Earl of: 141, 164
Hanfstaengl, Ernst: 90, 119, 132, 141, 142 f
Hanke, Karl: 154 f, 160 f
Hase, Paul von: 204 f
Held, Heinrich: 49
Helldorf, Wolf Heinrich Graf von: 202
Henderson, Nevile: 161, 165, 167
Henlein, Konrad: 152
Heß, Rudolf: 43, 102, 121, 140, 166, 172, 175 f, 249 (Anm. 169), 264 f
Heydrich, Reinhard: 121, 136, 186 f, 189 f, 264 f
Himmler, Heinrich: 102, 120, 125 ff, 136, 142, 156, 186, 201, 205 f, 218, 262 ff
Hindemith, Paul: 128
Hindenburg, Oskar von: 85 f
Hindenburg, Paul von: 17, 20, 22, 50, 61, 74, 78 ff, 82 ff, 87, 89, 95 f, 127 f, 262
Hitler, Adolf: 32 ff, 38 f, 42 ff, 48, 50 ff, 55 ff, 59, 62 ff, 65 ff, 71 ff, 78 f, 82 f, 85 ff, 87 ff, 94 ff, 102 ff, 109 f, 113 ff, 120, 124 ff, 134 ff, 139 f, 142, 144 ff, 151 ff, 179 ff, 191 ff, 262 ff
Höß, Rudolf: 188 f
Hugenberg, Alfred: 60, 87, 118

Janke, Else: 31, 35 ff, 45, 48 f, 61
Jeschonnek, Hans: 174, 198
Jessner, Leopold: 78
Jodl, Alfred: 169, 249 (Anm. 169)
Junge, Traudl: 193, 219 f

Kahr, Gustav Ritter von: 37 f
Kaltenbrunner, Ernst: 249 (Anm. 169)
Kantzow, Nils von: 27 f, 30 f
Kantzow, Thomas von: 27, 35, 54, 70, 74, 228
Kaufmann, Karl: 52 f
Keitel, Wilhelm: 147 f, 172, 192, 195, 203 f, 205, 249 (Anm. 169)
Keppler, Wilhelm: 149
Kerrl, Hanns: 102, 104
Kesselring, Albert: 216
Kimmich, Maria (geb. Goebbels): 85, 100, 155
Klemperer, Victor: 117, 120, 122, 135
Klotz, Helmut: 79 f
Koller, Karl: 214
Kölsch, Agnes: 19
Kölsch, Karl Heinz: 19, 24
Kölsch, Liesel: 19
Körner, Paul: 55, 58, 74, 77, 184
Köstlin, Karl: 78

Krage, Leni: 16
Krause-Jensen, Paulli: 18
Krebs, Hans: 221
Krupp von Bohlen und Halbach, Gustav: 116
Kube, Wilhelm: 102

Lammers, Hans-Heinrich: 192 f, 195, 206
Ley, Robert: 116, 123, 132, 192, 194
Liszt, Franz: 14, 179
Löbe, Paul: 80
Loerzer Bruno: 15 f, 55, 58
Lossow, Otto von: 37 f
Lubbe, Marinus van der: 89 f, 93 f
Ludendorff, Erich: 17, 20, 22, 38 f, 42 f
Lutze, Viktor: 127

Mauser-Mühltaler, Marianne: 16, 21
Meißner, Otto: 85 f, 213
Mertz von Quirnheim, Albrecht Ritter: 205
Miklas, Wilhelm: 149
Milch, Erhard: 55, 79, 114, 183 f
Mollen, Johannes: 18, 20
Molotow, Wjatscheslaw M.: 163
Morell, Theodor: 158 f
Müller, Ludwig: 131, 152
Mumme, Georg: 29 f, 61
Mussolini, Benito: 37, 49 f, 71, 129, 138, 145, 150, 153, 162, 170 f, 173, 175, 196 f, 203 f, 266

Napoleon: 177, 179 f, 245 (Anm. 322)
Naumann, Werner: 208
Neurath, Konstantin Freiherr von: 114, 119, 146, 159, 189, 249 (Anm. 169)

Olbricht, Friedrich: 204 f
Oshima, Hiroshi: 208

Papen, Franz von: 80, 82 f, 85 ff, 90, 113 f, 241 (Anm. 172), 249 (Anm. 169), 263
Paulus, Friedrich: 190 f
Pétain, Henri Philippe: 172
Pfeffer von Salomon, Franz: 51, 53, 65
Pflücker, Ludwig: 227
Pius XI.: 144
Poncet, André François: 118
Prang, Fritz: 23, 32, 42, 46

Quandt, Eleonore („Ello"): 70, 160, 181
Quandt, Günther: 69 ff, 76 f, 123, 216
Quandt, Harald: 69 f, 75, 109, 123, 214, 218, 228

Raeder, Erich: 108, 146, 148, 163, 172, 241 (Anm. 172), 249 (Anm. 169)
Rath, Ernst vom: 156
Raubal, Geli: 75, 236 (Anm. 184)

Reinhardt, Georg-Hans: 21
Reinhardt, Wilhelm: 19
Reitsch, Hanna: 217 f
Remer, Otto Ernst: 204 f
Ribbentrop, Joachim von: 148, 153, 158, 162 ff, 167, 172, 204, 212, 215, 249 (Anm. 169)
Richthofen, Manfred Freiherr von: 18 f
Riefenstahl, Leni: 137, 241 (Anm. 152)
Ripke, Axel: 52
Ritschel, Oskar: 69
Röhm, Ernst: 51, 54, 65, 72, 80, 102, 125 ff, 264
Roosevelt, Franklin D.: 212, 266
Rosen, Eric Graf von: 26
Rosenberg, Alfred: 92, 131 f, 134, 186, 249 (Anm. 169)
Rundstedt, Gerd von: 108
Rust, Bernhard: 132

Sauckel, Fritz: 184, 249 (Anm. 169)
Schacht, Hjalmar: 61, 71, 94, 130, 132, 140, 146, 201, 241 (Anm. 172), 249 (Anm. 169), 263
Schaumburg-Lippe, Friedrich Christian Prinz von: 123, 217
Scheidemann, Philipp: 20, 262
Schimmelmann, Karl Hubertus Graf von: 68
Schirach, Baldur von: 249 (Anm. 169)
Schleicher, Kurt von: 80, 82, 84 f, 263
Schmidt, Paul: 165, 167
Schröder, Kurt Freiherr von: 85
Schukow, Georgij K.: 222
Schuschnigg, Kurt von: 148 f
Schütz, Wilhelm von: 31
Schwerin von Krosigk, Johann Ludwig Graf von: 133, 222
Seißer, Hans Ritter von: 37 f
Seyß-Inquart, Arthur: 149 f, 241 (Anm. 172), 249 (Anm. 169)
Sommerfeldt, Martin Henry: 90 f
Sorge, Richard: 177

Speer, Albert: 118 f, 160 f, 179, 183 ff, 192 ff, 201, 204, 214, 224, 249 (Anm. 169)
Spengler, Oswald: 23
Stahmer, Otto: 225
Stalherm, Anka: 19 f, 22 ff, 25 f, 28 ff, 45, 61, 71, 262
Stalin, Josef: 162 ff, 175 ff, 199, 221, 265
Stauffenberg, Claus Graf Schenk von: 203 ff
Stennes, Walter: 64 f, 72
Stöhr, Franz: 73
Strasser, Gregor: 52 f, 56, 59, 62 f, 82, 84
Strasser, Otto: 53 f, 56, 59, 62 ff, 263
Strauss, Richard: 130, 132 f, 137
Streicher, Julius: 116, 249 (Anm. 169)
Stresemann, Gustav: 51, 120

Terboven, Joseph: 126
Thyssen, Fritz: 58, 71, 78, 162, 263
Todt, Fritz: 183 f
Topsøe, Soffi: 24
Toscanini, Arturo: 128

Udet, Ernst: 182 f, 198

Viktor Emanuel III.: 196

Wagener, Otto: 67 f, 75 f, 102
Waldberg, Max Freiherr von: 31
Waldoff, Claire: 141
Weiß, Bernhard: 80
Wels, Otto: 80, 113
Wessel, Horst: 60, 113
Wilamowitz, Fanny: 74, 228
Wilhelm (Kronprinz): 15
Wilhelm II.: 12, 14, 18, 21, 71

Young, Owen D.: 61

Ziegler, Adolf: 145
Zuckmayer, Carl: 34
Zweig, Stefan: 132

Bildnachweis

Bildarchiv Preußischer Kulturbesitz, Berlin: 97 unten, 98, 111
Ullstein Bilderdienst, Berlin: 97 oben, 99, 100 (2), 101, 102 (2), 103, 104 (2), 105, 106, 107, 108 (2), 109 (2), 110, 112 (2)

Eine unheilvolle Allianz

Getrennt stiegen sie auf, gemeinsam gingen sie unter: Adolf Hitler, der „Führer" Deutschlands, und Benito Mussolini, der italienische Duce.

Mit der Geschichte der beiden Diktatoren erzählt Walter Rauscher auch die Geschichte von Faschismus, Nationalismus, Terror und Krieg. Er fragt nach den Entstehungsbedingungen für deren brutalen Charakter, nach dem Anteil, den die beiden Herrscher am Aufstieg von Faschismus und Nationalsozialismus hatten. Und er analysiert das Verhältnis der Despoten, das zunächst von gegenseitiger Rivalität gekennzeichnet war. Doch ihr unbedingter Wille, die bestehende Ordnung mit aller Gewalt zu verändern, ihre Verachtung für Demokratie und Frieden sowie ihre Begeisterung für den Krieg schmiedete sie zusammen – eine unheilvolle Allianz.

Walter Rauscher
Hitler und Mussolini
Macht, Krieg und Terror
648 Seiten, 99 s/w-Abbildungen
Leinen
Koproduktion mit Styria
€ (D) 34,90
ISBN 3-7917-1777-4

Verlag Friedrich Pustet
D-93008 Regensburg